中文社会科学引文索引（CSSCI）来源集刊

近代中国

第十五辑

北京大学出版社
PEKING UNIVERSITY PRESS

图书在版编目(CIP)数据

现代中国·第15辑/陈平原主编.—北京:北京大学出版社,2014.7

ISBN 978-7-301-24410-4

Ⅰ.①现… Ⅱ.①陈… Ⅲ.①社会科学-文集 Ⅳ.①C53

中国版本图书馆CIP数据核字(2014)第135959号

书　　　名：现代中国·第十五辑
著作责任者：陈平原　主编
责 任 编 辑：艾　英
标 准 书 号：ISBN 978-7-301-24410-4/G·3838
出 版 发 行：北京大学出版社
地　　　址：北京市海淀区成府路205号　100871
网　　　址：http://www.pup.cn　新浪官方微博:@北京大学出版社
电 子 信 箱：pkuwsz@126.com
电　　　话：邮购部 62752015　发行部 62750672　出版部 62754962
　　　　　　编辑部 62756467
印　刷　者：北京大学印刷厂
经　销　者：新华书店
　　　　　　965毫米×1300毫米　16开本　19.5印张　398千字
　　　　　　2014年7月第1版　2014年7月第1次印刷
定　　　价：45.00元

未经许可,不得以任何方式复制或抄袭本书之部分或全部内容。
版权所有,侵权必究
举报电话:010-62752024　电子信箱:fd@pup.pku.edu.cn

第十五辑

目 录

论文

满汉关系的逆转
　　——贵林被杀事件解读 ……………………………… 夏晓虹(1)
章太炎语言文字论说体系中的历史民族 ……………………… 王　风(33)
文字难易与教育新旧
　　——戊戌前后蒙学变革论的语文侧面 ………………… 陆　胤(66)

鲁迅早年对科学僭越的"时代病"之预感 …………………… 温儒敏(98)
如何化解儒学传统与现代社会的对峙
　　——李大钊"青春"人生论的解读 …………………… 胡　军(104)
中国近代思想史上的傅斯年
　　——《中国近代思想家文库·傅斯年卷》导言 ……… 欧阳哲生(117)
告别奥尼尔:洪深30年代的转向 ……………………………… 吴晓东(141)
在"文学史著"与"出版工程"之间
　　——《中国新文学大系导言集》导读 ………………… 陈平原(147)

我爱这土地
　　——中国新诗1937—1948 ……………………………… 谢　冕(178)
"诗界革命"与新诗发生期研究的突破性思考
　　——序荣光启《现代汉诗的发生:晚清至五四》 …… 孙玉石(218)
纪念三位诗人 ……………………………………………………… 洪子诚(229)
遥远的乌托邦
　　——王安忆《弟兄们》中的女同志连续体 …………… 滨田麻矢(243)

对话

"跨媒介对话"座谈会 …………………………………… 李欧梵等(256)

告别《现代中国》 ………………………………………… 陈平原(288)
《现代中国》1—15辑总目录 ………………………………………(291)

现代中国·第十五辑
北京大学出版社
2014年7月

满汉关系的逆转
——贵林被杀事件解读

夏晓虹

今人已少有知道贵林其人姓名者,但在晚清的杭州,贵林称得上是风云人物。贵林,姓毕噜氏,字翰香,号中权,满洲杭州驻防正红旗人,官协领,辛亥革命后迅即被杀。在晚清民族主义思潮兴起之际,贵林以一员满族武官,处身风口浪尖,既与众多新学人士交往,参办各项新政,也因其满人身份与立场,同地方精英不谐以致冲突。而其最后的死亡,则可被视为辛亥前后满汉关系逆转的标志性事件。

"清朝孔子"

在杭州驻防营中,贵林属于为数不多的与汉族新学界人士关系密切的满人。《清史稿》为贵林所写的传记极其简短,但不过一百字中,却专有一笔记其"与浙人士游,有贤名"[1],可知其为人处世之特出。

详细考察贵林的交往史,一时难于做到。不过,若追溯其间的渊源,浙江平阳人宋恕(1862—1910)无疑最为重要。宋恕原名存礼,字燕生,改名后字平子,晚年又改称宋衡。其一生虽未显达,但因幼年以"神童"之誉受到翰林院侍读学士孙锵鸣的赏识,招为东床快婿,而孙又为李鸿章中进士的房师,故也承继到一份相当可观的人脉。孙家本为文化世家,锵鸣之兄衣言亦曾任侍讲学士,衣言子诒让更是著名的经学大家。宋恕随孙氏诸人受学、从游,旧学既有坚实根底,在时事的刺激下,又究心西学,1892年完成初稿的《六字课斋卑议》已提出系统的变法思想。其在浙江学界的重要事迹,一为曾任1897年创办的《经世报》主笔,一为1901年就任杭州

---

[1] 《贵林传》,赵尔巽等:《清史稿》列传二百八十三《忠义十》,第45册第13722页,北京:中华书局,1977年。

求是书院汉文总教习①,以此广有影响。

贵林曾以"亦师亦友"概括其与宋恕的关系。二人结识大致在1889年,当年,宋恕为贵林写过《援溺说赠毕噜翰香》一文。故1910年宋氏病殁,贵林所作挽联有"交情逾廿载"②之句。其时,贵林属驻防正白旗,为杭州将军幕府笔帖式。宋恕对其"内行纯笃而好学特至,守孔子之戒而亦不嫚骂二氏,究我国之病而渐知折服西人"③已留下很深印象。

随着交往日密,宋恕对贵林的评价也日高。1897年,八年前尚以"生长八旗而能自拔,尤为艰苦卓绝"④为赞辞,至此已因与贵林的交往,而彻底改变了对满人的看法:"世谓八旗人物不如汉族,岂信然哉?岂信然哉!夫八旗之不如汉族者特文学耳。若其谋略之沉雄、武力之震耀、气类之固结、风俗之近质,则汉族宁可与之同年而语耶?"开篇的这段议论,最终落实在"以恕所知,虎林数里之营而有奇士二焉:曰贵林,曰多庆"。而其笔下的贵林俨然已有圣人气象:

> 贵林者,目不邪视,耳不邪听,于母极孝,于兄极弟,于师友极笃,营中男女至目为今孔子。及其谈百氏、论时务,则达儒墨之要、洞欧亚之故,了然于姚江、习斋之说,昭然于言游、孟舆之传。⑤

从中可见贵林服膺儒学之诚笃。而所取别号"慎独子",也正体现了其知行合一之注重修行践履功夫。

1905年,在为贵林的演说集作序时,宋恕又补充说明了贵林"少孤,孝于母,弟于兄"的家庭情况,而对于"笃于师友",则举例为:"师黄汝霖,燕人也,独客杭死,岁墓祭。"并列述了自身体验:"辛丑(按:1901年)之冬,恕病于杭,五旬乃起。君居隔数里,无旷风雪,日徒行来视。"⑥如据日记及书信,宋恕不仅于1902年曾一度移居贵林家两月以养病,而且早在1893年10月生病之际,贵林虽不在家,其母也再三叫宋"移寓渠处以便调养","见待十分殷勤"。因此,离开贵家前,宋恕专门置备了"如子帖",请贵林转呈其母。⑦ 也即是说,在贵林一方的师友之道外,宋恕对贵林也有一份兄弟情谊。加之对贵林"洞晓时务,然宦情特淡"的揄扬,宋恕借"杭

---

① 参见胡珠生:《宋恕年谱》,氏编《宋恕集》下册,第1085—1131页,北京:中华书局,1993年。
② 附录二《〈宋征君哀挽录〉挽诗挽联选》,陈虬、宋恕、陈黻宸撰,胡珠生编:《东瓯三先生集补编》,第144页,上海:上海社会科学院出版社,2005年。
③ 宋恕:《援溺说赠毕噜翰香》,《宋恕集》上册,第193页。
④ 同上。
⑤ 宋恕:《书宗室伯福君(寿富)〈知耻学会叙〉后》,原刊《经世报》第8册,1897年10月;录自《宋恕集》上册,第278—279页。标点有改动。以下凡此不再注。
⑥ 宋恕:《中权居士协和讲堂〈演说初录〉叙》,《宋恕集》上册,第364页。
⑦ 宋恕:《壬寅日记》、《致孙季穆书》,《宋恕集》下册,第947—956、682页。

防中人至有目君为清朝孔子者"①之言,表达的正是其体己的感受。

不仅在为贵林撰写的文字中有此类言说,宋恕也照样向友朋辈鼓吹。久居沪上的钱塘名士孙宝瑄(1874—1924,李瀚章女婿,兄孙宝琦曾任北洋政府内阁总理),即是从宋恕口中初次听说贵林其人:

> 杭州旗营满人贵林者,字翰香,磊落有高志,识超绝,持躬严正,旗营中推称清朝孔夫子。梅青书院,满学校也,例将军委人主教,厚其廪。会令贵任之,贵不可,曰:师严则道尊,主教宜敦聘,否则不就。将军从之。贵于是大展其志,规模宏整,教弟子以王阳明、颜习斋之学,聚书并收买译报及新学图史,令纵观。不逾年,凡出其门者,人人翘异。②

可见宋恕对于贵林,实乃真心推服。而孙氏还乡,亲自拜访贵林,感觉也一如宋氏之"惊艳":"其人醇朴,雅识踔远,为汉人所罕见。谭时局,相对歔叹而已。贵近充佐领,所属旗丁五十人,每月三日相聚,申平等之约,坐以齿许[叙],逞所欲言,此亦创破格之事,果非常人也。"③而做出此类行事的贵林,其特立独行可见一斑。

尤令孙宝瑄佩服的还在贵林的议论精妙与志向宏大。1898年戊戌变法失败后两个月,贵林仍在向孙氏表达其对议会制度的向往:"翰香亦主持开议院者,谓议院为根本,根本不立,枝叶不可为。又云议院公举之意,小行之有小益,大行之有大益。"④这样的识断不仅具有前瞻性,更需要胆量与气魄。与宋恕的常与贵林通讯⑤、会面不同,偶尔一见的孙氏,对贵林的识见进步之速大为惊叹。其1907年日记中曾详述与贵林重晤情形:

> 杭城驻防营佐领贵公翰香至,余甚惊。比见,貌犹两年前;所学猛进,于大乘界中已得初登欢喜地,视天下无一非可怜者。惟静觉己身日日欢喜,虽明日缚赴东市处斩,犹是欢喜无量。彼固进国民主义而为众生主义,日以救苦拯难为愿力。

如此气魄,已令孙氏倾倒之至,甚至说:"余仰视之,犹见大士云中坐也。"⑥以观音

---

① 宋恕:《中权居士协和讲堂〈演说初录〉叙》,《宋恕集》上册,第364页。
② 孙宝瑄戊戌二月初五(1898年2月25日)日记,《忘山庐日记》上册,第176页,上海:上海古籍出版社,1983年。
③ 孙宝瑄戊戌四月十八(1898年6月6日)日记,《忘山庐日记》上册,第209页。
④ 孙宝瑄戊戌十月初七(1898年11月20日)日记,《忘山庐日记》上册,第274页。
⑤ 至今尚存留宋恕致贵林三信以及贵林致宋恕二信(分见《宋恕集》及《东瓯三先生集补编·〈宋恕集〉补编》)。
⑥ 孙宝瑄丁未四月十八(1907年5月29日)日记,《忘山庐日记》下册,第1030页。标点有调整。以下凡此不再注。

菩萨比拟贵林,对于眼界颇高、自负善"说理"为平生"三绝"之一①的孙宝瑄,实为难得的评价。

凭借对师友的笃厚、个人英气的发露以及口耳相传(特别是宋恕的称扬)建立起来的口碑,贵林在浙江新学界也广有人缘。与宋恕为至交的陈黻宸(字介石)②,应该也是通过宋恕而结交了贵林。即使1904年担任反清革命组织光复会会长的蔡元培,于1901—1902年与贵林的交往中,对其也多有赞誉。蔡之认识贵林,乃是经由陈黻宸。1902年2月,宋恕因"病丹毒,卧床二十日矣",蔡元培前往探望,对贵林"日视之,友谊之挚,可敬"③亦深为感动。而蔡氏1902年西历新年在杭州与黄世振结婚时,所邀一干朋友中便包括了贵林,也证明彼时蔡对其人颇有好感。

贵林还有一项杰出的才能为"善演说",亦以此而为大众知晓。宋恕尝记其"于协和讲堂陈医国之道,洋洋数万言","听众数百人,诸学校师徒盖居多数"。而贵林"神不少怯,从容尽意,洪钟之声,耳根毕达,首尾完全,胜任愉快",以至听众竞相赞叹:"真演说家矣!"④即使与贵林交往不多的孙宝瑄,于此也深有感受,至谓:

> 彼(按:指贵林)为今日我国演说大家,能悲人喜人。惠兴女学校,彼为监督……自杭州来时,与女校生别曰:我此行虽两匝月,视尔等不能释然。女生皆大哭曰:先生行矣!我辈谨守法,以待先生之归。其感人如此。⑤

甚至对贵林并无好感之人,讥刺其"雅好沽名",却也承认贵林"善演说,每有公益等事,贵则必到,每到必放声演说,闻者惊叹"。⑥ 于是,在蔡元培"以演说代闹房"的别开生面的结婚仪式上,贵林即秉持其一贯作风,当仁不让,率先演讲。⑦ 而演说本为晚清兴起的一种启蒙大众的有效方式,这也成为贵林之为新人物的一大标记。

---

① 孙宝瑄辛丑十一月二日(1901年12月12日)日记,《忘山庐日记》上册,第437页。
② 宋恕《六字课斋津谈·词章类第十二》:"计飘零十载,得知己之最三焉:……怀抱知己以陈介石孝廉为最。"(《宋恕集》上册,第92—93页)
③ 蔡元培光绪二十七年十二月二十六日(1902年2月4日)日记,中国蔡元培研究会编:《蔡元培全集》第15卷,第373页,杭州:浙江教育出版社,1998年。另,同年三月朔(1901年4月19日)日记有"介石同满州人贵林君(字翰香)来"(《蔡元培全集》第15卷,第330页)的记述。
④ 宋恕:《中权居士协和讲堂〈演说初录〉叙》,《宋恕集》上册,第364页。
⑤ 孙宝瑄丁未四月十八日(1907年5月29日)日记,《忘山庐日记》下册,第1030页。
⑥ 《看旗营第一人才》,《民立报》1910年12月3日。此条材料由黄湘金博士提供,特此致谢。
⑦ 蔡元培光绪二十七年十一月二十二日(1902年1月1日)日记,《蔡元培全集》第15卷,第371页。

身为驻防营长官，贵林习武乃是当行本色①。而其个人的期望显然更在文武双全，故于作文、读书上相当用功。1892年4月致宋恕信中，贵林便汇报，自"前年秋"起，"月做文三篇，皆未尝间断，后又学做时文数篇"。② 这未必是为了参加科举考试预做准备，而更多属于一种兴趣爱好。虽然努力求进，文学表达能力的提升却是慢功夫。因此，时人议论贵林："惜与文字一道，不甚通达，实为此公之缺点。"③即为前述宋恕善意的说法"八旗之不如汉族者特文学耳"的直白表达。谊兼师友的宋恕，因此也曾义不容辞地为贵林改文章④。

　　至于读书，贵林则是中西并进。如1891年秋后，半年以来，"只看《朱子古文》及《理学宗传》诸书"，又于理学修身上"得益不少"⑤，很符合贵林以孔孟之道为根底的治学路数。而其读西书，也受到了宋恕的指点。1895年致贵林信中，宋恕一再推荐各种西学新书："经济之学愈多看西书愈妙，日本人所著《万国史记》不可不细看一过，并宜广劝朋友、门生读之！此书于地球万国古今政教源流，言之极有条理，我国人所不能为也。""现又有一部极好新书，名《泰西新史揽要》，系西士李提君所译，急宜买读也。""各教宗派或有专书，或未有，或虽有而未译未见。就弟所过目者言之，莫如西士所译之《古教汇参》，不可不读！"⑥其中不乏应贵林之请而开具的书目。贵林果然也认真研读，以至1902年阅读梁启超于日本所办的《新民丛报》时，认为梁"推尊西儒过甚"，故"意欲博考西儒全集，择抄其精要之语，与我汉宋诸儒精要语录并抄，合为一集"⑦，愿力亦不可谓不宏大。而最重要的是，其间明显透露出贵林的学术取向趋新而不废旧，根基仍植于传统的汉、宋学。

　　大体而言，在晚清学术分野中，如贵林一般，早在1889年即能"究我国之病而渐知折服西人"，即使在汉族知识精英中亦不多见，其思想超前应无疑问。而其人之笃信儒学，律己甚严，则难免高标绝世，苛责于人；扬才露己，高调做事，则易招来嫉恨；擅长并喜欢演说，又可能言多必失或者言多贾祸，在富有感染力与煽动性的同时，未尝不因杀伤论敌而埋下祸根。最后，其出身满人所葆有的强悍与直率，作为性格底色，也使其爱憎表达得格外分明；同样，周边人对他也是爱之欲其生、恶之欲其死。这样一位"清朝孔子""八旗人物"，其生命形态确实相当精彩。

---

① 贵林《致宋恕书》（1892年4月11日）中提及："现在本营出有防御一缺，月内大约必要挑放，是以弟现于文课暂停，时用武功。"（《东瓯三先生集补编》，第272页）
② 贵林：《致宋恕书》（1892年4月11日），《东瓯三先生集补编》，第271页。
③ 《看旗营第一人才》。
④ 如宋恕《丙午日记》三月初五日（1906年3月29日）有"改翰香五联信"（《宋恕集》下册，第966页）之言。
⑤ 贵林：《致宋燕生书》（1892年4月11日），《东瓯三先生集补编》，第272页。
⑥ 宋恕：《致贵翰香书》（1895年7月、1895年10月3—8日），《宋恕集》上册，第535、539页。
⑦ 贵林：《致宋燕生书》（1902年9月18日），《东瓯三先生集补编》，第273页。

"旗营第一人才"

贵林先后担任过佐领与协领,无论哪一种职位,所管事务都限于驻防营之军事与政务。但他显然对此并不满足,于是,在浙江多项新政及社会团体中,都活跃着他的身影,并最终获得了旗营民意代表的资格。

尽管早在1889年,贵林已与宋恕建立友谊,1891年以前已经认识陈黻宸①,不过,贵林之真正出名,广为人知,还在其1906年接手惠兴女学校之后。时人已有明言:"佐领贵林接办惠兴女学,一跃而为学界中有数人物。"②故讨论贵林在清末杭州以至浙江政局与社会上之影响,势必先从此说起。

惠兴与贵林一样,同为驻防营出身。其姓瓜尔佳氏,丈夫为镶蓝旗附生,早逝。③ 1904年10月24日,已经认识到"现在的时势,正是变法改良的时候"的惠兴,毅然"以提倡女学自任",在杭州旗营中创办了贞文女学校。还在8月7日召开筹备会之际,惠兴即以满人刚毅的性格,表达了"不成功,便成仁"的办学决心,当众割臂自誓曰:"今日为杭州旗城女学校成立之日,我以此血为记念。如此校关闭,我必以身殉之。"④而学校开办一年后,因为在满人群体中得不到有力支持,艰难支撑的惠兴家产荡尽,最后于1905年12月21日于家中服毒自尽。临死前,惠兴留下遗书八封,并有上浙江将军瑞兴的禀帖,希望以自己的死,为贞文女校换取官方拨付的常年经费,也实践了其以身殉学的誓言。惠兴自杀后,其分别致以遗书、委托校务的两位旗人妇女均不肯接任,学校面临停顿。贵林及时施以援手,才使该女校获得了生机。

贵林对新式学堂的热心,早在1897年受命承办旗营中的梅青书院、大力购置新学书报上⑤已见一斑。其支持惠兴办学,先是推荐宋恕女儿宋昭到贞文女校任教,后又遵照惠兴遗嘱,将其请款禀帖转呈瑞兴,已可谓尽心尽力。尤其是在惠兴死后,贵林四处发送由他撰写的《杭州惠兴女士为兴女学殉身节略》,大力传扬惠兴为女学牺牲的事迹,其文不仅在《申报》得到刊载,并且感动了《北京女报》的主笔张毓书(字展云)。张氏一面在《北京女报》用白话倾心动情地演述惠兴故事,一

---

① 贵林《致宋燕生书》(1892年4月11日)中言及:"迨客春补缺晋见,至秋旋杭,患病颇重。正值介(石)、云(珊)二公来赴闱试,未能聚谈,深以为憾。"(《东瓯三先生集补编》,第272页)其中"云珊"为池志澂。
② 《看旗营第一人才》。
③ 有关惠兴的情况及办学经过,见笔者《晚清女学中的满汉矛盾——惠兴自杀事件解读》(《晚清女性与近代中国》第八章,北京:北京大学出版社,2004年)。
④ 《惠兴女士为女学牺牲》,《申报》1905年12月30日。此文为贵林所写。
⑤ 参见前引孙宝瑄戊戌二月初五(1898年2月25日)日记。

面联络梆子戏著名演员田际云,及时编排出文明新戏《惠兴女士传》,于1906年3月29日开始在北京上演,此举借为贞文女学校募捐,而将兴办女学的思想普及到北方一般民众中。贵林也与之南北呼应,北京地区的大笔捐款保证了改名惠兴女学校的杭州旗营女校的再生,贵林也因其鼎力相助以及办学经验,被杭州驻防营公举承办该校,由瑞兴委派为总办。1907年5月,贵林进京,更直接参与了《惠兴女士传》的重演,在该戏临近尾声之处,张毓书邀请贵林登台,现身说法,报告观剧感想以及惠兴女校近况,使贵林的演说长才也得到了展示的机会。① 而其议论诸葛亮著名的"鞠躬尽瘁,死而后已"为"犹非上德者",以为"当求死而不已",既令孙宝瑄"深叹服"②,也足以概括其将惠兴开创的事业继承维护并发扬光大的实绩。由此使得贵林在新学界声名鹊起。

不过,贵林的此番作为也不乏讥之为沽名钓誉者,从其本人的自述已可理会。1908年5月,贵林"为女学界联团体、便交通起见"③,创办了《惠兴女学报》,发刊词中即道及:

> 中权受官、学二界之委托,感惠兴氏之激刺,由保守主义希望造时主义,至于今日,将及三年矣。凡此三年之间,除担任本校职任外,而他校以及公益、社会诸务,均就一己精力之所及,竭诚经营,不遗余力。誉者以为热心,毁者以为钓誉。中权氏不知其他,求心之所安,期事之有济。率此以往,即至牺牲己身,亦所不顾,矧区区毁誉乎?④

以此表明心迹,当然是信者自信,疑者仍疑。而贵林走出旗营,介入学界、商界、政界等各种社会群体的活动,其契机正在接办惠兴女学校,此段表白也提供了最有力的证言。

实际上,在旗营内部,贵林已努力推进多项改革。吴庆坻著《辛亥殉难记》称:"驻防营设学堂、办警察事并创举,独肩其劳。"⑤可见其大略。此外,1908年3月,贵林还在旗营自治会内发起组织了阅报社宣讲所,"定每月宣讲一次",擅长演讲的贵林也当仁不让。⑥ 而依据《申报》的记述⑦,1907年以后,贵林更频繁参与社会

---

① 参见笔者《旧戏台上的文明戏——田际云与北京"妇女匡学会"》,《现代中国》第5辑,武汉:湖北教育出版社,2004年。
② 孙宝瑄戊申十月八日(1908年11月1日)日记,《忘山庐日记》下册,第1260页。
③ 《本报广告》,《惠兴女学报》第1期,1908年5月。
④ 《〈惠兴女学报〉发刊辞》,《惠兴女学报》第1期。
⑤ 吴庆坻:《贵林传》,氏著《辛亥殉难记》卷四,第15页,1922年重印本。
⑥ 《旗营宣讲有期》,《杭州白话报》1908年4月14日。
⑦ 本文所采用的《申报》资料,在检索时得到了海德堡大学汉学系博士生孙丽莹的帮助,特致谢忱。

事务,可考知者如下:

1907年9月22日,参加浙江教育总会成立大会。

1907年11月14日,作为旗营学校代表,参加浙江学校认股会。

1907年11月25日,参加全省国民拒款大会,当选为杭(州)乍(浦)驻防代表。

1907年12月2日,作为驻防代表,参与全浙十一府暨驻防、留学界拒款会代表谒见新任浙江巡抚冯汝骙的请愿活动。

1907年12月9日,参加浙江教育总会正式大会,被推举为调查员。

1908年1月15日,参加浙江禁烟调查社新总理莅任欢迎会,发表演说。

1908年2月25日,参加在凤林寺举行的安葬秋瑾祭奠会,发表演说。

1908年6月29日,参加禁烟调查社周年纪念会,以社董身份报告入会理由,并代发起人辩诬。

1908年12月19日,参加浙江农工研究会成立大会,当选为副会长。

1909年3月6日,参加浙江省农务总会成立大会,当选为协理。

1909年9月12日,参加全浙保路会特别会,被推举为驻防代表,即任临时干事。

1909年9月25日,参加浙江省救火联合会成立大会,被推举为临时议长,当选为副会长,以职繁辞。

1909年10月28日,以惠兴女学校校长身份,参加浙江教育总会举办的夏震武会长欢迎会。

1909年11月6日上午,参加全浙保路会及绅商学界为汤寿潜入觐举行的欢送大会;下午,参加浙江教育总会大会,当选为评议员。

1909年12月7日,参加全浙保路会举办的挽留汤寿潜、拒任江西提学使特别大会。

1910年1月2日,参加国民筹还国债大会,演说国民捐之历史。

1910年1月14日,以浙江省筹还国债会三位代表之一的身份,晋谒浙江巡抚增韫。

1910年1月23日,参加浙江省筹还国债会正式大会,被推举为学界八位代表之一,并发表演说。

1910年3月11日,参加杭嘉湖绍金衢严七府出品展览会开幕第一日活动,以来宾身份发表演说。

1910年3月20日,参加杭嘉湖绍等七府出品展览会开幕礼,以来宾身份发表演说。

1910年4月12日,担任浙江省第四次国会请愿代表选举大会主席,并作报告。

1910年7月24日,参加杭州商务总会邀集绅商学界讨论迁移日人商店后续问题之聚会,发言质询。

1910年9月9日,参加杭州士绅组织之浙路维持会会议,被推举为两名赴沪代表之一。

1910年9月10日,参加浙路维持会成立大会,发表意见。

1910年10月1日,担任全浙商会维持浙路大会主席,宣告意见。

1911年9月17日,参加浙江省水灾急赈会,发表意见。①

以上列出的27次活动尽管并不齐全,仍可看出贵林之勇于任事,且职务繁多。最忙的时候,他甚至一日之间,上、下午分别参加不同的会议。与会的种类也五花八门,大致确如其所说,可归纳为"公益、社会诸务"。个别组织固有官方色彩,如禁烟调查社总理,"向举臬司及巡警总办充任"②,贵林本人也曾以巡抚代理委员的官家身份出席1909年10月14日举行的浙江谘议局成立大会③,然而,其间民间社团占了绝大多数,也一目了然。

所有各项事务中,贵林参与最多、表现也最为突出的是浙江拒款保路运动。根

---

① 参见《申报》所载《浙江教育总会成立》(1907年9月26日)、《浙江学校认股会纪事》(1907年11月18日)、《全浙国民拒款会纪事》(1907年11月29日)、《全浙代表进谒冯抚详纪》(1907年12月6日)、《全浙总教育会正式会记事》(1907年12月13日)、《禁烟调查社开欢迎会》(1908年1月17日)、《祭葬秋瑾女士详纪》(1908年2月29日)、《禁烟调查社纪念会记事》(1908年7月3日)、《农工研究大会纪事》(1908年12月23日)、《农务大会记事》(1909年3月10日)、《全浙保路大会记事》(1909年9月15日)、《救火联合会成立会纪事》(1909年9月28日)、《教育会欢迎会长纪闻》(1909年11月1日)、《浙江各团体欢送汤京卿入觐记事》(1909年11月9日)、《全浙教育总会尚武之气概》(1909年11月10日)、《保路会挽留汤总理特会纪事》(1909年12月10日)、《国民筹还国债大会记事》(1910年1月5日)、《浙绅为国民捐谒见增中丞纪事》(1910年1月18日)、《浙省筹还国债正式大会详情》(1910年1月27日)、《七府展览会开幕记事》(1910年3月14日)、《七府展览会正式开幕》(1910年3月23日)、《选举国会请愿代表记事》(1910年4月14日)、《杭垣日商迁移后二大问题》(1910年7月26日)、《杭垣官商对于路事之态度·杭商组织浙路维持会纪事》(1910年9月12日)、《浙路维持会开会纪事》(1910年9月11日)、《全浙商会维持浙路大会》(1910年10月4日)、《浙省水灾急赈会记要》(1911年9月19日)。

② 《禁烟调查社开欢迎会》。

③ 《浙江谘议局成立大会及选举》,浙江省辛亥革命史研究会、浙江省图书馆编:《辛亥革命浙江史料选辑》,第164页,杭州:浙江人民出版社,1981年。"巡抚代理委员"的名衔据该书第172页。

据朱福诜等浙路全体股东代表1910年撰写的《浙江铁路始末述略》①记载,此一风潮起自1905年美商欲承办浙赣铁路,"浙人以保国权为念,群起力争",于当年7月成立了商办全浙铁路公司,公举汤寿潜任总理,获得朝廷批准,由此开始民间的集款筑路。然而,早在1898年,清廷先已与英国银公司签订了包括苏杭甬(后改为沪杭甬)铁路在内的五条铁路修筑草约,英商据此要求正式签约,以借款的方式谋求控制路权。浙江全省由此兴起了国民拒款风潮,民众纷纷购买全浙铁路公司股票。清政府却不顾浙人反对,1908年3月仍与英商签订了《沪杭甬铁路借款合同》(对内称为《沪杭甬铁路存款章程》),借款150万镑。浙江商民的抗争焦点随之从拒款转向保路。而为破坏浙路的修建,1909年间,朝廷也不断以云南按察使、江西提学使的任命,试图将汤寿潜调离浙江。1910年8月,更将汤革职,不准其再干预路事。浙江绅商因此成立浙路维持会,要求留汤办路,运动也日益深化。

　　以此反观贵林的行迹,其大致参加了浙江拒款保路运动的全过程,而且屡屡建言,态度相当积极。最初在1907年11月14日由浙江铁路学校发起召开的省城各校认股会上,关于"研究交款方法"一项,贵林不赞成"五年交清",而倾向以十年为期,理由是:"付款期长,清苦学生亦可认股;倘限期过短,诸多不便。"②这是出于学生的实际承受能力而提出的合理建议,也有利于吸收更多的人参与其中。而在汤寿潜被革职后,贵林不但参加了1910年10月1日由全浙商务总会召集各分会分所"公谋维持办法"的大会,而且被一百多与会者公推为主席,主持了四条维持浙路方法的讨论与修订。其中最为关键的第三条,原拟为:"公同研究《公司律》进退商办总理权限,议决后,呈由抚宪分别奏咨。"经楼守光(醰安)、褚辅成(慧僧)提出:"今日之会由商会发生,当注重政府违背《商律》。似应联络全省,诘问商部。""商会之设,责在保商。全浙实业仅此数百里之铁路稍有成效,而政府任情摧残,破坏《商律》,商人无所适从,商会形同虚设,竟可从此解散。现在惟有派员进京,要求商部尊重《商律·公司律》;要求无效,一律解散。"对此激烈主张,贵林也表示同意,并倡议"即日实行",获得大众赞成,此条因此改为:"决派代表入都,呈请商部代奏,保存《商律》,俾达收回成命之目的。"其中所表达的指认政府革去汤寿潜浙铁公司总理之职为违法,从地方官代奏变为直接派代表进京,以示"持死力争"③的决心,凡此,抗议清廷的指向均极为显明。

　　就个人姿态而言,贵林的主张可谓相当激进。1910年9月9日召开的浙路维

---

① 朱福诜等:《浙江铁路始末述略》,《辛亥革命浙江史料选辑》,第224—228页。叙述中亦参考了陈志放所撰《汤寿潜年谱》(浙江省萧山市政协文史工作委员会编《汤寿潜史料专辑》[《萧山文史资料选辑》四],第621—635页,1993年)。
② 《浙江学校认股会纪事》。
③ 《全浙商会维持浙路大会》。

持会一开场,贵林即率先发言,提议:

> 此次政府咎汤,无端牵涉路事,破坏商办,违背先朝成宪,事关东南大局,危亡所系,凡属国民,万不能再安缄默。其办法应分为两团体:(一)为法定团体,如股东等应主和平;(二)为人民团体,不厌激烈。即日公电军机处、都察院、邮传部等声明:汤以言得罪,于路有功,力请代奏。颁布后命,解释谕旨界说,收回"不准干预路事"成命,以安东南人心。否则南洋劝业,招致华侨,亟亟提倡实业,概归无效。有血气者忿蹈东海,卑卑者竞隶外籍,朝鲜前车,庚子顺民,人心解体,国本大伤。

并在商讨最后办法"万一政府主持压力,人民呼吁概置不理,应再派人叩阍,并吁求台谏联合奏参,为再接再厉之举"时,"尤形忿激",声言:"最后办法诸君即不赞成,鄙人必独行其是;即获严谴,为汤寿潜第二,或竟牺牲生命,亦在所不惜。"记者称其"语语血诚,会众为之动容"①,当系写实。

贵林所述尽管言辞激切,但若仔细体察,还是可以分辨出其维护朝廷或曰国家大局的良苦用心。所谓"不厌激烈",并非走向革命一途,而是就表达的形式立说,因"最后办法"已将赴京请命设定为最高级别的抗争手段。身处地方,贵林其实早已如杭州将军瑞兴一般,切实感知到"人情愤激,官力难遏,大有横决暴动之势"②的统治危机。作为满人群体中的一员,又深受儒家忠孝观念熏陶,贵林此时只能期盼朝廷的改弦更张、顺从民意,以求消弭正在迅速积聚的革命情绪,是即"以安东南人心"之真意。故其"血诚",实可自代表民意与为清廷着想两面言之。

参与拒款保路历次集会时,贵林多半被视为旗营的民意代表,不过,他所拥有的满营武官身份,仍潜在地发挥作用。如1907年12月2日全浙拒款会代表进见巡抚冯汝骙,"各代表排次入花厅",而以"驻防贵翰香君居首",以下顺序为留日代表、杭州等十一府代表、副会长王廷扬,"以次站立"等候。这一序列无疑凸显了贵林在众代表中的特殊地位。入座后,冯氏也先向贵林发问:"杭城女学堂有几所?"显然也对贵林的热心女学有所耳闻。而贵林亦率先将话头转向主题:"此次中丞到浙,百姓仰望久矣。浙路借款问题,全仗大公祖主持。"并称:"满营及各府近已集款至四千万余元,筑造全浙铁路,已绰绰有余,何待外债?"而对于拒款会的作用,也专从安定人心一面立说:"拒款会未设以前,省城人心恐慌,大有纷扰之势。自拒款会成立后,人心稍安。"③这自然也是贵林积极参与保路运动、希望能够控制局势发展的一个出发点。

---

① 《杭垣官商对于路事之态度》。
② 《杭州将军瑞致外务部电》,《辛亥革命浙江史料选辑》,第275页。
③ 《全浙代表进谒冯抚详纪》。

不过,贵林亦官亦民、处处争先的角色,既为其在一系列社会活动中赢得了声望,也招致了诸多不满。譬如1907年9月22日,浙江教育总会开成立大会,贵林谋求成为代表杭州府的唯一一名临时干事,以便对会长的选举拥有更大发言权,当场即"致各府来会者大哗",并遭温州二人大力指斥。① 而关于1909年11月6日下午的会议报道,则被《申报》讥讽性地标题为《全浙教育总会尚武之气概》。所记会场中的煞尾动作,即贵林的发言,"归咎于从前会长(按:指项崧,温州瑞安人)之放弃,大发牢骚,骂詈多时,若以此尽到会之义务者然",责备的语气已十分明显。尤其是在一个月后保路会召开的挽留汤寿潜大会上,贵林的举动更是令人侧目。因"三时四十分钟入席,默坐许久,尚无人登台报告",以来宾身份临场的贵林便跃身而出,演出了如下一幕:

> 来宾贵翰香突然登台诘问:"今日会事究系何人主持?似此推诿,实属不成事体。"复又盛气演说汤京卿必不就职,可以无庸发电挽留之原因,并痛骂浙江绅士之凉血;语次,忽又牵涉国民捐,谓拟发起,凡现办公益之人,月薪在三十元以上者,月捐二成,集款开设国民银行。方在手舞足蹈、兴高采烈之际,商会业董王湘泉君愤甚,不俟其辞毕,突然登台谓:"贵君所说问题重大,与今日开会宗旨渺不相涉,可请另日再议。"即照秩序,请会众推举临时主席。当推定陈介石主政,为临时议长。贵报颜退席,意兴索然。②

若论贵林此次的越位发言,原本事出有因,但因其言辞过于得罪在场绅商,且表现欲太强烈,乃至反客为主、另设议题,不免被自认主人的商董抢白。而其对帮助政府偿还国债所举办的国民捐极为倾心,于此也尽显无遗。

然而,以贵林之说辞动听,无论官方主持还是民间社团的集会,仍然不时有会议主持人请其代为发言。如1908年12月19日,贵林受浙江农工商矿局总办、农工研究会监督汤汝和(字味梅)委任,"代表报告本会组织情形";1909年11月6日,欢送汤寿潜大会临时主席陈黻宸又委托贵林"代表演说"等。③ 诸如此类的代言,当然也有益于提高贵林的社会知名度。

总体而言,贵林在清末浙江新政中不乏可圈可点的精彩表现,于办女学、争路权、偿国债方面尤其突出。其立场大体接近立宪党人,不过,与本地汉族绅商更关注保路不同,贵林是以同样的热情参与维护路权和发起国民捐。前者包含了地方利益与国家权益两个层面的内涵,其兴起及迅速扩大蔓延的趋势直接与朝廷的旨意相冲突,亦令地方官感觉棘手;后者则因其为国分忧的单一性,而得到了当地各

---

① 《浙江教育总会成立》。
② 《保路会挽留汤总理特会纪事》。
③ 《农工研究大会纪事》《浙江各团体欢送汤京卿入觐记事》。

级官员的普遍支持①。由此显示了贵林所持守的国家至上理念,以及在其意识中,朝廷与国家二者既可以分离②,又具有相关性。分离是一种理性判断的结果,故对朝廷有不满以至抗议;合一则更多属于身为满人的情感认同,因而即使是最激烈的抗争,在贵林也是出于"爱国"的宗旨、"恨铁不成钢"的心意。此外,其不甘人后、能言善辩的突出个性,又引起不少人的反感。不排除贵林的争强好胜中有个人成名甚至揽权的成分,但其人之热心公益,即使厌恶、反对者也并不否认。毕竟性格问题是小节,政治诉求的相近为大义,以仗义执言姿态出现于公众场合的"旗营第一人才"③贵林,也因此在立宪党人中获得了更多的赞誉与支持。

"我为满人"

晚清毕竟是一个民族主义思潮激荡的时代,满汉矛盾在此时期也再度凸显。与主张消融畛域的温和的改良—立宪派人士不同,革命派排满的宣传虽非主流,却具有强大的渗透性与潜在的影响力。而清廷自1906年起开始改革官制、预备立宪,整个过程中所表现出的保留与迟疑,因明显偏向满人权益,也不能令汉族官绅满意、服气。处此情境,可想而知,作为满族地方精英的贵林,以其争强好胜的行事风格,自然会卷入这场权力冲突。

其实,贵林之为后人所知,多半是由于秋瑾。1908年2月25日,由秋瑾生前好友吴芝瑛与徐自华(字寄尘)发起,在杭州凤林寺举行祭葬秋瑾仪式。事前,徐自华在上海《时报》曾刊登《会祭鉴湖公函(致学界同人)》,贵林则是在看到《杭州白话报》前一日的《女界义侠之可风》的通讯,知道葬礼的时间与地点后,方才赴会④。依照贵林的性格,既与会,必发言,且往往越众而前,此次也不例外。在"先

---

① 与拒款、保路、维持各会的集会以绅商学界自主不同,杭州商界发起筹还国债、创办国民捐的集会,则有包括巡警道、仁和与钱塘二县县令等官场人物的出席(《国民筹还国债大会记事》);浙江巡抚增韫也对筹还国债会代表表示,"本部院亦国民之一分子,对于此举,当略巡抚之官阶,而尽国民之义务,竭力提倡"(《浙绅为国民捐谒见增中丞纪事》)。
② 梁启超著《新史学》,已批评中国旧史学"知有朝廷而不知有国家"(《中国之旧史学》,《新民丛报》第1号,1902年2月)。
③ 此为1910年新任浙江将军的志锐对贵林的评价:"近新将军到浙,颇讲人才。日前往观惠兴学校,大加奖许,并云旗营人才以贵为第一。"《民立报》1910年12月3日的相关报道题为《看旗营第一人才》。
④ 贵林《志会祭秋瑾女士事》(《惠兴女学报》第1期,1908年5月)文中"节录中权氏演说",开头便提及:"兄弟阅《白话报》,知吴芝瑛女士为秋女士筑坟事。"查《杭州白话报》,1908年2月23日刊《女界义侠之可风》,预告:"定本月二十四日(按:即西历2月25日)行社祭礼,假凤林寺为会所,午后一点钟开会,四点钟散会。男女学界同胞听见吴、徐两女士有这样义侠,必大家起敬起愧,届时赴会的人必不少呢。"

由临时会长徐寄尘报告原委""次由秋女士之兄徕绩君述女士自幼至死之历史"后,贵林即一马当先,发表演说。① 而此次贵林的言论,据与会者日后回忆,均指认其攻击秋瑾的反清革命不具正当性,"谓明亡于闯,非亡于清;清为复仇而有天下,乃得之闯,非得之明也。今瑾革命,未免非是",当场即招致陈去病与徐蕴华的反击,徐更"以'扬州十日,嘉定三屠'驳之"。② 由此也确立了贵林在历史中的负面形象。

关于此一公案,笔者曾根据登载于《惠兴女学报》第1期的贵林自录演说词等相关资料,撰写《秋瑾与贵林》③一文予以辨正。从贵林称赞吴芝瑛为"大同主义者",以及叙述其"前曾为友,且曾与之深谈"的徐锡麟"无满汉之见",甚至质疑官方公布的徐氏仇满口供与起义军告示,"断定为他人所伪造",可知贵林亦持消弭满汉矛盾的愿望。而其对秋瑾的批评,揭诸报端的只是"志大行粗,语言不谨,文字蛊祸,而'家族革命'之说实有以尸之",却略去了引起争议的一段。不过,总体看来,贵林对秋瑾的被杀仍心存同情,其演说的旨归也在消除满汉成见,合力实行政治改良,故呼吁:

> 兄弟请诸公联合团体,速速组织宪政党,尊今上如明治天皇,为神圣不可侵犯。抱定尊君爱国主义,庶几乎人心一定,万事可为。④

因此,原本为和融满汉关系而阐发的自以为坚实的理据,也由于引起在场人士的反弹,而被贵林本人主动删除。不过,这一事后的弥补并不能消泯参与公祭大会的诸多革命党人已经生发的恶感,陈去病即以"有房人贵林者,杭州驻防兵之桀黠也,善骋口辩,为杭房所倚任"⑤形容其人,足见其厌恶之情。

如认真追究起来,贵林在祭葬秋瑾时的表现,只不过是加重了革命党人对他的恶劣印象,还算不上原始造因。而此前一年发生的控告孙翼中一案,贵林在其间的强出头,便更惹人忌恨。

孙翼中,字耦耕,号江东,浙江钱塘人。留日学生,1903年夏归国,主持《杭州白话报》,为光复会会员。案发时的1907年,孙正担任浙江高等小学堂校长,由该校学生赵学诗之父赵士翰向官府控告孙对其子有性侵犯。若此事落实,确为学界丑闻。而考察案件的演进过程,则不难发现知耻社,尤其是贵林在中间所起的推波

---

① 《祭葬秋瑾女士详纪》、《公祭秋女士大会述闻》,《申报》、《神州日报》1908年2月29日。
② 陈去病:《徐自华传》,《南社》第9集,1914年5月;徐双韵《记秋瑾》,全国政协文史资料研究委员会编:《辛亥革命回忆录》第四集,第220页,北京:中华书局,1963年。徐自华妹蕴华(号双韵)亦称,贵林"发表谬论说:'我大清待汉人不薄。'"。
③ 《读书》2007年第9期。
④ 贵林:《志会祭秋瑾女士事》。
⑤ 陈去病:《徐自华传》。

助澜作用。

案件之起,乃是1907年8月26日(七月十八日)①,杭州商人赵士翰向浙江提学司呈递了一份题为"为校长恃势奸污学生,敬乞恩准澈究,以遏淫风而维学界事"的禀帖。其中所述与其长子、十四岁的赵学诗有关的情节如下:

> 今年暑假……放假归家,屡言不愿进堂,再四诘问,幼儿一味呜咽不言。本月十六日,已逢开堂日期,士翰以青年向学为第一要义,何可贻误终身?始则开导,继则强迫。幼儿迫于无奈,泣言学龄幼小,易受孙校长污辱,如再进堂,廉耻丧尽。经士翰探问幼儿同房间壁铺之同学生黄滦泉,果有其事,琐屑述明,父子天性,实不忍闻。兼闻外间传布该堂校长种种秽迹,被污者亦不止幼儿一人,只以彼此颜面攸关,无人举发。即该堂学生洁身自好者,因此在他校报名亦甚纷纷。士翰虽业商,颇知清白自爱,儿童年幼无知,陡被校长诱奸,是可忍,孰不可忍!伏查学堂章程,以敦品立行为先。校长如斯,禽兽不若,奚论品行?况鸡奸幼童,定律綦严。孙翼中身为校长,吓诱何难?谁无子弟,孰能甘此?且秽德彰闻,攸关全省学界名誉。

因此要求"提讯澈究,按律严惩"②。此禀随后亦分投浙江巡抚、杭州知府等处。

应该说,赵士翰投诉后,地方官虽迅速批示,提学使支恒荣当晚即"饬交仁和县讯问"③,但官方的基本态度仍是希望控制消息,低调处理。如8月26日知耻社成立,次日即散发传单,约集绅商学界于29日午后四点钟在杭州府学明伦堂开会评议。④ 浙江巡抚张曾敭闻讯,"立饬解散,传孙质讯"⑤。其实,无论公开还是私下,从巡抚到具体承办案件的仁和知县,一致的说法是,"此案已由官为伸理","专为赵孙二姓之案,不许他人干预"。⑥ 这也是浙江学务公所议绅吴震春27日听闻道路传言,急忙禀报支恒荣时,支氏"以尚未宣布,又不以控词相告"⑦的原因。不

---

① 此日期据贵林《贵中权为赵孙事自述意见书》,知耻同人编《学界罪言》甲之一"知耻同人与祖孙诸君辩论文牍",第32页,1907年。《学界罪言》中的相关资料由郭道平博士代为抄录,特此致谢。
② 《商人赵士翰禀》,《学界罪言》甲之二"赵孙一案禀批示谕",第1—2页。
③ 《杭州府卓守为解散开会集议事函禀藩宪文》,原刊1907年9月3日《新闻报》,收入《学界罪言》甲之一,第26页;亦参见《浙江学务公所议绅吴震春上支提学辞职书》,《申报》1907年9月7日。
④ 参见《知耻同人公启》,《学界罪言》甲之一,第1页;吴震春等:《通信》,《申报》1907年9月1日。
⑤ 《专电》,《申报》1907年8月30日。
⑥ 《杭州府卓守为解散开会集议事函禀藩宪文》;《仁和县方大令覆函》,《学界罪言》甲之一,第22页。
⑦ 《浙江学务公所议绅吴震春上支提学辞职书》。

过，浙江官场不希望事情闹大的所有努力终归无效，根由即在贵林的介入。

知耻社组成后，即推举贵林为代表，不断向社会与官府发声。其目的与要求在8月27日第一次以"知耻社同人"具名的《公启》中已表明："此事关系全省学堂名誉，虚实均应澈查。"①贵林更于立社之初提出三条原则："与孙某有私隙者无庸与议，一也；保全学堂，洗除污垢，二也；调查宣誓，必任虚诬反坐之责，三也。"②用以表明其所代表的知耻社客观公正、依法负责的立场。既然自觉已占据道德的制高点，贵林于是一再要求召开会议、发表意见书。在声明遵照巡抚传谕停止开会后，又因获闻对立一方仍要集会，而致函仁和、钱塘两县，重申开会诉求，且请求巡警总局派员到会维持秩序、两县差人协同保护③，以争取行动合法化。除与各方私函讨论外，贵林还三次刊发意见书，一再督促官府尽快审案，显示出据理力争的姿态。1907年11月，他又将各方文件、信函及报刊评论汇编成《学界罪言》一书，广为散发④，期望造成一种强大的舆论力量。

而在各次发言中，无论对象为谁，贵林总是理直气壮，咄咄逼人。或慨称"方今朝廷兴学育德，群视要图。第百人持之不足，一人坏之有余"，或痛陈"同人惧教育之将亡，而人禽之无别也，于是倡立知耻社，以维持学界，扶植人伦"⑤，以示其本心乃是光明磊落，至大至公。因此，当仁和县令方象埏定赵孙一案"系个人讼案"之说出，贵林立即复信严词斥责：

> 来示云，此案不许他人干预，虽系包两方面而言，然似只可以诛辩护之心，而不可以箝公论之口。既关学界隆污，决非二姓诉讼可比；复异寻常案件，亦岂个人私德可援？

对于禁止开会集议一事，贵林也自认："某等上遵预备立宪之旨，下守国民自治之基，刮垢磨光，似亦可告无罪于天下。"语气软中带硬，不满之意显露无遗。甚至更反守为攻，追问："孙某肯否到案，提讯何日得行，裁判之权，操之官长。如果罪人斯得，定谳早宣，则某等维持学务苦心已达目的，敝社亦即消灭，何事开会集议？"⑥

---

① 《知耻同人公启》。
② 《贵中权为知耻同人三述意见书》，《申报》1907年9月26日。
③ 参见贵林等《致仁和县方大令第一次公函》、《致仁钱两县请派差到会弹压公函》（七月二十日），《学界罪言》甲之一，第21页。
④ 《学界罪言》无刊记，《弁言》写作时间署为"光绪丁未冬十月"。孙宝瑄于1908年1月5日（丁未十二月二日）即收到贵林所寄十余册《学界罪言》（见《忘山庐日记》下册，第1124—1125页）。
⑤ 贵林等：《致仁和县方大令第二次公函》，《学界罪言》甲之一，第24页；《贵中权为知耻同人三述意见书》。
⑥ 《仁和县方大令覆函》；贵林等：《致仁和县方大令第二次公函》。

如此严厉的质询，自然让官府很觉棘手。而其间孙翼中的避不到案，无疑也加固了知耻社一方对于孙氏有罪且"证据确凿"①的认定，有利于贵林在争辩中口气强硬。

与知耻社对立的群体，则多半来自新学界，当年的表述概称之为"学界"。其举动也完全针锋相对。8月27日知耻社宣告开会后，以"浙江两级师范学堂"与"杭州府中学堂"具名的《公启》迅即出现，不仅定期于29日同一天，更提前到午后一点，邀请学界同人在仁钱教育会集议。官府禁止双方集会的示谕传达后，该团体也曾执意抗拒，不愿解散。尽管所言也作持平之论："如其诬陷，罪当反坐；倘有其事，孙校长罪大恶极，学界同人亦宜鸣鼓而攻。"然诸人尤为着重之点，显然还在"以全学界声望"。② 因此，一份"浙江高等小学全体学生公叩"、为孙翼中辩诬的公开信适时发布，指认"黄漈泉与赵学诗串通诬我孙先生"③。9月1日，更有以浙江学务公所议绅、浙江高等学堂监督吴震春领头的学界十二名流声援孙氏的联署信，在上海《申报》《新闻报》和《南方报》多家报纸刊登。此信认定赵孙案乃"仇人诬陷"，明言"仇党以五百圆贿买学生赵学诗之父控告"。结仇缘故，说得出的是孙任《杭州白话报》主笔时，因揭发抨击而得罪多人；说不出的则以"其中原因复杂，一时不能尽述"带过。但总而言之："仇党暗中大首领等皆大绅士，而与孙有夙仇者。"④

杭州学界之所以表现出"祖孙"的态度，固然是出于对孙翼中的信任，以其为无辜者，视此案为歹毒之阴谋；不过，其中缘由也应与贵林为批驳对手而做的诛心之论沾边："以为欲保全学堂，先不得不保全孙某。"⑤而签名的十二人中，参与过《杭州白话报》报务的至少有邵章、袁毓麟、汪欷、项藻馨、汪希与钟寅⑥，已占半数。其中不乏与孙翼中同样怀有革命思想者，这也是诸人无法明言的隐情。可以想象，出于保全朋友以至同志的急切心情，很可能是由同为留日学生的袁毓麟主持，仓促草拟与发表了那封为孙鸣冤的联署信。只是此信非但没有起到澄清事实的作用，反而为反对派提供了把柄。先是9月9日，两级师范学堂监督邵章致函贵林，否认知情："十二人公函，弟与雷川（按：吴震春字）事前未闻，及登出，始大诧。"紧接着，9月12日，《杭州白话报》即刊出袁毓麟等十二人声明前述上海各报所登公函"有

---

① 《贵中权为知耻同人再述意见书》，《学界罪言》甲之一，第33页。
② 《浙江两级师范学堂、杭州府中学堂公启》，《学界罪言》甲之一，第2页；参见《仁和县方大令覆函》。
③ 《浙江高等小学全体学生公启》，《学界罪言》甲之一，第2页。
④ 吴震春等：《通信》。参见《袁毓麟等十二人声明失实取消告白》，原刊1907年9月12日《杭州白话报》，收入《学界罪言》甲之一，第35页。按：《申报》刊出时，遗落"钟寅"之名。
⑤ 《书〈杭州府卓守为解散开会集议事函禀藩宪文〉后》，《学界罪言》甲之一，第28页。
⑥ 参见史和、姚福申、叶翠娣编：《中国近代报刊名录》，第207页，福州：福建人民出版社，1991年。

传闻失实处,应即一律取消"的告白。① 这些都可以看作是因此案事涉"暧昧,一时无从设法"②之下,杭州学界的举措失当。

在相互较力的官府、知耻社与学界三方之外,作为事件焦点人物的孙翼中虽避不现身,却也有两封公开信辩白其"横被冤枉,殊属出人意表"。9月6日在《杭州白话报》刊载的致高等学堂监督吴震春辞职书,既表示辞去高等小学堂校长一职,同时亦将其被攻与学界前途紧密关联:"弟一人名誉不足惜,省城学界,从此摧残,不能复振。党祸日亟,夫复何言。"③总结遭陷害的原因,孙氏一再强调乃是"平日锋铓太露,招怨太多"。对案件审理的公正性,他也不抱任何希望:"今赵生既一口咬定,其口供必如教科书之读熟,我岂能与彼公堂对质,势必冤枉到底。"既然预知此种暧昧之事根本无法洗清,不愿坐以待毙,因此在留别学生书中,孙翼中坦言"断不能任其为一面焦之事",而决意出行④。

随着孙翼中的逃离,案件的审理也只能有一种走向。1908年2月,浙江提学使支恒荣的咨文可视为结案判词:

> 该革生果无诱奸学生之事,自应挺身到案,质明虚实;乃事发即逃,案经五月之久,屡传不到,显系情虚避审,畏罪远扬。此等败类,何能任其法外逍遥,致令案悬莫结?应请先行褫革,一面勒限严拿,并移各省一体访缉,归案讯办。⑤

并且,由于十二人联名信已预先透露孙氏出走的讯息,被官方断定"孙某行踪,诸人未必不晓",故"如袁君毓麟等,仰府县传讯质证"⑥,浙江学界多人也因此受到牵累。

回头来看,赵孙案走到这一步,确实得力于贵林。正是他的一意坚持、步步紧逼,不仅让学界救护孙翼中的行动终归无效,而且促使官方正式为孙定罪。在此过程中,贵林甚至不惜斩断与浙江学界重量级人物的交谊。如与之有"十年旧交"的邵章写信劝告贵林不要扩大事态,"公等可已则已,同在学界,何必竟为对待","素

---

① 《邵太史致本社代表贵中权自辨书》、《袁毓麟等十二人声明失实取消告白》(录八月初五日《白话报》),《学界罪言》甲之一,第33、35页。前函写作时间据《贵中权为知耻同人再述意见书》(《学界罪言》甲之一,第34页)。
② 吴震春等:《通信》。
③ 《孙翼中致高等学堂监督辞职书》(见七月二十九日《白话报》),《学界罪言》甲之一,第29页。
④ 《孙翼中留别学生书》,《学界罪言》甲之一,第29页。
⑤ 《会拿诱奸学生之教习》,《申报》1908年2月21日。
⑥ 《杭城孙案近闻》,《申报》1907年10月5日。

谂公抱维持学界之盛意,能从公主持,消灭最妙"。① 贵林却丝毫不为旧情所动,执意一追到底,并将其私信公开。此举当然可认作贵林的大公无私,但在反对者一方看来,也尽可指为挟私报复。

孙翼中出走前的留言,即已将此案与数年前的求是书院事相系连,称其"发而不中;今乃以不可思议之事,中伤及余"②。而孙氏在求是书院因反清文字为满人嫉恨却得脱身,也正是十二人信中不能明言的一重"复杂原因"。此间经过,在1910年陶成章写成的《浙案纪略》中,专列《罪辫文案》一节作了记述;1947年,马叙伦撰写自传《我在六十岁以前》,对此事也有生动回忆。据两位知情人言:1901年,孙翼中在杭州求是书院教国文。暑假中,孙为学生出一作文题《罪辫文》,批阅时,将学生文中之"本朝"改为"贼清"。此事辗转为驻防满人金梁所知,即向浙江巡抚任道镕控告。因金梁并未拿到凭据,被书院监院陈汉第反攻(马叙伦则记为任道镕先便服到院,收走学生作文,扣留原卷,再正式前来,宣布查无此事),事遂止。据陶书所述,"然此'贼清'二字实非翼中所改,系一头班学生史某所为也。此案结后,翼中虽得无事,然不能居杭",转去绍兴。而马书则称,金梁是从书院中的旗籍学生得到消息,后被任道镕瞒天过海,反将"旗籍学生勒归营里";而"旗籍学生的来书院读书,是受贵林们鼓励的,这件事可是实在有的,不过真凭实据没有落在他们手里,只好认错息事,心上当然很不痛快"。但无论哪一种说法,却都将《罪辫文》与六年后的赵孙案联系在一起。陶成章谓之:"嗣后翼中益为满人所恨,丁未诬以鸡奸学生,踉跄逃走得免。"马叙伦也说:"后来孙江东被人告了风化案子,贵林就在后面支持原告,闹得孙江东在杭州不能立足。"③可见,这确是当时浙江学界中一种流行的看法,贵林即使不是设计陷害者,起码也有借题发挥之嫌。

并且,不只学界有此识见,官场也深知此案背景复杂。杭州知府卓孝复于赵士翰呈控次日,回禀布政使的公函中,已以新、旧党争论之:"浙省新旧两党,向来不睦。此次旧党撼得此事,思欲力攻新党,已发传单,拟在明伦堂开会集议。而新党亦发传单,在仁钱教育会集议,以图抵制。"④不过,此说并不恰当,故贵林的驳斥亦振振有词:不但以"所谓新者,必其新之善变者也;所谓旧者,必其旧之善存者也"的高调,断言"吾浙省固无新、旧党也;岂唯浙省,即吾中国亦未尝有新、旧党",而且指称:"曩使吴、邵、袁、项诸人,亦为教育前途计,去败类,表同情,不以

---

① 《邵太史致本社代表贵中权自辨书》。
② 《孙翼中留别学生书》。
③ 陶成章:《浙案纪略》卷上,第1—2页,魏兰印本,1916年;马叙伦:《我在六十岁以前》,第38—40页,上海:生活书店,1947年。
④ 《杭州府卓守为解散开会集议事函禀藩宪文》。

辞职罢学相要挟,则同人所攻者,只攻孙某耳,即同人所撼得者,亦只撼孙某之事耳,与新旧何涉?与党又何涉?"①想来自认趋新的贵林对被归入旧党,亦自心怀怨气。

虽然不关新、旧,但卓孝复真实的想法或许正在满、汉。贵林的驳论已径直揭出此意:

> 窃谓当今之世,尤以德育为第一要义。孙某玷污学界,灭绝人伦,无论为旧为新,皆在不容之列。同人沐浴请讨,义正词严,公举贵君翰香领衔,且不自知其为满汉融洽,又安料及负疑于新旧交争哉?②

贵林自许其以满人而被推举为知耻社代表,是泯灭了满汉成见。而此一说辞应当也是一箭双雕,同时针对对立方而发。

实际上,求是书院事件既已被视为赵孙案伏线,满汉矛盾便成了无法摆脱的梦魇。无论贵林是否真的超脱,在浙江学界的叙述中,"满人"作为身份标志,已如影随形地附着在其身上。见诸《申报》的一则题为《贵翰香满汉之意见》的报道,正是显例:

> 驻杭防营协领贵翰香平日专以满汉之说鼓吹旗人。此次孙翼中事发,反对党设知耻社,即延贵翰香为社长。官场以赵孙之案系个人讼案,无庸团体干涉,曾派仁和县方令佩兰前往解散。贵即当众宣言云:我为满人,孙乃汉人。今我作社长,而官长即思解散此社,是分明有满汉之见。如官长真欲解散此社,我必发电至京,痛言浙省官长排满之实迹。云云。故官场惧不敢发,此亦可见满人之意气矣。③

就《学界罪言》收编之材料看,贵林确实对禁止集会非常不满,但通过两次致方象堃书,此意已作了充分表达,其间也并无类似言词。何况以贵林之称说"大同主义",亦不致公开挑动满汉分歧。只是,事实尽管可能并非如此,贵林不见得真将"我为满人"挂在口头,浙江官场却还是不能不对其满人身份有所忌惮。因而,这则通讯仍算是道出了若干内情。

而且,一旦涉及满汉问题,引发的便是最刺激人心的民族情感,很少有人能够

---

① 《书〈杭州府卓守为解散开会集议事函禀藩宪文〉后》,《学界罪言》甲之一,第26、27页。按:据贵林等《致仁和县方大令第二次公函》,可知仁钱教育会一方有"联合辞职,主张罢学"(《学界罪言》甲之一,第23页)之议。后,吴震春辞去浙江学务公所议绅,邵章辞去两级师范学堂监督,分见《浙江学务公所议绅吴震春上支提学辞职书》、《邵太史致本社代表贵中权自辨书》。

② 《书〈杭州府卓守为解散开会集议事函禀藩宪文〉后》,《学界罪言》甲之一,第28页。

③ 《贵翰香满汉之意见》,《申报》1907年9月23日。

超越①。于此也不难理解,孙宝瑄在收到贵林寄赠的《学界罪言》检视一过后,并没有如往常一般大加赞赏,日记中只留下了"余终莫辨其曲直也"②一句评语。显然,民族主义在这里实为一条无论理智还是情感都无法触碰的红线,这才让孙氏选择了置身事外。

平心而论,此案扑朔迷离,事涉隐私,外人很难理清。而孙翼中的逃逸,无论是否涉案,都是自全之策。至于贵林的强力介入,也自有其儒学信仰与个人行事风格的内在理路。只是放在满汉冲突的大背景下,当事双方(包括其背后的力量)的手段与目的都变得可疑起来,贵林的举动也不例外。加以对手以及一些大报对其满人身份的渲染,即使平日叹赏贵林的友人如孙宝瑄,在此问题上也只能不发声。从控孙案的结局来看,表面上,自认仗义执言的贵林所代表的知耻社获得了胜利;不过,双方对立的态势已然形成③,贵林与浙江学界、尤其是留学界(因孙为留日学生)中人已结怨甚深。特别是后者中颇多革命党人,这一对峙的影响便不止于当时,更在日后继续发酵。

功臣还是罪魁

1911 年 10 月 10 日,武昌起义发生。随着各省的纷纷响应,尤其是作为地方精英与社会中坚的立宪派,经过保路运动、皇族内阁等迭次打击,对清廷的改革已彻底失望,此时集体转向革命一方,造成全国局势大变,清王朝最终失去了天下。可想而知,身处革命潮流势不可挡的风口浪尖上,时任驻防营协领的贵林,其选择相当艰难。

杭州新军的起义于 11 月 4 日(九月十四日)夜发动,包括抚署在内的各重要目标被迅速占领,巡抚增韫亦为擒获。至次日黎明,除驻防营外,全城均已光复。当日,曾留学日本振武学校的新军八十二标统带④周承菼被举为浙军总司令官,汤寿潜为都督。下午,汤即乘专车由上海赶到。短短一日间,政权已易手,尚在抗拒

---

① 宋恕可谓极个别的例外,蔡元培记其"自称著有十种鸣冤录","中有一种是《满洲鸣冤录》",而蔡以"特喜作反语"解之(《自写年谱》,《蔡元培全集》第 17 卷,第 443 页)。目前虽未见到宋复贵林函(1907 年 9 月 26 日)中谈及孙案的内容(见《丁未日记》,《宋恕集》下册,第 979 页),但当时身在济南的宋恕所写《上方学使第一笺》(1907 年 9 月 4 日)已及时阐论:"按民族主义为排满心理之源……欲破排满逆说,非先破民族主义不可!欲破民族主义,非先立大同主义不可!"(《宋恕集》上册,第 641 页)未必不与此案有关。
② 孙宝瑄丁未十二月二日(1908 年 1 月 5 日)日记,《忘山庐日记》下册,第 1125 页。
③ 藏于国家图书馆的《学界罪言》封面有袁毓麟(号文薮)的题记:"此书因孙翼中一案,杭州遂有两党,与余甚有关系。"
④ 参见《辛亥革命浙江史料选辑》,第 94、517 页。

的旗营于是成为顺利推进的革命军唯一、也是最大的阻碍。

而在此之前,武昌举义的民族革命底色与新军之为革命主力的前车之鉴,已使巡抚增韫对浙江新军加紧提防,"调新军驻城外,而括军需局之所有以资旗营",大大增强了旗营的军备。当时,旗营中除了由新军营总办、协领文会与督队官、佐领哈楚显统帅的一营新军约五百多人外,另设有陆军教练所,"复挑选精壮六百余人",以为辅助。两支部队从增韫那里又得到快枪一千二百余枝,子弹八千余颗。并且,"营兵军械既足,而外传武汉间旗人无噍类,南京满、汉相搏战其烈,因而驻杭旗人群倡言报复"。以旗营五千余人计①,如做困兽斗,对新政权固然是相当大的威胁,杭城民众亦将遭无辜屠杀。

这种民族仇恨的紧张气氛,在新军起义前已充斥全城。《申报》上一则题为《杭垣恐慌种种》的报道,于革命军起事的谣传造成惊扰外,对此也有详细描述。不过,罪魁祸首却被指为贵林:

> 杭垣人民访闻旗营佐领贵翰香主张糜烂主义,倡言屠杀汉民,又被空炮一惊,谣言蜂起,纷纷挈眷遁逃,万人空巷。自初七迄今,约去十之七八,致西湖南北山各乡区满坑满谷。②

而如此一触即发的仇杀终于没有演为现实,按照旗营中骁骑校迎升的记述,力挽狂澜的关键人物并非他人,正是贵林:

> (贵林)嘱迎升力戒军士勿暴动。而贵林又召所属,谕之曰:"汝知文明国战斗公例乎?非战斗者,在保护之例。况吾营与居民相亲爱数十年,忍一旦仇之乎?"因顾谓迎升曰:"下城地方辽阔,居民尤众,汝其任保护之责。"迎升乃陈之哈楚显,及各军官属下城地段,皆剀切告戒之。③

这一言说确实符合贵林一贯的思想逻辑与行事风格。

不仅开战前力求安定人心,避免冲突,甚至在11月4日夜新军已经入城,各军官请求分兵增援抚署之际,贵林仍按兵不动,称:"事已变,吾营城小兵单,无与大军构衅也。"其时,"哈楚显立命舁机关炮于城要害地,将轰城",这也是其作为驻防军官的职责所在。此次又是"贵林、迎升属勿发"④。因而在整个起义过程中,旗营

---

① 迎升:《辛亥杭州驻防失守记》,浙江省社会科学院历史研究所、浙江图书馆编:《辛亥革命浙江史料续辑》,第412—413、415页,杭州:浙江人民出版社,1987年;黄元秀:《辛亥浙江光复回忆录》,《辛亥革命浙江史料选辑》,第518页。哈楚显之官衔,见吴庆坻《辛亥殉难记》卷四《贵林传(子量海、举人存炳、佐领哈楚显)》。
② 《杭垣恐慌种种》,《申报》1911年11月4日。
③ 迎升:《辛亥杭州驻防失守记》,《辛亥革命浙江史料续辑》,第413页。
④ 同上。

才未曾与起义军正面交火。

追究贵林所以听任革命军进城而不加阻击的缘故,则与其友陈黻宸大有干系。依据既为"贵林门生也,亦曾师陈黻宸"的迎升记述,当起事前数日,谣言日盛,"陈黻宸虑旗汉相持,徒多杀人无益",因此对贵林有一番劝告:

> 清天命尽矣,公无徒死。洪杨之变,杭城无一免者,公之所知也。设公能从民军,我当与汤蛰先(按:汤寿潜字)谋,以杭州为天下倡,移檄各省,令满汉不复相仇,救中国之民,则公之功不徒在一浙江也。

贵林当时的反应是:"泣曰:'朝政不纲,亡不自今始矣,吾惟一死以自谢耳。'"后再经与贵林交好的谘议局书记长胡钟翰与议员楼守光力劝,贵林仍"默不言"。而贵林素以孝子著称,"陈黻宸乃见贵林母,请母戒贵林勿战。母固贤不从。陈黻宸反复再四,固以请。母感其诚纳焉"。此即为民军兵临城下却能够"兵不血刃"①的内情。

上述对话有几处关节点需要分梳。首先是关于太平天国之乱的前史记忆。当1861年李秀成率军攻打杭州时,拒绝投降、坚持抵抗的旗营结局相当惨烈,将军瑞昌投水自尽,除战死者外,剩余的八千多人集体自焚,整个旗城因此被毁,劫后余生者只有四十六人。② 陈黻宸希望以此提醒贵林,与民军为敌,五十年前的惨剧就会重演。而杭州旗营最初圈地时,本"应选择杭州西南一带高地(吴山、凤凰山等),作为营址,踞高临下,可以俯瞰四方,攻防两便",不料却建营于西湖边,地势平坦,艰于防守,"一旦有事,旗营之兵,若瓮中之鳖,不待战便可束手就缚"。当地满汉人中因此流行一种传说,认为这是出于当年汉人总督张存仁与巡抚萧启元的计谋。虽然未必如此,"但杭州旗营选地之失当,则固人所尽知"。在旗营人的记忆中,"太平军攻克杭州,即先占城南高地,俯击全城,防营清兵全部就歼"③,已是一次极为惨痛的经历。至杭州举义时,这一幕也大有重演之势。5日晨,因"旗营满人将军,毫无表示,似有抗拒模样",革命军因派"炮队至城隍山(按:即吴山),向旗营方面将军署轰击"④,当即造成巨大威慑。贵林对此前因后果应是心知肚明,旗营不利的地理位置使抗拒除了更多的流血与牺牲,不会有其他结果。

其次涉及贵林对清政府的态度。由前面的讨论已可见出,贵林属于满族内部

---

① 迎升:《辛亥杭州驻防失守记》,《辛亥革命浙江史料续辑》,第412—413页。
② 张大昌:《杭州八旗驻防营志略》卷十三《守营志烈》、卷八《分驻志谟》,杭州:浙江书局,1893年。另参阅汪利平:《杭州旗人和他们的汉人邻居:一个清代城市中民族关系的个案》,《中国社会科学》2007年第6期。
③ 张廷栋:《杭州旗营与八旗子弟生活》,浙江省政协文史资料研究委员会编:《浙江文史资料选辑》第26辑,第134—135页,杭州:浙江人民出版社,1984年。
④ 黄元秀:《辛亥浙江光复回忆录》,《辛亥革命浙江史料选辑》,第518页。

的改革派，早已心仪议会，在政治上倾向立宪党人；参与维护浙路、筹还国债等活动时，曾因清廷危害国家权益与地方利益，出言愤慨，态度激烈。故其心路历程应与维新派相近，对朝廷早已积聚大量不满，对其自救前景最终也失去希望。其回应陈黻宸"清天命尽矣"的断语——"朝政不纲，亡不自今始矣"，正是基于这一深切的体认。不过，贵林毕竟是满人，从民族认同与情感上，仍无法斩断与清政权的系连，王朝的存亡也确实关乎其个人命运。而贵林所接受与服膺的儒家孝悌忠信观念，更会让他自觉把尽忠放在首位；何况，为前朝殉节，本是清代执政者大力表彰的品格。为此，贵林决意"一死以自谢"，确属合乎情理的第一反应。

最后则是贵林选择放弃抵抗的真实原因。关于遵母命一节，从陈黻宸的学生马叙伦的回忆也可得到证实："他的母亲就对贵林说，陈先生是至诚的君子，你得听他的话。贵林在旗营里有孝子的称呼，这时也没话说。"①除此之外，真正打动贵林、能够说服他的其实还有更重要的理由。如果将迎升的叙述与孙宝瑄 1921 年为陈黻宸所作墓志铭合而观之，这一点便很清楚。孙文记陈氏的说辞为："清天命已矣！君毋胶守违天，当视阖城生死重、名节轻，勿以一人私害天下公。"②可知陈黻宸的确了解贵林的心事，打破其心理障碍的做法是釜底抽薪，将贵林极为看重、持以自许的名节与旗营全体人的生命放在一起权量，指前者为应被看轻的一人私计，后者才是贵林该当首重的天下之大公。并且，顺应时势（"天命"）的意义也不只是全活数千人，还有更重大者，即在满汉冲突激化的革命当口，为化解矛盾、"令满汉不复相仇"找到一条出路。这样成功的示范，获得拯救的将是全国人民，所以陈黻宸许为"公之功不徒在一浙江也"。而能够成为天下表率，亦可满足贵林的荣誉心。

有此一节前期铺垫，11 月 5 日初战告捷后，陈黻宸才对与旗营议和充满信心。议和经过，在 11 月 8 日《申报》刊登的《浙江光复记》中，曾有前后龃龉的叙述：

> 既而满人举贵林出营至都督府会议，遂由周赤城（按：周承菼字赤忱）君与之约定，限今日缴齐枪械，所有旗丁口粮，暂仍支给。久议不决，适汤都督由上海赶回，复与贵林面约，两方各守信用。于是贵即回营。傍晚贵林复出营请撤军队，汤都督与之复申前约而去。……适汤都督由申赶到，亲赴该营劝降。德济即派贵翰香（即主持糜烂主义之贵林）代表，到谘议局都督府磋商请和。总司令周君勒令于傍晚七时交出枪械，允订暂约两条：（一）将全体旗兵一律改姓，编入就地民籍。（一）旗丁生计艰难，入籍后准其照旧发饷，徐图善后。该代表一一承认，民军即传令停攻。③

---

① 马叙伦：《我在六十岁以前》，第 41 页。
② 孙宝瑄：《瑞安陈公墓志铭》，陈德溥编：《陈黻宸集》下册，第 1224 页，北京：中华书局，1995 年。
③ 《浙江光复记》，《申报》1911 年 11 月 8 日。

若参照其他当事人的忆述,可窥知最先出现的报道未必最可靠。

作为旗营的议和代表,署理浙江将军的德济本来指派的是文会。但文会"怯辞",方"复命贵林往"。依据迎升的描述,"贵林衣朝衣,戴大冠,徒步入民军";终不如陪同汤寿潜到场的马叙伦所写更生动——"他也全身'命服',最惹人注目的是两根雪白的忠孝带"。尽管私下与陈黻宸已有成议,但此际既以旗营代表的身份出现,理智上的接受现实与情感上的恋恋不舍,都反映在贵林精心设计的穿戴上。虽然谈的是投降条件,贵林照样是"侃侃言无怍容",与周"争论未决",声称:"杀我唯命,屠旗营唯命,唯诸君号革命军,信义著于天下,岂妄杀人哉?"所以,当汤寿潜下午赶到谘议局时,马叙伦看到的场景是:

> 伙颐,一间普通接应室里,人头攒动,劈头听见说话的是驻防协领贵林的口音,我引汤老一行,排开众人向里走,迎面的就是周承菼,八字式坐着,佩刀地上立着,两手捧住了刀柄,懔然是个大将气概。陈老师和贵林对面坐的,汤尔和坐在周承菼右边,任临时的书记,纸上已经写了不少条款。原来贵林是代表驻防出营来议降……他到[倒]侃侃不屈的在争某些条件,似乎难得解决。他看见汤老到来,立刻就说:"蛰老来了,蛰老怎样说,我无不依从。"这时,周承菼却不做声,起身迎让蛰老就座,蛰老像煞自己是都督了,毫不谦让,草草看了一遍条款,就说,"便这样,我签字吧",提起笔来写上他的大名。这样一来,大家都无话说,一场议降会议,就此告终。①

鉴于马叙伦虽为陈黻宸的学生,政治上却倾向革命,故蔡元培记宋恕"尝为驻防营的桂[贵]翰香作诗集序",马即"深不以为然"②。以此立场,上述回忆应具有很高的可信度。

关于议降条件,迎升的记述与《申报》通讯也有出入:"约限三小时旗营缴军械,允发旗兵三月饷,三月后为[自]筹生计。"至于后续的缴械过程,二文也有"贵林持约归,谕军士解散之"与"该代表回营后怀诈悔约,届期并不悬旗,仅树'中立'二字,且敢狙击营外居民"之不同。但无论如何,至少到当夜十二时,旗营已悬白旗。11月6日"晨七句钟时,驻防营门大开,全军纷纷缴械"。并且,据革命军一方提供的消息:"民军虑其怀诈,谕令全体出营,逐一搜检,除银钱官物外,不准携带。放空后由官长带领,排队入城,详细搜索,续获大炮、快枪多件,均在河中及地穴内。"③经过如此仔细的搜检,旗营的武器应可缴清。

---
① 迎升:《辛亥杭州驻防失守记》,《辛亥革命浙江史料续辑》,第414页;马叙伦《我在六十岁以前》,第34—35页。
② 蔡元培:《自写年谱》,《蔡元培全集》第17卷,第443页。
③ 迎升:《辛亥杭州驻防失守记》,《辛亥革命浙江史料续辑》,第414页;《浙江光复记》。

11月7日(九月十七日),贵林又一次出现在公众视野。《浙江光复记》如此描写他的表现:

> 及下午,旗兵代表贵翰香在营门口宣言,谓"今日满汉一家,意见尽释,军械亦概交齐,代表之责任已尽"等语。民军皆他顾含笑不理。

尽管站在革命军的立场,语带嘲讽,但贵林对于满汉和解的愿望还是得到了清晰呈现。即使是言之痛心的缴械,贵林也努力往好处想,并对其作为旗营代表、完成了历史使命相当自豪。

贵林的想望其实也正是陈黻宸直至汤寿潜等立宪派的追求。汤氏自述其答应出任都督、返回杭州的原因:"此次返杭,明知火坑,止以杭有旗城,可四五千丁。若一相搏,杀伤必相当,坐见万人将流血,乌能无动?……冀力与杭旗和平解决。凡旗城各处,均望风而下,是得免流血,又不止杭地。将大发抒人道主义,以震慑东西人之耳目。"①而依赖与贵林之间深厚的交情与彼此的信任,加以陈黻宸的预留伏笔,汤寿潜最终实现了其和平解决旗营问题的心愿。对此功德,汤氏极为看重,在写于同一时期的多封书信中,曾经反复向各方道及。②

不过,率队放下武器的贵林,最终仍以革命的名义被处决。时在11月13日(九月二十三日)。两天后,《申报》一则题为《满奸正法真相》的报道称:

> 杭防请降后,民军连日分队大索,搜出枪炮子弹刀械火药等,比较册载多逾数十倍。前将军德济力践前约,将八旗子弟一律编入民籍,俾享同等之保护。不料佐领贵翰香(即贵林)父子联合八旗自治会长马伯文(即存炳)、世职金林等,密谋独立……煽令所属纠众滋闹。德济电告军政府,派队保护,当场拿获两名。事后查悉,此案实系贵某主动,并有预备炸弹,图戕民军首领各情。该将军即晚专函告密,军政府不动声色,于二十三晨刻派队入营,将贵某等四人拿获,解送政事府,交执法官研究,并传德济对质。情罪确凿,即于两点钟时,在该府花圃枪毙。③

---

① 《潜(汤寿潜)致惜阴主人(赵凤昌)》,《赵凤昌藏札》第10册,第474页,北京:国家图书馆出版社,2009年。此信仅署"廿六日大早"。《汤寿潜史料专辑》注为"(辛亥年九月)二十六日(1911年11月16日)大早"(第590页);另一处据嵊州市档案馆所藏浙军都督汤寿潜函卷抄录,又署为"辛亥年十月廿五(1911年12月15日)发"(第690页)。排比《赵凤昌藏札》次序,仍当以前者为是。
② 参见《汤寿潜史料专辑》第685、691—693、708—709、712等页汤致多人信。
③ 《杭垣新纪事·满奸正法真相》,《申报》1911年11月15日。

需要说明的是,同时被枪决的四人中有哈楚显而无金林。事发当日,汤寿潜恰赴上海①,初时被汤提议任命为新政府民政长的原谘议局议长陈黻宸也被攻击为"反对独立者",很快由曾经留学日本的同盟会浙江支部长褚辅成接任②,陈随即离杭。显然,这是一个有意挑选的时刻。

实际上,就在11月7日,贵林当众表达"满汉一家,意见尽释"的感想之时,其人已被刚刚建立三天的新政权判处死刑。当日,由陶成章担任主席的临时参议会讨论通过的决议中,包括了如下内容:

> 褚辅成提示,满营德济方面密告,贵翰香及其儿子有抗顺密谋,如若叛变,他难负责,应请适时处置案。议决:贵翰香父子予以枪毙。③

而为了等待合适的时机,这一决议的实施被推迟了数日。

关于谋叛之说,有过留学东京法政大学经历的沈钧儒日后补充了细节:

> 贵林表面上投降,仍住旗营里,想乘机叛变。经人告发,浙军司令部立派部队驰赴旗营,起出私藏枪枝二千余支,子弹无数,还有好多箱炸药。贵林和他的儿子量海当场被捕,解送司令部,受军法会审。当时我担任临时警察局长,参加了会审。我们问贵林:"投降条款中不是写的明白不得私藏一枪一弹,日后如发现所报不实或私藏枪械的,应处极刑吗?现在人证物证俱全,你还有何说?"当即判决贵林父子死刑,就在谘议局的广场上执行枪决。④

不过,自旗营缴械时起,既然民军已放空驻防军,连日入营细搜,贵林又如何能"私藏枪枝二千余支"等巨量武器?陈黻宸的质疑更是坚实有力:"我谓贵林握重兵而降,既降,无兵而复变,无是理也。"⑤故此条罪状明显不能成立。

而在当时军政府发布的公告中,贵林等人的罪行又被指为"野心未死,意在纠结匪党,涂炭生灵,并欲图害将军"⑥。并且,告发者即为原署理杭州将军的德济。这又涉及满营内部的矛盾。前任将军志锐对贵林很欣赏⑦,但其迅即于1911年2

---

① 沈钧儒《辛亥革命杂忆》:"枪毙贵林父子的时候,汤寿潜因事去上海,他一得到消息,下一天就回杭州,质问当时担任总司令的周承菼和我,何以不向他请示。我们回答他说:此案人证物证俱全,用军法紧急处分,是我们的责任。汤听了,也就无话可说了。"(全国政协文史资料研究委员会编:《辛亥革命回忆录》第一集,第141页,北京:中华书局,1961年)
② 《浙江光复记》。褚辅成事迹见庄一拂编:《褚辅成先生年谱初稿》,浙江省政协文史资料研究委员会编:《浙江辛亥革命回忆录》,第125页,杭州:浙江人民出版社,1981年。
③ 吕公望:《辛亥革命浙江光复纪实》,《浙江辛亥革命回忆录》,第166页。
④ 沈钧儒:《辛亥革命杂忆》,《辛亥革命回忆录》第一集,第141页。
⑤ 迎升:《辛亥杭州驻防失守记》,《辛亥革命浙江史料续辑》,第414页。
⑥ 《杭垣新纪事·满奸正法真相》。
⑦ 参见本文第二节《旗营第一人才》。

月调任伊犁将军,遗缺由副都统德济暂时代理。杭州当地传言,德济的本事乃是"专门在女色上用工夫",所谓:"上自江干,下达拱宸桥,都是将军襜帷所驻。"志大才高的贵林自然看不起他,并时有流露。志锐走后,"德济、文会便更加疑忌他"。贵林之死因此也被归结为德济的伺机报复:"趁着党人入浙时候,竟将他置之死地。"此节虽出自小说家言,作者却自许所撰述为"存其真,记其实","向壁虚造,吾无取尔"①,故亦可提供一种证言。并且,军政府成立后,财政困难,所允饷银不能及时发放。"穷苦旗丁,以谋食不得",于11月12日"午刻纠众数十人,拥至军署乞饷,人多口杂,势焰汹汹"。德济乃电请军政府保护。民军到场弹压,双方冲突,最终以拿获旗丁两名、审讯斩决了结。②贵林也被认定为事件主谋,于次日问罪。

至于贵林的被杀,四年前的孙翼中案可谓一大远因。迎升即持此说:"初,孙江东为中学堂教习,行非礼于小学生某,贵林揭其私。孙江东旧名翼中,因不容于杭州,走东三省。"而当时的求是书院监院陈汉第与其弟陈敬第(字叔通,为东京法政大学留学生)均与孙交好,被迎升指为"私党"。此外,"谘议局副议长沈钧儒先数日致书褚辅成,请杀贵林";同为副议长的陈时夏(亦曾留学东京法政大学)也"与陈黻宸不相能,欲杀贵林"。因此,迎升认为,"贵林之狱,主之者褚辅成,而阴构之者孙江东、陈汉第、敬第、沈钧儒、陈时夏诸人也"。周承菼亦出身求是书院,即"出陈汉第、孙江东门下,故主此事尤力"。③

当然,更重要的原因实与贵林在满营的影响力相关。就位阶而言,贵林职任协领,只负责统领一旗,尚有将军、副都统位居其上。但"贵林学问、道德冠旗营,且司教育三十余年,营内夙号开通,士非其弟子,则其后辈,故全防倾心听贵林"。革命爆发前,旗营中已"众议属兵权于哈(显楚),寄政事于贵林"。何况,贵林一贯以旗营代表的身份参与杭州直至浙江的社会事务,又与立宪派领袖汤寿潜、陈黻宸有深交,活动能量相当大,革命政权总是对他不放心。老光复会员张云雷讲得很直白:

> 浙江省军政两者最有能力、能操人生死大权的是杭州满营协领贵翰香。贵翰香自己会写文章,并且拉拢一批封建文人作他的帮闲,实权都操在他手里。革命党人都知道有个贵翰香,对他很注意,处处提防他,浙江起义的枪声一响,首先把贵翰香逮住枪杀了。

---

① 费只园:《清代三百年艳史》第六册,第34、39页以及《编辑大意》,第3页,上海:校经山房,1935年再版(初版1929年刊行)。
② 《杭垣新欷种种》,《申报》1911年11月14日。
③ 迎升:《辛亥杭州驻防失守记》,《辛亥革命浙江史料续辑》,第415页。

这与沈钧儒主张杀贵林,理由是"以绝后患"①的说法,都揭示出贵林被处死乃是出于确保革命胜利的需要。

据说,贵林本来也有机会避免一死。与之为友的楼守光即力劝贵林避上海,贵林的回答是:"八旗五千余人,皆恃口粮为生,林何忍独往?"而褚辅成任民政长后,"旗营三月之饷不能发放",贵林亦"持约与争"②,当然更令褚憎恶。此外,依照马叙伦的观察,当时军政府的权力实际掌握在褚辅成手中:"汤老固然正式做了都督,但是没有实权,而褚辅成做了政事部长,是和都督平行,和湖北、江苏等都督府的官制不同的。"③因此,褚辅成的态度也决定了贵林的命运。

尽管贵林已必死无疑,褚辅成等革命党人仍要把此案做成贵林的咎由自取;在逮捕方式上,也强调是光明正大地"派队入营"拿获、"人证物证俱全"。不过,另一种说法或许更接近事实。迎升谓为"忌贵林者""伪托汤(寿潜)名,请贵林、哈楚显、存炳赴民政司署,商议八旗生计,至则并枪毙之。民政司署即前谘议局改置,褚辅成所居也。贵林之子量海,以侍父从,亦枪毙"。④ 此一情节在起义时任民军总司令部参谋的黄凤之(后改名黄元秀)文中也有述及:

> 翌日(订约之第二日),即有谣传旗兵反汗[汉],欲密谋抵抗,且时时闻有枪声。于是总司令部下紧急处置(照军事戒严法上规定总司令可不经都督批准),诱招旗营代表贵林父子并哈楚显三人(贵、哈等在旗营中最有才能者),在谘议局门前枪决。⑤

其间虽有被杀时间与人数上的出入,且站在革命军立场,对只是谣传的谋叛实行最严厉制裁亦表示认可,但恰恰是这一出自对立方的开诚布公,为贵林遭诱杀提供了最有力的证词。

处决贵林的影响,从革命政权方面说,在当时人心惶惶、谣言纷起的局面下,确实可以起到稳定汉族民心的作用。实际上,恰在枪毙贵林的前一日深夜十一点,"巡警各局区突接军政府紧急电话,饬派全班巡士分路鸣锣喊告商民住户,谓满奸决死队确到五十人,携带毒药,遍投河道、食井等处,欲除灭汉人以泄愤","令居民陡起纷扰,人心惶惧"。⑥ 所以,杀死贵林等满营中坚人物,在当时也被解释为一种"紧急处置"。参与其事的沈钧儒称,贵林死后,"当时人心大

---

① 迎升:《辛亥杭州驻防失守记》,《辛亥革命浙江史料续辑》,第413、415页;张云雷述、陈朱鹤记:《辛亥革命见闻琐谈》,《浙江辛亥革命回忆录》,第195—196页。
② 迎升:《辛亥杭州驻防失守记》,《辛亥革命浙江史料续辑》,第415页。
③ 马叙伦:《我在六十岁以前》,第36页。
④ 迎升:《辛亥杭州驻防失守记》,《辛亥革命浙江史料续辑》,第415页。
⑤ 黄元秀:《辛亥浙江光复回忆录》,《辛亥革命浙江史料选辑》,第517、522页。标点有调整。
⑥ 《杭垣新猷种种》。

快,社会秩序也渐趋安定"①,应属事实。只是满人方面的情况恰好相反,迎升记为:"贵林既死,军人入旗营劫略淫暴,惨不忍言。至是复有申前议,率兵欲尽屠旗营者。"或许不无夸大。但贵林等人的被杀无助于消解满汉矛盾,只会加深满人的疑惧,则为事实。即使五十多年后,不带成见的旗人回忆当年事,还是如此表述:"杭州光复后,民军本订有安置旗人办法,每人可领一笔生活费用,这笔款子听说是拨出的,但旗人此时大部分都已逃避,惟恐暴露旗人身份,遭到汉人报复,还有谁敢去领这笔费用呢?"即如迎升便"挈眷避难于温州",更多的旗人则隐瞒身份,"逃到上泗乡去落户务农"。② 因此,初时革命军宣言"此次革命,乃政治问题,非种族问题也",力求显示个别旗兵的被杀实出于不得已,"并未妄戮一人"③,至此也理想落空,变得更像是一种因"驻防旗营兵多械足"、实力"确占优势"④所采取的宣传策略。

至于汤寿潜对贵林被杀的反应,则应以极度愤怒来形容。不只是与贵林的个人私交令其心痛,更重要的是,汤引为自豪的"杭旗和平解决"模式,也由于褚辅成等人的背信弃义而失效。在贵林被杀第三日清晨写给赵凤昌的信中,汤寿潜尽情表达了他的激愤:

> 何物憸儿,扇惑军人,以报其私怨,堕我信用。精神之痛苦,胜于刲割。嗟乎,惜阴! 即使委推弟为大伯理玺(按:"伯理玺天德"为"总统"的英文译音),岂足以赎负人之罪哉?⑤

并且,"以失信于旗人",汤寿潜当时"即露辞职意"。虽经"参议会同人再三挽留",至1912年1月中华民国政府在南京成立后,孙中山任之为交通部长,汤氏终竟辞去了浙江都督一职⑥,总共在任不过两月余。

除了汤寿潜道义上的谴责,贵林遇害后,陈黻宸的表现同样可圈可点。长子量海与父同死,贵林尚留一子二孙,尽为陈氏收养,"皆令氏陈"。贵林子改名陈子

---

① 沈钧儒:《辛亥革命杂忆》,《辛亥革命回忆录》第一集,第141页。
② 迎升:《辛亥杭州驻防失守记》,《辛亥革命浙江史料续辑》,第415页;张廷栋:《杭州旗营与八旗子弟生活》,《浙江文史资料选辑》第26辑,第146—147页。后文又曾以《杭州旗防营与旗人生活》为题,收入中国人民政治协商会议全国委员会文史资料委员会编《文史资料存稿选编》(晚清·北洋)上册(北京:中国文史出版社,2002年),内容小有不同,篇末注明记录整理时间为"1966年4月"。
③ 《浙江光复记》。
④ 褚辅成:《浙江辛亥革命纪实》,中国史学会主编:《辛亥革命》(七),第154页,上海:上海人民出版社,1957年。
⑤ 《潜(汤寿潜)致惜阴主人(赵凤昌)》,《赵凤昌藏札》第10册,第475页。
⑥ 黄元秀:《辛亥浙江光复回忆录》,《辛亥革命浙江史料选辑》,第522页。参看蒋尊簋:《浙江都督敬告全省父老书》,同前书,第534页。

云,孙名振纲,女孙名娴,"为教养甚备,如己所生"。① 更值得一表的是,陈黻宸一直不忘为贵林平反。1915年,正是在他的推动下,内务部下令"澈查贵林枪毙案"。最终结果见于袁世凯1915年5月7日签署的命令,全文如下:

> 内务部呈:查明浙江已故协领贵林等死事情形。据称辛亥杭州改革时,新军子弹缺乏,贵林拥有旗营兵械,竟能申明约束,与前浙江都督汤寿潜议立条件,缴械输诚,全城以定。嗣因人言庞杂,由谘议局邀其会议,该员并其子量海及协领哈楚显、存炳等同被残害。请予褒扬,以彰公道等语。前清浙江驻防正红旗协领贵林于民国缔造之初,赞助共和,保全杭城生命财产,其功实不可没。策勋未及,遽罹惨祸,深堪悼惜。伊子量海与协领哈楚显、存炳等亦能深明大义,死难甚烈。应均由内务部查照条例,酌予褒扬,用阐幽光而彰公道。余如所议办理。此令。②

尽管此案翻覆于袁世凯政府,或为后来并不彰显的缘故,但就陈黻宸而言,已足见其为逝友争得公正历史评价的良苦用心。而两年后,陈亦辞世。

贵林之死本是一出不该发生的悲剧。探究其被杀原因,大背景是长期的满汉积怨,不只是满人的压制、排斥汉人,汉人对满人亦怀有成见和深刻的不信任。具体而言,此前因孙翼中一案被激化的民族仇怨(军政府中多有孙的学生及同志),满人内部的矛盾,暴力革命的需要,是其大者;贵林的个性亦为不容忽视的因素,其"好直言,喜任事,往往为忌者所啣"③,而逞强好胜,在革命前很容易与其满族身份挂钩,革命中便会因此遭到清算。值得庆幸的是,超越革命的铁律与民族的仇杀之上,仍有人性的光辉存留——尽管此案已集中显示了辛亥前后满汉关系的逆转。

而放在清末民初的政局中,作为满族中的立宪派与杰出人士,贵林曾积极推进晚清浙江的社会改革;即使杭州举义期间,由他主持的旗营缴械,也为政权的和平转移做出了贡献。论其一生事迹,显然是功大于过。然而,长期以来的近代史研

---

① 陈德曾:《书瑞安陈黻宸先生全集》,《陈黻宸集》上册,卷首第2页。关于贵林遗留子女情况,徐映璞1956年尝有记述:"次子南洋中学毕业,后死于黔中,女改姓赵,尚存。"(《杭州驻防旗营考》,氏著《两浙史事丛稿》,第349页,杭州:浙江古籍出版社,1988年)
② 《派员澈查贵林枪毙案》,《申报》1915年1月15日;《大总统策令》,《政府公报》1915年5月8日。另参见沈晓敏:《处常与求变:清末民初的浙江咨议局和省议会》,第66页,北京:三联书店,2005年。
③ 迎升:《辛亥杭州驻防失守记》,《辛亥革命浙江史料续辑》,第415页。

究,一直偏向革命派立场。在此论述框架里,贵林也难逃反对革命的负面形象①。有鉴于此,本文希望另辟蹊径,借由清理贵林一案,兼顾满人视角,重新思考满汉矛盾在辛亥革命前后的呈现、转化与处置。

2012 年 8 月 8 日完稿于香港中文大学寓所

(本文为提交 2011 年 11 月 4—5 日在哈佛大学费正清中国研究中心举办的"帝制后的中国:记忆 1911"国际学术研讨会之论文。)

(作者单位:北京大学中文系)

---

① 甚至由章开沅、林增平主编的权威著作《辛亥革命史》,近年经过修订、编入"中国文库"时,依然如此叙述:杭州旗营缴械投降后,"大量械弹却隐匿未交,图谋伺机作乱。后经陶成章、褚辅成将主谋者佐领贵林设法诱出,审明情罪,搜出所匿械弹,贵林正法,局势才基本稳定下来"(下册,第 1042 页,北京:东方出版中心,2010 年)。

现代中国·第十五辑
北京大学出版社
2014 年 7 月

章太炎语言文字论说体系中的历史民族

王 凤

一

光绪三十二年(1906)丙午五月初八日(6 月 29 日),在因"苏报案"系狱三年后,章太炎出囹圄的当晚即登上赴日本的轮船。孙中山专门派人至沪,迎为《民报》主笔。五月二十四日(7 月 15 日),东京留学生开会"欢迎章炳麟枚叔先生","至者二千人"。① 太炎登台演说,"只就兄弟平生的历史,与近日办事的方法,略讲给诸君听听"。这场演讲标志着他进入革命派的核心阶层,同时也意味着经过多年变化淘洗,他在思想与主张上形成了自己的定见。

在"平生的历史"部分,章太炎自承"疯癫""神经病",而追根溯源,则在于少年时代的阅读:

> 兄弟少小的时候,因读蒋氏《东华录》,其中有戴名世、曾静、查嗣庭诸人的案件,便就胸中发愤,觉得异种乱华,是我们心里第一恨事。后来读郑所南、王船山两先生的书,全是那些保卫汉种的话,民族思想,渐渐发达。但两先生的话,却没有甚么学理。②

民元以前章太炎的工作,一言以蔽之就是为"民族思想"注入"学理"。而蒋良骐《东华录》,更是终其一生反复道及的一部书,被太炎描述成自己的"元阅读"。1903 年《狱中答新闻报》:"自十六、七岁时读蒋氏《东华录》、《明季稗史》,见夫扬

---

① 民意:《纪七月十五日欢迎章炳麟枚叔先生事》,《民报》第 6 号,1906 年 7 月 25 日。
② 太炎:《演说录》,《民报》第 6 号,1906 年 7 月 25 日。

州、嘉定、戴名世、曾静之事,仇满之念固已勃然在胸。"① 同年《致陶亚魂柳亚庐书》:"鄙人自十四、五时,览蒋氏《东华录》,已有逐满之志。"② 其于公开私下场合均不讳言。民国成立后,他仍然不断回顾,1918 年《光复军序》云:"余年十三、四,始读蒋氏《东华录》,见吕留良、曾静事,怅然不怡,辄言有清代明,宁与张、李也。"③ 而到晚年,则有更详细的回忆:

> 余十一、二岁时,外祖朱左卿名有虔,海盐人。授余读经。偶读蒋氏《东华录》曾静案,外祖谓:"夷夏之防,同于君臣之义。"余问:"前人有谈此语否?"外祖曰:"王船山、顾亭林已言之,尤以王氏之言为甚。谓历代亡国,无足轻重,惟南宋之亡,则衣冠文物,亦与之俱亡。"余曰:"明亡于清,反不如亡于李闯。"外祖曰:"今不必作此论,若果李闯得明天下,闯虽不善,其子孙未必皆不善,惟今不必作此论耳。"余之革命思想伏根于此。依外祖之言观之,可见种族革命思想原在汉人心中,惟隐而不显耳。④

随着时间的推移,其叙述中阅读蒋氏《东华录》的年龄也从十六七岁逐步降至十一二岁。或许这是忆往的常态,不足为异。⑤ 不过"历代亡国,无足轻重,惟南宋之亡,则衣冠文物,亦与之俱亡",则道出章太炎参与革命的基础立场。所谓"王船山、顾亭林已言之"者,晚清时王夫之《黄书》颇为流行,太炎外祖所叙当出于此。又《周易外传·离》:"夏商之授于圣人,贤于周之强国;周之授于强国,贤于汉之奸臣;汉之授于奸臣,贤于唐之盗贼;唐之授于盗贼,贤于宋之夷狄。"⑥ 至于顾炎武,则《日知录》卷十三"正始":"有亡国,有亡天下,亡国与亡天下奚辨?曰:易姓改号,谓之亡国。仁义充塞,而至于率兽食人,人将相食,谓之亡天下。"⑦

无论是兴中会入会誓词"驱除鞑虏,恢复中华,创立合众政府",还是同盟会纲

---

① 章太炎:《狱中答新闻报》,原载《苏报》光绪二十九年闰五月十二日(1903 年 7 月 6 日),转引自汤志钧编:《章太炎政论选集》上册,第 233 页,北京:中华书局,1977 年。
② 西狩:《致□□二子书(癸卯四月)》,《复报》第 5 期,1906 年 10 月 12 日。
③ 龚翼星:《光复军志》,1918 年 8 月天津华新印刷局,转引自汤志钧编:《章太炎年谱长编》上册,第 6 页,北京:中华书局,1979 年。
④ 朱希祖:《本师章太炎先生口授少年事迹笔记》,讲录时间:1936 年 4 月 28 日。《制言》第 25 期"太炎先生纪念专号",1936 年 9 月 16 日。
⑤ 何冠彪注意到这个现象,见其《章炳麟与蒋良骥〈东华录〉——历史名人喜好夸大少年事迹一例》,氏著《明清人物与著述》,第 183—188 页,香港:香港教育图书公司,1996 年。其事固然,唯忆往每为自证当下,添加枝叶而不自觉,人之常态,与故意伪造取利判然有别。后人可道出,而不必苛论。
⑥ 王夫之:《周易外传》,《船山全书》第 1 册卷二,第 900—901 页,长沙:岳麓书社,1988 年。
⑦ 顾炎武著,黄汝成集释,栾保群、吕宗力校点:《日知录集释》中册,第 756 页,上海:上海古籍出版社,2006 年。

领"驱除鞑虏,恢复中华,创立民国,平均地权",孙中山均改写自朱元璋的"驱除胡虏,恢复中华,立纲陈纪,救济斯民"。其前半部分,所诉诸的都是种族复仇,似乎与章太炎所谓"种族革命思想"并无二致。但孙中山早期文献,如《民报》《发刊词》首次提出民族、民权、民生三大主义。① 在东京《民报》创刊周年庆祝大会的演说,亦即后来所谓《三民主义与中国前途》中,首次用到汉语词"中华民国"②,其论述重点都在"民国"二字,于世界历史大势的格局中,从义理上予以论证。至于"中华",在孙那儿是不证自明的,并未述及。而一年半后《民报》刊发太炎《中华民国解》,洋洋洒洒:"是故华云、夏云、汉云,随举一名,互摄三义。建汉名以为族,而邦国之义斯在。建华名以为国,而种族之义亦在。此中华民国之所以谥。"③其所论者,全在"中华"二字,由古而今,遍及四裔,而于"民国"之"民"究所云何几不着一字。

此可见于"邦国",于"种族",章太炎与孙中山及绝大多数革命党人的理解,有着很大的不同和侧重:

> 故今世种同者,古或异。种异者,古或同。要以有史为限断,则谓之历史民族,非其本始然也。④

太炎所关心,简而言之就在所谓"衣冠文物",因而本民族历史与文化的依据是其根本,亦即"历史民族"其所云者。

普通述及章太炎,总会谈到他从维新到革命的变化,约略以1900年《解辫发》《客帝匡谬》为分界。想必在当年就是这样的评价,因而1903年狱中答记者,他对此做了明确的否定:

> 中岁主《时务报》,与康、梁诸子委蛇,亦尝言及变法。当是时,固以为民气获伸,则满洲五百万人必不能自立于汉土,其言虽与今异,其旨则与今同。昔为间接之革命,今为直接之革命,何有所谓始欲维新,终创革命者哉。

联系同文中小时读蒋氏《东华录》种种,构成一个具有逻辑脉络的完整叙事。而接下来的论述,则直接凌轹"维新""革命"二语,以为"惟以维新革命,锱铢相较,大勇小怯,秒忽相衡",因而需要"正名":

> 夫民族主义,炽盛于二十世纪,逆胡膻虏,非我族类。不能变法当革,能变

---

① 孙文:《发刊词》,《民报》第1号,1905年11月26日。
② 民意:《纪十二月二日本报纪元节庆祝大会事及演说辞》,《民报》第10号,1906年12月20日。
③ 太炎:《中华民国解》,《民报》第15号,1907年7月5日。
④ 章太炎:《訄书·序种姓上》,《章太炎全集》(三),第170页,上海:上海人民出版社,1984年。

法亦当革。不能救民当革,能救民亦当革。吾之序《革命军》,以为革命、光复,名实大异。从俗言之,则曰革命。从吾辈之主义言之,则曰光复。会朝清明,异于汤武,攘除贵族,异于山岳党。其为希腊、意大利之中兴则是矣,其为英、法之革命则犹有小差也。①

王夫之《黄书·原极第一》云:"故圣人先号万姓而示之以独贵。保其所贵,匡其终乱,施于孙子,须于后圣。可禅,可继,可革,而不可使夷类间之。"②"革"是汉种自己的事情,对于"夷类",那就不是"革命"而是"光复"了。亦即《革命军序》所谓:"同族相代,谓之革命;异族攘窃,谓之灭亡。改制同族,谓之革命;驱逐异族,谓之光复。今中国既灭亡于逆胡,所当谋者,光复也,非革命云尔。"③所以"变法""救民",这些维新或革命的口号皆非根本。所谓"能变法亦当革",所谓"能救民亦当革",章太炎语气决绝,他的目标,在于"祀夏配天,光复旧物"。④

晚清革命党人大体由三支组成,主要为籍属广东的兴中会、籍属湖南的华兴会,以及籍属浙江的光复会。光复会成立于1904年,会名或许就来自章太炎。其后他在不同场合不断将当时已经通行的"革命"正名为"光复",会中同仁想必皆佩服其学问,但似乎也没人孜孜于其间的分别。

章太炎实践的是一条独特的道路,于《东京留学生欢迎会演说词》"近日办事的方法"部分,他首先言及:"一切政治、法律、战术等项,这都是诸君已经研究的,不必提起。"显然此类形而下的事情,不能入他的法眼。"依兄弟看,第一要在感情",至于如何成就"感情",则"全在宗教、国粹两项"。

宗教问题,章太炎选择的是佛教,以为可以"勇猛无畏,众志成城,方才干得事来"。至于国粹,是"要人爱惜我们汉种的历史",这其中"一是语言文字,二是典章制度,三是人物事迹"。⑤

这场演说后五十日,章接任主编的《民报》第7号出版,刊有《国学讲习会序》,谓"天特留此一席以待先生",宣布太炎讲学:

> 先生已允为宣讲者:一,中国语言文字制作之源;一,典章制度所以设施之旨趣;一,古来人物事迹之可为法式者……且先生治佛学尤精,谓将由佛学易天下。临讲之目,此亦要点。⑥

---

① 章太炎:《狱中答新闻报》,转引自汤志钧编:《章太炎政论选集》上册,第233—234页。
② 王夫之:《黄书·原极》,《船山全书》第12册,第503页。
③ 章炳麟:《革命军序》,收入舒芜等编:《中国近代文论选》下集,第402页,北京:人民文学出版社,1981年。
④ 章太炎:《狱中答新闻报》,转引自汤志钧编:《章太炎政论选集》上册,第234页。
⑤ 太炎:《演说录》,《民报》第6号。
⑥ 国学讲习会发起人:《国学讲习会序》,《民报》第7号,1906年9月5日。

可见演说中"近日办事的方法",马上要一一实行。而据宋教仁日记,国学讲习会规模甚广,科目繁多,计划中也非一人施讲。①但《国学讲习会序》所标榜者仅是章太炎,可见自家阵营中已经以他为旗帜。当时的讲学情况已不可知,今所留存者仅是当月出版署名章炳麟的《国学讲习会略说》,则确可知太炎是开讲了的。《国学讲习会略说》收《论语言文字之学》《论文学》《论诸子学》,三文很快也在上海《国粹学报》连载,《论文学》改题《文学论略》,《论诸子学》改题《诸子学略说》。《国学讲习会略说》中还保留着讲学的口气,《论语言文字之学》开头"今日诸君欲知国学",《国粹学报》本作"今欲知国学"。《论诸子学》起首"上来既讲文学,今就学说中诸子一类,为诸君言其概略",《诸子学略说》中删去。因可知本都是口说的文字据本,其后也只有一半文字入集《国故论衡》,即《论语言文字之学》抽取部分改题《语言缘起说》,《文学论略》删削为《文学总略》。②

《国学讲习会序》作者应为章士钊,中谓:

> 夫国学者,国家所以成立之源泉也。吾闻处竞争之世,徒恃国学固不足以立国矣。而吾未闻国学不兴而国能自立者也。吾闻有国亡而国学不亡者矣,而吾未闻国学先亡而国仍立者也。故今日国学之无人兴起,即将影响于国家之存灭。③

这段文字的风格颇有梁启超的气息,但意思应该来自太炎,也是当年国粹派同志的根本立场。所谓"国学",本就不仅仅是"学",其上还有个"国","学"是"国""成立之源泉"。也就是说,光有"学"未必能有其"国",而无"学"必不能立其"国"。章太炎反复认真分辨他所从事的是"光复"而不是"革命",缘由正在于此:

> 余学虽有师友讲习,然得于忧患者多。自三十九岁亡命日本,提奖光复,未尝废学。④

"光复"与"学",是不可分割的一体两面。只有在这个意义上,才能理解章太炎学术工作的动机,以及他"讲学"的目的。1906年下半年的讲学似乎没有维持多长时

---

① 参见汤志钧:《章太炎年谱长编》上册,第214—215页。
② 章炳麟:《国学讲习会略说》,东京:秀光社,1906年;章绛:《诸子学略说》,《国粹学报》第20、21期,1906年9月8日、10月7日;章绛:《文学论略》,《国粹学报》第21、22、23期,1906年10月7日、11月6日、12月5日;章绛:《论语言文字之学》,《国粹学报》第24、25期,1907年1月4日、2月2日。
③ 国学讲习会发起人:《国学讲习会序》,《民报》第7号。按章士钊《疏〈黄帝魂〉》云:"犹忆太炎出狱莅东,同人以讲学相要,为设国学讲习会,而责序于余。"《辛亥革命回忆录》第一集,第289页,北京:文史资料出版社,1961年。
④ 章太炎:《自定年谱》"清稿"本,"宣统二年四十三岁"条,《章太炎先生自定年谱》,无页码,上海:上海书店,1986年。

间,其后章太炎陷入《民报》以及大量的政治事务中,大概未能"讲学"。1908 年 10 月《民报》遭禁,按他自己的说法,又开始讲学。《自定年谱》"宣统元年"条:

> 《民报》既被禁,余闲处与诸子讲学……焕卿自南洋归,余方讲学,焕卿亦言:"逸仙难与图事,吾辈主张光复,本在江上,事亦在同盟会先,曷分设光复会。"余诺之,同盟会人亦有附者。然讲学如故。①

太炎不愧文章圣手,此节记同盟会涣散,陶成章拟重建光复会,翌年正月成立时且以章为会长,但此处追述,仅"余诺之"三字表明态度。在叙述这些政治大事时插入数语,"余闲处与诸子讲学""余方讲学""然讲学如故",从文章角度似是以闲笔调理辞气,变换节奏,实则"讲学"乃是叙述主脉,"闲处""方""然"等,其意态正在这不言而言中。

作为掌门大弟子,黄侃是可以洞彻乃师肺腑的,多年后,其追叙如此:

> 先生与日本政府讼,数月,卒不得胜,遂退居,教授诸游学者以国学……思适印度为浮屠,资斧困绝,不能行。寓庐至数月不举火,日以百钱市麦饼以自度,衣被三年不浣,困厄如此,而德操弥厉。其授人以国学也,以谓国不幸衰亡,学术不绝,民犹有所观感,庶几收硕果之效,有复阳之望。故勤勤恳恳,不惮其劳,弟子至数百人。可谓独立不惧,暗然日章,自顾君以来,鲜有伦类者矣。②

所述"退居"讲学,与章太炎所述一致。不过据朱希祖日记,早在《民报》被禁前半年,神田大成中学的"说文"课已开班。章、黄所记并不准确,但也许不是记忆问题,而是强调与《民报》被禁的因果关系。甚至朱日记中,神田开课前半个多月,还有太炎他处演讲的记载③,可知"讲学"也许是章在日期间的常态。脱却《民报》社务,则更可以"谢公社事,专务厉学。徙居小日向台町二丁目二十六番,署门曰'国学讲习会'。杂宾不至,从游者皆素心人"④。黄侃将太炎拟之为"顾君",实则顾亭林曾改名"绛",又改名"炎武",而章炳麟亦曾改名"绛",而号"太炎"。此与康有为自比孔子之"素王",而号"长素",一诚笃,一虚骄,其间不可以道里计也。

太炎奋力讲学,"以谓国不幸衰亡,学术不绝,民犹有所观感,庶几收硕果之效,有复阳之望"。当时他自然不可能预知清廷何时覆灭,所可以努力的是维系

---

① 章太炎:《自定年谱》"清稿"本,"宣统元年四十二岁"条,《章太炎先生自定年谱》,无页码。
② 黄季刚:《太炎先生行事记》,《神州丛报》第 1 卷第 1 册,1913 年 8 月 1 日。
③ 参见汤志钧:《章太炎年谱长编》上册,第 291—294 页。
④ 章炳麟:《与钟君论学书》(1909 年 1 月 20 日),《文史》第 2 辑,第 279—280 页,北京:中华书局,1963 年。"钟君"即钟正楙。"谢公社事"语气节奏不洽,疑为"谢公杜事",移写整理时形近而讹。

"学术不绝",才能有所依俟,以期于"复阳之望"。荧光爝火,守先待后,是为太炎学术的真精神。

正因为身任顾炎武,自以为文化命脉所系,当生命受到威胁,章太炎总有无限焦虑。1903 年上海狱中,有《癸卯□中漫笔》:

> 上天以国粹付余,自炳麟之初生,迄于今兹,三十有六岁。凤鸟不至,河不出图,惟余亦不任宅其位,繄素王素臣之迹是践,岂直保守残阙而已。又将官其财物,恢明而光大之。怀未得遂,累于□国,惟□翼□欤,则犹有继述者。至于支那闳硕壮美之学,而遂斩其统绪,国故民纪,绝于余手,是则余之罪也。①

语气似乎夸慢,而拳拳之心,读之令人动容。1908 年因刘师培与之反目事,他移书孙诒让,请前辈为之调停,自言"非为一身毁誉之故,独念先汉故言不绝如缕,非有同好,谁与共济",所希望于刘师培者,乃是"与麟戮力支持残局"。诒让尚未接到函件便已离世。② 翌年直接致函刘师培,极言"与君学术素同,盖乃千载一遇。中以小衅,鬻为仇雠……思君之勤,使人发白"③,痛心疾首,溢于言表,所为者尽在"国粹日微,赖子提倡"。④

辛亥"秋八月,武昌兵起,余时方与诸生讲学",很快"湖南、江西相继反正",大局已变,章太炎"始辍讲业"。⑤

二

1906 年 7 月章太炎第三度赴日,1911 年 11 月返国。此数年间,概而言之即其自言之"提奖光复,不废讲学"。期间所出版,最早系 1906 年 9 月《国学讲习会略说》,收《论语言文字之学》《论文学》《论诸子学》三文。最晚系 1910 年 6 月《国故论衡》,"分小学、文学、诸子学三类",《教育今语杂志》上的广告,称"本在学会口

---

① 章炳麟:《章太炎癸卯□中漫笔》,《国粹学报》第 8 期,1905 年 9 月 18 日。"□中"即"狱中"。收于《太炎文录初编·文录卷一》,题《癸卯狱中自记》,其中"累于□国,惟□翼□欤"作"累于仇国,惟金火相革欤",参见《章太炎全集》(四),第 144 页,上海:上海人民出版社,1985 年。
② 《与孙诒让》,末署"上五月初三"即 6 月 1 日(本月二十二日即 6 月 20 日,孙诒让卒),《制言》第 30 期,1936 年 12 月 1 日。据孙延钊《余杭先生与先征君》,孙诒让未及收到来信,参见汤志钧编:《章太炎年谱长编》上册,第 262 页。
③ 章太炎:《再与刘光汉书》,《太炎文录初编·文录卷二》,《章太炎全集》(四),第 157 页。钱玄同《章太炎黄季刚二君关于刘申叔之文十首》系于己酉(1909),收入刘师培著,钱玄同主编:《刘申叔遗书》(上),第 23 页,南京:江苏古籍出版社,1997 年。
④ 刘子骏之绍述者:《某君与某书》之二,《国粹学报》第 24 期,1907 年 1 月 4 日。
⑤ 章太炎:《自定年谱》"清稿"本,"宣统三年四十四岁"条,《章太炎先生自定年谱》,无页码。

说,次为文辞"。① 正可见其一以贯之的"讲学",在结构上,基本都是这三支。

因太炎有"语言文字之学"一语,遂被后来的学者赋予现代学术转型的意义,即与传统"小学"划然有别。此说甚是浑沦,实则二语在太炎处通常混用,等而为一,用"小学"者更为常见,"语言文字"一般在论述二者关系时使用。《论语言文字之学》只在开头部分言"语言文字之学",此后俱称"小学"。不过,不管"语言文字之学"还是"小学",他确实有不同前人与时人的界定。②《论语言文字之学》云:

> 此语言文字之学,古称小学……今日言小学者,皆似以此为经学之附属品。实则小学之用,非专以通经而已。周秦诸子史记汉书之属,皆多古言古字,非知小学者必不能读。若欲专求文学,更非小学不可……如上所说,则小学者,非为通经之学,而为一切学问之单位之学。

有清一代,朴学大师辈出,其中"小学"一门,早已由附庸蔚为大国。但在一般观念上,"小学"确为通经之用。而在章太炎那儿,正如孔子并不居于特殊的"教主"之席,《语》《孟》应回归诸子之部列一样,经部诚如章学诚所谓"六经皆史",也不具有特出的典籍地位。"小学"是一切学术的基础,因而"今日诸君欲知国学,则不得不先知语言文字"。

"所谓小学,其义云何,曰字之形体、音声、训诂而已。"太炎如此界说,实在平平无奇。不过对于诸多清儒名著,他认为仅可称"说文之学""尔雅方言之学""古韵唐韵之学",而"不得称为小学",只有像戴东原以下如段、王、郝,能够"兼此三者,得其条贯",才当得起其心目中的"语言文字之学"。③

章太炎所谓"语言文字之学"或"小学",有远超乎前贤的关怀。《国故论衡》开卷首篇之《小学略说》,是章的纲领性文件,其言曰:

> ……凡治小学者,非专辨章形体,要于推寻故言,得其经脉……盖小学者,国故之本,王教之端,上以推校先典,下以宜民便俗,岂专引笔划篆,缴绕文字而已……④

太炎之前,"小学"本是"通经"的工具。太炎之后,一般人的观念,诚如吴稚晖所言,"语言文字之为用,无他,供人与人相互者也"⑤。但对于章太炎来说,"国故之本,王教之端,上以推校先典,下以宜民便俗",从国故到民俗,负载着古今上下的

---

① 无署名:《国故论衡广告》,见 1910 年《教育今语杂志》各期。
② 有关这一问题,较恰切的论述,可参看黄锦树:《章太炎语言文字之学的知识(精神)系谱》,第 4—7 页,新北:花木兰文化出版社,2012 年。
③ 章炳麟:《论语言文字之学》,《国学讲习会略说》,第 1—6 页。
④ 章炳麟:《小学略说》,《国故论衡》上卷,第 4 页,上海:上海大共和日报馆,1912 年。
⑤ 燃料:《书驳中国用万国新语说后》,《新世纪》第 57 号,1908 年 7 月 25 日。

文化。而且，"上世草昧，中古帝王之行事，存于传记者已寡，惟文字、语言间留其痕迹，此与地中僵石为无形之二种大史"。① 这岂是"器具"而止，简直就是中华文明的本体。

太炎所处之世，李鸿章所谓"三千余年一大变局"，危机遍及所有方面。精英阶层的应对方案，也是言人人殊。具体到语言文字层面，则有拼音化、白话文的改革思路，此有增广民智、普及教育等思考背景。而现实的局面，由于西方文明大量涌入，已有语言文字不敷使用，造新字、用新词已到疲于奔命的局面。20世纪伊始，以梁启超为代表，大量移用日本汉语词，文章也染上日本风，影响所及，已成风气。太炎自幼"泛览典文"，及壮以光复为使命。在他眼里，文化命脉所系，首要在于语言文字，而这也是危机根本所在。时下局面，诸多改革方案，无论拼音化还是日语词等等，皆无异饮鸩止渴。

早在初刻本《訄书·订文》，章太炎就阐述了他的判断。从史籀到许慎，文字"九千名"，而"自《玉篇》以逮《集韵》，不损二万字"。但北宋以降，各项所用，"千名"至"四千名"而足，"其它则视以为腐木败革也已矣"。相对的，"今英语最数，无虑六万言。言各成义，不相陵越。东西之有书契，莫繇是者，故足以表西海"。②

当然，此说有个问题，汉字的"名"即"字"，与英语的"言"即"word"，并不是可以直接比较的概念。太炎也不是不懂这一点，《订文》附录《正名略例》中就专有一条论及此：

> 西方以数声成言，乃为一字，震旦则否。然释故、释言而外，复有释训。非联绵两字，即以双声迭韵成语，此异于单举者。又若事物名号，合用数言……是皆两义和合，并为一称。苟自西方言之，亦何异一字邪。今通俗所用，虽廑跂二千，其不至甚忧困匮者，固赖此转移尔。由是言之，施于檄移，亦逾万字。然于理财正辞，其忧不逮甚矣。若有创作，用缵旧文，故一字训数字两端，皆称一字。是则书童竹笘，数必盈亿矣。③

此处"字"的界说，扩张成相当于如今的"词"。但即便如此，他认为也只是满足"通俗所用"，至于"理财正辞"，则远远不够。而现实状况中"以二千名与夫六万言者相角"，简直是最大的民族危机，"乌乎，此夫中国之所以日削也"。因为"于文字之盈欠，则卜其世之盛衰矣"，再也没有比这更形象地反映出当下国家的衰败。作为应对之策，《订文》云：

---

① 章太炎：《致吴君遂书》(1902年8月8日)，收于汤志钧编《章太炎政论选集》上册，第172页。
② 章太炎：初刻本《訄书·订文》，《章太炎全集》(三)，第45—46页。
③ 章太炎：初刻本《訄书·订文·正名略例》，《章太炎全集》(三)，第47—48页。

> 先师荀子曰,后王起,必将有循于旧名,有作于新名……孟晋之后王,必修述文字。其形色志念,故有其名,今不能举者,循而撱之。故无其名,今匮于用者,则自我作之。①

此即"创作"与"用缵旧文"的两项方针。待到《訄书》重订本,《订文》所附,则杂入1902年《文学说例》内容,改名《正名杂义》。其最后部分提及,武岛又次郎作《修辞学》曰:"言语三种,适于文辞,曰见在语、国民语、箸名语,是为善用法。反之亦有三种,曰废弃语、千百年以上所用用,而今亡佚者,曰废弃语。外来语、新造语,施于文辞,是为不善用法。"对三种"不善用法",武岛认为外来语、新造语有时非用不可,但须节制。而废弃语,"世人或取丘墓死语,强令苏生,语既久废,人所不晓,辄令神味减失"。对此,太炎同意"官号地望""械器舆服"必用今名,即"有作于新名"者。至于废弃语,他则以为"顷岁或需新造,寻检苍雅,则废语多有可用为新语者"。此其所谓"有循于旧名",同样是应对当下词语需求的策略,而更为章太炎所尤其关注,也是他独有的思考和主张:

> ……若其雅俗称名,新故杂用,是宁有厉禁邪。至云人所不晓,致减神味,说尤鄙俴。夫废弃之语,固有施于文辞,则为间见,行于鵋谚,反为达称者矣……此并旷绝千年,或数百稔,不见于文辞久矣。然耕夫贩妇,尚人人能言之……故文辞则千年旷绝,鵋谚则百姓与能……然则不晓者仅一部之文人,而晓者乃散在全部之国民,何为其惛懑减味也。繇是以言,废弃语之待用,亦与外来、新造无殊……②

也就是说,"废弃语"只是不存于文人笔札,却为民间所惯用,文人笔下的死文字,在国民口中是活语言。因而"雅俗""新故"可以并存,千年之久,万里之广,俱可统为一体,这是他解决文之"日以龉偷"的方案。③

时隔数年,太炎东渡日本后,开始有机会将这一观念转化为学术工作。1906年在致刘师培函中,他谈到这个想法:

> 鄙意今日所急,在比辑里语,作今方言……仆所志独在中国本部,乡土异语,足以见古字古言者不少……比类知原,其事非一,若能精如杨子,辑为一书,上通故训,下谐时俗,亦可以发思古之幽情矣……吾侪于此,犹能致力,亦有意乎。④

---

① 章太炎:初刻本《訄书·订文》,《章太炎全集》(三),第44—46页。
② 章太炎:重订本《訄书·订文·正名杂义》,《章太炎全集》(三),第227—229页。
③ 参看彭春凌:《以"一返方言"抵抗"汉字统一"与"万国新语"——章太炎关于语言文字问题的论争(1906—1911)》,《近代史研究》2008年第2期,第67—73页。
④ 章太炎:《丙午与刘光汉书》,《太炎文录初编·文录卷二》,《章太炎全集》(四),第156页。

汉语方言,尤其南方方言中,遗存上古、中古汉语的音义,这是人所皆知的事实。不过,当初扬雄《方言》全名《𬨎轩使者绝代语释别国方言》,其志诚如许慎《说文解字·丌部》,"古之遒人以木铎记诗言",目的在于"采览异言,以为奏籍"。① 后世所作,大体也是"采风"的余脉。而章太炎所设想,"上通故训,下谐时俗",则是真正的"礼失求诸野"了。

一年后,《民报》刊出《博征海内方言告白》,曰:"果欲文言合一,当先博考方言,寻其语根,得其本字,然后编为典语,旁行通国,斯为得之。"②这里所揭橥的目标是当时盛行的"文言合一",章太炎为此提供了一个他自己的方案。

晚清所谓言文合一、白话文与拼音化主张者,都以此作为理论支撑。白话文相对文言文更接近现代口语,有着言文一致的基础,不过,其对接的传统是以白话小说为主的传统书写语言。真正接近当下口语的是白话报,但显然因过于简单,很难支持新书写语言的建设,况且还有方言的歧异。拼音化则是以取消汉字为目标,直接拼写口语,虽然可以言文一致,但由于各地方言差异,直接导致汉语书写的分裂。至20世纪初,又有统一语言的口号,不过如此先须推行通用语,那么以拼音化实现言文一致的便捷性也就谈不上了。③

《博征海内方言告白》是为章太炎撰辑《新方言》征集资料,《新方言》成书,书末刘师培和黄侃的"后序",季刚言:"傥令殊语皆明,声气无阂。乡曲相鄙之见,由之以息。文言一致之真,庶几可睹。芳泽所披,于是远矣。"④申叔言:"夫言以足志,音以审言,音明则言通,言通则志达。异日统一民言,以县群众,其将有取于斯。"⑤一个说"文言一致",一个说"统一民言",似乎商量好了替太炎道出心志。普通凭印象认为章太炎"复古""保守""反对白话"等等,其实都是皮毛之见。恰恰相反,他的学术工作,正是为了解决"文言一致"与"统一民言"之类当下的文化问题。"今夫种族之分合,必以其言辞异同为大齐。"⑥只不过太炎的"路线图"与众不同,其所谋者大,计划也浩繁得无边无际。

《新方言》1907年10月在《国粹学报》连载,1909年8月成书出版。从书名

---

① 刘光汉:《新方言·后序一》,《章太炎全集》(七),第133页,上海:上海人民出版社,1999年。语出郭璞《方言序》:"盖闻方言之作,出乎𬨎轩之使,所以巡游万国,采览异言,车轨之所交,人迹之所蹈,靡不毕载,以为奏籍。"
② 无署名:《博征海内方言告白》。自《民报》第17号(1907年10月25日)起,基本每期都有刊载。
③ 参看王风:《晚清拼音化与白话文催发的国语思潮》,夏晓虹、王风等:《文学语言与文章体式》,第20—45页,合肥:安徽教育出版社,2006年。
④ 黄侃:《新方言·后序二》,《章太炎全集》(七),第135页。
⑤ 刘光汉:《新方言·后序一》,《章太炎全集》(七),第134页。
⑥ 章太炎:重订本《訄书·方言》,《章太炎全集》(三),第204页。

看,是继武子云的方言学之作;不过从方法上看,以古语证今语,以今语通古语,可看作语源学著作。"世人学欧罗巴语,多寻其语根,溯之希腊、罗甸;今于国语,顾不欲推见本始。此尚不足齿于冠带之伦,何有于问学乎。"在他看来,"盖有诵读占毕之声既用唐韵,俗语犹不违古音者;有通语既用今音,一乡一州犹不违唐韵者;有数字同从一声,唐韵以来一字转变,余字犹在本部,而俗语或从之俱变者"。"古音"早于"唐韵","唐韵"早于"今音",因而所谓"俗语",相对于"通语"和"诵读占毕之声",更可以说是"雅言"。于此动人的存在,章太炎几于情不能自已:

> ……后生不可待也,及吾未入丘墓之时,为之理解,犹愈于放失已……读吾书者,虽身在陇亩,与夫市井贩夫,当知今之殊言,不违姬汉。既陟升於皇之赫戏,案以临瞻故国,其恻怆可知也。①

其对"身在陇亩,与夫市井贩夫"满怀深情,而"临瞻故国"的"恻怆",刘师培则为之疏解:

> 抑自东晋以还,胡羯氐羌,入宅中夏,河淮南北,间杂夷音。重以蒙古、建州之乱,风俗颓替,虏语横行。而委巷之谈,妇孺之语,转能保故言而不失,此则夏声之仅存者。昔欧洲希意诸国,受制非种,故老遗民,保持旧语,而思古之念,沛然以生,光复之勋,蘉蕍于此。今诸华夷祸与希意同,欲革夷言而从夏声,又必以此书为嚆矢。此则太炎之志也。②

"思古"乃为了"光复",这始终是章太炎学术的最原始动力。因而"国故"固然是学术,但更重要的是其指引向"故国",维系人民的记忆,使其保持原有的根本,不被同化,亦即所谓"国性":

> 小学故训萌芽财二百年……其以披析坟典,若导大窾。次即董理方言,令民葆爱旧贯,无忘故常,国虽荟落,必有与立。盖闻意大利之兴也,在习罗马古文,七八百岁而后建国。然则光复旧物,岂旦莫事哉。在使国性不醨,后人收其效耳。③

"小学故训"的重要,以及"董理方言"的现实关怀,可谓寄意遥深。"光复旧物"并非"旦莫事",太炎当年是以为自己看不到的。因而对于学术工作,他期以长远,努力维持"旧贯""故常",只要"国性不醨",则总会有一天"后人收其效耳"。

1907年,日本有"汉字统一会"之设,并将端方、张之洞两位极具势力并且有相当文化影响的封疆大吏拉进去挂名。这个组织"反对罗甸字母,且欲联合亚东三

---

① 章太炎:《新方言·新方言序》,《章太炎全集》(七),第3—5页。
② 刘光汉:《新方言·后序一》,《章太炎全集》(七),第134—135页。
③ 章炳麟:《与锺君论学书》,《文史》第2辑,第280页。

国",亦即中日韩,共同维护汉字地位。这大概即今时髦所称"汉字文化圈"第一次共同的文化行动,但其策略之一是"选择常用之字以为程限"。① 这个思路其实并不奇怪,而且延续至今。"汉字统一会"未必是始作俑者,但也是最早试图使其成为多国共同政策的。对于章太炎来说,这显然是个问题严重的方案,他素所忧心"暧暧以二千名与夫六万言者相角",并全力为此工作以求解决办法,《新方言》的一个重大目的即在于此。"夫语言文字之繁简,从于社会质文"②,而"汉字统一会"却"以限制文字为汉字统一之途",完全南辕北辙,国内居然有势力者支持。于是,在上海的《国粹学报》开始连载《新方言》的同时,东京《民报》上刊登章的《汉字统一会之荒陋》。

在这篇文章中,太炎谈到汉字对于日本和对于中国完全不同,在中国"声音训诂,古今相禅",而日本汉字之外有假名,汉字只是"补阙之具"。因此限制字量在日本或可,在中国岂止不可,反而应该反其道而行。由此介绍到《新方言》,"得三百七十事",均是为方言寻本字:

> 若综其实,则今之里语,合于《说文》《三仓》《尔雅》《方言》者正多。双声相转而字异共〔其〕音,邻部相移而字异其韵,审知条贯,则根柢豁然可求……若徧讨九州异语,以稽周秦汉魏间小学家书,其文字往往而在,视今所习用者,或增千许……

这些一般人眼中的"废弃语",存于"今世方言",在太炎看来,"上合周汉者众,其宝贵过于天球九鼎,皇忍拨弃之为"。③ 因而,"略紃殊语,征之古音"④,则可以使得"已陈之语,绝而复苏,难谕之词,视而可识"⑤。

"笔札常文"中的"死文字",在"今世方言"中是"活语言"。章太炎《新方言》所致力的方向,就是要从方言中复活已废弃文字,在这样的"文言一致"基础上"统一民言":

> 俗士有恒言,以言文一致为准,所定文法,率近小说、演义之流。其或纯为白话,而以蕴藉温厚之词间之,所用成语,徒唐宋文人所造。何若一返方言,本无言文歧义之征,而又深契古义,视唐宋儒言为典则耶。昔陆法言作《切韵》,盖集合州郡异音,不悉以隋京为准。今者音韵虽宜一致,如所谓官音者。然顺天

---

① 太炎:《汉字统一会之荒陋》,《民报》第17号,1907年10月25日。
② 章太炎:重订本《訄书·订文·正名杂义》,《章太炎全集》(三),第213页。
③ 太炎:《汉字统一会之荒陋》,《民报》第17号。
④ 章太炎:《新方言·新方言序》,《章太炎全集》(七),第4页。
⑤ 黄侃:《新方言·后序二》,《章太炎全集》(七),第135页。

> 音过促急,平入不分,难为准则。而殊言别语,终合葆存。①

当时所谓"言文一致",主体思路是以文就言。而北方方言地域最广,使用人口最多,其中北京方言因政治、文化上的原因颇居优势。至于书写语言,则发端于唐宋的白话文,与所谓"官话"语法系统一致,即太炎所谓"小说、演义之流"。不过他反对"纯为白话",就因为只是源出唐宋,远不如方言"本无言文歧义之征,而又深契古义"。"一返方言",既解决言文一致的现实问题,又与语言文字的历史建立高度统一性。地域之别、古今之异,在他的方案中遍包众有,融为一体,得到彻底的安置,"合天下之异言以成新语"。② 不得不说,这确实是完美得让人晕眩的秩序。

不过,所谓"一返方言",方言本身就意味着差异的存在,共同语可以是统一体,方言总要有所取舍。事实上,早在《訄书》,就有《方言》一章讨论了这个问题,曰不当取宛平(北京)而当取夏口(汉口)。这在太炎那儿自有充分的语言史根据,"是故言必上楚,反朔方之声于二南,而隆周召"。③

任何方言都不可能十全十美,而章太炎的性格是必求其极致。陆法言因此成为榜样,《切韵》系隋初八人论列天下音韵,"因论南北是非,古今通塞。欲更捃选精切,除削疏缓,萧颜多所决定"的产物,虽以洛阳音为主,但实是折衷南北,"皆采合州国殊言,从其至当,不一以隋京为准,故县诸日月而不刊"。④《切韵序》"我辈数人,定则定矣",这种只问是非并且毅然承担的风度显然于太炎很是投缘,他的方略,"循法言《切韵》之例,一字数音,区其正变,则虽谓周汉旧言,犹存今世可也":

> 今之声韵,或正或讹,南北皆有偏至。北方分纽,善府于神珙,而韵略有函胡。广东辨韵,眇合于法言,而纽复多敠混。南北相校,惟江汉处其中流,江陵、武昌,韵纽皆正,然犹须旁采州国,以成夏声……既以江汉间为正音,复取四方典则之声,用相和会,则声韵其无谬矣……若知斯类,北人不当以南纪之言为磔格,南人不当以中州之语为冤句,有能调均殊语,以为一家,则名言其有则矣。⑤

简言之,即"不从乡曲,不从首都"。此在章太炎有他的理由,"盖汉字以形为主,于形中著定谐声之法,虽象形指事会意诸文,亦皆有正音在。非如欧洲文字,以音从语不以语从音,故可强取首都为定也"。就他的判断,"今宛平语,不如江宁审正多

---

① 太炎:《汉字统一会之荒陋》,《民报》第 17 号。
② 章太炎:《与钱玄同》(1907 年 8 月 18 日),收于马勇编《章太炎书信集》,第 101 页,石家庄:河北人民出版社,2003 年。
③ 章太炎:重订本《訄书·方言》,《章太炎全集》(三),第 207 页。
④ 太炎:《规新世纪》,《民报》第 24 号,1908 年 10 月 10 日。
⑤ 太炎:《驳中国用万国新语说》,《民报》第 21 号,1908 年 6 月 10 日。

矣,而江宁复不逮武昌审正,然武昌亦一二华离。故余谓当旁采州国以补武昌之阙",非但如此,"名词雅俗亦当杂采殊方,夫政令不可以王者专制,言语独可以首都专制耶"。① 章太炎《新方言》的工作,其根本的目标,就是"旁采州国""杂采殊方",为中国共同语建设打下基础,这是一个径行独往的方略:

> 文言合一,盖时彦所哗言也。此事固未可猝行,藉令行之,不得其道,徒令文学日窳。方国殊言,间存古训,亦即随之消亡。以此阎圉烝黎,翩其反矣。余以为文字训故,必当普教国人。九服异言,咸宜揅其本始。乃至出辞之法,正名之方,各得准绳,悉能解谕。当尔之时,诸方别语,庶将斠如画一……②

理想可谓无比高蹈,但这是个只在理论上圆洽的设计。"文字训故"需要"普教国人",另外还须"寻其语根,得其本字,然后编为典语"。③ 对于这一计划的前景,章太炎有他的想象:

> 可知中夏言文,肇端皇古,虽展转迁变,而语不离其宗。凡南北省界偏党之见,自此可断,并音简字愚诬之说,自此可消。以此读周秦两汉之书,向所视为诘诎者,乃如造膝密谈,亲相酬对……④

简而言之,即是以历史统一当下,以时间统一空间,"简稽古语,以审今言,如执左券,以合右方之契,虽更千载,而豪忽未尝相左"⑤。"寻其语根,得其本字"所造成的"言",与"周秦两汉之书"的"文",完全融洽,"古今语言,虽递相嬗代,未有不归其宗,故今语犹古语也"。⑥ 这种共时性与历时性的浑然一体,一方面可以消除地域的差异,另一方面,追寻"语不离其宗"的"宗",与"皇古"牢固连结,将人民的口头用语与历史典籍融为一炉,此即太炎的"文言合一"。

对章太炎而言,这个独得的"文言一致"并"统一民言"的方案,于内有"辑和民族,齐一语言,调度风俗,究宣情志"⑦,建立民族共同体的目的,于外则有使"国性不醨",文化不被同化的作用。

《新方言》作为一项学术工作,目标并不在于方言的调查和研究,而是为中国共同语设计完美的方案。方言众多,太炎局促海外,不可能遍访九州,摭拾遗言。

---

① 太炎:《规新世纪》,《民报》第24号。
② 章炳麟:《正言论》,《国故论衡》上卷,第61页。
③ 无署名:《博征海内方言告白》,《民报》第17号以后各期。
④ 无署名:《新方言定本》,《国粹学报》第56期,1909年8月5日。
⑤ 太炎:《汉字统一会之荒陋》,《民报》第17号。
⑥ 章太炎:《自述学术次第》,收入章太炎撰,虞云国校点:《菿汉三言》附录,第196页,上海:上海书店出版社,2011年。
⑦ 章太炎:《代议然否论》,《太炎文录初编·别录卷一》,《章太炎全集》(四),第305页。

依赖周围朋友提供口语材料,难以避免有所差错,大概他心里也清楚。因而一直希望同好参与,后学继承。1914 年被袁世凯软禁北京,5 月决意绝食,自分必死,乃驰书其婿龚宝铨,托求墓地,交代后事。斯所慨然,"夫成功者去,事所当然,今亦瞑目,无所吝恨。但以怀抱学术,教思无穷,其志不尽……所欲著之竹帛者,盖尚有三四种,是不可得,则遗恨于千年矣"①。稍早前,作《题所撰初印本〈新方言〉予黄侃》,自以为"终已不得反乡里,上先人冢墓",遂以"《新方言》三百七十事赠黄季刚",此可看作太炎的学术遗嘱:

> 季刚年方盛壮,学术能为愚心稠适,又寂泊愿握苦节。此八百事,赖季刚枕大之。余自分问学不逮子云隃远,身为皇汉之逸民,差无符命投阁之耻。念欲自拟幼安嗣宗,又劣弱不胜也。保氏旧文,危若引发。绝续之际,愿季刚亹亹而已。②

三

章太炎的语言文字观,要言之,首先认为文起于言,文字"权舆于语言",这自然并无特别。他立论的重点在于二者的"殊流",即"语言文学〔字〕功用各殊"。③文字有言语不能取代的作用,"文字本以代言,而其用则有独至"④。《订文》中一个关键论断就是:

> 文因于言,其末则言掣迫而因于文。

在言语力所不能及的边界,文字开始承担起作用。文字所表达的较言语更加复杂,"名实惑眩,将为之别异",并不是言语的替代或附庸。职是之故,"文之琐细,所以为简也。词之苛碎,所以为朴也"。言或同音,不可分辨,字则异形,各司其义。因而文字的"琐碎",正意味着意义分辨的细微准确,"言各成义,不相陵越",所以反而越是"简朴"。⑤

章太炎的学术工作并非仅仅为了发思古之幽情,而是要处理现实关怀的,"名

---

① 章太炎:《与龚未生书》,1914 年 5 月 23 日,收入汤志钧编:《章太炎政论选集》下册,第 702 页。
② 章太炎:《题所撰初印本〈新方言〉予黄侃》,《雅言》第 6 期,"章太炎文录(续)",1914 年 3 月 10 日。
③ 章炳麟:《文学说例》,收入舒芜等编:《中国近代文论选》下集,第 403 页。
④ 章炳麟:《论文学》,《国学讲习会略说》,第 43、46 页。
⑤ 章太炎:初刻本《訄书·订文》,《章太炎全集》(三),第 44—46 页。

守既慢,大共以小学之用趣于道古而止,微欤"①。所谓"道古",远不能概其志趣。在他看来,语言文字的局面,内则北宋以降,文字大坏,"唇吻所俦,千名而足。檄移所俦,二千名而足。细旃之所承,金匮之所藏,著于文史者,三千名而足。清庙之所奏,同律之所被,著于赋颂者,四千名而足"。外则西方文化大举进入,"今自与异域互市,械器日更,志念之新者日蘖,犹暧暧以二千名与夫六万言者相角。其寠便既相万,及缘傅以译,而其道大穷"。②

关于文字,随着时代的发展,尤其面临当下新知识爆炸性的增长,自然需要新造。但这方面章太炎是有节制的,认为已有的基本够用,首先要从"废弃语"中起死复生,不得已者才须新造:

> 古者制字,非有一成之律,如君臣父子夫妇俦友,皆有正字。兄弟独无,其后特制罦字,字既从弟,而弟复无正文。是皆待后人之补苴增广也。然自《说文》以至《集韵》,递增之字,以足俦用。今之有物无名,有意无词者,寻检故籍,储材不少,举而用之,亦犹修废官也。必古无是物,古无是义者,然后创造,则其功亦非难举矣。③

不管是"举而用之"还是"创造",都是为了汉字能够承担复杂的社会需要,文字本是随着社会的变化而不断增加,"自大上以至今日,解垢益盛,则文以益繁",此即所谓"孳乳"。④

文字需要意义明确,系统严密,不可串乱而导致"名实圂殽,易致眩惑",才能担负从政教到学术到文辞到日常交流各方面的作用。对此章太炎有着强烈的"洁癖",比如要求"故有之字,今强借以名他物者,宜削去更定。如鏭锑,本火齐珠也,今以锑为金类原质之名。汽,本水涸也,今以汽为蒸气之名"。其中如"锑",是近代以来最大一批新造字中的一员,其在于化学元素周期表的输入,当时的五六十种元素,已有文字中只有金银铜铁锡及铅汞等少量可用,于是以形声法大量创造,其偏旁如"气"如"金"如"石"。"锑"即其一,造者初未料汉字原有,意义绝异,因而太炎认为"必当更定"。⑤

相对而言,新造字数量并不多,而已有文字的使用状况,才是章太炎关注的重点。尤其"六书"中的"假借"一例,《文学说例》云:

> 六书初刱,形声事意,皆以组成本义。而言语笔札之用,则假借为多。自

---

① 章太炎:《新方言·新方言序》,《章太炎全集》(七),第3页。
② 章太炎:初刻本《訄书·订文》,《章太炎全集》(三),第46—47页。
③ 章太炎:初刻本《訄书·订文·正名略例》,《章太炎全集》(三),第47页。
④ 章太炎:初刻本《訄书·订文》,《章太炎全集》(三),第44页。
⑤ 章太炎:初刻本《訄书·订文·正名略例》,《章太炎全集》(三),第48页。

徐楚金系《说文》,始有引申一例。然郦君以"令""长"为假借。"令"者发号,"长"者久远,而以为司号令,位复高之称,是则假借即引申。与夫意义绝异而徒以同声通用者,其趣殊矣。

《说文解字叙》:"假借者,本无其字,依声托事,令长是也。"太炎引徐锴之说,以为假借就是引申。而"意义绝异而徒以同声通用者"①,即后来章太炎所说的"通借"②,在他的系统中是排除在"六书"之外的。不断道及,很大程度上乃是与刘师培的争论相关。③ "假借"本为"六书"之一,但与"形声事意"不同,并不"组成本义"。太炎借用姊崎正治的观点,"言语本不能与外物吻合,则必不得不有所表象",以为"假借"即所谓"表象主义之病质"。惟其既不可免,而期其少,且文字的增加本就有此救治的功能:

> 惟夫庶事鲦兴,文字亦日孳乳,则渐离表象之义,而为正文。如"能"如"豪",以猛兽为表象。如"朋"如"羣",以禽兽为表象……久之"能"则有"态","毫"则有"势","朋"则有"傰","羣"则有"窘",皆特制正文矣。而施于文辞者,犹惯用古文,而怠更新体。由是表象主义,日益浸淫。

章太炎文字古色生香,唯其好用本字古义。但后人对他多所误会,其所谓"本字古义",并非一般理解的越古老越好。其所云者"正文",既包括初文,也包括"孳乳"的后出文字,"本由一语,甲乇而为数文者",文字之精密端由于此。因而"新体"既出,就不应再用"古文"代表。如此整个文字系统才能够各司其职,周密运转,不断发展,应付时代的变化,满足社会的需求。

不过,有关"文字",此时章太炎并未找到满意的理论体系。这其中关键的问题就是,不可能所有的"庶事鲦兴"都能"特制正文",大量的还需"假借""转注"。《文学说例》借用姊崎正治的理论,谈到"假借":

> 夫号物之数曰万,动植金石械器之属,已不能尽为其名。至于人事之端,心理之微,本无体象,则不得不假用他名以表之。若动静形容之字,在有形者,已不能物为其号,而多以一言槩括。在无形者,则更不得不假借以为表象。

而"表象主义"乃是"病质",太炎语中尽显无奈,"虽然,人未有生而无病者,而病必期其少"。但"六书"之中,"假借为多"④,显然这样无序的状态不能让人满意,他一时也找不到完满的解释。数年后的《论语言文字之学》,投入大量篇幅重新阐释

---

① 章炳麟:《文学说例》,收于舒芜等编《中国近代文论选》下集,第 403—404 页。
② 独角:《论文字的通借》,《教育今语杂志》第 4 册,1910 年 6 月 6 日。
③ 参看王风:《刘师培文学观的学术资源与论争背景》,收入夏晓虹、王风等:《文学语言与文章体式》,第 239—247 页。
④ 章炳麟:《文学说例》,收入舒芜等编:《中国近代文论选》下集,第 404—405 页。

这个问题,文中先是"引申假借"不断连用,接着讨论"转注"和"假借":

> 然则转注之义,许实误解。实则所谓转注者,即是引申义。如发号为令,引申则为县令。久远为长,引申则为长者。许氏以此为假借,不知此乃转注也……如水流注,辗转不绝,故得转注之名。若夫假借之例,则所谓依声托事是已。然有本无其字依声托事者,亦有本有其字依声托事者。本无其字者,略有二种,一与转注相近,一与转注相远……本有其字者,如近世仍用之字,多借同音同部同纽者以代正文……亦有后人为之则称别字,古人为之则称假借者……此二者皆是本有其字者也……

早年他引徐锴的说法,以为"假借即引申",此时改称"所谓转注者,即是引申之义",故而"引申"代替"转注"与"假借"连用。关于"转注",在"六书"中最为难解,因而历史上争议也最大,但都为探究许慎原意。章太炎直谓"许实误解",说明其目的完全不同,在于如何为我所用,解决自己的理论问题。

至于"假借"则解释得非常复杂,尤其"后人为之则称别字,古人为之则称假借者",虽然太炎说"实乃沿袭误用,但其由来已久,故亦无所訾议"。但就其求完美的风格而言,这样的认可简直就是个意外。此于《国故论衡》可以见之,《论文学》即《国粹学报》上的《文学论略》,删削后以《文学总略》为名整体收入。而《论语言文字之学》则腰斩之,此段所在前半部分废弃,说明他并不满意。而后半部分以《语言缘起说》为名改写后编录,其中从另一个角度又谈及"转注"和"假借"。《论语言文字之学》较《语言缘起说》所改写者,所述更为详细易解:

> 其释转注,亦未尝不可云"建类一首,同意相受",而义则与许君有异。许所谓"首",以形为之首也;吾所谓"首",以声为之首也。许所谓"同意相受",两字之意不异毫厘,得相为互训也;吾所谓"同意相受",数字之义成于递演,无碍于归根也。虽然,此转注也,而亦未尝不为假借。就最初言,祇造声首之字,而一切递演之字,皆未造成,则声首之字,兼该递演之义,是所谓转注也。就今日言,已有递演之字,还观古人之专用声首,以兼该诸义者,则谓之"本无其字,依声托事"。是即所谓假借之近于转注者也。①

如此,在文字历史的维度上,"转注"和"假借"获得新的视角。太炎之所以如此极力推究,所关心者其实正在"递演"二字。《国故论衡》中,《语言缘起说》之后紧接《转注假借说》,则横扫一切,别立机杼:

> 余以转注、假借,悉为造字之则。泛称同训者,后人亦得名转注,非六书之转注也。同声通用者,后人虽通号假借,非六书之假借也。盖字者,孳乳而浸

---

① 章炳麟:《论语言文字之学》,《国学讲习会略说》,第13—16、25页。

多。字之未造,语言先之矣。以文字代语言,各循其声。方语有殊,名义一也,其音或双声相转,迭韵相迤,则为更制一字,此所谓转注也。孳乳日繁,即又为之节制,故有意相引申,音相切合者,义虽少变,则不为更制一字,此所谓假借也。①

以"转注""假借"为"造字之则",可谓一反成说。这既包括前人,也包括他自己。分"六书"为"造字""用字"两类,是清儒如戴、段等的说法,戴震所谓"四体二用"②,又如段玉裁《说文解字注》云:"盖有指事、象形,而后有会意、形声,有是四者为体,而后有转注、假借二者为用。"③早前章太炎《正名略例》言:"其在六书,本有叚借一例,然为用字法,非为造字法。"④在《论语言文字之学》中,也是以"转注""假借"为"用字之法",并称"转注、假借二者,实轶出形体之外,因循旧论,始以形体概之。此后专明引申、假借之事则属训诂者"⑤。而到《国故论衡》,他却以为"二君立例过嬾,于造字之则既无与"。"转注"并非戴段所谓"同训",而是因为"方语"的不同"为更制一字"。"假借"也并非阮刘认为的"同声通用",而是由于"引申"乃"不为更制一字",此为不造之造。

太炎最早以"引申"解释"假借",后来改为解释"转注",此时又回过头来,"引申之义,正许君所谓假借"。如此反复,其实都为了寻找完美的理论阐述。现实中文字的滥用和败坏在他那儿是锥心之痛,"表象主义"原也是他无可奈何不得不和解的理论敌人。此时也许终于可以找到最终的理论解脱了:

转注者,繁而不杀,恣文字之孳乳者也。假借者,志而如晦,节文字之孳乳者也。二者消息相殊,正负相待,造字者以为繁省大例。⑥

如此具有对称美的表述,确有涣然冰释之感。在章太炎那儿,十年的努力之后,也许是如释重负。文字如何"孳乳"是他要解决的问题,如今终于有了井然的秩序。当然,这是否就是许慎所谓"转注""假借",早已不是他关心的问题。因为,即使"六书"最初出处的《周礼·地官》,他也以为"或言六书始于《保氏》,殊无征验"。

---

① 章炳麟:《转注假借说》,《国故论衡》上卷,第47页。
② 戴震著,汤志钧校点:《戴震集·答江慎修先生论小学书》文集三,第75页,上海:上海古籍出版社,1980年。
③ 段玉裁:《说文解字叙注》,《说文解字注》,卷十五上,第7页,嘉庆二十年(1815)经韵楼刻本。
④ 章太炎:初刻本《訄书·订文·正名略例》,《章太炎全集》(三),第48页。
⑤ 章炳麟:《论语言文字之学》,《国学讲习会略说》,第16页。
⑥ 章炳麟:《转注假借说》,《国故论衡》上卷,第52页。

他所要溯源的是"仓颉"的本心,"仓颉初载,规摹宏远,转注假借具于泰初"①。因而黄侃赞美道:"其《转注假借说》一篇,订正群言,奭然而解,不仅为叔重之功臣,盖上与仓圣合符,下与虎门诸儒接席矣。"②

"转注""假借"之所以让章太炎投入如此巨大的精力,在于他想为庞大的汉字系统寻找一个完善的理论。"古字至少,而后代孳乳为九千,唐宋以来,字至二三万矣,自非域外之语,字虽转繇,其语必有所根本,盖义相引申者,由其近似之声,转成一语,转造一字,此语言文字自然之则也。"因而作《文始》,指向文字之源,梳理"孳乳浸多之理"③,希图为所有汉字建立联系:

> ……独欲浚抒流别,相其阴阳。于是刺取《说文》独体,命以初文。其诸省变,及合体象形、指事,与声具而形残,若同体复重者,谓之准初文。都五百十字,集为四百五十七条。讨其类物,比其声均。音义相雠,谓之变易。义自音衍,谓之孳乳。坐而次之,得五六千名。④

《说文解字叙》言:"仓颉之初作书也,盖依类象形,故谓之文。其后形声相益,即谓之字。文者,物象之本。字者,言孳乳而浸多也。""转注""假借"是所谓"字"的问题,而《文始》则直指"文",再言其"变易"和"孳乳"。其最终目标,依黄侃的说法,"令诸夏之文,少则九千,多或数万,皆可绳穿条贯,得其统纪"⑤。

"少则九千,多或数万",就来自于章太炎《訄书·订文》:

> 章炳麟曰:乌乎,此夫中国之所以日削也。自史籀之作书,凡九千名,非苟为之也,有其文者必有其谚言。秦篆杀之,《凡将》诸篇继作,及郑氏时,亦九千名。衍乎郑氏者,自《玉篇》以逮《集韵》,不损三万字,非苟为之也,有其文者必有其谚言。

其时章太炎忧心如焚于中国之"日削",在于"英语最数,无虑六万言",而中国"其所以治百官,察万民者,则莜乎檄移之二千而止"。⑥ 民国后《訄书》增删并更名为《检论》,《订文》一篇也经改写,相关文字则易为:

> 章炳麟曰:中国之字,非少也。今小篆九千文,以为语柢,其数过于欧洲。

---

① 章太炎:《文始叙例》,《文始》,《章太炎全集》(七),第161页,上海:上海人民出版社,1999年。
② 黄侃:《声韵通例·附:与人论治小学书》,《黄侃论学杂著》,第147—148页。
③ 章太炎:《自述学术次第》,《菿汉三言》附录,第196页。
④ 章太炎:《文始叙例》,《文始》,《章太炎全集》(七),第160页。
⑤ 黄侃:《声韵略说·论斯学大略》,《黄侃论学杂著》,第94页,上海:中华书局上海编辑所,1964年。
⑥ 章太炎:重订本《訄书·订文》,《章太炎全集》(三),第208页。

紾而成名,则百万以往。①

从"日削也"到"非少也",从"二千名"与"六万言"的不能"相角"到"其数过于欧洲",可见原先的焦虑已转为现下的信心。心情之所以有此转换,在于手边的《文始》已经写定,可以流布。

就章太炎自己的评价,这是他终极性的学术工作之一,实系发千古之覆,"斯盖先哲之所未谕,守文者之所痌痨"②。《新方言》"文理密察,知言之选,自谓悬诸日月不刊之书矣"③。而《文始》则更与《齐物论释》同样,"持之有故,言之成理,不好与儒先立异,亦不欲为苟同……可谓一字千金矣"④,斯"总集字学、音学之大成,譬之梵教,所谓最后了义"⑤。民初被袁世凯拘禁,弟子钱玄同为钞《文始》副本未竟,移书催促,自谓"死丧无日,无几相见矣。原书返我,或可望《尧典》同棺耳"⑥。

不过后之论者可未必以为然,最严厉也最有名的评价来自傅斯年,《历史语言研究所工作之旨趣》曰:

> ……又坐看章炳麟君一流人尸学问上的大权威。章氏在文字学以外是个文人,在文字学以内做了一部《文始》,一步倒退过孙诒让,再步倒退过吴大澂,三步倒退过阮元,不特自己不能用新材料,即是别人已经开头用了的新材料,他还抹杀着。至于那部《新方言》,东西南北的猜去,何尝寻杨雄就一字因地变异作观察?这么竟倒退过二千多年了。⑦

此"二千多年"正与太炎之"千六百年"相映成趣。史语所可谓傅斯年一手而立,领导二十多年。此公有能力,也有毅力,有定见,也有成见。本来,史语所作为中央研究院的一个机构,海纳百川,不应有特定立场,傅则建设得像个学派。即便章氏一路此时并不在他眼中,但也不适合在纲领性文件中表达立场。固然其批判并非毫无道理,后来的语言学家虽肯定太炎贡献,也多指出《新方言》《文始》说错的,并不是一个小比例。这有学术方面的原因,比如章立"成均图",对转、旁转,乃至交纽转、隔越转,结果几乎无所不转。⑧ 但造成这样的问题,恰恰是由于章太炎并不像傅斯年或绝大部分现代学者,认为历史学、语言学等等仅仅是一门科学。所谓"学

---

① 章太炎:《检论·订文》,《章太炎全集》(三),第489页。
② 章太炎:《文始叙例》,《文始》,《章太炎全集》(七),第160—161页。
③ 太炎:《汉字统一会之荒陋》,《民报》第17期。
④ 章太炎:《自述学术次第》,《菿汉三言》附录,第191页。
⑤ 黄侃:《声韵通例·附:与人论治小学书》,《黄侃论学杂著》,第164页。
⑥ 章太炎:《与钱玄同》(1913年2月5日),收入马勇编:《章太炎书信集》,第148页。
⑦ 傅斯年:《中央研究院历史语言研究所工作之旨趣》,《中央研究院历史语言研究所集刊》创刊号(1928年10月),第4页。
⑧ 章炳麟:《成均图》,《国故论衡》上卷,第7—8页。

术本以救偏,而迹之所寄,偏亦由生"①,他发动"学术"所要"救"的,是如此广大的"偏",诚如木山英雄所言,"当传统已经不能成为自明的前提时,便出现了根本性的危机,这种对于危机的自觉决定了章炳麟国学追本溯源的性格"②。探讨语言文字,实关系着民族有以立所以存的根基。悬此为的,自然一往而深,不能自已。

因而,《新方言》固然"犹未周备"③,《文始》固然"未达神恉,多所缺遗"④,仍无废于"悬诸日月""一字千金"。因为他觉得自己的理论已经给出这样的判断:"今语虽多异古,求之尔雅方言说文,必有其字,故汉语最纯洁不杂。其有杂者……待正则之语言统一,则鄙言自废矣。"⑤得出"汉语最纯洁不杂"的结论,这在太炎自是心愿完足,因为大局已定,拾遗补缺,待之来者可也。

四

章太炎所谓"文学",也须在他的"语言文字之学"的基础上才能理解,所谓"文辞之本,在乎文字"⑥。《文学说例》定义"文学":"尔雅以观于古,无取小辩,谓之文学。"其所云者,在如何运字成文,姑可称为"书契之学",与现如今所谓"文学"风马牛不相及。在他"正文"的观念下,其于"质言""文言"之间的价值取向就不难理解了,所谓"文辞愈工者,病亦愈剧",因而"斲雕为朴,亦尚故训求是之文而已",至以注疏一体为"文辞之极致也"。

按章太炎的看法,"文学陵迟"起于"衰宋",在于"苍雅之学"的没落,"訏诞自壮者,反以破碎讥往儒,六百年中,人尽盲瞽"。至"戴先生"与"王段二师","综会雅言,皆众理解",可谓拨乱反正。不过"不及百年,策士群起,以衰宋论锋为师法,而诸师复受破碎之诮",这也就是太炎所要对抗的当下文化之"病"。讥诮"破碎",炫耀辞彩,正无异于"中夏言词"的堕落⑦,更严重的是,其所带来的是整个社会的退化。

数年后,收入《国学讲习会略说》中的《论文学》,议论方向已不相同,其定义曰:"何以谓之文学,以有文字著于竹帛,故谓之文。论其法式,谓之文学。"⑧此所

---

① 绛:《通讯》,《国粹学报》第59期,1909年11月2日。
② 木山英雄:《文学复古与文学革命》,《文学复古与文学革命——木山英雄中国现代文学思想论集》,第216页,北京:北京大学出版社,2004年。
③ 太炎:《汉字统一会之荒陋》,《民报》第17号。
④ 章太炎:《文始叙例》,《文始》,《章太炎全集》(七),第160页。
⑤ 太炎:《规新世纪》,《民报》第24号。
⑥ 章炳麟:《论语言文字之学》,《国学讲习会略说》,第3页。
⑦ 章炳麟:《文学说例》,收入舒芜等编:《中国近代文论选》下集,第404—406页。
⑧ 章炳麟:《论文学》,《国学讲习会略说》,第33页。

谓"文学",则是"文体之学",举凡一切入于"竹帛"者,鲁迅所谓"自文字至文章"①,皆在论列范畴,亦远非今之"文学"所可牢笼。不过论说的出发点,仍在"尔雅以观于古":

> 凡文理文字文辞皆谓之文,而言其采色之焕发则谓之彣。《说文》云,文错画也,象交文。彣彰也,彰有彣彰也。或谓文章当作彣彰,此说未是。要之,命其形质则谓之文,状其华美则谓之彣。凡彣者必皆成文,而成文者不必皆彣。是故研论文学,当以文字为主,不当以彣彰为主。②

论述重点的转移是为了回应当时各式各样的"文学"观,既有西方过来的"literature",也有来自阮元而为刘师培继承的"文言"说。章太炎将"文学"坐实在"文"亦即文字上,认为"文辞"之中,"以典章为最善,而学说科之疏证类亦往往附居其列,文皆质实而远浮华,辞尚直截而无蕴藉"。也就是说,其最远离于"彣彰",也就最显露文字的"形质",因而"最善"。③

当然,《论文学》立论的重点还在文体,章太炎举用"雅俗""工拙"两组概念进行安排。简言之,"文章"是"雅俗"的问题,"彣彰"是"工拙"的问题,而"工拙者系乎才调,雅俗者存乎轨则"。一方面,"一切文辞,体裁各异,故其工拙亦因之而异",比如"除小说外,凡叙事者,尚其直叙不尚其比况"。而"韵文以声调节奏为本,故形容不患其多"。另一方面,"所谓雅者,谓其文能合格",因而"韵文贵在形容"即是"雅"。太炎另举例云:"公牍既以便俗,则上准格令,下适时语,无屈奇之称号,无表象之言词,斯为雅矣……古之公牍以用古语为雅,今之公牍以用今语为雅。"甚至"近世小说,其为街谈巷语,若《水浒传》、《儒林外史》。其为神怪幽秘,若阅微草堂五种,此皆无害为雅者"。④

如此回头看《革命军序》,章太炎提及邹容担心他"恶其不文",而太炎则认为"藉非不文,何以致是"。此类文字正不能"务为蕴藉",应"以跳踉搏跃言之"。在他眼里,《革命军》的"叫咷恣言"⑤,恰恰无废其"雅",而并非仅仅是他权宜的认可。

---

① 此系借鲁迅《汉文学史纲要》"第一篇"篇题为说,参见《鲁迅全集》第 9 卷,第 343 页,北京:人民文学出版社,1981 年。又,黄锦树云,"一如他把'语言文字之学'理解为'一切学术之单位之学',他也把'文学'理解为一切文字表达的单位表达〔之学〕",此说甚佳,参看氏著:《章太炎语言文字之学的知识(精神)系谱》,第 159 页。
② 章炳麟:《论文学》,《国学讲习会略说》,第 33 页。
③ 参看王风:《刘师培文学观的学术资源与论争背景》,收入夏晓虹、王风等:《文学语言与文章体式》,第 247—259 页。
④ 章炳麟:《论文学》,《国学讲习会略说》,第 53、57—59 页。
⑤ 章炳麟:《革命军序》,收入舒芜等编:《中国近代文论选》下集,第 401—402 页。

至少从理论上说,章太炎这套"文学"论述圆满自洽,美轮美奂。观其层次,则在文质、雅俗、文野。文质是语体层面上的,质言为上,计其工拙的文言为下。雅俗则是文体层面上的,文体各有"法式",工拙也各有要求,合其"法式"为雅,反之则俗。和合二者,则所谓"先求训诂,句分字析,而后敢造词也。先辨体裁,引绳切墨,而后敢放言也"。只要能"合格"①,则一切文体,藉令如《革命军》,不分文野,一切平等,也就是其"不齐而齐"的文化理想和审美趋向了。总此一切,章太炎之"文学",一言以蔽之,就是如何使用文字之学。

所谓"不齐而齐",是章太炎一直以来的文化主张,而专门阐发,则集中于《齐物论释》。其与《文始》等匹,在太炎心目中是首重之作。宣统元年讲学东京,《致国粹学报社书》云:"弟近所与学子讨论者,以音韵训诂为基,以周秦诸子为极,外亦兼讲释典。盖学问以语言为本质,故音韵训诂,其管龠也,以真理为归宿,故周秦诸子,其堂奥也。"②可见其学术多门,核心还在小学和诸子学。民国二年被袁世凯幽禁北京,对内交代家人,"所著数种,独《齐物论释》、《文始》,千六百年未有等匹。《国故论衡》《新方言》《小学答问》三种,先正复生,非不能为也"③。对外布告世间,"自知命不长久,深思所窥,大畜犹众。既以中身而陨,不获于礼堂写定,传之其人。故略述学术次第,以告学者",这份《自述学术次第》,涉及十个方面,而首先谈到的,就是《齐物论释》:

……余既解《齐物》,于老氏亦能推明。佛法虽高,不应用于政治社会,此则惟待老庄也。儒家比之,邈焉不相逮矣。然自此亦兼许宋儒……④

章太炎因苏报案"囚系上海,三岁不觌,专修慈氏世亲之书",自以为是其学术最重要收获。与佛法深有会通,衷心服膺,"私谓释迦玄言,出过晚周诸子不可计数"。东渡后"端居深观,而释齐物,乃与《瑜伽》《华严》相会……千载之秘,睹于一曙"。⑤ 之所以要"释齐物",乃在于"佛法虽高,不应用于政治社会,此则惟待老庄也",或用他的白话文,"论到哲理,自然高出老庄。却是治世的方法,倒要老庄补他的空儿"。⑥ 以佛解庄,一旦豁然开朗,太炎颇得庖丁解牛之趣:

顷来重绎庄书,眇览《齐物》,芒刃不顿,而节族有间。凡古近正俗之消息,社会都野之情状,华梵圣哲之义谛,东西学人之所说,拘者执箸而鲜通,短

---

① 章炳麟:《论文学》,《国学讲习会略说》,第58页。
② 绛:《通讯》,《国粹学报》第59期。
③ 章太炎:《与龚未生书》,汤志钧编《章太炎政论选集》下册,第702页。
④ 章太炎:《自述学术次第》,《菿汉三言》附录,第192页。
⑤ 章太炎:《菿汉微言》末节,《菿汉三言》,第71页。
⑥ 独角:《社说》,《教育今语杂志》第1册,1910年3月10日。

> 者执中而居间,卒之鲁莽灭裂,而调和之效,终未可睹……余则操齐物以解纷,明天倪以为量,割制大理,莫不孙顺。

虽然佛法高于老庄,但那是出世间的,因而世事还需"操齐物以解纷",这也可说是太炎行的"世间法"。所谓"自揣平生学术,始则转俗成真,终乃回真向俗"①,后人聚讼纷纭,无乃以此求消息焉。

《齐物论释》按《国故论衡》"小学""文学""诸子学"的分类体制,分科在诸子之学。《国故论衡·原学》一首,论及诸子学,曰:

> 诸子之书,不陈器数,非校官之业有司之守,不可按条牒而知,徒思犹无补益。要以身所涉历中失利害之端,回顾则是矣……夫言兵莫如《孙子》,经国莫如《齐物论》,皆五六千言耳。事未至,固无以为候。虽至,非素练其情,涉历要害者,其效犹未易知也。

所谓"身所涉历中失利害之端""涉历要害",在太炎看来是诸子之学的关键。此段其下有双行夹注:"《庄子·齐物论》,则未有知为人事之枢者……余向者诵其文辞,理其训诂,求其义旨,亦且二十余岁矣。卒如浮海不得祈向,涉历世变,乃始谯然理解,知其剀切物情……"②也是"浮海"之后,"涉历世变",乃"知为人事之枢者"。《齐物论释》开首云:

> 齐物者,一往平等之谈……齐其不齐,下士之鄙执,不齐而齐,上哲之玄谈。③

用乌目山僧《后序》的说法,即"名相双遣,则分别自除,净染都忘,故一真不立。任其不齐,齐之至也"④。章太炎所谓"齐物"之"齐",是在于承认并尊重"物"之"不齐",这才是真正的"齐","不齐而齐"说白了就是差异的平等。在他那儿,"平等"不只是现代观念中的人人平等,也包括佛家所谓众生平等,庄子的物我平等。更重要的是泯绝是非,去除"是非之心",也就是他自言"以分析名相始,以排遣名相终"的"排遣名相"⑤,黄宗仰所云"名相双遣,则分别自除",除"分别"才能有真正的"平等"。

《齐物论释·释篇题》中有下面一段话:

> ……世法差违,俗有都野。野者自安其陋,都者得意于娴,两不相伤,乃为

---

① 章太炎:《菿汉微言》末节,《菿汉三言》,第72页。
② 章炳麟:《原学》,《国故论衡》下卷,第149页。
③ 章太炎:《齐物论释·释篇题》,《章太炎全集》(六),第4页,上海:上海人民出版社,1986年。
④ 宗仰:《齐物论释·后序》,《章太炎全集》(六),第58页。
⑤ 章太炎:《菿汉微言》末节,《菿汉三言》,第71页。

平等。小智自私横欲,以己之娴,夺人之陋,杀人劫贿,行若封豨,而反崇饰徽音,辞有枝叶。斯所以设尧伐三子之问。下观晚世,如应斯言,使夫饕餮得以逞志者,非圣智尚文之辩,孰为之哉。①

所谓"野者""都者",应该"两不相伤"。现实的情况当然完全相反,"杀人劫贿","而反崇饰徽音"。"圣智尚文之辩",恰恰是那些"饕餮得以逞志者"的口实。这里提到的"尧伐三子之问",本文云:"故昔者尧问于舜曰:'我欲伐宗、脍、胥敖,南面而不释然,其故何也?'舜曰:'夫三子者,犹存乎蓬艾之间,若不释然,何哉?昔者十日并出,万物皆照,而况德之进乎日者乎!'"对此章太炎"释"曰:

> 原夫《齐物》之用,将以内存寂照,外利有情。世情不齐,文野异尚,亦各安其贯利,无所慕往。飨海鸟以大牢,乐斥鹖以钟鼓,适令颠连取毙,斯亦众情之所恒知。然志存兼并者,外辞蚕食之名,而方寄言高义,若云使彼野人,获与文化,斯则文野不齐之见,为桀跖之嚆矢明矣。

"志存兼并者"总是"寄言高义",早在《四惑论》中斥"公理"等,可为此论先声。因为那都是悬设恒定的标准,而不管差异如何,"文野不齐",一律作为统一的目标,让他者去"进化"。更甚者,可以此为名义,强加于弱者,包装其兼并蚕食之实。对于提供其合法性的社会达尔文主义,也包括斯宾塞的信仰者严复,章太炎可谓痛心疾首,恨不能起秦始皇于当世:"若斯论箸之材,投畀有北,固将弗受,世无秦政,不能燔灭其书,斯仁者所以潜然流涕也。"

从学理上说,《齐物论释》表达的理论思维非常彻底。所谓"一切平等",涉及从至巨到至微的一切关系,诚太炎自诩之"一字千金"。不过,"诸子之学"在他那儿,以为均从"涉历"中来,而他亲身经历的"世变",亦即华夏"历史民族"的危机,才是这一学术工作的根本出发点:

> 或言《齐物》之用,廓然多涂,今独以蓬艾为言,何邪?答曰:文野之见,尤不易除。夫灭国者,假是为名,此是梼杌、穷奇之志尔。

所谓"灭国者,假是为名",是章太炎力破"文野之见"的动力。随后则涉及他的另一个批判对象,亦即以《新世纪》聚集的无政府主义者的"至平等",在太炎看来,这些中国人也是要"齐其不齐",而无异于文化自杀:

> 如观近世有言无政府者,自谓至平等也。国邑州闾,泯然无间,贞廉诈佞,一切都捐,而犹横箸文野之见。必令械器日工,餐服愈美;劳形苦身,以就是业,而谓民职宜然,何其妄欤。故应务之论,以齐文野为究极。②

---

① 章太炎:《齐物论释·释篇题》,《章太炎全集》(六),第6—7页。
② 章太炎:《齐物论释·释第三章》,《章太炎全集》(六),第39—40页。

巴黎世界社成立于1907年,主要成员有张静江、李石曾等,但主《新世纪》笔政的是吴稚晖。章太炎一生论敌众多,他放笔痛诋,每每由文及人,不避意气用事之态。但大体还视对方为对手,唯于吴稚晖,自1903年在爱国学社同事,即互为寇仇,至于文笔缠讼终身。吴于《新世纪》时受克鲁泡特金互助论影响,大肆宣扬"大同世界",其与康有为《大同书》一样,都有儒家大同思想的痕迹。同样与康有为一样,都以为世界语言终将大同。①

章太炎在《自述学术次第》里,就学术不同范畴的不同性质,阐明他的一个看法:

> 在心在物之学,体自周圆,无间方国。独于言文历史,其体则方,自以己国为典型,而不能取之域外。斯理易明,今人犹多惑乱,斯可怪矣。②

"在物"之学,所指当如械器动植。"在心"之学,他所服膺的"唯识",包括他自己的《齐物论释》,应皆在其列。是所谓"无间方国",天地间皆通用者。而"言文历史"则异于是,"以己国为典型",乃系"国"之所系属。或者借用太炎自己的说法,应该"不齐而齐"。吴稚晖的"大同",却正是"齐其不齐",而且延伸至语言文字领域,这无疑挑动了章太炎最敏感的一根神经:

> 夫科学固不能齐万有而创造,文字复与科学异撰。万物之受人宰制者,纵为科学所能齐。至于文字者,语言之符。语言者,心思之帜。虽天然语言,亦非宇宙间素有此物,其发端尚在人为,故大体以人事为准。人事有不齐,故言语文字亦不可齐。③

吴稚晖等人在《新世纪》上的主张,正是以"齐""言语文字"为旗帜,希望用"万国新语"取代汉语言文字。所谓"万国新语",亦即当时出现不久的"世界语"。他们基本的逻辑,认为象形文字是原始野蛮的,字母文字是进化文明的,而欧洲诸种语言还各有问题,"万国新语"消灭了这些缺点,因而最为完美,是语言进化到"大同"的终极,也是汉语言文字改革的最终目标。开始时,他们还设计逐步向目标前进的步骤,后来干脆认为,直接取用"万国新语",消灭汉语言文字,则最为斩截,甚至可以较东西洋诸国更快地一步迈进大同世界。④

"万国新语"是晚清拼音化运动中特殊的一支,拼音化运动方案众多,不过归根结底逻辑都是一致的,即文字的进化规律是从象形到字母,汉字是象形,需要演

---

① 参看曹世铉:《清末民初无政府派的文化思想》,第120—171页,北京:社会科学文献出版社,2003年。
② 章太炎:《自述学术次第》,《菿汉三言》附录,第196页。
③ 太炎:《规新世纪》,《民报》第24号。
④ 参看罗志田:《清季围绕万国新语的思想论争》,《近代史研究》2001年第4期,第86—144页。

化到字母。而中国教育不能普及,以及种种落后,汉字的象形是其祸根。《新世纪》所言也不过如此,"其所执守,以象形字为未开化人所用,合音字为既开化人所用。且谓汉文纷杂,非有准则,不能视形而知其字,故当以万国新语代之"①。所不同者,也只是其主张相较而言最为激进而已。

此前一年的1907年,章太炎为文批判"汉字统一会",言下尚有恕词,尤其对于张之洞,这与其早年曾为张之幕宾有关。但更因此会目标在于"反对罗甸字母……遵循旧文,勿令坠地",而"微显阐幽之义"。② 至于"万国新语",却是以"罗甸字母"来消灭汉字,对此动摇文化根本的主张,太炎自然不可能假以辞色:

> 巴黎留学生相集作《新世纪》,谓中国当废汉文,而用万国新语。盖季世学者,好尚奇觚,震慑于白人侈大之言,外务名誉,不暇问其中失所在,非独万国新语一端而已。

直斥之曰"季世学者",《中庸》所谓"国家将亡,必有妖孽",大约可作太炎此时心情写照,"彼欲以万国新语剿绝国文者犹是"。③《新世纪》的目标是准备让中国融入大同的美好未来,正是要"齐其不齐"的。而章太炎所关于心者,"夫国无论文野,要能守其国性,则可以不殆"④,其全部心血投在语言文字,正是因为"若夫民族区分,舍语言则无以自见,一昔弃捐其固有,而执鹎鶋狌狌之业,无往而可"。执此而观,吴稚晖等所主张,简直丧心病狂,斯"则欲绝其文字,杜其语言,令历史不燔烧而自断灭,斯民无感怀邦族之心"。如是则"国性"尽失,"光复"云云也就永不可期了:

> 且品物者天下所公,社会者自人而作,以自人而作,故其语言各含国性以成名,故约定俗成则不易……语言文字亡,而性情节族灭,九服崩离,长为臧获,何远之有。吾且谓自改旧文者,其祸犹厉于强迫,强迫者有面从而无诚服,家人父子莫夜造膝之间,犹私习故言,以抒愤懑。故露人侦伺虽严,而波兰语犹至今在,其民亦忼慨有独立心,后之光复,尚可口也。至于自改旧文者,不终于涂炭不止。⑤

《驳中国用万国新语说》《规新世纪》引录《新世纪》观点,逐条批驳,不厌其细,以求从学理上全面推倒。对于汉字有碍教育的观点,他认为"国人能遍知文字以否,

---

① 太炎:《驳中国用万国新语说》,《民报》第21号。
② 太炎:《汉字统一会之荒陋》,《民报》第17号。
③ 太炎:《规新世纪》,《民报》第24号。
④ 章太炎:《救学弊论》,《太炎文录续编·卷一》,《章太炎全集》(五),第101页,上海:上海人民出版社,1984年。
⑤ 太炎:《规新世纪》,《民报》第24号。

在强迫教育之有无,不在象形合音之分也"。时至今日,事实证明这个看法是正确的。而汉字之不能拼音化,在他自然更是论述的重中之重,所谓"象形"问题:

> 且汉字所以独用象形,不用合音者,虑亦有故。原其名言符号,皆以一音成立,故音同意殊者众,若用合音之字,将茫昧不足以为别。况以地域广袤,而令方土异音,合音为文,逾千里则弗能相喻,故非独佗方字母不可用于域中,虽自取其纽韵之文,省减点画,以相辨切,其道犹困而难施。自颉籀斯邈以来,文字皆独标部首,据形系联者,其势固不得已也。①

汉文中有不可计数的同音异义词,是靠字形分别的,改用拼音,将混淆无以辨别。这是技术上的不能成立。中国土地广阔,语音不同,如果改行拼音,则互相间不能交流。这是现实上的不可行。章太炎没有进一步推论的是,设若如此,则不知将有多少种语言存在,而不是只有一种"汉语"了。不久后,在《国故论衡·小学略说》中,他揭橥了中国之为中国正植根于汉字:

> 若其常行之字,中土不可一用并音,亦诚有以。盖自轩辕以来,经略万里,其音不得不有楚夏,并音之用,祇局一方。若令地望相越,音读虽明,语则难晓。今以六书为贯,字各归部,虽北极渔阳,南暨儋耳,吐言难谕,而按字可知,此其所以便也。海西诸国,土本陿小,寻响相投,偷用并音,宜无罣碍。至于印度,地大物博,略与诸夏等夷,言语分为七十余种,而文字犹守并音之律,出疆数武,则笔札不通。梵文废阁,未逾千祀,随俗学人,多莫能晓,所以古史荒昧,都邑殊风。此则并音宜于小国,非大邦便俗之器明矣。②

所比较者"中土""海西""印度"。章太炎曾在《原学》中有这样的判断:"世之言学,有仪刑他国者,有因仍旧贯得之者……通达之国,中国、印度、希腊,皆能自恢彉者。其余因旧(贯)而益短拙,故走他国以求仪刑。""海西诸国"源于希腊,固不待言。至于印度,佛法之所由出,太炎致以文化上的高度尊敬。对其现实处境,他则深感同情,《太炎文录初编》"别录卷二"有多篇文章涉及。在他眼里,"西洋"与"西土",所谓"二西",那才有资格与华夏并峙,"能自恢彉者",远非日本之"转贩"可比。③

就这"中土""海西""印度"三者,具体到语言文字,又有不同,欧洲和印度的多数语言,同属"印欧语系",亦即所谓"并音"。按太炎的说法,"海西诸国"因为国土较小,用"并音"并无问题。而印度地域辽阔,也用"并音",结果书写分裂,"出疆数武,则笔札不通"。独有中国所用"象形",秦汉以来,几千年高度稳定,历史上

---

① 太炎:《驳中国用万国新语说》,《民报》第 21 号。
② 章炳麟:《小学略说》,《国故论衡》上卷,第 2—3 页。
③ 章炳麟:《原学》,《国故论衡》下卷,第 147—148 页。

无论如何分合,言语如何变化,但书写高度统一。就各地语音差异,中国并不比欧洲、印度小,但"吐言难谕,而按字可知",文字不随语音变化而变化,如此在广阔地域构筑出与久远历史相联结的共同体。设若没有这样稳定的文字桥梁,则"言语道塞",因而"并音宜于小国,非大邦便俗之器"。

  章太炎所论,实涉及语言文字的性质与民族自我认同的关系问题。所谓"汉族",严格地说是建立在"汉字"的认同,而不是"汉语"的认同上。如果仅仅只从语音着眼,汉语内部差异之大,即使不能说是一个语系,至少也是一个语族,何尝是一种语言。中国地域约略等于欧洲,汉族聚居之地也与印度等大,但人民之间并不互视为异族,各地语言从古至今均自认为是方言。其根本原因在于有汉字的控制,无论语音如何变化,文字并不跟着变化。一个汉字,上下几千年,纵横数万里,发生在它上面的读音可能以千百计,但无论是何读音,都是这个字形。如果是字母文字,其拼写恐也早已化身千百。而所谓"华夏",设若如此,以章太炎所论列,或如欧洲,或如印度,即便历史上存在如拉丁文和梵文这样的统一书写,一旦崩溃,则"越乡如异国矣"①。这层意思,太炎后来用白话说得更加清晰。此即1910年他主编《教育今语杂志》,创刊号上开篇的《社说》,收入《章太炎的白话文》时,改题《中国文化的根源和近代学术的发达》:

  中国不用拼音字,所以北到辽东,南到广东,声气虽然各样,写一张字,就彼此都懂得。若换了拼音字,莫说辽东人不懂广东字,广东人不懂辽东字,出了一省,恐怕也就不能通行得去,岂不是令中国分为几十国么。

由汉字这一体系所形成的书写文本,自然不像字母文字的文本一样,需要历代的翻译。因而中国的典籍,也就如汉字一般的稳定,由此提供了文本阅读古今一致的经验:

  且看英国人读他本国三百年前的文章,就说是古文,难得了解。中国就不然,若看文章,八百年前宋朝欧阳修、王安石的文章,仍是和现在一样。懂得现在的文章,也就懂得宋朝的文章。若看白话,四百年前明朝人做的《水浒传》,现在也都懂得。就是八百年前宋朝人的语录,也没有什么难解。若用了拼音字,连《水浒传》也看不成,何况别的文章。所以为久远计,拼音字也是不可用的。②

正是汉字独有的特点,才能在广袤的土地上,用共同的阅读,将人民如此牢固地连结为一体。在他的观念中,由此结晶的中土文明,或者可以说是以文字构筑的历史

---

① 章炳麟:《小学略说》,《国故论衡》上卷,第5页。
② 独角:《社说》,《教育今语杂志》第1册。

共同体,此即章太炎所谓的"历史民族":

> 国之有史久远,则亡灭之难。自秦氏以讫今兹,四夷交侵,王道中绝者数矣。然揖者不敢毁弃旧章,反正又易,藉不获济,而愤心时时见于行事,足以待后,故令国性不堕……①

所谓"国性",正植基于文字书写的历史,以此给予人民以记忆。即便作为国家的实体灭亡,语言文字和历史记载仍然维系着民族的文化存在,总有恢复的一天。"故仆以为民族主义,如稼穑然,要以史籍所载人物、制度、地理、风俗之类,为之灌溉,则蔚然以兴矣。不然,徒知主义之可贵,而不知民族之可爱,吾恐其渐就萎黄也。"②"史籍所载",端赖文字的历史统一,对此太炎每每情不能自已,《规新世纪》厉声痛驳之间,突然兀自唱叹起来:

> 章炳麟曰,洋洋美德乎,颉籀斯邈之文,踦形孑义,秒忽判殊,属辞比类,子母钩带,散而为尘不患多,集而成器不患乏,错综九千字,至于百十万名,魏然弗可尚已。③

在《原学》中,章太炎阐明了自己的文化立场:"今中国之不可委心远西,犹远西之不可委心中国也……夫赡于己者,无轻效人。若有文木,不以青赤雕镂,惟散木为施镂。以是知仪刑者散,因任者文也。然世人大共儃弃,以不类远西为耻。余以不类方更为荣,非耻之分也。"④此所谓"依自不依他",正如《答铁铮》所云:"排除生死,旁若无人,布衣芒鞯,径行独往。上无政党猥贱之操,下作愞夫奋矜之气。以此揭橥,庶于中国前途有益。"⑤其艰苦卓绝者,是他个人的自我写照,或也可看作对于中国的期待。而将生命与学术如此动人地联结在一起,更是可风的永在。所谓"细征乎一人,其巨征乎邦域"⑥,于己是为,于国犹然。

不过总体而言,历史的选择与章太炎所希望的正相反,他那高远幽眇的理想,当然毫无窒碍不通之处,不过确确实实是窒碍难行。尽管有各种各样的立场和声音,中国还是得"委心远西",此不得不然之局。他所关心的,言文一致问题,选择了白话文;语言统一问题,选择了北京音。都跟他的理想方案有不远的距离,但揆诸实际,也是非如此不可。更为根本的汉字,作为文化渊薮,数千年未曾改变,本也

---

① 章炳麟:《原经》,《国故论衡》中卷,第88—89页。
② 章太炎:《答铁铮》(1906年11月15日),《太炎文录初编·别录卷二》,《章太炎全集》(四),第371页。
③ 太炎:《规新世纪》,《民报》第24号。
④ 章炳麟:《原学》,《国故论衡》下卷,第149—150页。
⑤ 章太炎:《答铁铮》,《太炎文录初编·别录卷二》,《章太炎全集》(四),第375页。
⑥ 章炳麟:《原学》,《国故论衡》下卷,第147页。

无改变的可能。但汉字常用字的设定也与太炎的希望相反，正是"汉字统一会"的主张。而 20 世纪 50 年代大陆的汉字简化，是为拼音化做准备，其逻辑恰与《新世纪》一致。而直接造成与时间和空间，亦即与历史和国土的书写分裂，垂今已一甲子，正所谓聚九州铁不足以铸此大错。不过，此亦一是非，彼亦一是非，这些选择都木已成舟。但任何选择迟早都会面临问题，此时回头去寻找曾经的异见，思考其逻辑，也许能成为当下的资源。这正如草木可以燃烧，埋藏着的煤和石油同样也可以燃烧。

（作者单位：北京大学中文系）

文字难易与教育新旧
——戊戌前后蒙学变革论的语文侧面①

陆 胤

清季民初中小学教育的"国文"一科渊源何在？不妨追溯学制确立以前同样承担着基础教育功能的"蒙学"。晚清西学东渐，依据不同的地域、阶层和教学需求，童蒙教法已呈现新旧交错的特点。光绪己亥年（1899）前后，针对当时蒙学弊端，曾有如下一段评论：

> 教初学童子自七岁至十二岁者曰"训蒙"，蒙也者，谓蒙昧不明，藉先生教训之，以开其蒙，而使之不复蒙也。今之训蒙者，始教之以《三字经》、《千字文》，为问《三字经》首两句童子能解乎？继教之以四书、五经，为问"大学之道，在明明德"二句，童子能解乎？如不能解，是蒙也；不能解而以此教之，是既不能开其蒙，而复加之以蒙也。②

发言者是陈荣衮，康有为的早期弟子，后来毕生致力于儿童教育，同时也被誉为近代白话文运动的先驱。在甲午（1894）、戊戌（1898）之间的维新思潮中，为了与前此单纯注重"器物"的洋务模式相区分，教育变革被赋予前所未有的重要性。而"蒙学"作为初学始基，与识字率、国民教育等话题相联系，更被认为是造就近代国民、国家的基础。这一时期蒙学教育在言论和实践两方面，都已呈现出若干新变。

陈荣衮规定"蒙学"的含义："蒙"是蒙昧不明，"训蒙"是开启其蒙昧的状态，取义已接近近代西学所说的"启蒙"（enlightenment）；而批评旧式蒙学以《三字经》《千字文》、"四书""五经"为入门教材，更是戊戌以前新学社会早就流行的论调。

---

① 本稿为中国博士后科学基金资助项目"清末'国文'的兴起：学科、文体与文化认同的互动"（项目编号：2012M520092）的阶段性成果。
② 陈荣衮：《论训蒙宜先解字》（光绪二十五年[1899]），区朗若、冼玉清、陈德芸编校：《陈子褒先生教育遗议》，第3a—4a叶，广州子褒学校同学会1953年铅印本。

然而,不同于后生"打倒孔家店"的直截,清末"老新党"的批评重点,并不在于经书义理,而往往是"载道"所用之"文"。陈荣衮反对以"四书""五经"为入门,亦非否定"四书""五经",而是把经书的深奥文字看作开启蒙昧的障碍。① 所以,当时论者多主张在蒙学书中推行浅白文体,甚至要用切音字、白话文直译经史。在壬寅、癸卯学制确立之前,蒙学变革论已与文字、文体的教育功能密切关联,并渗透到这一时期业已展开的新式蒙学实践当中。这为日后"国文"作为一门独立新学科的成立,创造了舆论条件。

向来关于清末语文运动的考察,多是放在"国语运动"或"文学革命"的脉络上,更关注文字、文体本身的变革,却对其社会功能不无忽略。甲午、戊戌间的语文变革论,在危急时势刺激下,的确有激进化的特点。但同时期涌现的各种经世文编、新学类书,仍多将"语言文字""字学"附属于"学校""文教"部分,可见按照其时一般新学知识水准的理解,语言文字问题仍是教育问题的附庸。② 文字、文体成为言论中心,很大程度上依赖于整个士林社会对文教改革、科举兴废的关注。在"变通"这一终极目的达成之前,文字、文体不过是需要尽快习得的工具而已。戊戌前夜,维新求变的氛围加上官定学制的空白,为民间教育论者提供了更多创造空间;各种语言文字论说也借报刊与新式学校得以铺开,成为这一时期蒙学变革论的重要论据。

一、"文字之易难,智愚强弱所由分"

光绪二十年(1894)甲午一役败于日本,在宣告"洋务模式"终结的同时,更冲击到普通士子的国族自尊与学术自信。中外论者竞相追究中国积弱的渊源,进而期待在"治械练兵"之外,找到变法自强的源头。一时间,各种"本原论"喧腾于新兴报章:或者论证"变法必自官制始"③,或者主张"当以知惧知耻

---

① 陈荣衮后撰《论训蒙宜用浅白读本》(光绪二十六年[1900]),即指出:"四书五经之道理,无分古今,惟其语言则儒林古国之语也,而非今国之语也。若以今国之语言写无分古今之道理,有何不可?"见前揭《陈子褒先生教育遗议》,第11b叶。
② 参见杞庐主人编:《时务通考》卷十九,《续修四库全书》第1257册影印上海点石斋光绪二十三年(1897)石印本,第567—578页;邵之棠编:《皇朝经世文统编》卷五,上海宝善斋光绪二十七年(1901)石印本。
③ 戊戌时期康、梁一派多强调"官制",如《变法当知本原说》(《强学报》第2期,光绪二十一年[1895]十二月三日)及梁启超《论变法不知本原之害(变法通议二)》(《时务报》第3册,光绪二十二年[1896]七月二十一日)、麦孟华《论中国变法必自官制始》(《时务报》第22、24册,光绪二十三年[1897]三月一日、二十一日)等文,均认为变官制为万事根本,对戊戌年出自朝廷的维新政策多有影响。

为本"①，或强调须先"与外人亲睦""明泰西情势"②，或指出"言自强于今日，以开民智为第一义"③，甚至"改正朔易服色"都要提升到变法根本的高度上来讨论④。种种议论，出自不同的知识背景与言说策略，不无重叠乃至自相冲突之处。值得注意的是，现实世界的战争胜负甚至刺激到了语文势力的消长，进而催生出一种将国势积弱归咎于汉字、古文而把强国希望寄托于文字、文体变革的论说。

早在光绪十九年（1892），居住在通商口岸厦门、信仰基督教的落第文人卢戆章就已在传教士拼音方案启发下，完成了"中国第一快切音新字"的设计。⑤然而，直到三年后的光绪二十一年（1895）六月，卢戆章开始在《万国公报》上发表《变通推原说》，其变革文字的主张，才作为甲午战败后盛行的"本原论"的先驱，受到新学社会的重视。其时距离四月十七日光绪帝向全国军民宣示和约不过一个月，卢戆章此论的确占据了舆论先机。

《万国公报》分四次连载卢戆章的文字新说，英文标题亦由"A New Way of Writing Chinese Suggested"变为"On Reform of Chinese Methods of Writing"，由语言文字推进改革的论调日渐凸显。⑥卢戆章论证切音字为"变通中国之大急务"，先指出"用切音字能使通国人读书无一不精"，遂使国家组织"有呼应之灵，而无违背之失，斯上下一体，血脉贯通，而全体康强矣"；继而强调日本战胜中国的根本原因，不在船坚炮利将猛兵锐，而在于效法泰西学校、新闻纸、书库（图书馆），"此三大政之大原，则皆出于字"；终篇则借俄国学者对东北亚文字的考证，说明蒙古、满洲勃兴亦源于使用切音字。总之，环顾世界，除了"中国十八行省及无字之生番以外，自余日月所照，霜露所坠，莫不以切音为字。是切音字为普天下万国之公理也"。

本来是国势竞争的成王败寇决定了学术、文字优胜劣败的感受，但趋新之士却善于将此理路颠倒。于是，"美妙罕匹"的汉字反而与"生番"的"无字"相提并论，成为野蛮的象征、致祸的根源、维新的障碍。这一论断，奠定了此后数年间新派舆论界语文论说的基调。甲午至戊戌之间，至少出现了七种切音文字方案，或参照罗

---

① 参见汪康年：《论今日中国当以知惧知耻为本》，《时务报》第11册，光绪二十二年十月十一日。
② 参见福开森（John C. Ferguson, 1866—1945）：《强华本源论》，《万国公报》（月刊）第93卷，光绪二十二年八月。
③ 参见梁启超：《论学校一：总论（变法通议三之一）》，《时务报》第5册，光绪二十二年八月十一日。
④ 参见渤海姜叔子：《改正朔易服色说》，《万国公报》（月刊）第90卷，光绪二十二年六月。
⑤ 卢戆章：《中国第一快切音新字原序》，《一目了然初阶》，第1—7页，北京：文字改革出版社，1956年。
⑥ 卢戆章：《变通推原说》、《变通推原第二章》、《三续变通推原说》、《四续变通推原说》，分别载《万国公报》（月刊）第78、81、82、86卷，光绪二十一年六月、九月、十月，二十二年正月。

马字,或借鉴速记法,甚者自创字母。① 其中,苏州人沈学的《盛世元音》,由于梁启超的揄扬而获得较大影响,亦采取了与卢戆章相似的论调,主张方今之务"变通文字为最先":

> 今日议时事者,非《周礼》复古,即西学更新,所说如异,所志则一,莫不以变通为怀。如官方、兵法、农政、商务、制造、开矿、学校。余则以变通文字为最先。文字者,智器也,载古今言语心思者也。文字之易难,智愚强弱之所由分也。②

沈学提出文字为"智器"的认识,视文字为"言语心思"的工具,实则含有将文字与"道"相剥离的趋向。既然仅仅是形而下的"器",则自然有因时制宜加以取舍的必要。与文字本身的美感、精密程度、使用习惯相比,"文字之易难",即文字能否在最短时间内成为"言语心思"的工具,从而决定国族的"强弱"、国民的"智愚",是首先被考量的标准。

戊戌前后的语文论说在文字之外,尚有文体(文白、深浅、雅俗)、文法(语法)等诸多层面;各种语文方案的论证思路,却大致相近。如无锡人裘廷梁等创办白话报,提出"白话为维新之本","文字者,天下公用之留声机也;文字之始,白话而已矣",仍可视作"变通推原"及"文字智器"说的延伸。③ 只不过针对切音字无法统一方言的缺陷,裘氏强调"官音白话"的重要性,更在"汉字"之外,找到了"文言"这一新障碍物。稍后,陈荣衮主张在报章文字和训蒙读本中使用"浅说",虽与裘廷梁所谓"白话"尚有一间之隔,"文言"却是二者共同的对立面。④ 日本背景的《亚东时报》指出:"支那今日之伪,莫文字若焉。"但其所谓"文字"却是指文章写法。强调去除汉文"气习"、"死语"的必要性。⑤ 而在诸种议论之中,最为极端者,莫过于张之洞亲信钱恂提出的汉文废止论:"中国之字不能敷用,不如废之,专用洋文。"这一议论未形诸文字,仅见于王树枏的转述。⑥ 在日后以保守著称的武昌张之洞幕府,前有蔡锡勇借用速记法发明"传音快字",后有钱恂主张废汉字用洋

---

① 分别为:卢戆章的"切音新字"(1892)、吴朓的"豆芽字母"(1895)、蔡锡勇的"传音快字"、沈学的"天下公字"(1896)、力捷三的"闽腔快字"(1896)、康有为嘱其女编纂的音字(1896前)、王炳耀的"拼音字谱"(1897前)。参见倪海曙:《清末汉语拼音方案一览表》,《清末汉语拼音运动(切音字运动)编年史》,第9—10页,上海:上海人民出版社,1959年。
② 吴沈学来稿:《附盛世元音原序》,《时务报》第4册,光绪二十二年(1896)八月一日。
③ 裘廷梁:《论白话为维新之本》,《中国官音白话报》第19、20合刊,光绪二十四年(1898)七月。
④ 陈荣衮:《论报章宜用浅说》(光绪二十五年),《陈子褒先生教育遗集》,第5b—9b叶。
⑤ 阙名:《论中国文章首宜变革》,《亚东时报》第7号,光绪二十五年(1899)四月十日。
⑥ 王树枏:《致何善孙(戊戌)》其十,《陶庐笺牍》卷四,光绪戊申(1908)刊本。

文,可见当时语言文字论说可能达到的激进程度与传播广度。

　　如果从后设立场反观,这一时期涌现的语文论说及变革方案自有"彻底"程度与致力方面(文字、文体、文法)的差别。但若回到言论现场,则其对于语言文字现象的观察,又有大致相通的理论资源。首先,关于中西文字特性的认识,"天下虽有千百体之字,总不外像〔象〕形、切音二种"①。相关议论一般都会作出汉字象形、西文切音的二分,并通过"埃及等国亦用象形字"之类的比附,得出切音字先进、象形字野蛮的结论。沈学则将这一区分深化为"音""义"的优劣:"字音胜字义,字义难载字音。"②卢戆章、沈学二人都有教会背景,不难设想类似判断或者来自此前传教士或欧洲汉学家。③ 如对晚清文教改革造成较大影响且有一定汉学修养的德国教士花之安(Ernst Faber,1839—1899),即曾先后在《教化议》(1875)、《自西徂东》(1883)等著作中指摘中国文字有"字学太繁、字部太杂、字音太紊"等缺陷。花之安认为,由于中国字音不足,"不能深入格致穷理之学",加之中国文字象形,则不能借用拉丁、希腊文的科学字汇;于是提出"夹音"即汉字注音法,不仅补文字不足,且有厘正方言的功效。④ 而在更早成书的《泰西学校》(1873)中,花之安更介绍了汉字为"板文"(孤立语)、土耳其语为"胶漆之话"(黏着语)、欧洲"亚利士"(雅利安)语源为"新结列"(印度)等比较语言学的新知识,在晚清士人当中不无反响。⑤ 又如光绪十九年(1893)四月,《万国公报》刊出《西士论中国语言文字》一文,实际上是译述伦敦国王学院汉学教师都戈拉斯(Robert K. Douglas,1838—1913)介绍中国语言文字特性的两次讲座。那两次讲座将汉语与作为欧洲语言源头的"梵言"作对比,认为"梵言变化多端,华言虽有变换,然不多于印度。

---

① 卢戆章:《四续变通推原说》,《万国公报》(月刊)第86卷,光绪二十二年正月。
② 吴沈学来稿:《盛世元音原序》《体用》,《时务报》第4、12册,光绪二十二年八月一日、十月二十一日。
③ 卢戆章曾应英国传教士马约翰的邀请,助译《华英字典》,其"切音新字"方案实际上参照了当时的"厦门话教会罗马字";沈学则原为上海的教会学校梵皇渡书院(圣约翰大学前身)的医学生,精通英文。相关生平考论,参见前揭倪海曙:《清末汉语拼音运动(切音字运动)编年史》,第19—20、41页。
④ 花之安:《泰西学校、教化议合刻》,上海商务印书馆1897年铅印本,第19—21叶(卷叶);《自西徂东·同文要学》,《万国公报》(周刊)第727卷,光绪九年正月十日。按:花之安提出用"夹音"之法厘正方言,前提仍是"正音":"如粤东则以羊城为正,福建则以榕城为正,中国则以正音为正。……国家著为功令,则易遵矣。"实际上并未解决拼音化与语言统一的冲突。见《教化议》,第20叶(卷叶)。
⑤ 如后来被看作守旧的叶德辉,在戊戌年(1898)所作《非〈幼学通议〉》中即提到:"曩于花之安《【泰西】学校》、《教化议》得知其详,其议论是己非人,如以中文为板文,满洲书西域书为胶漆话之类,大都逞其私见,不究本原。"见苏舆编:《翼教丛编》卷四,第132页,上海书店出版社,2002年。

是中国人之语言犹近于古初孩童语言之式也",亦即传达了印欧语言优越论的信息。关于汉字,则指出:"中国文字当与巴比伦、埃及二国文援引较比。……三国文字之初创,俱以象形为始。"①事实上,将汉字类比于古埃及文字,晚明来华的利玛窦(Matteo Ricci,1552—1610)早有此论②;晚清人的域外游记中,更多见将二者相比附的段落。郭嵩焘的《使西记程》就提到,看到埃及古文字拓本后,"乃知文字之始,不越象形、会意。麦西始制之文字,与中国正同。中国正文行而六书之意隐;西洋二十六字母立,但知有谐声,而象形、会意之学亡矣"③。这些片断的译介或评述,都有可能进入后来语文论者的视野,造成切音、象形两相对立的文字观。

不容忽视,除了批评中国语言文字幼稚、缺陷的议论,传教士方面亦不无回护中国经书及文字价值的言说。如主持苏州博习书院(Buffington Institute)的美国教士潘慎文(A. P. Parker,1850—1924)即认为:"中国人为了受教育,他必须懂得本国的语言和文学,迄今发现唯一学习语言和文学的途径是通过认真学习经书。"④传教士在引进西方新论的同时,难免要迎合中国士林社会的一般认知,其言论具有多歧性;论者能从中吸取片段认知,却未必能找到一套足以完整援用的话语。⑤ 而在凭借传教士途径接触新学的士人那里,诸如"先学华文,后学西文,乃可以有利无弊"⑥"致远之道,以声为便;然合音为字,其音不备,牵强为多,不如中国文字之

---

① 都戈拉斯著、古吴居士(沈毓桂)笔述:《西士论中国语言文字》,《万国公报》(月刊)第52卷,光绪十九年四月。原书为 R. K. Douglas, *The Language and Literature of China: Two lectures delivered at the Royal Institution of Great Britain in May and June*, 1875 年由伦敦 Trübner and Co. 出版社刊行。
② 参见利玛窦:《论耶稣会及基督教进入中国》,转引自卡萨齐(G. Casacchia)、莎丽达(M. Gianninoto):《汉语流传欧洲史》,第 8、15 页,上海:学林出版社,2011 年。
③ 郭嵩焘:《使西记程》,光绪二年(1876)十一月廿四日条下,见钟叔河编校:《郭嵩焘〈伦敦与巴黎日记〉》,第 77 页,长沙:岳麓书社,1984 年。
④ 潘慎文:《论中国经书在教会学校及大学中的地位》,原载《在华传教士 1890 年大会纪录》,译文转引自朱有瓛、高时良主编:《中国近代学制史料》第 4 辑,第 127—128 页,上海:华东师范大学出版社,1993 年。
⑤ 如 Elisabeth Kaske 在概述晚清来自教会的拼音方案与翻译《圣经》的文体争论时,即指出:"非常明显的是,在传教士当中并没有能够产生足以引领中国自身发展的一致并且积极的语言方针。毋宁说,传教士们是根据中国自身的语言状况来反应,直到变化发生以后(通常有一个时间差),才开始调整他们的语言方针。"见 Elisabeth Kaske, *The Politics of Language in Chinese Education, 1895-1919*, Leiden and Boston: Brill, 2008, p.65。
⑥ 见杨毓辉:《华人讲求西学用华文用西文利弊若何论》,王韬鉴定:《格致书院课艺》,光绪二十四年(1898)上海富强斋书局石印本,西学类,第 1a—5a 叶(卷叶)。按,该文作于光绪十五年(1889),获格致书院己丑冬季课题超等第一名。后改题《中西书法异同论》,收入陈忠倚编《皇朝经世文三编》(光绪二十四年[1898]上海书局石印本)卷四十二。

美备"①等调停中西文字的议论,在甲午以前影响颇广。光绪十九年(1893)春,上海格致书院以"中西及各国文字语言之异同"为题征集课艺,傅兰雅(John Fryer,1839—1928)、王韬等评卷人看重的"超等"之作,仍多停留于罗列"异同"的层次,甚至坚持"六体兼备"的华文较"仅知协声"的西文更胜一筹。②

那么,到了甲午战后,新派舆论的中西文字比较论,如何一变而为泾渭分明的扬西抑中?其对汉字、"文言"的激烈批评,不全是语文观念的自然发展,或许更应归结于时势的刺激,以及随之而来教育视野的开拓。明治时期日本"言文合一"的便利体现于教育,在卢戆章、沈学、裘廷梁、陈荣衮等人文字中皆有涉及,正可视作清末语文变革论说的另一系话语资源。关于日本通过假名实现"语言文字合二为一",较完整的描述当属黄遵宪的《日本国志》与《日本杂事诗》;但其影响的铺开,却是在甲午战败于日本以后。黄遵宪通过日文当中假名与汉字的区隔,发现语言、文字发展的不平衡性;特别是"外史氏曰"一段按语提出"语言与文字离,则通文者少;语言与文字合,则通文者多"的判断,将语言、文字的分合与识字率即启蒙教育的问题相结合,大大拓展了清末语言文字论者的论述空间。黄遵宪提及"泰西论者"关于中国文字最古、最难的论断,自然仍是在传教士、汉学家观念的延长线上;突出"数岁小儿,学语之后,能读假字,即能看小说、作家书"等言文一致的实效,亦为切音文字优越论提供了现实论据。但细读之下,不难发现黄遵宪的言说重点,实有从"文字"向"文体"的微妙转移:不独采用切音文字是"言文合一"的途径,即便如中国"小说家言,更有直用方言,以笔之于书者",同样也是"语言文字几几复合"的佳境。此种"适用于今,通行于俗"的文体追求,为戊戌时期的"白话""浅说"论的展开提供了论据。③

黄遵宪的著作,在甲午战后凭借康有为、梁启超等的推介而广为传播。梁启超在光绪二十二年(1896)为沈学《盛世元音》所作序言中,即以黄遵宪的"言文合一论"统摄卢戆章、蔡锡勇、沈学以下的切音字方案。《日本国志》关于汉字难学的一段描述,亦借梁启超此文的转引而广为流传:"**汉字**多有一字而兼数音者,则审音也难;有一音而具数字者,则择字也难;有一字而具数十撇画者,则识字也又难。"只是,黄遵宪原文所说的"审音""择字"之难,本就日文当中汉字音、训纷歧的状况

---

① 康有为:《广艺舟双楫·原书》(光绪十四、十五年间[1888—89]作),姜义华、张荣华编校:《康有为全集》第1集,第254页,北京:中国人民大学出版社,2007年。

② 如名列该次课艺"超等第二名"的沈尚功即指出:"以中国人读中国字,而高下徐疾即各自成音,赖有象形、会意等义相维持。故数千年后,犹得以考证古训也。西国文字,仅知协声,以口相传,久而异变,安能如华文之六体兼备,如四声勿乱哉?"见前揭《格致书院课艺》,字学类,第6b叶(卷叶)。

③ 黄遵宪:《日本国志》卷三十三,学术志二,第3b—7a叶(卷叶),光绪十六年(1890)羊城富文斋刊本。

而言,与中国人的汉字使用并不相干。① 然而,在梁启超的转引中,原文的"**汉字**"被换为"**中国文字**",并继以"华民识字之希,毋亦以此乎"的议论,仿佛"一字数音""一音数字"亦是"华民"识字的困难。② 时人引用或化用此段议论,多转手自梁启超,遂造成日本明治时代盛行的日文汉字批判论被原封不动地移植到汉字使用原理完全不同的中国。③ 这种将外族人学习汉字、汉文的困难直接搬用作"汉字难学"论据的办法,不无忽视中国语言文字自身使用原理、学习环境与教育传统的偏颇,是清末语文论说当中普遍存在的问题。

梁启超《沈氏音书序》还提到康有为"属其女公子"编纂音母,而与康、梁接近的曾广钧、汪康年等也都有志于此。康有为《大同书》曾提出"创制简易新文"的设想,史家据此将他视作切音文字的先驱。④ 实则由于康有为倒填了成书年月,毋宁将其设想看作对戊戌时期切音字实践的事后回应更为妥当。⑤ 但《大同书》当中"全球语言文字皆当同,不得有异言异文"的说法,也并非毫无自家心得。目前能确定康有为作于光绪十一年(1885)以前的《教学通议》中,即有《言语》一篇,断言"古者惟重言语,其言语皆有定体,有定名。……凡以言语为用,必有定名,天下同一,而后可行",已强调言语"天下同一"的必要。⑥ 后来论者多想象上古言文合一⑦,康有为此篇早已提出:"自秦汉以后,言语废而文章盛。"康氏对于言语、文章的分化,有三个层次的认识:首先是文体的分歧,即"诗赋与词曲不同,散文与骈文不同,散文与书牍不同,公牍与书札不同,民间通用文字又与士人之文、官中之牍不同,是谓文与文不同";其次才是后来语文论说重视的"言与文不同,学人与常人言不同";最后则为南北方言的分歧。尤其重要的是,此时康有为已意识到语言统一与国势强弱的关系,并引印度语言分化而弱亡、客家人不失本音而"横行编户间"

---

① 《日本国志》卷三十三,第 4a 叶(卷叶)。粗体为笔者所加。
② 梁启超:《沈氏音书序》,《时务报》第 4 册,光绪二十二年(1896)八月一日。
③ 如叶瀚《蒙学报缘起》化用此段,即以之来说明中国童蒙识字的困难:"有一字而兼数音,一音而备数义,综举则词繁,略之则义阙,此识字之难一也。"见《蒙学报》第 1 册卷首,光绪二十三年(1897)十一月一日。
④ 倪海曙:《清末汉语拼音运动(切音字运动)编年史》,第 31—32 页。
⑤ 根据汤志钧的考证,康有为自称撰于光绪甲申(1884)的《大同书》,实际成书于光绪二十七至二十八年(1901—1902)间,此后又屡经修改。参见汤志钧:《论〈大同书〉的成书年代》,《康有为与戊戌变法》,第 108—124 页,北京:中华书局,1984 年。
⑥ 康有为:《教学通议·言语第二十九》,载前《康有为全集》第 1 集,第 54—56 页。
⑦ 梁启超在《沈氏音书序》中指出:"古者妇女谣咏,编为诗章;士夫问答,著为辞令。后人皆以为极文字之美,而不知皆当时之语言也。"《幼学》篇则直接提到"古人之言即文也,文即言也"。分别参见《时务报》第 4、16 册,光绪二十二年(1896)八月一日、十二月一日。稍后,裘廷梁撰《论白话为维新之本》,亦以为"文字之始,白话而已矣",并举五帝、三王时代著书、文告皆白话为例。

为反、正两方面的例子。而在书写文字方面,亦强调必须有定式、定名:"百凡文体皆从定式","一切名号断从今式"。戊戌时期的语文论注重文字、文体的变革,在"国语"概念输入之前,语言文字的统一作为论题尚未十分显豁。① 而康有为则不仅提到言与文的合一,更要求文体、方言的统一。惜其早年的语文论说为政论声光所掩,并未产生多大影响。

《教学通议·言语》篇虽然提示了上古"言语文章无别"的想象,却未必苟同在当下以俗语入文。周旋于士大夫圈子的康有为,自然懂得"学士大夫朝庙坛席相周旋,又尚雅焉……之、乎、者、矣、焉、哉等字,后世以为文章之助辞,古人以为言语之助辞,不如后世这、个、怎、地、底之满口鄙言也"②。作《笔记》,亦批评宋儒语录多用白话,是"龙蛇杂蚯蚓,鄙俗之极"③。此后对于俗语的认识有所改变,但若联系长兴里、桂林、万木草堂讲学之强调"文章源流"④,以及弟子梁启超肯定切音字实用性的同时亦不废对"美观而不适用"之"文"的追求,似可推论:出自科举正途并曾混迹士大夫上层的康、梁,与教会学校或新式学堂出身的语言文字论者,视野仍有差别。然而,即便是出自西学背景的切音文字支持者,其对汉文汉字的态度仍较复杂:卢戆章批驳汉字繁难野蛮,同时却说"切音字大益于辅翼昌明汉字之风化"⑤;沈学则在追求"天下公字"的同时,又窃恐"中国风气一变,劳逸之心生,利弊之见明。……如此则富强未得,中国之方音灭矣,中国之文字废矣",于是主张"汉文处今日,有不得不变之势,又有不能遽变之情"。⑥ 倒是裘廷梁、陈荣衮等白话论者,其对"文言"的批评不涉及文字存废,反而较放得开。⑦ 此类激进之中的调和,当然可能是出于言说策略。但不容否认的是,清末讨论语言文字的前途,从一开始就包含有论者自身的知识背景和文化认同在内。戊戌时期的语文论者在其间

---

① 如后来黎锦熙就从"国语运动史"的角度指出:"当国语运动的第一期,那些运动家的宗旨,只在'言文一致',还不甚注意'国语统一';国语统一这个口号,乃是到了第二期才叫出来的。"见黎锦熙:《国语运动》,第 4 页,上海:商务印书馆,1933 年。
② 《教学通议·言语第二十九》,《康有为全集》第 1 集,第 54 页。
③ 康有为:《笔记·文章》,《康有为全集》第 1 集,第 207 页。《康有为全集》编者推定此篇作于光绪十四年(1888)前后,似可从。
④ 关于康有为在万木草堂期间讲述"文章源流",参见陈平原:《"文学"如何"教育"——关于文学课堂的追怀与阐释》,《作为学科的文学史》,第 153—158 页,北京:北京大学出版社,2011 年。
⑤ 卢戆章:《四续变通推原说》,《万国公报》(月刊)第 86 卷,光绪二十二年正月。
⑥ 沈学:《盛世元音原序》,《时务报》第 4 册,光绪二十二年八月一日。
⑦ 与梁启超同在康有为门下的陈荣衮即曾批评梁启超的"文质两存说":"今之君子,有为文质两存之说者,亦非计之得也。假如出一段言语,十人中有五人知之,有五人不知,孰若出一段言语,十人闻之即有十人知之也。"参见前揭陈荣衮:《论报章宜用浅说》,《陈子褒先生教育遗议》,第 9b 页。

有所徘徊,论理之外更有教育实际的考虑。

对于戊戌前夜既追求从速变革,又不愿尽弃文字、文学教养的趋新士人而言,更容易接受的论调,可能并非价值上的优劣判定,而是教法上的难易比较。亦即在承认中国文字优点前提下,引进在启蒙教育方面比较易行的西文、切音字或白话、浅说,作为进入西学堂奥的捷径。熟知中国士大夫心理的李提摩太(Richard Timothy, 1845—1919),正是从这一"务实"的角度,对中西文字难易进行考量:

> 中国文词之富丽,字画之精工,远胜他国。惟其富丽精工,故习之也难。士人十年窗下,苦费钻研,始能成就。即学成之士,偶或荒弃,亦必强半遗忘。**学者务乘年富力强之际,专意研求,而于他实事无暇讲求矣。**至于洋文,虽亦不易学,究不若华文之久需时日。①

李提摩太此论本为"己丑(1889)、庚寅(1890)"间为天津《时报》所作,但其发挥影响却亦是在甲午年(1894)收入《时事新论》以后。其中关于学习"中国文词"耗时过多将导致其他"**实事**"无暇讲求的议论,也就特别能适合甲午战后崇实学、求速变的急迫氛围。光绪二十一年(1895),郑观应重厘《盛世危言》为十四卷本,新插入《华人宜通西文说》一文,即颇采用李提摩太《宜习西文说》的论点乃至措辞。郑观应同样强调"中国之文字精深富丽,恐他国无有能及者矣",但随即便指出华文、西文在教育实效上的分别:"西国童子不过读书数年,而已能观浅近之书,又能运笔作书信、论说等;我中国苟非绝顶聪颖子弟,未见有读书数年而即能作书信论说者也。可知中西人非智愚之有殊,实文字有难易也。"②汉字汉文"精深富丽"的优点,并不与其施之教育的费时费力相矛盾。③

同年夏,卢戇章的《变通推原论》发表于《万国公报》,编者在文末"附志"中采取了与李提摩太、郑观应极为相似的论调:"中国人识字读书,极宜求一简便之法,以期童子入塾后四五年内,即可通晓文义,俾得**腾出暇日,多求有用诸学。**"④换言

---

① 李提摩太:《宜习英文说》,《时事新论》卷八,第13a叶,光绪二十年(1894)上海广学会铅印本。粗体为笔者所加。
② 郑观应:《华人宜通西文说》,《盛世危言(十四卷本)·西学》附录,见夏东元编:《郑观应集》上册,第283—284页,上海:上海人民出版社,1982年。
③ 李提摩太、郑观应的议论重点仍在西文,但当时亦无不从偏袒汉字的反方向宣扬"汉文精深"与"西文简易"不妨并存的论调。如《时务通论》即有"西国文字简易"一条,认为西文"语言即文字,简易易知,顾其为书,便于直陈器数,难于曲达义理。举国聪明才智,注于器数,故日进富强;无深至之文言,则性情不感,而日趋诈利";相比之下,"中文主形,形中见义,所谓圣人见分理可相别异,故制文字。西人无分理之别,先不能立纲常之名,故不知有名教"。尽管有此"诈力"与"名教"之别,但寰球大势趋于功利,则又不得不习西文。见《时务通论》卷十九,前揭《续修四库全书》影印本,第574—575页。
④《变通推原说·本馆附志》,《万国公报》(月刊)第78卷,光绪二十一年(1895)六月。

之,"识字读书"本身并不是目的,而是获得西学知识的手段,更是需要尽快跨越的阶段。卢戆章本论则指出切音字的优势在于能缩短读书年限,并质问:"倘吾国专以汉字汉文设立学校,读白文者几何年? 由白文而读注解者几何年? 学习法帖、典故、字句者,又当几何年? 而帖式、书启、诗赋、文章无论矣。是四书五经学习未完,女已及笄,男须为农工商贾矣。读本国之书,尚且不暇,焉有余力兼习他国语言文字、富国强兵等书也哉?"①戊戌以前的切音字方案,多有参照速记法(shorthand)成字者,实际上也是这种求速、求便心理的反映。沈学认为中国士人"非诚读十三经不得聪明,非十余年工夫不可。人生可用者有几次十年? 因是读书者少,融洽今古横览中外者更少"②。而在文体论方面,裘廷梁总结"白话"八项便益,其一曰"省日力",其三曰"免枉读",其五曰"便幼学",亦均是从教育实际着眼。③ 语言文字论者的批评对象,在汉字、"文言"的背后,已然隐含着以经训、文字为中心的传统蒙学。

　　类似的观念,亦见于马建忠的《文通》。光绪二十四年(1898)成书的《马氏文通》固然开辟了国人自编语法学,在学术史上自成体系;但其问世伊始,却是针对"华文"在"西文"对照下的教育难题:"余观泰西童子入学,循序而进,未及志学之年,而观书为文,无不明习。而后视其性之所近,肆力于数度、格致、法律、性理诸学,而专精焉。故其国无不学之人,而人**各学有用之学**。……华文经籍,虽亦有**规矩**隐寓其中,特无有为之比拟而揭示之。遂使结绳而后,积四千余载之智慧材力,无不一一**消磨于所以载道、所以明理之文**,而道无由载,理不暇明。"④也就是说,引进西洋语法学的框架,本意绝不是让学者消磨于语法研究本身,而是引进一套可以速成的"规矩",以求尽快进入学习"有用之学"的阶段。

　　有意味的是,马建忠的上述立场,是借用传统的"文""道"离合话语引出的。在《文通》的"后序"当中,马建忠设拟有人质问:方今《马关条约》初成,上下交困,而环伺之国六七,瓜分危机岌岌,正是应该膜拜西学、刍狗文字之时;方此时而研究文法,岂非不识时务? 马氏的回答是:

> 天下无一非道,而文以载之;人心莫不有理,而文以明之。然文以载道而非道,文以明理而非理。文者,所以循是而至于所止,而非所止也。故君子学

---

① 卢戆章:《四续变通推原说》,《万国公报》(月刊)第86卷,光绪二十三年(1897)正月。
② 沈学:《附盛世元音原序》,《时务报》第4册,光绪二十二年(1896)八月一日。
③ 裘廷梁:《论白话为维新之本》,《中国官音白话报》第19、20期合刊,光绪二十四年(1898)七月。
④ 马建忠:《后序》,《马氏文通》,卷首后序第2a—2b叶,上海商务印书馆光绪二十四年(1898)孟冬铅印本。粗体为笔者所加。

以致其道。①

此中将"文"与"道""理"二者相对立，看似迂腐，实则应时。"循是而至于所止，而非所止也"的论断，充分表征了在甲午、戊戌之间内忧外患的局势之下，包括文字、文体、文法、文章等层面在内"文"的手段性与工具性。在甲午、戊戌之间的维新氛围下，舆论界群趋"语言文字"的话题，表面上看是重视"字学"，实则着眼在跨越语文障碍之后所能达到的"实事""有用之学"，亦即马建忠所谓"道"。因而问题的关键，正是"如何求一简便之法"。无论是切音字、白话、浅说，还是通过"文法"引进的词类划分、句法规则等，最终决定其去留的，并不在于变革本身的"彻底"程度，而要看能否在教育实践中达到速成读书能力之目的。语文论者多同时带有改革教育的主张，而作为此时期趋新舆论另一焦点的"学校"，正是让"文字"有可能对"国势"发挥决定性作用的主要媒介。

二、幼学论框架下的"识字作文"

大概在丙申（1896）、丁酉（1897）之间，郑观应曾致信蔡锡勇，称道其所创"传音快字"简便易行；但与此同时，又指出当时"蒙馆初学"的主要困难，"非尽关汉文艰深，亦由于教法未善"：

> 凡蒙馆初学者，均教以《三字经》、《百家姓》与《四书》，文只唱口簧，不讲字义。所以孩童读书苦其无味，辄不入心。若先教其识字数千，及讲明字义用法。然后读书作文，则教者不劳，而读者有趣。②

语文论说致力于分别"文义"深浅，郑观应则更强调"教法"难易，二者视野实有差别。然而，从"不讲字义""只唱口簧"的蒙馆诵读，到"先教其识字数千，及讲明字义用法"的新法教学，"识字""文法"正是蒙学变革的突破性环节，仍有必要借鉴蔡锡勇等语言文字论者的经验。通过强调"识字作文"来与传统蒙学教法区别开，继而与时下流行的语文论说相对接，这一策略，在同时期梁启超的《幼学》篇当中得到了较为完整的体现。

作为《变法通议》的主体部分，借助《时务报》的发行网络，以及各种新兴报刊、经世文编、疆臣奏议的反复转载或转引，梁启超《论学校》对于清末文教改革与学

---

① 马建忠：《后序》，《马氏文通》，卷首后序第2a叶，上海商务印书馆光绪二十四年（1898）孟冬铅印本。粗体为笔者所加。
② 郑观应：《复蔡毅若观察书》，前揭《郑观应集》下卷，第201—202页。信中提到王炳耀、沈学的切音字方案，则至少应作于光绪二十二年以后；而蔡锡勇又卒于光绪二十三年，故推论在此二年之间。

制创立的深远影响,自不待赘言。而其中《幼学》一篇,针对传统蒙学的弊病,援引"古之教学者"与泰西教育论著两方面例证,倡导学究教法的变革,不仅与郑观应所论枹鼓相应,更引起士大夫社会的强烈反响或反弹。① 自光绪二十二年十二月一日(1897年1月3日)起,《幼学》篇分四次连载于《时务报》。② 梁启超指摘学究"教法"囿于科举、偏于记诵、过早读习《四书》等弊端,继而引出关于"悟性""记性"区分的大段议论:

> 人之生也,有大脑,有小脑。(原注:即魂、魄也,西人为"全体学"者,魂译言大脑,魄译言小脑。)大脑主悟性者也,小脑主记性者也。……西国之教人,偏于悟性者也,故睹烹水而悟汽机,睹引芥而悟重力,侯失勒约翰(原注:近译《谈天》一书,即其所著),畸人之良也,而自道得力乃在树叶石子之喻。……中国之教人,偏于记性者也……其课学童也,不因势以导,不引譬以喻,惟苦口呆读,必求背诵而后已。……由前之说,谓之导脑;由后之说,谓之窒脑。导脑者脑日强,窒脑者脑日伤。此西人之创新法制新器者,所以车载斗量,而中国殆几绝也。

梁启超在中、西教法之间作出截然二分:中学主"记性",西学主"悟性";根据其传递的脑学新说,悟性顺而记性逆,所以"与其强记,不如其善悟"。梁氏自陈"未克游西域,观于其塾与其学究",其学校论借鉴了《德国学校》《七国新学备要》《文学兴国策》等介绍西方教育的读物,从中获得泰西蒙学"先识字,次辨训,次造句,次成文,不躐等也"的认识。这些观点本身,在当时新学社会的言论当中,可能并不算新奇;但梁氏综合运用来自"全体学"(生理学)、佛教、科学史的术语典故,对彼时迷信格致新理的士人而言,可谓一大冲击。

"悟性"先于"记性"之说,除受到康有为、夏曾佑所论"魂魄"的启示③,更以传

---

① 代表性的反响,如郑荣:《读新会梁氏论幼学书后》,《湘报》第54号,光绪二十三年(1897)闰三月十七日;从反面加以驳斥的,则有叶德辉:《非〈幼学通议〉》,作于戊戌年(1898)秋。叶德辉的驳论,主要循着七类蒙学新书的结构展开,即便反对梁启超的议论,却在无意中接受了其框架。见前揭《翼教丛编》卷四,第130—137页。

② 梁启超:《论学校五(变法通议三之五)·幼学》,连载于《时务报》第16—19册,光绪二十二年十二月一日、十一日,光绪二十三年(1897)正月二十一日、二月初一日。按,该文收入丛书或文集时,曾被改题《幼学通议》《论幼学》等。本文征引根据原出处,一律称为《幼学》篇。

③ 康有为万木草堂讲学,曾以"魂""魄"之别区分孟子、荀子的性说:"荀子言性以魄言之,孟子言性以魂言之,皆不能备。"又说:"学者能以魂治魄,君子也;若以魄夺魂,小人也。"已经在二者之间作出了"魂"优先于"魄"的判断。至于"孺子有魄无魂,故无知识"之说,更是将"魂"视为获得"知识"的首要条件。见康有为:《万木草堂口说·荀子》,《康有为全集》第2集,第186页。而梁启超在给严复的回信中则指出:"以魂、魄属大小囟之论,闻诸穗卿(夏曾佑)。"见《与严又陵先生书》(丁酉春),见前揭《饮冰室合集》文集一,第106页。

教士的言论为直接源头。在《幼学》篇中,梁启超质问:"夫《大学》之道,至于平天下,《中庸》之德,极于无声臭,此岂数龄之学童所克有事也?"实则早在同治、光绪之交,花之安即发现"中国学规"有过早研习经书、不切实用之弊①;紧接着,更将研习经训的弊病,归结于注重"记性"、忽略"讲解"的教法:"徒念书而不讲解,则心花不开。中国读书之法,不能颖悟新理,以讲解之工少也。念书不过开记性,然记性只灵才之一端。人之灵才宜尽用,用其一可乎?"②稍后另一传教士狄考文(Calvin W. Mateer, 1836—1908)亦撰文指责中国为学之规"第能使人张记性,鲜能令人张心思",并分析"张记性"与"张心思"的长短:"岂知思之为益,较记性尤为紧要。盖记之为用,第识前人之旧章,非启后人之新法……若思才则不然,思古所未有者,而补其缺略;思今所本无者,而生其巧妙,思路愈广,即学问愈深。"③其论调更与梁氏若合符契。④ 在甲午战后危急局势的逼迫下,林乐知(Young J. Allen, 1836—1907)提出幼塾"减书增学"之法,主张分别读书缓急:宜读之书"全免背诵之例",则"中国之书读一二年即可毕事";教师应在学童识字读书之始即讲解字义、诠释书理,并辅导其复习,"以验其**悟性、记性**"。⑤ 这些主张,均有可能成为梁启超取用的资源。

传教士变革蒙学的议论,多是在汉字汉文难学的前提下,突出"讲解"的重要性,也就是要求将文字、文章教育的变革,作为教法从"记性"向"悟性"变革的突破口。正如花之安所说,汉字是中国读书的主要困难,故中国读书更应重视讲解,并用"夹音法"增字正音。⑥ 狄考文则指出,中国教法的另一缺憾是"独重笔下之文章,不重口中之言论",强调"言辞更要于文辞,盖有言辞者必能文辞,而能文辞者未必有言辞也",将语言视为词章源头。⑦ 到了梁启超《幼学》篇的时代,新派舆论关于言文分合、文字改革的议论喧腾一时,似乎在证实传教士的议论确有先见之

---

① 花之安在《教化议》中指出:"开蒙便授以《三字经》,言性理,再则读《学》、《庸》,言修齐治平之法,参赞化育之功。此等之道,岂初学所能辨乎?"见前揭《泰西学校、教化议合刻》,第19叶(卷叶)。

② 花之安:《教化议》,前揭《泰西学校、教化议合刻》,第19叶(卷叶)。

③ 狄考文:《振兴学校论》,《万国公报》(周刊)第653卷,光绪七年(1881)闰七月三日。该文前半部分,又曾以《论学问之益原无限量》为题,重刊于《万国公报》(月刊)第52卷,光绪十九年(1893)四月。

④ 关于狄考文对梁启超的影响,参见村尾进:《万木森々:『时务报』时期の梁启超とその周边》,狭间直树编:《(共同研究)梁启超:西洋近代思想受容と明治日本》,第54—55页,みすず书房,1999年。

⑤ 林乐知:《险语对》(下之中),蔡尔康译,《万国公报》(月刊)第87册,光绪二十二年(1896)三月。粗体为笔者所加。

⑥ 前揭《教化议》,《泰西学校、教化议合刻》,第19—20叶。

⑦ 前揭狄考文:《振兴学校论》。

明。梁启超认为后世虽然难免言、文分离,但"必言之能达,而后文之能成,有固然矣"①。"语辞"先于"文辞"的意识,与"悟性"高于"记性"的判断相匹配,得到了鲜明的表达。

传教士或梁启超不取"记性"、忽视"文辞",背后实有批评科举的用意,未必专就蒙学立言。②但由林乐知、梁启超提炼的"悟性""记性"二语,正是传统蒙学论著的常用语。对"记性""悟性"轻重先后的不同处置,构成了新、旧蒙学的对立关系:

> 凡人有记性,有悟性。自十五以前,物欲未染,知识未开,则多记性、少悟性;自十五以后,知识既开,物欲渐染,则多悟性,少记性。故人凡有所当读书,皆当自十五以前使之熟读,不但四书五经,即如天文地理史学算学之类,皆有歌诀,皆须熟读。若年稍长,不惟不肯诵读,且不能诵读矣。③

清初硕儒陆世仪此论,到近代仍颇有影响。④ 所说十五岁以前多记性,故当熟读经书白文云云,作为晚近蒙学偏重记诵、忽视讲解的论据,正是戊戌期间幼学新论批驳的对象。梁启超之所以能够完成对蒙学论的颠倒,除了取用传教士言说,可能还受到了斯宾塞(Herbert Spencer, 1820—1903)教育论的启悟。斯宾塞在其名文《什么知识最有价值》("What knowledge is of most worth")中,主张以功利主义的价值观来划分知识等级,提倡科学教育,反对教授古典语文学。该文汉译本改题《肄业要览》,光绪初年即有单行本问世,后连载于《湘学新报》等报刊,并收入包括梁启超辑《西政丛书》在内的多种丛书;梁氏《西学书目表》曾评其书"有新理新法"⑤。当时与梁启超接近的《湘学新报》编者,早已看出斯宾塞此论与梁启超幼学论宗旨相同:"梁启超谓中国之学重记,外国重悟,是书(按,指《肄业要览》)则谓格致所练记性,胜于**文字**所练,其旨一也。"⑥尽管受马建忠影响,梁启超《幼学》篇、《译书》篇都提到"欲通西学者,必导源于希腊、罗马名理诸书"的观点,似与斯宾塞反对古

---

① 梁启超:《论学校五(变法通议三之五)·幼学》,《时务报》第17册,光绪二十二年十二月十一日。
② 梁启超在《幼学》篇中即指出:"其诵经也,试题之所自出耳,科第之所自来耳。"又说:"近世之专以记诵教人者,亦有故焉,彼其读书固为科第也,诵经固为题目也。……故窒脑之祸,自考试始。"可见其纸背的用意。见《时务报》第16册,光绪二十二年十二月一日。
③ 张伯行辑录:《陆桴亭论小学》,见张伯行编:《养正类编》卷二,《丛书集成新编》第33册影印同治五年(1866)夏月福州正谊书局刻本,第301页上栏。
④ 郑观应在《答潘均笙先生论学校书》中,即全文照录陆世仪此段。见前揭《郑观应集》下卷,第222页。
⑤ 见夏晓虹辑:《〈饮冰室合集〉集外文》下册,第1132页,北京:北京大学出版社,2005年。
⑥ 《掌故书目提要·肄业要览一卷》,《湘学新报》第4册,光绪二十三年(1897)四月二十一日。

典教育的议论相违①；但这仅是就"西学"而言，并不妨碍议论"中学"启蒙时厚今薄古。梁启超提倡"悟性"、批评"记诵"的背后，有以自然科学（"格致"）为中心的功利主义教育观的背景，甚至有可能挪用了斯宾塞攻击古典语文学的立场。近代化的识字作文教育作为西学知识的管钥，如果被认为更具实用性，就有可能代替仅以科考为目标的经典记诵，成为新式蒙学的重心。故梁启超对于时下学究的批评，一则曰"未授训诂、未授文法"，再则曰"无所谓读本也""无所谓文法也"。以字学训诂、读本、文法为基础构建识字作文教育，梁启超式的幼学教学框架已隐然浮现。

在《时务报》第17、18两期续载的部分，梁启超利用重编蒙学书的形式，提出了以识字书、文法书、歌诀书、问答书、说部书、门径书、名物书七种书为骨干的教学框架。初学必需的"识字""文法"，由此占据了首要地位。但也正如学者早已指出的，这七种书实际上是"对康有为幼学思想的阐述和发挥"②。梁启超自言其书可以追溯到五年前（1891），"南海康先生草定凡例，命启超等编之"③；后来又强调《幼学》等篇，是"欲踵南海先生《长兴学记》之余议，骈列一书，以质吾党"④。因此，考察《幼学》篇七种书构成的教学框架，就不能不稍回顾康有为及其门下的幼学理论与实践。

康有为早年所作《教学通议》中，本有《幼学》一篇，置于"公学"四门之首，但今传本仅存目。⑤《万木草堂遗稿》另有题为《论幼学》的一则文字，或即《教学通议》失落之篇。康有为提出"二千年来，竟无一书为蒙养计者"，认为后世童子所诵《诗》《书》《论语》《孝经》《易经》等书，大都"文义高远，不周于用……学非所用，用非所学"，已与戊戌时期的"缓读四书五经"论相近。康有为还曾设想套用吕祖谦的成法，借助便于讽诵的"韵语"体裁，重编幼学书：

> 今修《幼仪》，拟分十三类：事亲、事长、处众、使下、见客、执业、读书、侍疾、居丧、祭祀、坐立、起居、行游、洒扫、应对、进退、问馈、衣服、饮食、舟车。各以古经冠首，次采后儒之说。其人事日新，前儒未及者，亦取今时礼节，附之隶条下。其于古者幼仪之法，当不尽失其意，而蒙士德性，庶有助焉。

---

① 梁启超：《论学校七（变法通议三之七）·译书》，《时务报》第29册，光绪二十三年五月十一日。
② 夏晓虹：《从"文学救国"到"情感中心"——梁启超文学思想研究》，《觉世与传世——梁启超的文学道路》，第16页，上海：上海人民出版社，1991年。
③ 梁启超：《论学校五（变法通议三之五）·幼学》，《时务报》第18册，光绪二十三年正月二十一日。梁氏还提到，顺德何穗田在澳门集款开办的幼学书局，拟先印行识字、文法、歌诀、问答四种，光绪二十三年（1897）夏间"即当脱稿"，由广时务报馆（知新报馆）印行；其名物一书亦已开编。
④ 梁启超：《〈中西学门径书七种〉序》，前揭《〈饮冰室合集〉集外文》上册，第17页。
⑤ 参见康有为：《教学通议·公学第三》，《康有为全集》第1卷，第21页。

《幼雅》之例尊,以通今为义。盖《尔雅》明周,《急就》称汉,**取谕蒙僮,无取博古**。酌采《尔雅》、《广雅》、《急就》、《释名》之例,分天文、地理、人伦、王制、族姓、度量权衡、干支、时日、宫室、器用、艺业、鬼神、鸟兽、虫鱼、草木凡十五类。造之成句,以便诵读;画之成图,取易审谛;注古今之异,使知迁革。皆取实物,举目可识,凑耳易了。**由今通古,由浅识深,进而讲"六艺"群书,通世事**。当不复阂隔,岂犹有成学而不知里度之患哉?

……《诗》亦幼学也。今自《三百篇》外,凡汉魏以下诗歌乐府,暨方今乐府,皆当选其厚人伦、美风化、养性情者,俾之讽诵,和以琴弦,以养其心,其于蒙养,亦不为无益也。①

读此可知,康有为早期的幼学设想,大致分为《幼仪》代表的日用礼仪、《幼雅》代表的字学、《诗经》及古今乐府代表的诗学三部分。尤其是《幼雅》一书的立意"以通今为义",取则于《尔雅》《急就》分类识字的体例,继以造句,辅以画图,主张识字之后再进讲经书,正可视作梁启超《幼学》篇所述"识字书"体裁的滥觞。而对于"韵语"、诗歌的重视,亦反映于后来"歌诀书"的设计。但必须注意到的是,康有为此篇《幼学论》强调的重点,仍是冠首的"幼仪"部分。就《幼仪》一书设想的内容来看,不难发现朱熹《童蒙须知》、陆世仪《节韵幼仪》等蒙学训诫书的影响;康有为重视的"韵语"体裁,不仅在朱熹、吕祖谦的议论中得到肯定,更堪称传统蒙学用书的大宗。清代中期,一些义学、家塾规则强调"视听言动",出现了否定"但以功名之成否为实效"的趋向,突出"专以学做人为主"。② 康有为欲用"洒扫应对进退"等礼仪实践,纠正晚近蒙学过早研习经训的弊端,应该说还是处在传统蒙学内部调整的线索上。

在万木草堂弟子当中,不无贯彻康有为幼学设想,专事于课蒙实践者。如卢湘父、陈荣衮二人,就分别编有《妇孺须知》《妇孺浅解》《妇孺韵语》等书。其中,陈荣衮《妇孺须知》著于"光绪乙未(1895)以前"③,分天文、时令、地理宫室等类,而以虚字类殿尾;字下组词造句以为注释,如"天(天地)、雷(行雷)、风(风吹)……晴(落晴雨)、英(英雄)、魂(魂魄)、吟(吟诗)"之类,可视作康有为《幼雅》书设想的初步实现。④ 光绪二十三年(1897)六月,陈荣衮编《幼雅》八卷在广州刊行,分

---

① 康有为:《论幼学》,《康有为全集》第1集,第59—60页。
② 关于此趋向,可参考《义学规则十八条》及《变通小学义塾章程·义塾条规》等材料,璩鑫圭编:《中国近代教育史资料汇编·鸦片战争时期卷》,第347、355页,上海:上海教育出版社,2007年增订版。
③ 杨寿昌:《序》,前揭《陈子褒先生教育遗议》卷首。但同书卷末的《陈子褒先生编著书目》则将该书系于光绪二十一年(1895)冬。
④ 陈荣衮:《妇孺须知》,光绪二十二年(1896)刻本(无统一页码),北京大学图书馆藏。

为释体、释草、释木、释虫鱼、释鸟兽、释器、释宫、释服、释饮食、释天、释地、释人、释官、释算、释大义十五类,即是奉师命而作。① 卢湘父的回忆更提到,康有为看到其所著《妇孺韵语》之后,曾亲授"蒙学假定书目",其目如下:

> 先编《童学名物》一书,著一实物之名,下绘图,俾一望易晓。以童子至近之物为主,不得过万。
>
> 次编《童学南音》一书,以南音之体,发名物稍深者。约四本,用《廿一史弹词》改定。
>
> 编《幼雅》,照《尔雅》、《广雅》之例,分十余类,辅以各歌,如天文、地理、宫室、亲属、权量、度衡、虫鱼、草木等类。
>
> 编《童学或问》,以《公羊》调行之,亦照《幼雅》分类。
>
> 编《小说》,用回合行字。
>
> 编《童歌》。
>
> 编《文字童学》。照《文学〔字〕蒙求》,删定为三千字,先实字,后虚字,合《说文·句读、段注、通训定声》,并《六书略》,例加变改。
>
> 编《文法童学》,实字联虚字法,读字成句,续句成章,续章成篇,皆引古经史证成之。
>
> 编《读书入门》,编《古今事理训诂》,令可以读吾之《大义微言》、《改制考》、《孔子纪年史》,及《史记》、《汉书》、《通鉴》、西学。②

这九种书目,较早年所录三类更为完善。更重要的是,从中显然可以发现梁启超《幼学》篇七种蒙学新书的渊源:(1)《文字童学》即"识字书";袭自康有为早年主张的《幼雅》,亦可当识字书之用;(2)《文法童学》即"文法书";(3)《童歌》即"歌诀书";《童学南音》由《廿一史弹词》改定,亦有歌诀书意味;(4)《童学或问》即"问答书";(5)《小说》即"说部书";(6)《读书入门》即"门径书";(7)《童学名物》、《幼雅》均为"名物书"。而在梁启超《幼学》篇中被西学语词所掩的"康学"气味,亦在此间暴露无遗,如《童学或问》"以《公羊》调行之",《读书入门》旨在读懂《大义微言》、《孔子改制考》、《孔子纪年史》等。

光绪二十三年(1897)康有为刊行《日本书目志》,识语提到上年五月李端棻奏请推广学堂,陈炽告康有为以"小学无基,无以为大学之才",遂向门人宣示幼学书体例,分为《幼学名物》《幼歌》《幼学南音》《幼学小说》《幼学捷字》《幼学文字》

---

① 陈荣衮《〈幼雅〉自序》明确指出:"南海先生悠然忞之,命撰《幼雅》。"见《幼雅》卷首,光绪丁酉(1897)羊城崇兰仙馆刊本。感谢李婉薇学长惠赐此书图版。
② 卢湘父:《万木草堂忆旧》,引自夏晓虹编:《追忆康有为》,第233—234页,北京:中国广播电视出版社,1993年。粗体为笔者所加。

《幼学文法》《幼雅》《幼学问答》《习学津逮》共十部分。① 这十类书,与卢湘父所记九种大同小异。唯在文字、文法之外,多出《幼学捷字》一种;另外,关于"小说"的描述亦更为具体。② "小说"与"捷字"两类设计,体现出同一时期语文变革论对于康、梁一系幼学论的渗透。无论是康有为的"幼学小说",还是梁启超的"说部书",都含有"言文合一"的意识,应是直接受到黄遵宪的影响。《幼学捷字》利用"点、撇、波、磔之长短大小阔窄"成字,则大致类似蔡锡勇、沈学、王炳耀一系使用速记符号的切音字方案。然而,采用切音文字的《幼学捷字》设想,在卢湘父所记和梁启超《幼学》篇中均付阙如。③

在康、梁的蒙学新书目中,原先最被康有为看重的"幼仪"部分亦未出现;梁启超虽提到"谨其洒扫应对,导以忠信笃敬"的重要性,却不将相关内容列入蒙学书的框架。④ 相比之下,识字作文类的内容不仅大为丰富,重要性亦有所提升。三种蒙学书目的排序,都含有为学次第的意味,康、梁之间稍有分歧的是:康有为总是强调名物、诗歌类为先,而梁启超则以"识字书"、"文法书"当先,"歌诀书"与"名物书"靠后。⑤ 卢湘父回忆康有为授其书目时,曾有言曰:"中国文字,苦于太深。童蒙幼学十年,有不解文字者,皆由童学无书,遽读经史,宜其久无所入也。"然则作为梁启超幼学框架的来源,康有为新蒙学书目的重点,已全在文字一面。⑥ 光绪二十一年(1895)四月,康有为上书光绪帝,指出"我中国文物之邦,读书识字仅百之二十"⑦;次年,梁启超作《沈氏音书序》,亦提到"中国以文明号于五洲,而百人中识字者,不及三十人"⑧;而在《幼学》篇中,梁启超劈头就说:"西人每百人中,识字

---

① 康有为:《日本书目志》卷十,"教育门·小学读本挂图"类识语,《康有为全集》第 3 卷,第 409 页。值得注意的是,史家早已指出李端棻所奏很可能由梁启超代拟;因此整个蒙学新书目的计划,说是起于李端棻的推广学堂折,亦有可能即是康、梁早已有之的筹划。关于李端棻奏折的作者,参见王晓秋:《戊戌维新与京师大学堂》,《北京大学学报》(哲学社会科学版)1998 年第 2 期。
② 康有为:《日本书目志》卷十,《康有为全集》第 3 卷,第 409—410 页。
③ 必须指出,梁启超《幼学》篇未出现有关切音文字的内容,可能是因为《变法通议·论学校》的整体框架中原另有"文字"一篇的设计,故而在此省略。参见《论学校一(变法通议三之一)·总论》,《时务报》第 6 册,光绪二十二年(1896)八月二十一日。
④ 《论学校五(变法通议三之五)·幼学》,《时务报》第 19 册,光绪二十三年(1897)二月一日。
⑤ 当然,康有为的"名物"类本身亦含有识字的内容,与梁启超直接字典、百科全书的"名物书"尚有不同。因此二者排序的分歧亦不能过分夸张,大体上仍是以识字教育为先。
⑥ 卢湘父:《万木草堂忆旧》,夏晓虹编:《追忆康有为》,第 223 页。
⑦ 见前揭《康有为全集》第 2 集,第 42 页。
⑧ 梁启超:《沈氏音书序》,《时务报》第 4 册,光绪二十二年(1896)七月廿一日。该篇收入《饮冰室合集》文集二,"三十人"变为"二十人";根据下引《幼学》篇开头的数据,自以《时务报》初刊为正。

者自八十人至九十七八人,而中国仅不逮三十人。"①康、梁对识字率问题的持续关注,证明卢湘父所记康有为告语并非空穴来风。康、梁的识字率估算大致在20—30%之间,可能是取自李提摩太《论学人》《论学校》等文的统计。② 的确,若取与"德国约有九十四人,美国约有九十人,英国约有八十八人"等数据相比较,号称文化昌明的中国"较之西国亦只有三分之一耳",这一现状势必会引起危机感,加之其时切音字、白话文等议论的抬头,足以促成清代中期以降的幼学变革论从日用礼仪向识字作文转移重心。

梁启超在宣示中国识字率与西洋、日本的差距后,尝质疑:"虽曰学校未昌,亦何遽悬绝如是乎?"③光绪二十三年(1897)五月,作为对梁启超幼学论的回应,丹徒士人茅谦所撰《变通小学议》,估计当时全国识字率仅有0.1—0.2%,却提出了类似的疑问:"以吾所至吴楚之全壤,燕蓟之大都,虽极鄙陋之乡,皆有蒙塾,其终身未入塾者,千人中亦仅一二焉,何其他日之不识字乎?"④问题的关键,好像已经从"学校"转移到"文字"本身。同年,正在筹备白话浅报的裘廷梁致信汪康年,指出:"西人之言曰:中国读书之人少。自吾观之,未尝少也。商之子弟尽人而读之,工之子弟读者十七八,农之子弟读者十五六,少者一二年,多或三四年、五六年、七八年,年十三四而后改就他业。有读书识字之名,不能受读书识字之益,固由学究教法之不对,亦中国文义太深有以致之。"⑤其中"学究教法之不对",自是指梁启超"惟学究足以亡天下,欲救天下,自学究始"的论调。教育论者与语文论者的视角(姑不论二者身份往往重合),固然有"教法""文义"之分,但双方所持思路却较相似:普及新式教法固然是识字率提高的重要途径,但新教育之所以为"新"、为"有用",又要通过识字作文的教学来体现。

新蒙学框架下的"识字作文",必须体现"悟性"优先的原则,方能与旧式蒙学注重经训记诵的形象相区别。梁启超的这一逻辑,为戊戌前后语文论说进入蒙学教育领域开启了途径。然而另一方面,由于梁启超《幼学》篇后半部实际上

---

① 见《时务报》第16册,光绪二十二年十二月一日。
② 李提摩太《论学人》提到:"中国年已长成之人,无论男女贵贱,统计入学肄业读书识字者,每百人中仅有十一人。……即推而广之,以中国之能识之无者充类并计,每百人中作二十人,较之西国亦只有三分之一耳。"与梁启超《幼学》篇的措辞尤为接近。而《论学校》则指出:"中国十八省生齿日繁,统计每百人中能识字记事者约不过十余人。"康、梁大致是在其基础上,选择了比较多的数字。见前揭《时事新论》卷八,第1b、2b页。
③ 见前揭《沈氏音书序》。
④ 茅谦:《变通小学议》(丁酉[1897]五月稿),《皇朝蓄艾文编》卷十五,第2a—4b叶(卷叶),光绪二十九年(1903)上海官书局铅印本。
⑤ 裘廷梁:《致汪康年》二,《汪康年师友书札》第3册,第2625—2626页,上海:上海古籍出版社,1986年。

是康有为幼学论的重组,其所援引的语言文字新论,亦不免沦为对康门教学方法的附会。比如在"识字书"部分,梁启超强调西人"先实字、次虚字、次活字"的教法,并提到"花土卜"(words book)、"士比林卜"(spelling book)等西洋蒙书由浅入深、图文并茂的体例。但在教学实际中,却是遵循康有为《文字童学》的宗旨,以王筠《文字蒙求》为旨归,总结出"先学独体而后合体"等原则①;此外还借鉴了魏源的《蒙雅》,其书"分天篇、地篇、人篇、物篇、事篇,诂天、诂地、诂人、诂物、诂事凡十门,四字韵语,各自为类"的体例,实即康有为《幼雅》所本。梁启超在阐述"文法书"的构想时,特别提到马建忠"近著中国文法书未成"。其时梁启超与马建忠"几无日不相见",又随其习拉丁文,看过《文通》初稿,似应对马氏文法学有所会心。②但梁启超自述教授"文法"的经验,却与来自西洋的"葛朗玛"(Grammar)少有关联:"口授俚语,令彼以文言达之,其不达者削改之。初授粗切之事物,渐授浅近之议论,初授一句,渐三四句以至十句;两月之后,乃至三十句以上,三十句以上,几成文矣。"可知梁启超所谓"文法书",亦来自康有为的《文法童学》,实际上仍是积字成句、积句成章的作文法。难怪叶德辉后来驳议此条,不是强调"八家派别""圈点之风",就是申述"开合承接之法",全从古文或时文的章法着眼。③

　　在专门从事蒙学的卢湘父看来,其师康有为的幼学论实有"天分太高,视事太易,不能为低能之儿童设想"之虞。④戊戌前夕康、梁所谓"幼学",作为学校论的一部分,不过占有"教、政、艺"三纲中"教"之一端。⑤梁启超等康门弟子构想的《学校报》,亦仅针对"成童以上之学僮",尚未顾及"教小学、教愚民"二

---

① 在《文字蒙求》一书的原序中,王筠借好友陈山嵋的话指出:"苟于童蒙时先令知某为象形、某为指事,而会意字即合此二者以成之,形声字即合此三者以成之,岂非执简御繁之法乎?……总四者而约计之,亦不过二千字而尽。当小儿四五岁时,识此二千字非难事也,而于全部《说文》九千余字,固已提纲挈领,一以贯之矣。"这些观点,均在梁启超《幼学》篇"识字书"一段中有所体现。原序见王筠撰、蒯光典增注:《文字蒙求广义》卷首,江楚书局光绪二十七年(1901)序刻本。

② 参见丁文江、赵丰田编:《梁启超年谱长编》,第56—57页,上海:上海人民出版社,1983年。梁启超后来又在《中国近三百年学术史》中忆及,《马氏文通》著于光绪二十一、二十二年(1895—1896),马建忠"住在上海的昌寿里,和我比邻而居。每成一条,我便先睹为快,有时还承他虚心商榷"。见夏晓虹等校:《中国近三百年学术史:新校本》,第258页,北京:商务印书馆,2011年。

③ 叶德辉:《非〈幼学通议〉》,前揭《翼教丛编》卷四,第133—134页。

④ 卢湘父:《万木草堂忆旧》,夏晓虹编:《追忆康有为》,第234页。

⑤ 梁启超:《论学校一(变法通议三之一)·总论》,《时务报》第6册,光绪二十二年(1896)八月二十一日。

事。① 理论上被认作变法本原的"幼学"或"文字",在以"得君行道"为宗旨的维新实践中,反而成了不急之务。百日维新期间,梁启超为京师大学堂草拟功课,内有作为"溥〔普〕通学"第九科的"文学"。② 论其渊源,则与其追溯《幼学》篇的识字、文法书,倒不如上推万木草堂、时务学堂的"学文"功课。③ 梁启超心目中作为普通学的"文学",是使"觉世之文"得以通达流行的技术,并非童蒙识字、读书、作文的初步。与这一时期趋向激进的语言文字论说类似,从康有为的幼学论到梁启超的《幼学》篇,尽管不无遵照其方案付诸实践的个例,却多半还是要当作思想文本来看。④

三、新教法的旧资源

康、梁幼学论突出"识字作文",亦得到近代教育普及观念的支撑,即《幼学》篇终章所谓:"必使举国之人,无贵贱无不学;学焉者自十二岁以下,其教法无不同。"⑤训蒙不再仅仅着眼于造"士",更要使农、工、商在短暂的求学期间内得到实用知识。照此理路,则四民日用必需的识字作文,自然比远离农、工、商生活实际的经训更为重要。然而,如果稍稍涉猎清代以来关于蒙养的论著,则不难发现无论是识字为先,还是讲解为重,这些理念在科举流行、经学日盛的清代前中期,都已有所征兆。新派舆论呼唤的新式教法,在体现西学及"康学"影响的同时,是否也内化了一些传统蒙学的经验?新、旧蒙学又是否真能依据"悟性"与"记性"截然两分?在承认康、梁幼学论对此后新式蒙学乃至"国文"教育深远影响的同时,上述问题亦不可不加以检讨。

梁启超在《幼学》篇中,对照"古之教学者"的遗训及西人新法,强调中国当下教法有"未尝识字,而即授之以经;未尝辨训,未尝造句,而即强之为文"的缺点;又

---

① 梁启超:《蒙学报演义报合叙》,《时务报》第44册,光绪二十三年(1897)十月十一日。
② 梁启超:《代总理衙门奏拟京师大学堂章程》,前揭《〈饮冰室合集〉集外文》上册,第35页。
③ 参见梁启超:《万木草堂小学学记》,《知新报》第35册,光绪二十三年十月初一日;《湖南时务学堂学约》(丁酉冬),见《饮冰室合集》文集二,第27页。
④ 光绪二十四年(1898)五月,《湘报》刊出"长沙任氏正蒙学堂学规",即直接模仿了《幼学》篇的"功课表";同年七月,《国闻报》刊布"长沙周会昌拟学堂公法",亦基本上是按照《幼学》篇七种书的框架来设计其课程。可见《幼学》篇至少在康、梁一派势力活跃的长沙,仍有一定的影响力。分别参见《长沙任氏正蒙学堂学规》,《湘报》第102号,光绪二十四年(1898)五月十六日;《学堂公法》,原载戊戌七月《国闻报》,转引自佗城倚剑生编:《光绪二十四年中外大事汇记》,第660—662页,《中华文史丛书》影印光绪戊戌广州广智报局铅印本。
⑤ 梁启超:《论学校五(变法通议三之五)·幼学》,《时务报》第19册,光绪二十三年(1897)二月一日。

说:"开塾未及一月,而'大学之道在明明德'之语,腾跃于口,洋溢于耳。"①梁氏此论,大概只适用于当时所谓"三家村俗学",内中既有自身经历的投射,又可能受传教士眼光影响,更受制于新兴报章文体的驳议风格。驳议文字往往"攻其一点,不及其余",却在有意无意之间遮蔽了传统蒙学在层次、阶段、方法上的分化。关于晚清时期开蒙读书的层次差别,不妨引亲历者刘禺生的回忆:

> 当时中国社会,读书风气各别。非如今之学校,无论贫富雅俗,小学课本,教法一致也。曰"书香世家",曰"崛起",曰"俗学",童蒙教法不同,成人所学亦异。所同者,欲取科名,习八股试帖,同一程式耳。"世家"所教,儿童入学,识字由《说文》入手,长而读书为文,不拘泥于八股试帖,所习者多经史百家之学,童而习之,长而博通,所谓不在高头讲章中求生活。"崛起"则学无渊源,"俗学"则钻研时艺。《春秋》所以重世家,六朝所以重门第,唐宋以来重家学、家训,不仅教其读书,实教其为人。此洒扫应对进退之外,而教以六艺之遗意也。②

此处揭出"世家""崛起""俗学"三个层次的教法差别,取与近代以降教育普及的局面(亦即梁启超所谓"教法无不同")相对照。在清代朴学传统影响下,江浙文教昌明之区"书香世家"的蒙教,早已在一定程度上脱出科举束缚。如仪征刘氏号称"五世传经",其子弟"启蒙入学,必先读《尔雅》,习其训诂"。③ 相比之下,梁启超来自乡间的耕读之家,幼学从《四书》《诗经》入门,十二岁时尚"不知天地间于帖括外,更有所谓学也",至十三岁"始知有段、王训诂之学"④;其所接受的蒙学教育,即便不至如"俗学"之专攻时艺,亦绝非"世家子弟"从训诂、经史入门的路数。而按照塾师是坐家还是设馆,以及主导机构、组织方式或经费来源的不同,传统学塾尚可分为家塾、散馆、村塾、义塾、族塾等类别,各自的授学对象与课程设计皆有所不同。⑤ 这些层次区分,亦未能在清末梁启超等人的蒙学变革论说中得到充分体现。由此可知,梁启超等趋新之辈批评的旧式蒙学,作为新式教育的障碍物,已经

---

① 梁启超:《论学校五(变法通议三之五)·幼学》,《时务报》第 16 册,光绪二十二年十二月一日。
② 刘禺生:《世载堂杂忆》"清代之科举"条,第 3 页,北京:中华书局,1960 年。
③ 梅鹤孙:《青谿旧屋仪征刘氏五世小记》,梅英超整理,第 64 页,上海:上海古籍出版社,2004 年。
④ 参见梁启超:《三十自述》,前揭夏晓虹编校:《梁启超文选》上册,第 364 页。
⑤ 这方面的专题研讨,参见蒋纯焦:《一个阶层的消失——晚清以降塾师研究》,上海书店出版社 2007 年版,第 21—23 页。近来更有学者指出,晚清以来所谓"私塾",实际上是一个后起概念:"直至 1905 年科举停废前后,出于称谓排除在西式新学堂系统之外本土学塾的需要,新知识精英才普遍使用这一新词,且不为一般民众熟悉。"见左松涛:《新词与故物:清季以来所谓"私塾"问题的再认识》,《中山大学学报》(哲学社会科学版)2008 年第 3 期。

有单一化、固定化的趋向。

　　清初唐彪著《父师善诱法》,曾论及学塾区分阶段的必要,有云:"吾婺往时,经、蒙皆分馆,经师无童子分功,得尽心力于冠者之课程,故已冠者多受益;蒙师无冠者分功,得尽心力于童蒙之课程,故幼童亦受益。今则不然,经、蒙兼摄,既要解四书、解小学、解文章、选时艺、改会课,又要替童子把笔作对、写字样、教认字、教读书、听背书。虽有四耳四目四手足者,亦不能矣。"①鉴于此弊,清代学塾多分为蒙馆、经馆两个阶段。经馆直接以应试为目的,练习八股、试帖、白摺等考试技能;蒙馆则在预备经馆课程之外,更有"普及基本的文化知识,传授简单的生存技能"等功能。②蒙馆亦为农、工、商提供了一定程度的基础教育,岂可以后出的教育普及观念一律苛责之?况且,蒙馆教学在诵习四书之前,往往都有"集中识字"的阶段,主要是诵读《三字经》《百家姓》《千字文》等"小书",民间有时亦参用各种"杂字"。这一阶段的持续时间,据说多则一年,少则半载。③梁启超当然熟知"三、百、千"等书的存在,但其论述却将开读"四书"之前的识字阶段缩短到"未及一月"。更重要的是,新式蒙学教育从一开始就包含着近代"启蒙"意识,要求知识的敞开与自由获取,即便承认"集中识字"阶段的存在,也未必认同其方法。正如本文开篇所引陈荣衮言论所指出的,在西方教育观念的观照下,原本在蒙馆中分别承担着实用与应试不同功能的"小书""三、百、千"与"大书"("四书"),因为均非"全讲全解",难免同归于"不能开其蒙,而复加之以蒙"的境地,而被一概抹杀。④康、梁一派的幼学论刻意放大了传统蒙学服务于应试、偏向于记诵的"俗学"侧面,却对其初学识字的实用侧面不无遮蔽。

　　梁启超批评当时蒙学偏于"经训诵读",亦非完全取决于外来新视野。精熟近代学林掌故的叶德辉,戊戌间反驳梁启超《幼学》篇时,早就指出:"王菉友(筠)小学颇为康、梁师弟所推服。"⑤这里的"小学",除了被康、梁"识字书"直接借鉴的《文字蒙求》,亦可用来涵盖王筠的蒙学教法论。光绪二十二年(1896)八月,与康、

---

① 唐彪:《父师善诱法》卷上,"经蒙宜分馆"条,《读书作文谱、父师善诱法合刻》,嘉庆八年(1803)敦化堂重刻本。
② 前揭蒋纯焦:《一个阶层的消失——晚清以降塾师研究》,第37—41页。
③ 专攻语文教育的张志公先生曾指出:"识字教育是传统语文教育的一个重点,在这个方面,前人用的工夫特别大,积累的经验也比较多。很突出的一个做法是在儿童入学前后用比较短的一段时间(一年上下)集中地教儿童认识一批字——两千左右。"参见张志公:《传统语文教育新探(附蒙学书目)》,第3—39页,上海:上海教育出版社,1962年,此处引自第3页。近年有学者通过比照清人年谱、日记等材料,认同张志公的估计有其可信度,参见前揭左松涛:《新词与故物:清季以来所谓"私塾"问题的再认识》。
④ 陈荣衮:《论训蒙宜先解字》,《陈子褒先生教育遗议》,第3a—4a叶。
⑤ 叶德辉:《非〈幼学通议〉》,前揭《翼教丛编》卷四,第132页。

梁立场接近的江标就曾将王筠的《教童子法》收入《灵鹣阁丛书》，并下按语，说其书虽不如《德国学校章程》等西书完善，"中有极陋极迂处"，但"极通处甚多，不得不为善教者"。关于识字问题，王筠不仅提出"蒙养之时，识字为先，不必遽读书"的原则，更具体述及"先取象形、指事之纯体字教之……纯体字既识，乃教以合体字"的教法，为梁启超《幼学》篇直接取用。与清末的蒙学变革论者一样，王筠亦提倡讲解，反对单纯诵读，曾说："学生是人，不是猪狗。读书而不讲，是念藏经也，嚼木札也，钝者或俯首受驱使，敏者必不甘心。"①

提倡蒙养"识字为先"，并非始自道光年间的王筠，却也未必要像后来论者那样，追溯到《周官》保氏。②《朱子童蒙须知》曾有言："夫童蒙之学，始于衣服冠履，次及言语步趋，次及洒扫涓洁，次及读书写文字，及有杂细事宜，皆所当知。"③至少理学家正统的蒙学观，正如康有为早年所论，是将日用礼仪放在读书写字之先。然而，清初同样以理学著称的陆世仪却对《朱子小学》不无意见，以为："今文公所集多穷理之事，则近于大学；又所集之语多出四书五经，读者以为重复。且**类引多古礼，不协于今俗，开卷多难字，不便童子**。"陆世仪认为后人由于崇尚制科而不识字，故主张"小学"多习古文奇字；又说"近日人才之坏，皆由子弟早习时文"。④ 同时专事课蒙的唐彪，其以认字、讲解为先的观念更加显豁，尝云："苟字不能认，虽欲读而不能，读且未能，乌能背也？"又强调："凡书随读随解，则能明晰其理，久之胸中自能有所开悟。若读而不讲，不明其理，虽所讲者盈笥，亦与不读者无异矣。故先生教学工夫，必以勤讲解为第一义也。"⑤这些议论，与光绪戊戌前后的幼学论相隔二百余年，风味却大略相似。大概是因为二者均以乡间"俗学"为批评对象，且均有反对单纯注重科举时文的内在意图。

总之，康、梁幼学论所批评之"旧"既非全旧，其所追求之"新"亦未必是纯新。在梁启超《幼学》论发布的同时代，至少在华洋杂处的上海，已经产生了一些华人自办的新式学塾。与此前教会系统小学多以华人贫苦子弟为招生对象，在教法上少有创新不同的是，这些面向士商子弟的华资学校，往往热衷于试验新

---

① 王筠：《教童子法》（不分卷），《灵鹣阁丛书》光绪二十二年（1896）刻本。
② 参见茅谦：《变通小学议》，前揭《皇朝蓄艾文编》卷十五，第3a叶（卷叶）；陆基：《缓读四书五经说》，张一鹏辑：《便蒙丛书·教育文编》，苏州开智书室光绪壬寅年（1902）刻本，第1a叶（卷叶）。
③ 张伯行辑：《朱子童蒙须知》，《养正类编》卷一，前揭《丛书集成新编》第33册影印本，第297页。
④ 张伯行辑：《陆桴亭论小学》，《养正类编》卷二，第301页。粗体为笔者所加。
⑤ 唐彪：《父师善诱法》，卷下"童子最重识字并认字法"条、卷上"教法要务"条。

式蒙学教法。① 光绪四年（1878），上海邑绅张焕纶创设正蒙书院，后改名梅溪书院，实际上就是"与东西洋教授之法意多暗合"的新式分级学堂。张焕纶与经元善、康有为、宋恕等维新之士私交密切，曾撰《救时刍言》，主张废时文；光绪二十三年（1897）被聘为南洋公学总教习，于近代新式小学教育的发端多有贡献。② 限于史料，该校早期的教学情况尚不明朗，后人回忆其教科中有"国文"一科，亦应是从晚出的"国文"概念反推所致。③ 至光绪十九年（1893），又有经元善创办经正书院。光绪二十一、二十二年间（1895—1896），张焕纶、宋恕、孙宝瑄、钟天纬、胡惟志、赵诒璹等趋新者曾有"申江雅集"之会，"七日一聚，清茶一盏，交换政治、学术意见"。旅沪人士关于教育改革的议论，很可能通过类似场合相互贯通。事实上，在戊戌以前就以教法革新为号召，特别在融会中、西识字作文教法方面提出独到意见的，就有"申江雅集"的创议者钟天纬。④

钟天纬早年肄业于上海广方言馆，精通洋务，著名的格致书院课艺即出自其创议；历游徐建寅、李凤苞、盛宣怀、张之洞幕府；甲午以后，回沪与经元善合办"同仁公济堂"，内设义塾；旋又在盛宣怀支持下，另办"沪南三等公学"。光绪二十二年（1896）正月，钟天纬发布《学堂宜用新法教授议》，倡导以讲解代替记诵，自称其新法创自光绪初元，"本夺胎于西人，盖西人教法，无他奇妙，不过由浅入深之一法"。

---

① 关于当时教会学校中文教学的状况，可参照热衷办学的传教士潘慎文在光绪十六年（1890）的描述："有些地方，全部四书、五经列为中文课程，要求学生熟记，并练习写文章，准备参加政府考试；而另一些地方只教四书；有些学校只教四书，有些学校给学生一半的时间或更多的时间学习经书，而一些学校只给学生很少的一部分时间，总的来说是用次要的部分时间来学习经书。"可见教会学校教授中国学问采用的教法，至少是缺乏方向感的。见潘慎文：《论中国经书在教会学校及大学中的地位》，前揭《中国近代学制史料》第4辑，第126—127页。又根据日文《上海新报》光绪十七年（1891）的观察，当时"上海没有合适的学校"，教会学校多以收容华人贫苦子弟为宗旨，并不适合居留外国人。参见《上海の諸学校》，原载东本愿寺编：《上海新报》第41号，1891年3月13日，转引自高西贤正编：《东本愿寺上海开教六十年史》，资料篇第268页，东本愿寺上海别院，1937年。
② 康有为在光绪二十一年十二月十二日（1896年1月26日）致何树龄、徐勤的信中提到："张经甫（焕纶）原我所举，其人笃实，与莲珊（经元善）至交，在城里梅溪书院。君勉（徐勤）亦可频入去（原注：易一［何树龄］亦宜入去），与之笔谈，彼必推服，甚要。"见《康有为全集》第2卷，第200页。其《救时刍言》的主张，参见宋恕：《书张经甫〈救时刍言〉后》，胡珠生编：《宋恕集》上册，中华书局1993年版，第181—184页。
③ 张在兴：《先君兴办梅溪学程事略》，《中国近代学制史料》第1辑下册，第570页，上海：华东师范大学出版社，1986年。
④ 关于"申江雅集"，参见宋恕：《乙未日记摘要》，前揭《宋恕集》下册，第935页；钟镜芙：《钟鹤笙徵君年谱》，光绪二十二年（1896）条下，附载钟天纬：《刖足集》外篇，《清代诗文集汇编》第742册影印1933年铅印本，第774页。

设立三等学堂后,钟天纬更"日集诸教师及治学务者讲教授法"。① 其新教法的要点,大致有三端:(1)制作识字方块,剪纸或用木板成之,分为繁、要、简三种;教师讲授每日以二十字为限,"务必读完三千字,方准读书"。这一主张,与稍后梁启超等强调幼学"识字书"为先的思路正相吻合。(2)认识千余字后,即"选《二十四孝》《二十四悌》《学堂日记》《感应篇图说》《阴骘文图证》等书,编为三百课,配以石印绘图,每日随讲随读,仍必添识新字,以满三千字而止";到第二、三年再编《家语》《国策》《史记》《汉书》等子、史书为课本,并最终进入四书五经的读习。这里涉及蒙学"读本"的编纂问题,在康、梁幼学论中尚未十分突显。(3)开笔作文之法,更不必拘泥于古文或时文,"只须由数十字扩充至一二百字,苟文理通顺,自成段落,即谓之作文"。②

钟天纬为小学堂制定章程,分为蒙馆、经馆二种。虽说后来采用了"三等学堂"等新名词,但蒙馆、经馆的划分,却是来自旧学塾的习惯。具体到两馆功课:"蒙馆学生以八岁为度,专识字义;经馆学生以十一岁为度,专读四书五经,兼习英文。"③即便两馆已不作八股试帖,但蒙、经馆的功能区分依旧;经馆添习了英文,却仍以"四书""五经"为究极。光绪丙申、丁酉年间(1896—1897),钟天纬与康有为、康广仁、谭嗣同、梁启超、麦孟华等人交往甚密,却不苟同其急进主张,以为变法"宜缓不宜急,宜因不宜创……若更张太骤,将原有者一笔抹煞,必遭多数反对而遭奇祸"④。可知钟天纬的变法论与学校论,都带有"温故知新"的色彩。对于其所张扬的识字"新法教授",或者亦可作如是观。

比如识字方块的制作,在清初以来的蒙学著作中屡见不鲜。至少唐彪、崔学古、王筠都曾提到类似的办法,而数崔学古所言最为具体:

> 第一分纸上识字、书上识字二法。何谓纸上识字?凡训蒙,勿轻易教书,先截纸骨,方广一寸二分,将所读书中字,楷书纸骨上,纸背再书同音,如文之与闻,张之与章之类,一一识之。又遇资敏者,择易讲字面,粗粗解说。识后,用线穿之,每日温理十字,或数十字,周而复始,至千字外,方用后法教书。读至上《论》,方去纸骨,大约识完《四书》总字足矣。凡教字时,勿教以某字某字,如教"大学之道",只教以"大"、教以"学"、教以"之"、教以"道",如夹杂一

---

① 陈三立:《钟徵君墓表》,《刖足集》外编,第 768 页。
② 钟天纬:《学堂宜用新法教授议》,《中国近代学制史料》第 1 辑下册,第 582—584 页。
③ 钟天纬:《三等公学总章程》,《中国近代学制史料》第 1 辑下册,第 578—560 页。但据薛毓良的考证,此章程出自三等公学成立以前,应题作《小学堂总章程》。参见薛毓良:《钟天纬传》,第 252—254 页,上海:上海社会科学院出版社,2011 年。
④ 前揭《钟鹤笙徵君年谱》,《刖足集》外篇,第 774 页。

音,便格格不下。①

崔学古区分"纸上识字"与"书上识字",借用王筠的话说,亦即认字时有无"上下文"之别。而在梁启超《幼学》篇的结尾,亦提到当时苏州人彭新三有类似的方块识字法:"为方格,书字于其上,字之下注西字,其旁加圈识。字有一义者识一圈,有数义者识数圈。师为授其音、解其义,令学童按圈覆述之。"②不同的仅是,其中更加入了西文内容,带有双语教学的意味。依赖钟天纬、彭新三等蒙学实践者为媒介,源自本土教学经验的识字块传统得到延续,直到新学制颁布以后仍颇为流行。③

又如《二十四孝》《感应篇》《阴骘文》等善书,后来遭到新式读本、教科书编纂者的猛烈抨击。光绪二十七年(1901)编订的南洋公学外院《新订蒙学课本》,"编辑大意"即提到:"如《二十四孝》之类,半涉迂诞,尤不足以为教,故概不登录。"④次年无锡三等公学堂刊行《蒙学读本全书》,第四编"约旨"亦有专条申明:"自《感应》、《阴骘》等书流播宇内,爱亲敬长,视为富贵福泽之因果,一或不效,遂至横决而不可收拾。苟求侥幸,亏陷大伦,有伤德育不少。是编凡语涉因果者,一概屏除。"⑤但钟天纬的教授新法却将此类善书当作通向"四书""五经"的有效途径,实亦出自前代蒙学变革论者的意见。道光年间的《义塾章程》、《粤东议设启蒙义塾规则》就曾提倡采用《感应篇》《阴骘文》《觉世经》《文昌孝经》等作为入门读物,必须读善书"毕后,方令读四子书"。⑥

钟天纬的新式教法,曾获得盛宣怀的关注;而其所谓"三等公学",在创建伊始就有与南洋公学头、二等学堂衔接的用意。⑦故其融和中、西的识字作文主张,亦

---

① 崔学古:《幼训》,王晫、张潮辑:《檀几丛书二集》卷八,第346—347页,上海:上海古籍出版社1992年影印康熙三十四年(1695)新安张氏霞举堂刻本。
② 梁启超:《学校论五(变法通议三之五)·幼学》,《时务报》第19册,光绪二十三年(1897)二月一日。
③ 光绪末年,商务印书馆发行《五彩精图方字》《五彩绘图看图识字》等识字玩具,"特制方字一千装入盒中,其先后以笔画之繁简、意义之浅深、音调之难易为准";同时彪蒙书室亦有《五色绘图字块》出版,此类识字块到民国时代仍相当流行。参见《商务印书馆教育玩品》,《教育杂志》(商务)第1卷第1期附广告,宣统元年(1909)正月廿五日。
④ 《二编编辑大意》,《新订蒙学课本》二编卷首,引自汪家熔辑注:《中国出版史料·近代部分》第2册,第526页,武汉:湖北教育出版社,2004年。
⑤ 《蒙学读本全书四编约旨》,《大公报》第226号,光绪二十九年(1903)正月十一日,"来稿代论"栏。
⑥ 《义学章程》《粤东义塾规条》,原载《得一录》卷五,见前揭《中国近代教育史资料汇编·鸦片战争时期卷》,第352、354、361页。
⑦ 参见前揭薛毓良:《钟天纬传》,第148—152页。

有可能通过南洋公学的途径,影响于此后蒙学课本的编纂。光绪二十四年(1898),钟天纬在上海高昌乡筹办小学,就曾编过题为《蒙学镜》(又名《读书乐》)的一套课本,取"蒙之义训为昧,得镜照之,昧者斯明"之义,或以为清末"小学有教科书,始此"。① 内中如《字义》《歌谣》《喻言》《故事》《文粹》《词章》等册,涉及识字、读书、作文的内容,采用歌谣、寓言为材料,开后来蒙学读本的先河。而作为初学入门的《字义》一册,开卷为"实字"部分,依据主题划分天文、时令、地理、山水、国姓、宫室等三十一课,与康有为《幼雅》、陈荣衮《妇孺须知》等书体例相近,似乎仍是传统蒙学用书中"分类杂字"书的延续。② 但从《字义》课本的整体架构来看,至少亦受到西方词类观念的影响。该书按照实字、形容字、称谓字、动作字、发语字、帮助字、连接字、语助字、呼声字的词类划分,共分为九章。③

光绪二十四年(1898)《马氏文通》的问世,奠定了国人自撰古文语法学的基础,对西方词类观念的流播产生了深远影响。但也有必要指出,在《文通》行世以前,沿海地区的新学界已对西式的词类区分有所了解。姑不论西方传教士、汉学家、外交官挪用欧洲语法框架来认识中文规则的先例④,戊戌以前中国士人的言论当中,亦不乏关于词类的讨论。如沈学探讨切音字方案的《盛世元音》,即辟有"文学"一章,专论字类区分。该章不仅介绍了"泰西分字九类"的认识,进而还根据中文的实际情况,按"活字""虚字""实字"三纲,将西方的九类词归并为动作、形容、名号三大类:

> 泰西分字义九类,余并助语、衬接、叹息为动作一类(原注:英文浮洚 verb),如与、及、在、于、吁、噫、吟、咏、飞、潜、游、泳等活字。
>
> 指名等级区类,为形容一类(原注:英文阿及底胡 adjective),如尔、我、他、

---

① 喻长霖:《钟徵君传》,《刖足集》外篇,第 768 页。
② 如光绪二十七年(1901)重庆正蒙公塾所辑《正蒙字义》,即将钟天纬此种《字义》书视为传统字课书的一种而列为参考。其《凡例》有云:"是编意主适用,并求详备,多采魏默深(源)《蒙雅》、姜明夔《三千字文》、黄庆澄《训蒙捷径》、钟鹤笙(天纬)《读书乐》、吾乡潘氏季约《蒙雅纂要》、杜氏少瑶《课蒙举隅》诸书。"见《正蒙字义》卷首,光绪辛丑(1901)秋重庆正蒙公塾刻本。
③ 钟天纬此书,以往教育史、出版史研究者多称为《字义教科书》,但该书原题仅"字义"二字。"字义教科书"之称,应是后来套用来自日本的"教科书"(きょうかしょ)这一新名词所致。《字义》一书实物传世极少,感谢江苏无锡的教科书收藏者王星示知相关情况。
④ 《马氏文通》以前西人所撰中文语法书的概况,参见姚小平:《〈汉文经纬〉与〈马氏文通〉——〈马氏文通〉历史功绩重议》,《语言文字学》1999 年第 9 期。早期西人撰汉语语法书往往套用印欧语法框架,但到 19 世纪亦逐渐抛弃欧洲语法分类,转而采用中国自身的概念。关于此点,可参考前揭卡萨奇、莎莉达著《汉语流传欧洲史》第五章"明清以来欧洲人的汉语语法研究",第 91—157 页。

快、慢、彼、此、大、小、方、圆、红、绿等虚字。

名号自成一类，如中国、沈学、笔墨等实字（原注：英文囊 noun）。①

沈学还提出"字音有单杂""活字分曲直""虚字分正反""实字分公私""活、虚、实三字可互相调变"等原则，其实都是对西洋语法学、修辞学概念的化用。在丁酉年（1897）出版的新学类书《时务通考》中，亦有"言分九类"的条目，相关认识可能已经沉淀为新学社会的常识。②

然而，钟天纬称名词为"实字"，沈学则提出活、虚、实三类字，甚至《马氏文通》亦将九类词分别为"实字""虚字"两部分，无不提示出词类新知的传统资源。事实上，在此前此后新式蒙学所用各种识字书、读本、文法书当中，更为流行的框架并非来自西方语法的"言分九类"，而恰恰是经过沈学等改造的活、虚、实三类区分。丁酉年（1897）末，叶瀚在《蒙学报》上发表《中文释例》，亦将"中文义类"分为实字、活字、虚字三纲："实字古人谓之名字，活字古人谓之语字，虚字古人谓之辞字。"在此三纲之下，再细分名字、表名字、界说字、数说字、原活字、辅活字类、形容虚字、位置虚字、承转虚字等小类。③ 同样初刊于《蒙学报》的王季烈《文法捷径》一书，则分为实字、活字、形容字、对偶字四部分。但"对偶字"是讲对仗，故其词类划分实际上仍主活、实、虚三类说。④ 叶瀚曾提到"讲中国文法书"有刘淇《助字辨略》、王引之《经传释词》、俞樾《古书疑义举例》三种，其所用"语字""辞字"等概念，即出自上述著作。⑤

至光绪三十二年（1906），有人撰文论"国文之研究"，指出："古人所分实字、虚字颇为简括，其辨明虚字之用，各书若《助字辨略》之类，不一而足，皆当日学堂之成语法课本书也。奚待《马氏文通》仿 Grammar 而作始，推为成语法之第一步乎？"⑥其实刘淇、王引之、俞樾三书，马建忠撰写《文通》时亦多加参考。但就日常的幼塾教学而言，更加顺手的资源，恐怕还不是小学家的专门之作。为了应对撰写近体诗、骈文、八股文的需要，传统蒙学在"属对"环节中，早就包含着相当缜密的词类意识。对对子强调"虚实死活"，亦为接引西方词类观念创造了条件：

盖字之有形体者谓实，字之无形体者谓虚；似有而无者为半虚，似无而有

---

① 沈学：《盛世元音·文学》，《时务报》第 12 册，光绪二十二年（1896）十月二十一日。
② 见《时务通考》卷十九，第 568 页，前揭《续修四库全书》第 1257 册影印本。
③ 叶瀚：《中文释例》卷二，《蒙学报》第 5 册，笔者所见本未署出版时间，大致在光绪二十三年十二月。
④ 王季烈：《文法捷径》，《蒙学报》第 23 册，未署出版时间，约在光绪二十四年（1898）四月十七日前后。
⑤ 叶瀚：《初学宜读诸书要略·文法书》，《初学读书要略》，光绪丁酉（1897）夏仁和叶氏刻本。
⑥ 东吴范祎：《国文之研究》，《寰球中国学生报》第 2 期，丙午（1906）七月。

者为半实。实者皆是死字,惟虚字则有死有活。死谓其自然而然者,如高、下、洪、纤之类是也;活谓其使然而然者,如飞、潜、变、化之类是也。虚字对虚字,实字对实字,半虚半实者亦然。最是死字不可以对活字,活字不可以对死字。此而不审,则文理谬矣。①

属对时,首先要分清"实字"(名词)、"虚字"(动词及形容词)两大类,虚字分"死"(动词)、"活"(形容词),实字、虚字中意义抽象者为"半实""半虚",此外还有"助字"。通过"一字对"的虚对虚、实对实,"二字对"的虚实配合,以至多字对的句法练习,对对子包含了识字、辨音、遣词、造句在内的全套文字训练,诚如后人所言,"堪为真正中国文法未成立前之暂时代用品"②。沈学、叶瀚等强调的实字、虚字、活字三纲,亦不过是在属对分类的基础上稍加调整而已。

时值清末,在西学西政的强大压力下,传统蒙学作为一个整体被急遽负面化,包括对对子在内的各个教学环节,都有可能遭到否定。③ 因此,无论是康、梁一派的幼学论,上海新式学堂的尝试,还是编纂字义课本时引进的字类区分,蒙学新教育的传统因素不仅难以彰显,有时甚至还会遭到刻意的压制。然而,趋新者在欠分别地批评旧式蒙学的同时,亦暗中沿袭了部分在教学过程中行之有效或足以与西学对接的传统经验。尤其是事关本国语言文字的传授、延续,自不同于其他学科的直接搬用。外来新法固然要吸收,但本国固有的文字特性、教学传统、学习环境,却更有其持久的影响力。

余　论

光绪二十三年(1897)九、十月间,叶瀚、汪锺霖、汪康年、曾广铨等趋新人士在上海设立蒙学公会,继而创办《蒙学报》,着手筹备新式蒙学堂。梁启超为撰《蒙学报演义报合叙》,将西洋、日本教科书的发达归结于游戏小说、俚歌的流行,继而将《蒙学报》与其门人所办之《演义报》相提并论。④ 与此同时,马良致信汪康年,亦

---

① 《习对发蒙格式》,《缥缃对类大全》卷首,《四库全书存目丛书》子部第 196 册影印明刻本,第 652 页。
② 陈寅恪:《与刘叔雅论国文试题书》,《金明馆丛稿二编》,第 224 页,上海:上海古籍出版社,1980 年。
③ 比如出自康门的陈荣衮就曾列举属对多种弊端,主张以"串字"(组词造句)取代属对,见陈荣衮:《学童串字说》(庚子),《陈子褒先生教育遗议》,第 14a—15b 叶。而直到三十余年后的 1932 年,陈寅恪以对对子作为清华大学入学考试试题,仍引起轩然大波。关于此事件的专题讨论,可参见罗志田:《斯文关天意:1932 年清华大学入学考试的对对子风波》,《近代读书人的思想世界与治学取向》,第 161—198 页,北京:北京大学出版社,2009 年。
④ 梁启超:《蒙学报演义报合叙》,《时务报》第 44 册,光绪二十三年(1897)十月十一日。

提到《蒙学报》《演义报》合二为一的设想。① 可见,在戊戌年变法维新高潮到来的前夕,语言文字论与蒙学变革论同时高涨、互相影响,时人也常将二者混为一谈。反而是后来人在追溯时,出于各自的言说动机与学科分野,往往偏于一端。

光绪三十二年(1906),学部批复卢戆章所呈《切音新字》,提到:"文字之难易,又复与教化之广狭相为比例:识字难,则游惰不得不多;识字易,则教育自然普及。"②字学难易与教育普及的关系,最终得到官方确认。然而,当年"字学"论说潮流中颇为抢眼的切音文字论,落实到蒙学变革的言论及实践,却相对较为弱势。从整个清末教育改革、学制制定的过程来看,戊戌以前的切音字方案始终被排除在正则学制之外;即便后来王照的"官话合声字母"凭借官方力量得到推广,亦仅适用于下层启蒙或变则教育。对照之下,以官话为基准的各种白话、浅说、"演义",由于在传统启蒙教育中渊源有自③,不仅更容易与教学实践相磨合,更对此后蒙学读本乃至"国文教科书"文体的形成发挥了重要影响。

本文关注甲午、戊戌之间蒙学新论致力于语言文字的侧面,更注意到:正是教育普及观念下"识字作文"能力的突出,使得新式蒙学有以区别于(**梁启超等塑造的**)以经训诵读为先的旧蒙学形象,从而为接引新学制下的中小学"国文"教育奠定了基础。相关论述更多侧重于言论而非实践。《蒙学报》发端于丁酉秋冬之际,受到梁启超《幼学》篇启发,当然亦可视作戊戌前夜蒙学变革论的展开;在其试编识字作文用书的过程中,蒙学新论与同时期语文论说的对话更是显而易见。然而,《蒙学报》并不属于《时务报》一系言论主打的刊物,其重点在于蒙学用书的按期发布,而非教育新论的阐述。更重要的是,《蒙学报》的发行跨越了戊戌政变、庚子事变两大难关,一直持续到庚(1900)、辛(1901)之际新政重启之时。作为清末新式读本、教科书的前驱,《蒙学报》的影响已及于酝酿学制的时期,其所取法亦已超出戊戌前论者借重的西方资源。姑且在此按下不表,留待另文处理。④

2012 年 5 月 9 日

(作者单位:北京大学高等人文研究院)

---

① 马良:《致汪康年》二(光绪二十三年[1897]十月初九日),《汪康年师友书札》第 2 册,第 1569 页。
② 学部编译局:《咨覆外务部卢戆章呈验所著字书文》(光绪三十二年三月五日),《学部官报》第 1 期,光绪三十二年(1906)七月初一日,"文牍"栏。
③ 除了前引清初蒙学家的议论,民间流行的白话小说、戏曲、宣卷、弹词,尤其是对《圣谕广训》等官方文告的宣讲传统,对白话浅说文进入启蒙教育自有不容忽视的影响。可参见夏晓虹:《晚清白话文运动的官方资源》,《北京社会科学》2012 年第 2 期。
④ 参见拙文:《清末学制酝酿期"蒙学读本"的文体试验——以〈蒙学报〉为例》(未刊稿);《清末"蒙学读本"的文体意识与"国文"学科之建构》,《文学遗产》2013 年第 3 期。

鲁迅早年对科学僭越的"时代病"之预感*

温儒敏

鲁迅怀疑科学、物质文明无节制的极大发展,可能会构成对人生的一种"威胁",他提醒如果片面地追求科学和物质文化,可能带来负面的影响和潜在的危害。

鲁迅是20世纪中国最伟大的文学家和思想家。但在当今中国,对鲁迅的理解是各式各样的。其中有的对鲁迅采取颠覆的态度。他们的"理由"之一,就是认为鲁迅对中国传统文化的批判太厉害了,几乎就是全盘否定;而20世纪中国文化出现所谓"断裂",跟包括鲁迅在内的五四新文化先驱者们的"激进"大有关系。最近中国又掀起"国学热",当然是提倡传统文化的研究,于是对鲁迅和五四的批评的声音也就加大了。这种社会现象很复杂,这里不可能展开讨论,我只想回顾一下鲁迅对中国传统文化转型的一些思考,特别是他所关注的科技发展和人性的关系问题。也许从这里也可以了解鲁迅作为思想家的特别之处。

鲁迅对传统文化的确是采取彻底反对和批评的立场的,他认为这是文化转型的必要过程。鲁迅对传统文化有一种整体感受,他基本上认为中国传统文化是不尊重人的,是缺少活力的。当传统作为一个整体仍然拘绊着社会进步时,要冲破"铁屋子"[①],鲁迅只好采取断然的态度,大声呐喊,甚至是矫枉过正。鲁迅把传统的中国文化作为一个整体来批判,他对传统文化中封建性、落后性的东西批判得非常厉害,完全不留情面、不留余地。但这是为了打破封建禁锢,提醒人们不要落入复古的老套。可以说鲁迅是全盘否定传统,但是这种全盘否定,是有历史理由的。

---

* 本文根据笔者在北京市社科联"文化艺术系列讲座"的一次讲演记录整理。
① 鲁迅在《〈呐喊〉自序》中提到过一间铁屋子。"假如一间铁屋子,是绝无窗户而万难破毁的,里面有许多熟睡的人们,不久都要闷死了,然而是从昏睡入死灭,并不感到就死的悲哀。现在你大嚷起来,惊起了较为清醒的几个人,使这不幸的少数者来受无可挽救的临终的苦楚,你倒以为对得起他们么?"《鲁迅全集》第1卷,北京:人民文学出版社,1981年。

鲁迅对中国文化的了解和体验是非常深刻的。他认为中国文化最大的病，是对人的压抑，对个性对生命的压抑，对创造力的压抑，"老大的国民尽钻在僵硬的传统里，不肯变革，衰腐到毫无精力了"①。所以他要猛烈攻打，冲破传统的束缚。鲁迅总是从如何"致人性以全"②的角度考虑社会问题、文化问题，他的任何激烈的批判都是着眼于人性的复归。

鲁迅也并不讳言自己的偏激，他是要通过某种必要的偏激，来打破禁锢，激活思想，引导解放。鲁迅太了解中国的国情，太了解中国文化的弊病了。他说："中国人的性情是总喜欢调和、折中的。譬如你说，这个屋子太暗，须在这里开一个窗，大家一定不容许的。但如果你主张拆掉屋顶，他们就会来调和，愿意开窗了。没有更激烈的主张，他们总连平和的改革也不肯行。"鲁迅甚至还说，在中国办一件事太难了，连"搬动一张桌子也要流血"③。这也是一种体验，一种整体性的把握，鲁迅对中国人，对中国的文化的利弊，的确看得很透。中国传统文化中确实有很多糟粕，整体上很难适应现代中国的变革。鲁迅对于传统文化的现代转型，是有怀疑、有焦虑的。

那种认为鲁迅和五四一代人的偏激造成了中国文化"断裂"的观点是浮浅的，这种指责也是缺少历史感的。如果我们能够回到上个世纪初那种特定的历史语境来讨论问题，就比较能够理解鲁迅对于传统的攻打，他那种决绝甚至是偏激的批判态度，同时也不会忘记鲁迅"偏激"地反传统的另一面——对文化转型的探求的贡献。

鲁迅对文化转型的焦虑与思索，涉及面很广，我这里就其中一点来讨论，那就是鲁迅早年对现代"文明病"的感悟，以及对科技发展与人性关系的思索。他在一百多年前的思考，现在看来是非常有价值的，甚至在当今也还有尖锐的警示性，好像就是针对当下中国的情形来说的。

鲁迅年轻的时候在南京水师学堂学水手，后来到日本学医，他最初是理工科出身的，后来为了疗救国民精神，才立志转向文学创作。鲁迅其实最有资格从科技与人文的"结合部"来谈论问题。他早年非常关注世界科技的发展，甚至写过很多与科技有关的文章，比如《中国地质略论》《科学史教篇》《文化偏至论》，等等，都是上个世纪初写的，当初影响不大，后来几乎不为人所知。但今天看来，这些论著都很"前卫"，鲁迅的问题仍然缠绕和警示着我们，应当珍视这位文化巨人留给我们的思想资源。

鲁迅写这些文章的时候，中国非常落后，经济上贫弱不堪，文化上精神上也几

---

① 《突然想到》，《鲁迅全集》第3卷，第44页，北京：人民文学出版社，1981年。
② 《科学史教篇》，《鲁迅全集》第1卷，第35页。
③ 《无声的中国》，《鲁迅全集》第4卷，第13—14页，北京：人民文学出版社，1981年。

乎垮了。不少先驱者提出向西方学习,期盼能"科技救国"。也有人看出西方文明有很多弊病,认为只有东方文明最好,幻想最终还是要靠东方文明来"挽救"世界。鲁迅在诸多争论中显得比较独立。他不反对学习西方,科技兴国,但更看重的是"立人"。鲁迅在《文化偏至论》中提出,"将生存两间,角逐列国是务,其首在立人,人立而后凡事举;若其道术,乃必尊个性而张精神"①。他认为"立人"是"立国"的前提。鲁迅所要"立"的"人",当然不再是传统意义上的"国民""良民",而是具有健全独立人格的新人,这种新人脱离了旧的传统道德的束缚,又能摆脱过于物欲化的现代文明的利诱。我们当然不必理解为科技和"立人"是对立的,鱼和熊掌不可兼得;也不能实用主义地断言,必须先把科技搞上去,经济大发展了,回过头来再考虑人的精神问题。鲁迅是人文学者,他的意见是在科技发展的同时更注重民族精神的重建。一百多年前鲁迅看到了,科技的发展是世界性大趋势,必然极大地改变世界,包括改变中国。这是不可逆的趋势。但他高明之处就在于,当人们普遍地举起双手欢迎科技时代到来时,当科技极大地改变世界并给人类物质生活带来便利时,鲁迅似乎先知先觉地感觉到这个改变可能是有正负两方面的。一方面,科技进步当然可以给世界带来好处,鲁迅说那是照耀世界的神圣之光,科技带来的物质文明是人类社会进步的一翼。但是鲁迅又说,不能过高地评价科学对国民精神改造的价值,不是科技发达了,生活质量就高了,人的素质就高了。他甚至怀疑科学、物质文明无节制的极大发展,可能会构成对人生的一种"威胁",他提醒如果片面地追求科学和物质文化,可能带来负面的影响和潜在的危害。这些观点在《科学史教篇》和《文化偏至论》两篇文章中得到充分的阐述,当时是在1907年,五四新文化运动还没有拉开序幕。

鲁迅在《科学史教篇》中非常明确地提出一个观点:科学的发展必须"致人性以全"。科学发展为了什么?还是为了人类更加美好的生活,为了人性的健全。所以他反对过分崇奉科学和物质文明的发展,而忽略精神的解放与重建。鲁迅这样提醒人们:"盖使举世惟知识之崇,人生必大归于枯寂,如是既久,则美上之感情漓,明敏之思想失,所谓科学,亦同趋于无有矣。"②意思是说,知识呀、科学呀,虽然重要,但不应当过分推崇,更不能当成人生的目的,否则会丢掉人性健全发展这一根本,那就本末倒置了。

鲁迅这样提出问题,绝非危言耸听。他是有"前车之鉴"的。鲁迅看到了19世纪后半叶西方社会的教训。那时欧洲的科技发展已经显出对科学与物质文明崇奉逾度的弊果,用鲁迅的话来说,就是"诸凡事物,无不质化,灵明日以亏蚀,旨趣流于平庸,人唯客观之物质世界是趋,而主观之内面精神,乃舍置不之一省","物

---

① 《文化偏至论》,《鲁迅全集》第1卷,第58页。
② 《科学史教篇》,《鲁迅全集》第1卷,第35页。

欲来蔽,社会憔悴,进步已停,于是诈伪罪恶,蔑弗乘之而萌,使性灵之光,愈益就于黯淡"。① 鲁迅指出科学偏至、物欲膨胀所带来的人文衰落,当然是指西方当时的社会弊病,他认为这是一种"通蔽",是"新疫",是普遍的,一经出现,就不容易控制,也就是"时代病"或文明病。事实上,鲁迅的担忧是被近百年来世界科技发展所付出的巨大代价所证实了的。

但鲁迅又不是抵御物质文明的清教主义,他用的是二律背反的思维方式。他承认西方的科学和物质文明毕竟有代表社会进步的一面,或者说这是一种趋势。这一点,鲁迅和当时那些只盯着西方出现的弊端,盲目以为只有东方文明可以救世的国粹派和改良派是不同的。鲁迅认为中国的出路还是要冲破传统,另辟蹊径,向西方学习科学和物质文明,不过也应该注意吸取西方的教训,不能以为"科学万能",还应警惕从西方可能传过来的"新疫"。在五四之后的"科学与玄学"的论争中,鲁迅对玄学派盲目以为所谓"东方精神文明"胜于"西方物质文明"的论调固然不屑,但也显然不赞同"科学的人生观"的提法。② 鲁迅的思想是超前的。作为一个思想家,鲁迅最有价值的是,提醒在引进和发展科学和物质文明的同时,不忘记"根底"在人,在人的解放和民族精神的重建。

在谈到科技和人性的关系时,鲁迅是非常谨慎的,他说科学发展要注意"致人性以全",也就是以人为本,做科学研究,从事科技工作,不忘记最终目标是为了提高人的整体生活素质。这是非常重要的提醒。鲁迅反对在崇奉科学物质文明的同时放松对人的尊重。鲁迅显然意识到如果放任科学僭越自身界限,科学就会"异化",就会抑制和消解人所应当有的自由意志,毁坏人伦道德的底线。鲁迅说到了科学的偏至带来的后果问题,认为物质的、科学的无序发展足以引起人的欲望的加速度的发展,拜金主义、利己主义、享乐主义必将泛滥,这将是人类的灾难。鲁迅这种意识是超越了当时中国思想界的。可惜大音希声,当时鲁迅的文章影响并不大,甚至多年以来始终也没有引起国人的注意。

这些年我国科技和经济都有了大的发展,人们物质生活条件也大大改善了,毫无疑问,这是巨大的进步。但我们是否也付出了过多的代价呢?我们在发展经济推进科技的同时,是否注意做到"以人为本"了呢?实际上问题很大。鲁迅当年所说的"通弊""新疫",或者说"文明病",现在似乎都出来了。鲁迅说物欲

---

① 《文化偏至论》,《鲁迅全集》第1卷,第53页。
② "科学与玄学"之争发生在1923—1924年,其中一派强调在中国发展西式科学之必要,而缺乏对科学万能论的反省;另一派则多看到西方科学僭越自身界限所带来的严重后果。鲁迅没有直接参与这次争论,大概也因为他并不赞同这次争论中表现的非此即彼的偏颇。这次争论的问题,鲁迅早在1907年就大致解决了,而思想要辩证得多。但鲁迅显然对"东方精神文明"优胜论表示不屑,这在鲁迅一些杂文(如《泰戈尔来华的我见》)中也可见出。

膨胀的后果会造成一种通病，人文精神、人性的关怀可能会受到破坏。现在不就这样吗？比如环境生态问题、诚信问题、道德底线的突破问题，还有安全感问题，都出来了，严重了，鲁迅不幸而言中。有些地区、有些部门只管发展，只管赚钱，别的理不了那么多。这就造成很坏的后果。老是说"交学费"，但未免交得太多，代价太大了。鲁迅提出的对现代科技发展的焦虑，绝不是杞人忧天。欲望的膨胀，还有人有时候有邪恶的好奇心，它都可能会在科技发展里带来人类所不能控制的灾难。比如说克隆人，现在尽管美国、英国等很多国家都发表声明，不准克隆人，但我想迟早会有好事者把人克隆出来的，这是人类邪恶的一面，后果不堪设想。

在经济发展过程中，有科技偏至、物欲来蔽、人文亏蚀、道德滑坡的现象并不可怕，可怕的是对这些问题的产生缺少警觉，缺少"致人性之全"的发展观。看来，如何张扬性灵，克服过分崇奉物质的弊害，如何在推进现代化过程中避免西方曾有过的所谓文明病，的确是有待解决的大问题。

最近中国开始强调科学的发展观，是有了问题意识和危机意识，是付出了许多代价之后的自觉。我理解这除了求真务实，协调好经济起飞中的各种矛盾，还有一点更重要，那就是第一次明确提出"以人为本"的发展方略。现在经济上去了，物质生活改善了，但人们仍然有许多抱怨，多集中在人文精神失落、价值标准混乱、道德滑坡等方面，其实也就是物质文明与精神文明发展不协调的问题。要解决这些问题并不容易，因为"以人为本"这个观念被我们淡漠太久了。中国几千年传统文化并不重视"个体的人"的价值，现在执政党能明确提出"以人为本"的理念，是个非常大的进步。看来是要补课，上上下下都来培育"以人为本"的意识。在这一点上，如果回顾一下近百年来发生在中国的关于科学与人生的许多争论，会发现前人已经给我们留下不少智慧的资源。比如鲁迅，他是文学家，同时又是非常深刻的思想家，他对现代中国文化转型就有许多独特的看法，对"科学的发展观"也有超前的提示，不妨温习一下，从中也许能得到新的启示。

中国之路应当怎么走？当时年轻的鲁迅不可能有明确的答案。他不是革命家，只是人文思考者，他的思考也许难有可行性，但起码是一种观照与警醒，所谓人文价值也就在这里。鲁迅当年毕竟年轻，不像中年以后那样怀疑与悲观。中年鲁迅的思想非常深邃，为大家所看重，但青年鲁迅的思想也自有其价值，尽管当时不见得有多少影响。现在看来，鲁迅能从二律背反的角度看待科学（科技）与人生问题，得出较为客观的结论，达到了当时的思想高峰。1907年前后的鲁迅是那样心存焦虑，但对中国之前途也还是怀有热切的期望。他渴望中国能有一批有识之士，"洞达世界之大势，权衡校量，去其偏颇，得其神明，施之国中，禽合无间。外之既不后于世界之思潮，内之仍弗失固有之血脉，取今复古，别立新宗，人生意义，致之深邃,则国人之自觉至,个性张,沙聚之邦,由是转为人国"①。现在看来,这种渴望并不偏至,是很辩证,也很有思想深度的。

中国这三十多年的变化天翻地覆,称得上是几千年未有之大变局,国力增大,科技发展了,物质生活也丰盈了,可是科技文化偏至、遮蔽人性的现象严重,国民的幸福感并不见得在不断提升。鲁迅当年提出和思考的一些问题仍然缠绕和警醒着我们。重读鲁迅早年那些默默无闻的旧作,我们似乎能发现什么——都希望中国能"别立新宗",真正成为少受现代"文明病"困扰的"人国",那么就要珍惜鲁迅以及百年来中国变革中的思想遗产,不受浮躁风气的左右,扎扎实实前行。

2012 年 6 月 12 日修改

(作者单位:北京大学中文系)

---

① 《文化偏至论》,《鲁迅全集》第 1 卷,第 53 页。

如何化解儒学传统与现代社会的对峙
——李大钊"青春"人生论的解读

胡 军

中国的现代化进程开始于1861年的洋务运动。其目标是向西方学习物质、技术层面的东西。甲午战争的失败,举国上下为之震惊,"四万万人齐下泪,天涯何处是神州?"痛定思痛,国人冷静地意识到,中国的当务之急不在物质和经济层面的现代化建设,而是必须在社会制度方面做深层次的快速有效的变革。不幸的是,百日维新以失败告终。尤其是辛亥革命之后漫长的军阀割据、战乱不断,帝制复辟活动频繁的内乱局势使国家陷入思想的彷徨迷茫之中。

中国的出路何在?中国究竟会走向何处去?

新文化运动的领袖们自觉地认识到,中国文化复兴的核心在于转变人的道德信念、确立一新的人生论来促进思想或文化的变革,尤其是道德的变革,诚如陈独秀反复申说的那样,"伦理觉悟为吾人最后之觉悟"。在他们看来,没有一场彻底的思想革命或道德革命,其他一切的变革都将无济于事,是不可能取得成功的。即便在短时间内取得了某些成就,但是绝对不可能持久。中国社会当时最为需要的,也是最为迫切、最根本的变革不是政治制度的变革,也不是经济领域的改革,而是"根本思想"的转变。因此结论便是,要真正使腐败落后的中国走向繁荣富强,首要的只能是彻底改变中国人的世界观、人生观,完全重建中国人的思想世界和意识世界。这就是思想革命、道德革命优先的思想。只有完成了这一思想革命,使绝大多数国人具备了一种新的人生论,中国的政治制度、中国的经济制度等才有望得到根本的变革,并获得快速的发展。从上述分析中,我们可以得知,新文化运动的领袖们是认识到了中国文化复兴的方向和任务的。

新文化运动的宗旨就是提倡和确立一种新人生论。从现在看,新文化运动提出的目标也并未完全实现,对于政治民主化的认识和制度改革仍然处在举步维艰的漫长途程之中;科学,尤其是基础学科或科学理论,还有待于普及和提高;依法治理公众社会事务的意识远未得到大众的认可,更不用说在实际生活中贯彻落实。

新文化运动积极提倡的新人生论即便在当下也未得到普遍的认可,并未被大众接受,所以仍然具有巨大的现实意义和深远的理论意义。

新文化运动时期积极提倡新人生论的两位思想家是陈独秀与李大钊。陈独秀的人生论思想的重点在于强调人权、平等、自由、科学、法治、民主和进化等。当然,李大钊完全赞同陈独秀上述人生论思想的各种要素。由于受当时在世界上广泛流行的进化论思潮的影响,以为后来者居上,所以他们都将新人生论的实现完全寄托在青年人的身上。因此,陈独秀创办的新文化运动的指导刊物题为《新青年》(初名《青年杂志》)。李大钊也将中国文化复兴的希望完全寄托在青年身上,所以他将自己的人生论思想称为"青春"的人生论。他的人生思想的终极目标是"青春中华之再造"。但与陈独秀稍有不同的是,李大钊更为注重的是上述各项要素背后一般性的思想基础。

李大钊1907年进入北洋法政专门学校学习。1911年10月辛亥革命爆发,李大钊积极参加了京津革命同盟会。后于1913年赴日本留学,入东京早稻田大学政治本科。在留日期间,他继续自觉地接触、学习和研究各种社会主义思潮,并开始比较系统地阅读、学习和研究马克思主义理论,尤其感兴趣的是马克思主义的历史唯物主义理论。

1916年4、5月间,李大钊从日本回国。之后他先后担任了《晨钟报》和《甲寅》月刊的编辑。1918年经由章士钊先生推荐,应北京大学校长蔡元培邀请,李大钊担任了北京大学图书馆主任。到北京大学后,他积极参与了由陈独秀任主编的《新青年》杂志的编辑部工作。不久,他又与陈独秀等人合作创办了《每周评论》,组织发表文章品评当时国内的各种政治、社会等问题。可以说,李大钊实际上已经成为由陈独秀、胡适等发动的新文化运动的主要领导人之一。

1920年,李大钊在北京大学组织了马克思主义研究会,并在北京大学讲授马克思学说。据有的学者研究,北京大学应在世界最早开设马克思主义历史唯物主义课程的院校之列。同年10月,在李大钊等人的积极倡导与筹备下,组织成立了北京共产主义小组。

永葆"青春"的人生论

李大钊新人生论的特色在于其"青春"人生论。这方面的思想主要表现在《晨钟之使命》《青春》和《今》等几篇文章中。

他指出,一年四季中最美好的季节应该是春天。春天时节,万物复苏,欣欣向荣。春天给人带来的是无限美好的憧憬与希望。自然的春天使李大钊思考着青春人生的意义。

"春日载阳,东风解冻",有"清和明媚之象","百卉昭苏",春天给人们带来

"无限之希望,无限之兴趣"。而人生的青春则体现了"高尚之理想,圣神之使命,远大之事业,艰巨之责任"。

青春的使命或责任就是要"进前而勿顾后,背黑暗而向光明,为世界进文明,为人类造幸福,以青春之我,创建青春之家庭,青春之国家,青春之民族,青春之人类,青春之地球,青春之宇宙"①。实现自我与民族拯救就必须发扬青春的精神。

在李大钊看来,青春主要有两重含义:第一重含义是指个体的青春进程,第二重含义是指宇宙的无尽青春。

在这两个含义中,他尤其看重青春的第二重含义。他认为,个体的青春只有通过与宇宙无尽之青春相结合才能够凸显出自己生命的意义和价值。

无可置疑,任何个体的青春或生命都是有限的,"块然一躯,渺乎微矣,于此广大悠久之宇宙,殆犹沧海之一粟耳"②。所以个体青春能否"永享青春之幸福与否,当问宇宙自然之青春是否为无尽"。李大钊认为,如果宇宙自然青春是有尽的,那么它就不能给个体的青春以"永享青春之幸福"的可能。但是,"如其无尽,吾人奋其悲壮之精神,以与无尽之宇宙竞进,又何不能之有?"③

在李大钊看来,个体青春之有无意义完全依赖于宇宙青春是否是无尽的和永恒的。如果宇宙的青春是无尽的永恒的,而且个体青春的生命又能够融入此宇宙无尽的青春,那么个体之青春也就能够欢享无限之意义。

问题也就归结到,宇宙是否是无限的。

李大钊认为,宇宙是否为无尽的问题,实质上询问的就是宇宙究竟有无起点和终点。如果宇宙有起点和终点,那么就是有尽的,而不是无限的。

宇宙是否是无限的,是一个真正古老的哲学问题。自有人类以来,那些执着于宇宙论问题的哲学家、思想家和科学家都在绞尽脑汁地思考着这一问题。显然,要在理论上解答这一问题,并不是李大钊的初衷,因此他也并没有在这一问题上做过深入而系统的讨论。他只是满足于一般性地指出宇宙是无尽的。在一般人看来,宇宙就是囊括万事万物的存在。如果是这样的话,宇宙当然也就是无穷无尽的。因此宇宙如果有起点和终点,也就不能囊括万事万物。李大钊也愿意相信,宇宙就是绝对的,就是无尽的。

宇宙是无尽的,但是宇宙中之具体物则是"万象万殊"的。而且对于个体而言,既"有进化,也有退化"。于是,有生就有死,有盛也有衰,有阴有阳,有否有泰,有青春有白首,如此等等,这都是相对的。"个体之积,如何其广大,而终于有限。

---

① 李大钊:《青春》,《李大钊选集》,第76页,北京:人民出版社,1959年。
② 同上书,第65—66页。
③ 同上书,第66页。

一生之命,如何其悠久,而终于有涯。"①

可见,宇宙是不变的,而个体事物、生命是可变的。

李大钊虽然区分了青春之进程和无尽之青春,但是其最终目的却是设法将两者统一融合起来。在他看来,这样的统一融合的基础就是宇宙无尽之青春。所以他这样说:"以其不变应其变,以其同操其异,以其周执其易,以其无持其有,以其绝对统其相对,以其空驭其色,以其平等律其差别。"②做到了这一步,我们就能"以宇宙之生涯为自我之生涯,以宇宙之青春为自我之青春。宇宙无尽,即青春无尽,即自我无尽"。

具有了这样的境界,我们才有可能冲破个人的褊狭与自私,以及种种私利,而能够与无尽的宇宙打成一片。虽然我们每个人都是小我,但如能立足在无尽宇宙的立场上来考虑问题,就是如此的小我也"能享宇宙无尽之青春"。就是通过这样的途径,青年才能突破自然法则加诸人的如此这般的限制,昂然挺立于宇宙天地之间。

不可否认的是,自然法则当然对人是有限制的。这样的限制包括以下两个方面:

第一,地球是人类的家园,但它的存在是有限的,它的存在界限是人类存在的最大限制。如果说地球正值儿童或青年期,人类尚能聊以自慰。但是如果地球已是白首之期,则人类难免不会有伤心之色。然而具有青春精神的人们是不会因此而消沉的,李大钊说:"地球一日存在,即吾人之青春一日存在。吾人之青春一日存在,即地球之青春一日存在。吾人在现在一刹那之地球,即有现在一刹那之青春,即当尽现在一刹那对于地球之责任。"③李大钊认为,这就是以人类之青春精神,柔化地球之白首,虽老犹未老也。

第二,人类作为生物的一种,也有其存在的界限。李大钊认为,人类文明是违反自然的生活,如"有舟车电汽,而人类丧其手足矣。有望远镜德律风等,而人类丧其耳目矣。他如有书报传译之速,文明利器之普,而人类亡其脑力。有机关枪四十二扇之炮,而人类弱其战能。有分工合作之都市生活,歌舞楼台之繁华景象,而人类增其新病"④。虽然如此,人类也不应悲观,应该相信人类有无尽之青春,要努力运用人类的智能,使违背自然的生活重新顺适自然,这样就可以"返于无尽青春之域,而奏起死回生之功也",以宇宙之青春为自我之青春。

人的一生是短促的,是有限的,这是任何人都奈何不得的,是不得不面临的命

---

① 李大钊:《青春》,《李大钊选集》,第66页。
② 同上书,第67页。
③ 同上书,第68页。
④ 同上书,第69页。

运。正因为如此,才使我们有限的人生充满着丰富而无限的意义与希望。

李大钊认为,青春的人生观所要标示的就是把个体的青春生命与宇宙无尽的青春结合起来,这样,有限的一生就有了无穷的意义,从而激发奋进的精神,"昂首阔步,独往独来"地生存于天地之间。

要发扬青春精神,树立青春的人生观,李大钊认为,必须要从以下三个方面来认识人的有限生命的意义。

第一,要正视人生短促的事实。人生短促是无法改变的。意识到人生短促因此而常怀恐惧之心也是人之常情。问题在于,如何使这种恐惧之心转而激发人们进取、奋斗的精神。因为"于以知恐怖为物,决不能拯人于危。苟其明日将有大祸临于吾躬,无论如何恐怖,明日之祸万不能因是而减其毫末。而今日之我,则因是而大损其气力,俾不足以御明日之祸而与之抗也。艰虞万难之境,横于吾前,吾惟有我、有我之现在而足恃"①。所以,空叹人生短促,视死亡为畏途,是消极的人生观,它不能揭示人生的真正意义,且必然造成人们精神上的颓废,使整个民族丧失活力。李大钊的青春人生观就是要彻底破除这种消极悲观的人生哲学,重新塑造具有朝气蓬勃、拼命进取之精神的民族。

第二,要脱绝浮世的虚伪生活,摆脱金钱权力对人的束缚。李大钊尖锐地批判了当时人们以追名逐利为人生目的的社会现象,认为此种风气不除,青春精神无从谈起。人们追逐金钱与权力,认为它们能带来快乐与幸福,其实这样的看法大错特错。因为金钱与权力到头来只能给人带来无限的烦恼、痛苦与不安。人生虽有限,但欲望却是无限的。以有限之人生追逐无穷之欲望,如何能够满足?于是,空虚、颓唐、烦恼、厌世之精神现象也就随之而起。所以,李大钊认为"黄金权力""为青春之累"。真正的快乐,是青春的快乐,是发扬进取的精神,在人生的战场上拼搏、奋斗,把自己有限的生命投入到无尽的青春之中的快乐。这种快乐会是永存的。

李大钊认为,青年的责任,"在冲决过去历史之网罗,破坏陈腐学说之囹圄,勿令僵尸枯骨,束缚现在活泼泼地之我,进而纵现在青春之我,扑杀过去青春之我,促今日青春之我,禅让明日青春之我"②。从而以特立独行之我,立于行健不息之大机轴。

青年是青春精神的体现者。"青年"不仅是生理意义上的,更主要的是精神意义上的。所以"有老人而青年者,有青年而老人者",有老当益壮者,而"少年颓丧者,乃在吾人诟病之矣"。

李大钊认为,青春精神应该是这样的,即"青年之文明,奋斗之文明也,与境遇奋斗,与时代奋斗,与经验奋斗。故青年者,人生之王,人生之春,人生之华也。青

---

① 李大钊:《青春》,《李大钊选集》,第75页。
② 同上。

年之字典,无'困难'之字,青年之口头,无'障碍'之语,惟知跃进,惟知雄飞,惟知本其自由之精神,奇僻之思想,锐敏之直觉,活泼之生命,以创造环境,征服历史"①。而青年应该是这种青春之精神的体现者。

与青年相对的是老辈,"老辈之灵明,蔽翳了经验……老辈之精神,局限于环境……老辈之文明,和解之文明也,与境遇和解,与时代和解,与经验和解"②。李大钊认为老辈的文明已经完全不合乎当下的时代潮流,是过时的属于坟墓中的东西,所以必须坚决打破。

但是李大钊指出,今日中国仍然是老辈文明为主的国家,而具有青春精神的青年十分罕见。所以他认为中国所以落后挨打,屡战屡败屡败屡战,不是因为"老辈之强,乃吾青年之弱,非彼旧人之勇,乃吾新人之怯,非吾国之多老辈多旧人,乃吾国之无青年无新人耳"③!

他所谓的"无青年无新人",是说青年人虽有,却"乏慷慨悲壮之精神,起死回天之气力耳"。

老辈所代表的旧文化,已经成为明日黄花,与新的青春文化不可同日而语。它们根本没有力量与新的思想相抗衡。然而,由于青年的软弱,才使得它们能够称霸一时。因此,李大钊号召青年们发扬奋斗的进取的青年精神,与老辈宣战,与老辈格斗,"趋由来之历史,一举而摧焚之,取从前之文明,一举而沦丧之"④。

正是达尔文的进化论使他坚信,只有青年才能够代表未来的希望,因此他把希望完全寄托在青年身上。他坚信,在新与旧的斗争中,青年正是这个进化法则的体现者。任何压制青年的力量,都是阻碍进化的保守势力,必须彻底扫除干净。

李大钊青春人生观的终极目标就是要实现"青春中华之创造"。

之所以提出创造青春中华这一目标,就是因为他清楚地看到,新文化运动时期的中华已不是青春期的中华,而是白首之中华。李大钊认为,中华民族自黄帝以降,已有四千八百年的漫长历史,其青春期在周代,那时"典章文物,灿然大备"。而至今日,中华民族已是白首之民族,白首之民族就是衰亡之民族,与青春民族相遇,必败无疑。中华民族的未来,不在白首民族之苟活,而在"青春中华之再造"。要发扬回春之力,"冲决历史之桎梏,涤荡历史之积秽,新造民族之生命,挽回民族之青春"。

现在中华民族既已是白首民族,那么创造青春中华的可能性又何在?

李大钊说:"盖尝闻之,生命者,死与再生之连续也。今后人类之问题,民族之

---

① 李大钊:《〈晨钟〉之使命》,《李大钊选集》,第59—60页。
② 同上书,第59页。
③ 同上书,第60页。
④ 同上书,第62页。

问题,非苟生残存之问题,乃复活更生、回春再造之问题也。"①又说:"顾吾以为宇宙大化之流行,盛衰起伏,循环无已,生者不能无死,毁者必有所成,健壮之前有衰颓,老大之后有青春,新生命之诞生,固常在累累坟墓之中也。"②复又申说:"夫宇宙本相,为不断之轮也,吾人日循此轮回生死、成毁、衰亡、诞孕之中。"③

毫无疑问,李大钊的青春人生论是以当时盛行于世界的进化论和循环论这两种理论融合为其基础的。

根据他的这一看法,青春之中华必然要诞生于白首之中华。这样的白首民族已经衰老,亡之不惜。青年的任务正在于孕育"青春中华之再造",而不在于为白首中国之不死而呼号,而奔走。他指出,白首中华为老辈所有之中华,历史之中华,坟墓中之中华也;未来之中华,青年所有之中华,理想之中华,胎孕中之中华也。

进一步,李大钊还用"青春"的观念重新解释了"中华"的含义,表明青春中华再造的可能性。

他认为"中"者,宅中位正之谓也,即在空间上指中央的位置,在时间上指时中。"时中"具体而言之,即以今年今春之今日今刹那为时中之起点。李大钊指出:"中以前之历史,封闭之历史,焚毁之历史,葬诸坟墓之历史也。中以后之历史,洁白之历史,新装之历史,待施绚绘之历史也。中以前之历史,白首之历史,陈死人之历史也。中以后之历史,青春之历史,活青年之历史也。"④又强调指出:"即由今年今春之今日今刹那为时中之起点,取世界一切白首之历史,一火而摧焚之,而专以发挥青春中华之中,缀其一生之美于中以后历史之首页,为其职志,而勿逡巡不前。"⑤

"华者,文明开敷之谓也,华与实相为轮回,即开敷与废落相为嬗代。"⑥中华民族现在正处于由"实"(废落)转华(开敷)的时期,"白首中华者,渐即废落之中华也。青春中华者,方复开敷之中华也"。在白首中华之"实"中,正孕育着青春中华之"华"再生,所以,中华的"华"同样意味着青春中华的再生。

但是,青春中华之再生,不是自然而然的进化过程,需要青年们进行长期艰苦的努力和空前卓绝的奋斗。李大钊指出,大凡一个新生命之诞孕,必得经历一番辛苦,也必需一番努力。他一再告诫青年,千万不可因现实的黑暗而生厌世之心,取消极的方法。

---

① 李大钊:《青春》,《李大钊选集》,第71页。
② 李大钊:《〈晨钟〉之使命》,《李大钊选集》,第58页。
③ 李大钊:《新生命诞孕之努力》,《李大钊选集》,第64页。
④ 李大钊:《青春》,《李大钊选集》,第72页。
⑤ 同上。
⑥ 同上。

"青春中华之再造"必须弘扬"崇今"的精神。李大钊的青春人生观的一个重要基础就是其"崇今"的时间理论。他认为,第一,时间体现为历史,"时是伟大的创造者,时亦是伟大的破坏者。历史的楼台是他的创造的工程,历史的废墟是他的破坏的遗迹。世界的生灭成毁,人间的成败兴衰,都是时的幻身游戏"①。第二,时间体现为人生,对时间的理解亦是对人生意义的揭示。因为"有生命的历史,实是一个亘过去、现在、未来的全人类的生活"。我们如何看待过去、现在、未来的意义,就表达了我们的人生观是怎样的。

李大钊指出,时间有过去、现在、未来之分,三者之中,现在最为宝贵。这是因为:

首先,过去、未来皆是现在,因为"无限的'过去',都以'现在'为归宿,无限的'未来'都以'现在'为渊源",现在是时间流转的基础。"'过去'、'未来'的中间全仗有'现在'以成其途经,以成其永远,以成其无始无终的大实在。一掣现在之铃,无限的过去未来皆遥相呼应。这就是过去未来皆是现在的道理。这就是'今'最可宝贵的道理。"②

其次,现在体现了创造,因为"时如一线,引而弥长,平列诸点,有去未今。……既引的线,确属过去,未引的线,确在未来。然此线之行,实由过去,趋向未来,必有力焉,引之始现。此力之动,即为引的行为,引的行为,即为今点所在。过去未来,皆赖乎今,以为延引"③。现在是人的创造性行为的体现。

再次,"现在"最容易丧失。李大钊说:"时间这个东西,也不因为吾人贵他爱他稍稍在人间留恋……刚刚说他是'今'是'现在',他早已风驰电掣的一般,已成'过去'了。如一刹那不有行为,不为动作,此一刹那的今即归于乌有,此一刹那的生即等于丧失。"④"现在"还能增强人们的历史责任感。因为过去以现在为归宿,现在的一切都遗留着过去的痕迹,同样,现在又是将来的起点,一切作为都会在将来体现。所以,应格外珍惜"现在"。

"现在"如此重要,所以应该树立"爱今"的观念。我们要珍惜时间,珍惜稍纵即逝的"现在"。"我们在此,只能前进,不能回还在时的途程中。只有行动,只有作为,只有过程,只有努力,没有一瞬徘徊的工夫,没有半点踌躇的余地。你不能旁观,你不可回顾,因为你便是引线前进的主动。"⑤李大钊在此激发青年要珍惜青春生命和时间,从现在、从"此时"开始做起,不要等待,不要旁观。"鼓舞青春中华之

---

① 李大钊:《时》,《李大钊选集》,第485页。
② 李大钊:《"今"》,《李大钊选集》,第94页。
③ 李大钊:《时》,《李大钊选集》,第486页。
④ 李大钊:《"今"》,《李大钊选集》,第93页。
⑤ 李大钊:《时》,《李大钊选集》,第487页。

运动,培植青春中华之根基,吾乃高撞自由之钟,以助其进行之勇气。"①

对尊孔复古思潮的批判

我们可以清楚地看到,李大钊的青春人生论思想主要是对西方的进化论等理论的接受和改造。显然,这样的看法无疑是与传统的儒家思想相冲突的,尤其是与当时的尊孔复古思潮大相径庭。于是,李大钊也就必然要以其青春人生论思想对传统儒家思想做尖锐而激烈的批判。

李大钊认为,儒家文化所以不适合于现时代就在于它的社会基础是旧时代的家族制度。而中国家族制度是建立在农业经济的基础之上的。正是基于这样的认识,他如是说:"中国的大家族,就是中国的农业经济组织,是中国二千年来社会的基础构造。"②历史地看,儒家的文化就是宗法农业社会的产物,所以"孔子学说所以能支配中国人心有二千余年的原故,不是他的学说本身有绝大的权威,永久不变的真理,配作中国人的'万世师表'。因为他是适应中国二千余年来未曾变动的农业经济组织反映出来的产物,因为他是中国大家族制度上的表层结构,因为经济上有他的基础"③。

儒家文化在现代社会所以失势,不像大部分人所认为的那样,是由于西方文化的冲击。这样的看法只局限在现象的层面,而没有深刻地认识到儒家文化的现代失落完全是由于在现代化潮流的冲击下,大家族的农业经济制度不得不动摇,于是逐渐分崩离析了。现代社会的经济是工商业经济,科学的发展尤其是机械的发明引发了工业革命,交通发达和产业规模扩大,市场经济逐渐发展,工商经济代表了新时代的新潮流。西方文明正是建立在工商经济的基础之上的。近几百年来,西方文明对东方文明,尤其是对中国传统文化(儒家文化)形成了巨大冲击。正是在这种工商经济潮流的巨大冲击之下,中国传统的以家族制度为基础的社会经济结构受到冲击而从根本上动摇瓦解了。这也就决定了,以孔子为代表的思想文化传统不得不随之瓦解崩溃。

当然,李大钊并没有否认,儒家文化在历史上曾起过积极的作用,曾在漫长的历史上维护过以传统的家族为基础的社会经济制度。但在现代生活中,儒家思想只能起消极的阻碍社会进步的作用。所以他的结论就是,孔子之道,已经完全不适于今日社会之生存,迟早是要被淘汰、要被消灭的,"孔子之于今日吾人,成了残骸枯骨",它对人的精神的束缚已经成为今天社会进步的障碍。

---

① 李大钊:《〈晨钟〉之使命》,《李大钊选集》,第 62 页。
② 李大钊:《由经济上解释中国近代思想变动的原因》,《李大钊选集》,第 296 页。
③ 同上书,第 297 页。

为什么说儒家思想在今天的社会竟成了阻碍社会进步的要素呢？

李大钊认为，儒家文化对人的束缚主要体现在其伦理观念上。他尖锐地指出："看那二千余年来支配中国人精神的孔门伦理，所谓纲常，所谓名教，所谓道德，所谓礼义，那一样不是损卑下以奉尊长？那一样不是牺牲被治者的个性以事治者？"①比如忠、孝就是这种伦理观念的体现。忠、孝是做人的准则，但是它却不但不能使人完善个性，相反却使人牺牲了个性。正是这种伦理准则使子的一方完全牺牲于父，使妻的一方完全服从于夫，使臣的一方完全服从于、牺牲于君的一方。可见，这样的儒家伦理观念是以对个人自由的压制和牺牲为代价的，由此才保持了中国传统两千余年社会的稳定，在此基础上而形成的社会黑暗造成了中国在现代的落后与愚昧。于是，李大钊认为，要改变这种状况，就要开展一场打破儒家伦理教条束缚的思想解放运动。

李大钊指出，这样的思想解放运动应该包括三个方面的内容。

第一，是反对君主专制的民主政治运动。这是一场推翻儒家忠君主义的运动。儒家忠君主义必然导致专制主义，"孔子为历代帝王专制之护符"。民主政治在西方有着漫长的历史，文艺复兴运动、宗教改革、现代科学、启蒙运动等推进了民主政治在理论上的成熟和在实践中的落实。当然工商经济的快速发展也对现代的民主政治起到了积极的推进作用。民主政治在世界范围内已成为不可抗拒的政治思潮。李大钊认为，要真正实行民主政治，就必须打破儒家文化传统。

第二，是反对男子专制的社会运动。这一运动推翻儒家孝夫、顺夫、贱女的伦理规范。李大钊说："如家庭问题中的亲子关系问题、短丧问题，社会问题中的私生子问题、儿童公育问题，妇女问题中的贞操问题、节烈问题、女子教育问题、女子职业问题、女子参政问题，法律上男女权利平等问题、婚姻问题——自由结婚、离婚、再嫁、一夫一妻制、乃至自由恋爱、婚姻废止——都是属于这一类的，都是从前大家族制下断断不许发生、现在断断不能不发生的问题。"②

第三，是反对贱视劳动的运动。儒家"无君子莫治野人，无野人莫养君子"的观念是贱视劳动阶级。将社会分裂成野人与君子两个阶层，这样的阶层划分与在新文化运动时期盛行的"劳工神圣"的时代精神显然是背道而驰的。所以李大钊也就必然挺身而出，指出现代经济组织的宗旨是要唤起劳工的自觉精神，这就要求彻底打破传统儒家的旧伦理，建立"劳工神圣"的新伦理信条。

总之，李大钊认为，对儒家文化传统的批判，其目的是要使人从思想上、制度上，从儒家思想有形的和无形的压制下解放出来的前提条件。而随着西方文化中自由主义、个性主义的涌入，这种传统的大家族制下的伦理观念断难逃脱崩溃的命运。

---

① 李大钊：《由经济上解释中国近代思想变动的原因》，《李大钊选集》，第296页。
② 同上书，第300页。

李大钊所以对儒家思想有如此激烈的批判也是与当时现实社会中反复出现的尊孔运动密切相关的。在中国近现代历史上，批孔与尊孔是相互消长的。

　　1912年在康有为的授意下，其弟子陈焕章等人就成立过"孔教会"。陈焕章等人曾上书参众两院，要求奉孔教为国教。黎元洪、冯国璋、张勋等人也积极配合，通电上书，积极鼓噪尊崇孔教，速定孔教为国教，将其载入宪法，要求所有学校一律设立崇祠，行释奠之礼。此种形势激励了社会上的守旧势力，霎时各种尊孔会社如孔教会、宗圣会、孔道会、洗心会、孔社、大成社先后成立，鼓吹尊孔读经的《不忍》《孔教会杂志》《孔社》等刊物也相继出版、发行，春丁祀孔、秋丁祀孔、孔子诞辰纪念会和祀孟活动也推波助澜。

　　1915年8月14日，杨度、孙毓筠、刘师培、李燮和、胡瑛、严复六人组成"筹安会"，通电各省，发表筹安会宣言，宣称："我国辛亥革命之时，人民激于感情，但除种族障碍，未计政治进行，仓促制定共和国体，国情适否，未及三思。"中华民国成立后"国家所历危险，人民所感痛苦，举国上下，皆能言之。长此不图，祸将不已"。并且指出：美国的大政治家古德诺博士也断然宣称君主制度实较民主制度为优，中国尤不能不用君主国体。这就公开打出了要求复辟帝制的旗号。

　　为了实现袁世凯做皇帝的美梦，保皇守旧派真是无所不用其极，在全国上下频频策划、组织各种请愿联合会。于是五花八门的请愿团陆续出现，其成员既有王公遗老、政府官僚、将军、巡按使等，也有车夫游民，甚至乞丐、妓女也纷纷被组织起来，成立了所谓的乞丐请愿团、妓女请愿团，跪呈劝进表，恳请袁世凯俯顺民意，早登皇位。

　　这种复辟帝制的荒唐丑陋的闹剧，自然会引起全国上下的愤怒反抗和激烈批判。

　　袁世凯复辟帝制的活动虽然以失败告终，保皇派的活动却并不因此而收敛。早在袁世凯的授意下，中华民国宪法草案第十九条中列了这样一个条目："孔子教义应为国民教育养性之基础。"1916年秋，国会在北京开会时，此一条目成了会议辩论的焦点。由于袁世凯彼时已经去世，很多议员能够自由地表达自己的意见，他们坚决反对将此一条目列入宪法之中。但康有为却对此深感不满，提出了强烈的抗议，并当即给总统黎元洪、总理段祺瑞写了一封公开信，再次提议速将孔教定为国教。

　　针对康有为的尊孔言论，陈独秀马上做出激烈的反应，在1916年10月1日出版的《新青年》第2卷第2号发表《驳康有为致总统总理书》予以尖锐的批驳，坚决反对奉孔教为国教。他指出，在西方宗教已经由隆盛而逐渐走向衰微，教会仪式"尤所蔑视"。中国传统文化本不重视宗教，孔子本人的思想也"绝无宗教之实质与仪式，是教化之教，非宗教之教"，所以康有为妄图奉孔教为国教是"强欲平地生波，惑民诬孔，诚吴稚晖先生所谓'凿孔栽须者矣！'"。他并且认为，信教自由"已为近代政治之定则",强迫信教根本是行不通的。中国传统文化本无统一之信仰,除孔教外,尚有佛、道、耶、回之信仰,康有为奉孔教为国教,势必排斥上述各家信仰。陈独秀又进一步陈列国内大众反对袁世凯复辟帝制的种种事实以驳斥康有为。

李大钊紧随其后,于1917年1月30日的《甲寅》日刊发表《孔子与宪法》一文。他认为,孔子与宪法之间本来毫不相关,所以将孔子立于宪法是颇为"怪诞之尤"的现象。

进而,李大钊列举以下诸点理由以说明自己反对立孔教为国教的论点。

第一,孔子是数千年前的残骸枯骨,而"宪法者,现代国民之血气精神也。以数千年前之残骸枯骨,入于现代国民之血气精神所结晶之宪法,则其宪法将为陈腐死人之宪法,非我辈生人之宪法也;荒陵古墓中之宪法,非光天化日中之宪法也;护持偶像权威之宪法,非保障生民利益之宪法也"①。这样的宪法不免就是孔子的纪念碑,就是孔子的墓志铭,而不是真正的宪法了。

第二,孔子是历代帝王专制的护符,而宪法者,现代国民自由之证券也。专制不能容于自由,即孔子不当存于宪法。所以,将孔子立于宪法,是专制复活之先声也,宪法将不是解放人权之宪法也。宪法赋予了全体国民宗教信仰自由和思想自由的权利,根据宪法这一总则,将孔子列入宪法就是有问题的。

第三,孔子者,国民中一部分所谓孔子之徒者的圣人;宪法者,中华民国国民全体,不问其信仰、不问其民族的共同信条。所以,将孔子立于宪法,此宪法将为一部分人之宪法,非国民全体之宪法;此为孔教徒之宪法,而不是国民全体的宪法。将孔子立于宪法有悖于宪法所规定的公民信仰自由的信条。所以,不能将一部分人所信仰的孔子立于宪法的看法是正确的。孔子为代表的儒家思想毕竟只是百家中的一家、诸子中的一子。

第四,孔子之道者,含混无界之辞也;宪法者,一文一字均有极明确清楚之意义,具有极强之效力者。所以,将孔子之道立于宪法,不能普及于全国,将使人得不到确切的条文而遵循之。这样宪法也就失其效力。(其实有同样看法的在新文化运动时期大有人在。)

应该说,由李大钊反对将孔子立于宪法的立场及其观念可以清楚地看出儒家伦理信条与现代法治观念之间的紧张;他的基本理念是主张依法治国,而不能仅仅依靠伦理信条来治理国家。中国传统社会信奉的是以德治国,与近代西方的宪政观念全然不同,所以缺乏宪政的法制传统。而早在古希腊亚里士多德就主张将伦理观念与国家治理分开,马基雅维利更是彻底将这两者区隔开,马克斯·韦伯也指出过任何政治都不是以道德为依据的事业。

---

① 李大钊:《孔子与宪法》,《李大钊选集》,第77页。

李大钊的上述思想观点在当时的社会上产生了很大的影响。应该看到,李大钊反对将孔教列入宪法的立场与论点是正确的;遗憾的是,他本人并未对宪政的观念作深入系统的研究和阐述。

　　也应该注意,李大钊并没有全面否定儒家思想在传统社会的积极作用,也肯定了孔子在封建社会中的中枢作用。但毋庸讳言,他全盘否定了以孔子为代表的儒家思想在现代社会中的作用。孔子或儒家传统与现代化之间的关系问题现在仍是一个热烈讨论着的问题。遗憾的是,儒家思想研究的专家们至今仍然不重视也没有很好地解决这一最大的理论问题。

　　李大钊激烈地否定传统,是切实地感受到了儒家思想在当时社会上压制人的独立自由民主的局面,所以矫枉必须过正。但在当时条件下,他还不可能对儒家的学说作公正、全面、深入的学理探讨。作为中国新文化运动的领袖,李大钊与陈独秀一样正确地看到了中国当时所遭遇的种种社会问题,却没有能力构建中国新文化建设的理论系统及解决这些社会问题的方法论。遗憾的是,在当今儒学复兴的热潮中,似乎也没有学者关注这样的理论建构问题,而是沉湎于经典的解读,或者企图直接以儒学的经典来直面中国当前各种问题,于是不免流于一厢情愿,而缺乏李大钊的现实关怀。

(作者单位:北京大学哲学系)

中国近代思想史上的傅斯年
——《中国近代思想家文库·傅斯年卷》导言

欧阳哲生

近代中国是一个急剧变动、迅速转型的时代。在近代中国的思想星空,依据知识人与思想的关系,我们大致可以分为三种类型:第一类是对理论建构表现了浓厚的兴趣,或建造自身的理论体系(如康有为、孙中山、毛泽东),或输入外来思想理论(如严复、胡适),为时代的理论建树做出了自己独到的贡献。现有的中国近代思想史研究论著大都以这类人物为研究对象或研究题材。第二类是活跃在社会政治舞台或文化学术领域,对时代的公共话题,发表自己的意见或主张,成为公共空间的重要发言人。相对来说,他们的思想缺乏原创性,只是某种舆论的代言人。第三类是基本恪守在自己工作的专业领域,不轻易对非专业领域的变动发表言论或看法,思想具有较强的本专业学理性质。如就对时代的思想影响而言,傅斯年介乎第二、三类。故在通论性的中国近代思想史著作里,我们常常找不到专门论述他的思想的章节。

但傅斯年决不是一个可以轻易忽略的历史人物。傅斯年从早年进入北京大学苦读六年,到负笈留学英、德七载,从创设中央研究院第一大所——历史语言研究所,到担任北京大学代理校长、台湾大学校长,都身处知识圈的高层,身负重任,运筹帷幄,是圈内的核心人物之一。傅斯年富有个性、极具主张、敢于陈词,这使他的言论具有代表性和冲刺力。傅斯年是留学欧美知识精英的代表,是中西文化融会的精粹。在近代文化思想界,他是中国文化"西化"倾向的代言人,是中国历史学、语言学、考古学"科学化"的大力推动者,是社会民主主义的提倡者。他虽没有鸿篇巨制式的理论著述,只有表述思想主张的若干言论文字,但这些数量不多的文章所表现的坚定立场和明确取向,足以使其成为某种思想选择的代表,从而进入中国近代思想史的视野。

一、思想主题的初步展开：文化重建与社会重建

傅斯年思想的第一次喷发是在五四时期。正如戊戌维新运动和辛亥革命为上一代甚至两代的知识精英提供了表现思想的舞台一样，五四运动为年青一代创造思想提供了新的更为广阔的天地。在北京大学预科、本科(1913—1919)的六年时光里，正是北大积聚全国人才的重要发展时期，京师大学堂遗留的桐城派、民国初年北上的章太炎派、镀金镀银的"海归"汇聚北大，使北大成为各个流派、各种外来知识来源的荟萃之地。这里积聚各种力量，同时各种力量在这里寻机较量，政治、文化充满变数，新思想的力量努力寻找自己的突破口。蔡元培主长北大，陈独秀执掌文科，《新青年》搬入北大，胡适为代表的一批具有革新倾向的"海归"进入北大任教，1917 年发生的这一系列变动，终于在这里完成了新思想、新文化的聚集，新的思想潮流在急剧酝酿之中，蓄势喷发。

傅斯年是率先向《新青年》投稿的北大学生，他先后在该刊发表《文学革新申义》《文言合一草议》《戏剧改良各面观》《再论戏剧改良》等文，步胡适、陈独秀之后，继续猛烈抨击占据晚清文坛的桐城末流"最不足观"，盛推"新文学之伟大精神"，"明确而非含糊，即与骈文根本上不能相容"。① 同时将视角由"破坏"转向"建设"，从"文言合一""戏剧改良"方面对新文学提出更为具体、切实的建设性意见，这使他成为北大学生在新文学阵营的排头兵。这些文章见解之成熟、文字之练达，不让于他的老师。对于正在推进的白话文运动，傅斯年表达了一些在后来看来颇带"形式主义"偏向的激进意见，如提出写作白话文可"直用西洋词法"，"中国语受欧化，本是件免不了的事情。十年以后，定有欧化的国语文学"②，指陈中国文艺界之病根在于"为士人所专"，"状况山川为高，与人事切合者尤少也"，改进之途："第一，宜取普及，不可限于少数人。第二，宜切合人生，不可徒作旷远超脱之境。"③《新青年》曾就汉语是否可改用拼音文字展开讨论，此问题首因《新青年》第 4 卷第 1 号刊发钱玄同《论注音字母》一文而起，一向言论偏激的吴稚晖却回复钱玄同与之商榷。④ 在《汉语改用拼音文字的初步谈》这篇"急就章"里，傅斯年明确回答了当时引起争议的几个问题："(1)汉字应当用拼音文字替代否？答：绝对的应当。(2)汉语能用拼音文字表达否？答：绝对的可能。(3)汉字能无须改造用别种方法补救否？答：绝对的不可能。……(5)汉语的拼音字如何施行？答：先从制

---

① 傅斯年：《文学革命申义》，《新青年》第 4 卷第 1 号，1918 年 1 月 15 日。
② 傅斯年：《怎样做白话文》，《新潮》第 1 卷第 2 号，1919 年 2 月 1 日。
③ 傅斯年：《中国文艺界之病根》，《新潮》第 1 卷第 2 号，1919 年 2 月 1 日。
④ 参见吴敬恒：《致钱玄同先生论注音字母书》，《新青年》第 4 卷第 5 号，1918 年 5 月 15 日。

作拼音文字字典做起。"①这篇文字在读者群中产生了强烈反响,被当作主张用拼音文字代替汉字的代表作,常被后来的论者所诟病。实际上,这场讨论蕴藏着某种有意偏激的策略运用,诚如鲁迅后来所指出的:"中国人的性情是总喜欢调和,折中的。譬如你说,这屋子太暗,须在这里开一个窗,大家一定不允许的。但如果你主张拆掉屋顶,他们就会来调和,愿意开窗了。没有更激烈的主张,他们总连平和的改革也不肯行。那时白话文之得以通行,就因为有废掉中国字而用罗马字母的议论的缘故。"②在新文化阵营里,傅斯年与胡适、周作人这些"新生代"代表的共同话语越来越多,有时甚至成了他们的"代言人",发出他们不便发表的更为激进的声音。

傅斯年在北大读书期间,本专业虽是国文,但其涉猎范围却文、史、哲兼有,具有"通才"的素养,这是一个大家的雏形。在文学语言方面,他发表了《中国文学史分期之研究》,书评《王国维著〈宋元戏曲史〉》《〈乐府诗集〉一百卷》《宋朱熹的〈诗经集传〉和〈诗序辨〉》;在史学方面,他发表了《中国历史分期之研究》,书评《史记志疑》;在哲学方面,他发表了《致蔡元培:论哲学门隶属文科之流弊》,书评《论理学讲义》《失勒博士的〈形式逻辑〉》《对于中国今日谈哲学之感念》,这些文字并非浮泛之论,而是具有专业的水准。请看他推荐王国维《宋元戏曲史》的理由,完全是一种全新的文学见解。

> 研治中国文学,而不解外国文学;撰述中国文学史,而未读外国文学者,将永无得真之一日。以旧法著中国文学史,为文人列传可也,为类书可也,为杂抄可也,为辛文房《唐才子传》体可也,或变黄、全二君"学案体"以为"文案体"可也,或竟成《世说新语》可也;欲为近代科学的文学史,不可也。文学史有其职司,更具特殊之体制;若不能尽此职司,而从此体制,必为无意义之作。王君此作,固不可谓尽美无缺,然体裁总不差也。③

再看他对梁玉绳《史记志疑》一书的评论,全力提倡一种"与其过而信之也,毋宁过而疑之"的疑古精神:

> 是书之长,在于敢于疑古,详于辨证。其短则浮词充盈,有甚无谓者,又见其细不见其大,能逐条疑之,不能括全体为言。盖于《史记》删改之迹,犹不能直探其本也。崔怀琴之《史记探源》视此进一等矣。④

---

① 傅斯年:《汉语改用拼音文字之初步谈》,《新潮》第1卷第3号,1919年3月1日。
② 《三闲集·无声的中国》,收入《鲁迅全集》第4卷,第13—14页,北京:人民文学出版社,1981年。
③ 傅斯年:《出版界评·王国维〈宋元戏曲史〉》,《新潮》第1卷第1号,1919年1月1日。
④ 傅斯年:《故书新评·〈史记志疑〉三十六卷》,《新潮》第1卷第1号,1919年1月1日。

再看他对哲学的理解,完全是以近代科学为基准:

> 所谓哲学的正经轨道,决不会指初民的国民思想,决不会指往古的不能成全备系统的哲学,定是指近代的哲学;更严格的说起来,应当指最近三四十年中的新哲学——因为旧哲学的各种系统,经过一番科学大进步以后,很少可以存在的,只有应时而起的新系统,可以希望发展。……近半世纪里,哲学的惟一彩色是受科学的洗礼,其先是受自然科学的洗礼,后来是受人事科学(Social Science)的洗礼。①

这些观点显然是傅斯年接受西方近代科学影响的明证。他对西方学术知识有着直接寻求的欲望,在大学时期即已开始养成阅读英文专业书籍的习惯,同窗罗家伦说他"浏览英文的能力很强"②。在他的藏书里,人们可找到一些1918年前购买的英文原版书,如文德尔班的《哲学史》、罗素的《哲学的科学方法》、杜威等编的《创造性思维:实验主义论文集》。③ 傅斯年这种泛人文倾向与他追慕的偶像胡适的影响有一定关系。

傅斯年的学术早熟在他的学术评论中得到了淋漓尽致的表现。他全面反思中国传统学术,指责其所存七大基本误谬:一、"以学为单位者至少,以人为单位者转多。前者谓之科学,后者谓之家学。"二、"不以个性之存在,而以为人奴隶为其神圣之天职。"三、"不认时间之存在,不察形势之转移。"四、"每不解计学上分工原理(Division of Labour),'各思以其道易天下'。"五、"好谈致用,其结果乃至一无所用。"六、"凡治学术,必有用以为学之器。学之得失,惟器之良劣是赖。""名家之学,中土绝少。"七、"吾又见中国学术思想界中,实有一种无形而有形之空洞间架,到处应用。"④对传统学术思想进行全面清算。以为"惟此基本误谬为中国思想不良之物质,又为最有势力之特质,则欲澄清中国思想界,宜自去此基本误谬始。且惟此基本误谬分别中西思想之根本精神,则欲收容西洋学术思想以为我用,宜先去此基本误谬,然后有以不相左矣"⑤。明晰中西学术之优劣,表达了虚容接受西方学术的强烈意愿。

傅斯年对当时学界诸多名家的批评,表现了不凡的学术探索精神和思想锐气。从北大流传他指摘章太炎弟子朱蓬仙教授《文心雕龙》讲义稿错误的故事,到他被同学拉去听胡适的"中国哲学史大纲"一课,以鉴别胡适学问的高低,他俨然成为

---

① 傅斯年:《对于中国今日谈哲学者之感念》,《新潮》第1卷第3号,1919年5月1日。
② 罗家伦:《元气淋漓的傅孟真》,台北"中央"日报1950年12月31日。
③ 参见王汎森:《傅斯年:中国近代历史与政治中的个体生命》,第26页,北京:三联书店,2012年。
④ 傅斯年:《中国学术思想界之基本误谬》,《新青年》第4卷第4号,1918年4月15日。
⑤ 同上。

一位学生推戴的"学监"或学术警察。从他批评马叙伦著《庄子札记》,"先生之书,有自居创获之见,实则攘自他人,而不言所自来者"①,到借评论蒋维乔编译《论理学讲义》一书对教科书所发的一番议论。从他对严译的酷评:"严几道翻译西洋书用子书的笔法,策论的笔法,八股的笔法……替外国学者穿中国学究衣服,真可说是把我之短,补人之长。"②到他对当时在北大占主流地位的章太炎派发出不屑的轻蔑,"国粹不成一个名词(请问国而且粹的有几),实在不如国故妥协。至于保存国粹,尤其可笑","研究国故必须用科学的主义和方法,决不是'抱残守缺'的人所能办到的"。③ 这些学术评论表现了傅斯年为代表的新青年追求科学的取向,在这些批评言词的背后,人们可以感受到由于"西学输入"带来的新的学术规范正在改变学术的评价规则。胡适"惊异孟真中国学问之博与精,和他一接受以科学方法整理旧学以后的创获之多与深"④。年青一代经过新思潮的洗礼,长江后浪推前浪,显现超越师辈、后来居上的势头。

中日甲午战争以后,日本"东学"乘势在中国传播开来。日本著名学者桑原骘藏在其著《东洋史要》一书中,将中国历史分为上古的汉族缔造时代、中古的汉族极盛时代、近古的蒙古族代兴时代、近世欧人东渐时代四期,其说因该著译为汉文,在国内学界甚为流行,所谓"近年出版历史教科书,概以桑原氏为准,未见有变更纲者"。傅斯年不同意其说。他从"分期标准之不一""误认为在历来所谓汉族者为古今一贯"两方面加以批驳,以为"今桑原氏之分期法,始以汉族升降为别,后又为东西交通为判,所据以为本者不能上下一贯,其弊一也","取西洋历史以为喻,汉世犹之罗马帝国,隋唐犹之察里曼后之罗马帝国,名号相衍,统绪相传,而实质大异。今桑原氏泯其代谢之迹,强合一致,名曰'汉族极盛时代',是为巨谬,其弊二也"。⑤ 从西方直接获取学术资源的五四学人开始与"东学"明争暗战,中日之间由此开启一场"学战"。

傅斯年是《新潮》的灵魂人物。他不仅撰写了《〈新潮〉发刊旨趣书》,而且在该刊发表了大量作品。前几期甚至于有"包揽"之嫌,成为该刊最引人注目的"急先锋"。胡适曾盛推《新潮》:"在内容和见解两方面,都比他们的先生们办的《新青年》还成熟得多,内容也丰富得多,见解也成熟得多。"⑥在五四时期的个性解放运动中,傅斯年将思想锋芒伸向了社会,表现了对社会、对人生探究的兴趣。自清末

---

① 傅斯年:《马叙伦著〈庄子札记〉》,《新潮》第1卷第1号,1919年1月1日。
② 傅斯年:《怎样做白话文?》,《新潮》第1卷第2号,1919年1月1日。
③ 傅斯年:《毛子水〈国故和科学的精神〉识语》,《新潮》第1卷第5号,1919年5月1日。
④ 罗家伦:《元气淋漓的傅孟真》,台北《"中央"日报》,1950年12月31日。
⑤ 傅斯年:《中国历史分期之研究》,《北京大学日刊》,1918年4月17—23日。
⑥ 胡适:《中国文艺复兴运动》,收入《胡适作品集》第24册,第179页,台北:远流出版公司,1988年三版。

以来,追求进步的学人将思想探索的目光聚焦在两大问题:一是如何使个人的能力得到发挥,对这一问题的探讨将人们引向个性解放、个人主义;一是如何将民族、国家、社会整合成一个有序、协调、有机的整体,建构一个现代意义上的民族国家,人们对民族主义、国家主义、军国主义、社会主义的思考反映了这方面的探寻。对这两大问题的思考实为对传统儒家伦理"修身、齐家、治国、平天下"理念的突破。

什么是阻碍个性发展的最大势力?傅斯年的回答是"中国的家庭"。"中国人对于家庭负累的重大,更可以使他所有事业,完全乌有,并且一层一层的向不道德的中心去。"他视腐败的旧家庭为"万恶之原","希望其改选成新式",但不主张像无政府主义那样废除家庭制度。① 傅斯年对个性的追求从他对"疯子"的赞扬可见:"在现在的社会里求'超人',只有疯子当得起,疯子的思想,总比我们超过一层;疯子的感情,总比我们来得真挚,疯子的行事,便是可望而不可即。疯子对于社会有一个透彻的见解,因而对于人生有一个透彻的觉悟,因而行事决绝,不受世间习俗的拘束。"②这里的所谓"疯子"与鲁迅《狂人日记》中的"狂人"同类。傅斯年与鲁迅一样,也受到尼采式"超人"思想的影响。③

傅斯年更为关注的是"社会"的建设,这是他五四时期社会政治思想的最大特色。"中国社会形质极为奇异,西人观察者恒谓中国有群众无社会,又谓中国社会为二千年前之初民宗法社会,不适于今日。寻其实际,此言是矣。盖中国人本无生活可言,更有何社会真义可说?"④创刊《新潮》时他即一针见血地指出这一点,故《新潮》以重建社会为其四大责任之一。傅斯年批判在中国流行的"左道"人生观念,即"达生观""出世观""物质主义""遗传的伦理观念"四大表现后,提出"为公众的福利自由发展个人"。⑤ 显然,他所崇尚的人生观是与"公众的福利"联系在一起的。在傅斯年看来,"中国一般的社会,有社会实质的绝少;大多数的社会,不过是群众罢了。凡名称其实的社会——有能力的社会,有机体的社会——总要有个密细的组织,健全的活动力。若要仅仅散沙一盘,只好说是'乌合之众'"。他区别了两个与此相联的概念:"社会上之秩序"与"社会内之秩序"。"前者谓社会表面上的安宁,后者谓社会组织上的系统。"中国社会内部秩序"实在是七岔八乱","中国社会的内部,不是有条理的,易词言之,是大半不就轨道的"。⑥ 为了重建社会,傅斯年提出"社会的信条",他强调"我们必须建设合理性的新信条,同时破除

---

① 傅斯年:《万恶之原(一)》,《新潮》第1卷第1号,1919年1月1日。
② 傅斯年:《一段疯话》,《新潮》第1卷第4号,1919年4月1日。
③ 傅斯年与鲁迅通信讨论过《狂人日记》,参见《对于〈新潮〉一部分的意见》,《新潮》第1卷第5号,1919年5月1日。
④ 傅斯年:《〈新潮〉发刊旨趣书》,《新潮》第1卷第1号,1919年1月1日。
⑤ 傅斯年:《人生问题发端》,《新潮》第1卷第1号,1919年1月1日。
⑥ 傅斯年:《社会——群众》,《新潮》第1卷第2号,1919年2月1日。

不适时的旧信条"。① 与胡适对"主义"的蔑视不同,傅斯年对"主义"非常重视,"人总是要有主义的","没有主义的不是人,因为人总应有主义的","没主义的人不能做事","没主义的人,不配发议论"。他将"主义"的问题与国民性问题联系在一起,"中国人所以这样没主义,仍然是心气薄弱的缘故"。② 他认为五四运动的进步之处表现在"社会性"的责任心的培养:"我对五四运动所以重视的,为它的出发点是直接行动,是唤起公众责任心的运动。我是绝不主张国家主义的人;然而人类生活的发挥,全以责任心为基础,所以五四运动自是今后偌大的一个平民运动的最先一步。"③他甚至认为,"从5月4日以后,中国算有了'社会'了"④。这种重视"社会"的思想很可能是他接近"俄国社会革命"的基因,他期待"从此法国式的革命——政治革命——大半成了过往的事;俄国式的革命——社会革命——要到处散布了"⑤。他甚至做过一次农村社会调查——《山东底一部分的农民状况大略记》,表达他对农民疾苦的关切之情。

胡适提倡个人主义,周作人提倡"新村主义",他们曾就各自的思想选择表达诉求并展开争论。以傅斯年与胡适的私人关系而论,他似应站在胡适一边,事实上,在这场争论面前他却显得无所适从。"近中蓄积之问题良多,而毫无解决之法。即如近中胡、周二先生所争之个人生活或社会生活,又如组织所供献之 Efficiency 与自由所供献的 Intelligence,其比较之量如何,又如个人或社会的关系,等等,很难决的问题,对待的两方面,同时在我心识界里各占地盘,一人心识,分成两片,非特本人大苦,而且容易成一种心理上的疾病,因此还只好请学问的救济罢。"⑥这表现了他对胡适思想的某种保留。

傅斯年的"社会"思想与陈独秀、李大钊的影响有着直接的关系。傅斯年自述在北大读书时,"守常的那间房子,在当时几乎是我们一群朋友的俱乐部,在那边无话不谈"⑦。可见李大钊当时与傅斯年这群青年学生亲密无间的关系。傅斯年一直保持与陈独秀的情谊,30年代陈独秀被捕下狱时,他曾撰《陈独秀案》一文为之辩护。抗战时期,陈独秀到四川江津时,傅又前往探望,并欲聘请陈氏到史语所来做研究员,可谓极尽学生之礼。

离开北大校园,傅斯年远渡重洋,负笈去欧洲求学。在留学英国伦敦大学、德

---

① 傅斯年:《社会的信条》,《新潮》第1卷第2号,1919年2月1日。
② 傅斯年:《心气薄弱之中国人》,《新潮》第1卷第2号,1919年2月1日。
③ 傅斯年:《中国狗和中国人》,《新青年》第6卷第6号,1919年11月1日。
④ 傅斯年:《时代与曙光与危机》,《中国文化》第14期,1996年11月。
⑤ 傅斯年:《社会革命——俄国式的革命》,《新潮》第1卷第1号,1919年2月1日。
⑥ 吴稚晖、傅斯年:《国内国外求学问题》,1920年《新教育》第3卷第4期。
⑦ 傅斯年:《追忆王光祈先生》,《王光祈先生纪念册》,收入欧阳哲生主编:《傅斯年全集》第4册,第487页,长沙:湖南教育出版社,2003年。

国柏林大学的六七年间,傅斯年似乎变得无所适从。他的兴趣太多,求知欲过强,自我期盼过高,这使他在茫茫学海里有一种漂泊感。在伦敦大学他想学心理学,到了柏林大学,几无专业,选修课程显得杂乱无章。1926年秋,当胡适在巴黎与他会面时,对他有一种"颇颓放"的异样感。傅斯年也以"懒"字检讨自己。但在欧洲的留学,毕竟使他接触到一个完全与中学不同的文化世界,虽然他在国内已是新文化的一分子,对西学亦有接触,但毕竟那是二手的、肤浅的,那时的思想也缺乏逻辑和理论底蕴。在伦敦,他与著名作家韦尔斯(H. G. Wells)多有接触,韦氏的《世界史纲》中的汉唐部分多得傅斯年之助。① 在柏林大学他选修过藏学家弗兰克(Herman Frank,1870—1930)的课程,对欧洲的东方学之精髓有真实体验。这些因素使他区别于自己的同学顾颉刚,甚至老师胡适。中国新史学之成长,外部资源有二途:一是日本之东洋学,王国维受之影响极大,未曾留学的顾颉刚亦从王氏处间接受益;一是欧洲之东方学(包括汉学),陈寅恪、傅斯年取径此路。毕竟欧洲汉学在当时居世界领先地位,而日本东洋学之诞生实得欧洲东方学之启发,陈、傅能后来居上,究其原因正在于此。

留欧时期的傅斯年,对留学问题特别关注,这方面的材料,我们过去不甚措意。初到英国的傅斯年发现,"留学是一个教育问题,同时是一个社会问题,所以相连的范围极大,从教育方针到国民经济的统计,都要着想的"。他对当时各种留学途径(教育部官费、各省津贴费、各衙署津贴费、俭学生、勤工俭学生、非俭学的自费生)加以讨论,在通盘考察留学现状的基础上,得出三点批评意见:"第一,我以为留学界中团体的精神与组织太少了,凡事都是各人干各人的。""第二,我觉得在国外求学的人,应该对于国内的事有清白的知识。""第三,我以为留学界中应该借重留学界以外停留欧美的中国学者的感化。"这些意见表现出傅斯年并不以留学为傲,而是以平常心对待:"当这容受欧化的时候,往西洋留学,只要机会容许,是人人应尽的义务,决不能自恃太奢。"②在《留英纪行》中,傅斯年向徐彦之报告了自己赴英沿途风景和所入伦敦大学的情形。初到英国的"第一层感想是:物质上不如在中国所想像的那个高法,精神是不如在中国所想像的那个低法"。他的思想随着进入英国社会也起了一层变化,"一年以前,我的意气极盛;不好的地方,是意气陷我许多错谬。好的地方是他很能鼓励我、催促我,现在觉得比以前平静得许多,没有从前自信的强了。这不能说是不好,但天地间的道理处处对着迟疑,因此心志上觉得很懒怠,这是不得了的。考虑的心思周密,施行的强度减少,这要寻个

---

① Wells, H. G., *The outline of history: being a plain history of life and mankind*, New York: The Macmilan Company, 1921, pp. 632-633.
② 傅斯年:《留学问题谈》,《晨报》1920年6月9—12日。

救济的法子"①。在《要留学英国的人最先要知道的事》一文中,傅斯年极尽所能,向那些欲走出国门去英国求学的年青学人介绍留学英国之预备(包括经费、身体、语言等)、英国大学情形、入学考试和生活日用品之准备等,其介绍之详,反映了他心思周密的一面。② 在致信蔡元培就留学问题讨论时,傅斯年直言不讳地批评:"北大此刻之讲学风气,从严格上说去,仍是议论的风气,而非讲学的风气。就是说,大学供给舆论者颇多,而供给学术者颇少。"对于留学,他提出两点意见:"第一是移家留学,我对此怀疑之点很多,存生 Existence、生活 life 与就学三件事,决不一样。"并表示"我很相信改良社会的原则,是以比较的最自然的方法,而谋最大量的效果"。"第二是留学的发达,似应与国内教育平行。若专为跛形的发达,收效颇不大。"他强调:"第一国内若无学术之高洁空气,虽国外有,但一经转回国内,易就沉沦。第二教育不是教育各个人,乃是教育各个人而及众。在国(外)的地势便不如在国内了。此刻在北大读书,和在巴黎流荡,比起来,还是上一项好罢。"他特别推荐李四光、丁燮林这两位"留英的精粹",希望北大能聘请他们③,以李、丁后来的成就看,足见傅斯年有知人之明。留学问题是中国近代教育转型中的重要问题,身处异域的傅斯年根据切身的经验对这一问题的反省和思考,表明他的思想步入一个新的境界。

综览傅斯年五四前后发表的文章,既有提倡新文学的激昂文字,又有精细入微的学术批评;既有响应时代风潮的社会政治评论,又有强烈的自我反省意识和民族文化批判意识。新文化运动给傅斯年提供了自我表现的舞台,《新青年》使他崭露头角,《新潮》让他大展身手,成为同龄人中之翘楚,五四运动使他成为学生领袖,这一切促使了他的早熟。五四时期的傅斯年已显露出某些基本的思想特质,他是批评型的思想者,这是典型的五四人的精神气质;他是通才型的学人,这一素养使他日后有成为学术领袖的可能;他对社会政治问题的探究兴趣来自于强烈的社会责任心,这一倾向导致他有可能并入社会政治的主流,后来与国民党的合作与他的公益关怀有着某种联系;他是个性解放浪潮的弄潮儿,但他的思想不宜以个人主义来限定,至少与胡适所信奉的自由主义政治哲学有相当区别。历史选择了他,他注定要成为创造历史的人。

二、中流砥柱:在学术与政治两栖作战

1926年冬,傅斯年应时任中山大校务委员朱家骅之召回国。中山大学为国民

---

① 傅斯年:《留英纪行》,《晨报》1920年8月6、7日。
② 参见傅斯年:《要留学英国的人最先要知道的事》,《晨报》1920年8月12—15日。
③ 吴稚晖、傅斯年:《国内与国外求学问题》,1920年《新教育》第3卷第4期。

党一手创办并主导,此时成了进步知识分子聚集的大本营。年仅31岁的傅斯年被任命为文学院院长及文学、历史两学系主任。此前,傅斯年与国民党已建立了密切关系,国民党元老蔡元培任北大校长时就有意栽培傅斯年,双方建立了非常默契的师生关系。另一名国民党元老吴稚晖曾与傅斯年就留学问题在英国伦敦促膝长谈①。实际负责中山大学校务的朱家骅曾于1920—1923年在柏林大学地质系留学,那时傅斯年即与他相识。据朱家骅回忆:"到了民国十五年,我在中山大学为了充实文学院,要找一位对新文学有创造力,并对治新史学负有时名的学者来主持国文系和史学史,和戴季陶、顾孟余两先生商量,聘请他来担任院长兼两系主任。"②朱氏对傅斯年颇为倚重,深通内情的邓广铭先生对此有所析论:"倘无朱氏的大力相助,傅先生在回国初年,在其才能、智力、学术思想的发挥等方面,可能完全是另一种情况的。"③与傅斯年在北京大学、柏林大学的同窗密友罗家伦从德国归国后,更是投身北伐,身披戎装,很快赴任国立清华大学校长。1927年国民党"清党"时,傅斯年在政治上明确站在国民党一边。④ 北大高材生、五四运动学生领袖、留欧背景这些耀眼的光环,使傅斯年、罗家伦这些青年才俊迅速擢升为学界的权势人物。1928年中央研究院成立,傅斯年被任命为该院第一大所历史语言研究所所长。从此,史语所成为他精心经营的学术"企业"。

朱家骅的重用,蔡元培的提拔,显示了大家有意让傅斯年担负起振兴文史学科的重任。的确,傅斯年不负所望,在学术思想上自成理路,有其前瞻性的规划。在学术上傅斯年力图打开一个新局面。他主长中山大学文科,创建史语所,中兴北大,无不表现了自己的这一抱负——创建新的学术机关,为新学术的成长创造条件。

在中山大学创建语言历史研究所,为该所《周刊》致发刊词,傅斯年就提出了

---

① 参见吴稚晖、傅斯年:《国内与国外求学问题》,《吴稚晖先生致蔡孑民先生函》,1920年《新教育》第3卷第4期。
② 朱家骅:《悼亡友傅孟真先生》,台北《"中央"日报》1950年12月31日。
③ 邓广铭:《怀念我的恩师傅斯年先生》,《台大历史学报》第二十辑《傅故校长孟真先生百龄纪念论文集》,第17页,台北,1996年11月。
④ 参见傅斯年:《"清党"中之"五卅"》,《政治训育》1927年第14期;《我对于日本出兵山东的感想》,《政治训育》1927年第15期。这两篇文章系笔者新近发现。过去因材料缺乏,人们几乎不提傅斯年在国共分裂时的政治表现,这两文反映了他当时既反帝又反共的立场。从后一文使用的"我们国民党"行文口气看,傅斯年当时可能加入了国民党。何思源曾回忆是他将国民党证交给傅斯年(参见何兹全:《忆傅孟真师》,台北《传记文学》第60卷第2期,1992年1月)。紧随前一文之后的正是何思源《"五卅"二周年纪念感言》。傅、何两人在国民党党刊《政治训育》上发表文章,应是他们政治身份的确证。傅斯年后来似从这一政治身份"淡出",以至人们误认为他为无党派人士。

明确的学术目标:"我们要实地搜罗材料,到民众中寻方言,到古文化的遗址去发掘,到各种的人间社会去采风问俗,建设许多的新学问!我们要使中国的语言学者和历史学者的造诣达到现代学术界的水平线上,和全世界的学者通力合作!"这是一个悬的很高的目标。在为《历史语言研究所集刊》所撰《历史语言研究所工作之旨趣》中,傅斯年将此前在《周刊》所阐发的学术观念衍为长篇大论,他的学术思想进而得到更为通透、明晰的说明。

《历史语言研究所工作之旨趣》从讨论西方语言学、历史学为何在近世发达,而曾经发达的中国语言学、历史学反而在近代落后入手,提出学术发展的三条标准:一、"凡能直接研究材料,便进步。凡间接的研究前人所研究或前人所创造之系统,而不繁丰细密的参照所包含的事实,便退步"。二、"凡一种学问能扩张他研究的材料便进步,不能的便退步"。傅斯年在此提到西方汉学研究的两个强项:一是研究四裔问题的"虏学",如匈奴、鲜卑、突厥、回纥、契丹、女真、蒙古、满洲等问题。二是善于利用和发掘神诋崇拜、歌谣、民俗等材料。他特别提到值得利用的新材料,诸如金文、汉简、敦煌石藏、内阁档案、摩尼经典等。三、"凡一种学问能扩充他作研究时应用的工具的,则进步,不能的,则退步"。这里的所谓"工具"不是仅指科学方法,而是包括各种科学技术手段、方法,"现代的历史学研究,已经成了一个各种科学的方法之汇集。地质、地理、考古、生物、气象、天文等学,无一不供给研究历史问题者之工具"。这三条对历史学者来说,其实是常规要求。如就发掘新材料,拓展新领域而言,王国维治史、顾颉刚的"古史辨"都已有相当自觉的意识。傅斯年此篇《旨趣》之所长在于他有明确的超越意识。他反对当时盛行的"国故"观念,从而使历史学研究突破传统的"国学"藩篱,朝着科学化的方向发展。他强调处理材料的做法是"存而不补""证而不疏"。在具体开展的研究工作方面,傅斯年列举历史组的工作包括:一、文籍考订;二、史料征集;三、考古;四、人类及民物;五、比较艺术。其中第二至五项均具开拓性的意义。语言组有:六、汉语;七、西南语;八、中央亚细亚语;九、语言学。第七至九项明显与西来学风的影响有关。作为国家学术机关,傅斯年意识到学术研究不应再是"由个人作孤立的研究",而是"大家补其所不能,互相引会,互相订正",史语所正是承担这一"集众"的载体。在《旨趣》的最后,傅斯年高呼:"一、把些传统的或自造的'仁义礼智'和其他主观,同历史学和语言学混到一气的人,我绝对不是我们的同志!二、要把历史学语言学建设得和生物学地质学等同等样,乃是我们的同志。三、我们要科学的东方学之正统在中国!"第一条实为与传统史学划清界限;第二条指明历史学、语言学发展的科学化方向;第三条标明中国历史学、语言学的追超对象是欧洲的东方学。《旨趣》完全是一篇宣言书,一篇向传统学术和西方东方学挑战的宣言书。因此,在近代学术史上,它具有里程碑的意义。①

如果没有史语所同仁后来学术工作的跟进,这篇宣言式的《旨趣》可能就会成为笑柄。但这篇《旨趣》所表达的思想并不是傅斯年个人的豪言壮语,实为一个正在崛起的学术群体的共同意愿和理想追求。从1928到1937年这十年间,史语所迅速成长为一个世界著名的研究中国历史、考古、语言的重镇。中国历史学、考古学、语言学研究开始与西方同行交流、对话,步入"现代化"的快车道。

傅斯年除了担负史语所繁重的领导、组织工作外,本人在学术上也试图树立典范,开出一条新路,这主要表现在他对上古史的重建和对思想史的探究之中。为此,他的研究工作主要是在两个方面展开:一是围绕"民族与古代中国史"这一主题撰写系列论文。二是撰著《性命古训辨证》。后来傅斯年申报"中研院"第一届院士所提供的代表作正是这两件作品。傅斯年治中国古代史,善于将文字、器物、考古材料相互印证,着重民族、语言两大要素考察,实得欧洲东方学之精髓,这有力地拓展了中国史的研究视野。此外,为了应付在中山大学、北京大学的教学工作,他曾开设过"中国古代文学史""史学方法导论"等课程,留有《中国古代文学史讲义》《〈诗经〉讲义稿》《战国子家叙论》《史学方法导论》等文稿。"九·一八事变"后,日寇侵占我国东北,策划成立了伪"满洲国",为驳斥日本学者矢野仁一鼓吹的"满蒙藏非中国本来领土"的无耻谰言,证明东北是中国的固有领土,他带头撰写《东北史纲》。"七七事变"后,傅斯年打算撰写一部《中华民族革命史》,惜未完稿,只成第一章《界说与断限》、第四章《金元之祸及中国人之抵抗》,文中表现了强烈的民族意识,反映了傅斯年讲究民族气节的一面。②

30年代的中国是一个内忧外患频仍的时期,作为一个对国家、对民族有责任心、有使命感的知识精英,对此自然是负有不可推卸的责任。傅斯年利用《独立评论》《大公报》等报刊作为自己参与社会政治的阵地,成为著名的公共知识分子。

《独立评论》是胡适、丁文江、傅斯年、蒋廷黻等八九个朋友创办的刊物。它标榜"不倚傍任何党派,不迷信任何成见,用负责任的言论来发表我们各人思考的结果"。傅斯年是独立评论社中活跃的一员。这个同人圈子发起了几个重要议题的讨论,事关政府的决策和国家的前途。

一是民主与独裁问题的讨论,以胡适为代表的民主派与以丁文江、蒋廷黻为代表的新式独裁论或开明专制派各执己见。傅斯年发表的《中国现在要有政府》一文,表达了他的意见,那就是对现有政府的维护。在他看来,在当时的形势里,"虽

---

① 有关此文的详细评述,参见拙作《傅斯年全集》序言,第23—36页,长沙:湖南教育出版社,2003年。
② 相关论述参见傅乐成:《傅孟真先生的民族思想》,台北《传记文学》第2卷第5、6期,1963年5、6月。

有一个最好的政府,中国未必不亡,若根本没有了政府,必成亡种之亡"。而"此时的中国政治若离了国民党便没有了政府","此时国民党之中心人物,能负国家之责任者,已经很少了。""今日国民党的领袖,曰胡、曰汪、曰蒋。他们三人之有领袖地位,自然不是无因的。"①显然,傅斯年是倾向于有政府、拥护中央政府的。这种思想倾向表现"西安事变"的风口浪尖中,傅斯年在《中央日报》公开发表《论张贼叛变》《讨贼中之大路》两文,明确地表明拥蒋反张的立场,其用意自然是在支持中央政府。傅斯年在"西安事安"的这一表现,显然赢得了蒋介石的信任,1937年"七七事变"后,他应蒋介石之邀参加庐山谈话会,接着又前往南京出席国防参议会。1938年国民参政会成立,再被举为参政员,傅虽推辞,蒋在幕后仍大力推荐。②

傅斯年拥蒋政府的态度与他对"国家统一"的立场相联。他对中华民族有一基本看法,认为"中华民族是整个的":"我们中华民族,说一种话,写一种字,据同一的文化,行同一伦理,俨然是一个家族。也有凭附在这个民族上的少数民族,但我们中华民族自古有一种美德,便是无歧视小民族的偏见,而有四海一家之风度。"傅斯年对中华民族的这一看法,甚至影响到他对民族研究的态度。抗战时期,吴文藻、费孝通试图从人类学、民族学角度调查西南少数民族,证明"中华民族不能说是一个"之说,西南苗、瑶、猓猡皆是民族,傅斯年不同意这样处理,以为对"边疆""民族"等具"刺激性之名词"须慎重使用。③ 在新发现的一篇以"四川与中国"为题的演讲文中,傅斯年总结四川正、反两方面的历史经验,殷殷相告:"以地理而论,四川的物产丰富,土地肥沃,所谓天府之国。以历史而论,'汉人'这个名字,是由于四川——汉中这个地方得来的,四川和整个的民族是有特殊的关系。我们可以说,四川是有良好的地利,光荣的历史,但是,我们要善于运用这良好的地利,以巩固民族复兴的根据地,决不当使这个肥美的处所作为野心家出没的营寨;

---

① 傅斯年:《中国现有要有政府》,《独立评论》第5号,1932年6月19日。
② 参见"中研院"史语所"傅档"所藏《朱家骅致傅斯年》(未刊,1938年5月4日)。朱信中称:"吾兄已为山东推出之(参政员)候选人,兄虽不愿,恐难摆脱。介公星期会谈,亦嘱特约参加,且时时提及兄之近况。"此信可证蒋介石对傅斯年出任参政员有特别关照。傅斯年系"依照《国民参政会组织条例》第三条(丁)项遴选者"。按此条规定:"由曾在各重要文化团体或经济团体服务三年以上,著有信望,或努力国事信望久著之人员中,选任五十名。"另据邹韬奋《"来宾"中的各党派人物》一文,傅斯年被列为参政员"教授派"成员。参见孟广涵主编:《国民参政会纪实》上卷,第68、46、72页,重庆:重庆出版社,1985年。1942年7月27日国民政府公布《第三届国民参政会参政员名单》,1945年4月23日国民政府公布《第四届国民参政会参政员名单》,傅斯年改为由山东省遴选。参见孟广涵主编:《国民参政会纪实》下卷,第1057、1423页。从文化团体的代表调到山东省的代表,这微妙地透现出傅斯年与当政者更为密切的合作关系。
③ 参见傅乐成:《傅孟真先生的民族思想》,台北《传记文学》第2卷第5、6期,1963年5、6月。文中"三、民族问题的讨论"对此有专门讨论。

同时,我们更要继续发扬四川光荣的史迹,以奠定国家统一的基础,决不当使这个富有历史意味的地方,随那些部落思想的人们而失其伟大。"①为巩固四川这块大后方根据地,傅斯年提醒人们严防割据势力可能对抗战带来的不利隐患。

傅斯年政治思想的基础或者底线是"国家统一"。他对民国政治情势的看法颇能反映他的这一心态:

> 中国经辛亥年的革命,由帝制进为共和,一统的江山俨然不改。只可惜政治上不得领袖,被袁世凯遗留下些冤孽恶魔。北廷则打进打出速度赛过五季,四方则率土分崩,复杂超于十国。中山先生执大义以励国民,国民赴之,如水之就下。民国十五六年以来,以北方军阀之恶贯满盈,全国居然统一,平情而论,统一后之施政,何曾全是朝气,统一后之两次大战,尤其斲丧国家之元气。中年失望,自甘于颓废;青年失望,极端的左倾。即以我个人论,也是失望已极之人,逃身于不关世务之学,以求不得不见者。然而在如此情势之下,仍然统一,在如此施政之下,全国之善良国民,仍然拥护中央政府者,岂不因为中华民族本是一体,前者以临时的阻力,偶呈极不自然的分裂现象,一朝水到渠成,谁能御之? 所以这些年以来,我们老百姓的第一愿望是统一,第一要求是统一,最大的恐惧是不统一,最大的怨恨是对于破坏统一者。②

把"国家统一"置于最高的民族利益,希望统合四分五裂、"五代十国"式的民国。

二是东西文化论战,以胡适、陈序经为代表的西化派与十教授为代表的"中国本位文化建设"论者展开论争。如果说在政治抉择上,《独立评论》同人存有极大分歧,那么在中西文化关系上,他们的选择则较为一致地倾向"西化"。从傅斯年在《所谓"国医"》《再论所谓"国医"》两文中所表达的对中医的严厉批评态度,人们可以看出他的中西文化观的端倪。30 年代的中西医之争实是中西文化论战的缩影。"中国现在最无耻、最可恨、最可使人短气的事……是所谓西医、中医之争。""只有中医、西医之争,真把中国人的劣根性暴露得无所不至!""我是宁死不请教中医的,因为我觉得若不如此便对不住我所受的教育。"③对中医如此偏激的批评,除傅斯年以外,也许殆无第二人。正因为如此,傅斯年几成为中医界的众矢之的。④ 丁文江去世时,傅斯年曾如是表彰这位亡友:"他是欧化中国过程中产生

---

① 傅斯年:《四川与中国》,《统一评论》第 3 卷第 24 期,1937 年 6 月 19 日。又载 1937 年《中央周报》第 473 期、1937 年《西北导报》第 3 卷第 1 期。此文系据傅斯年在成都军分校讲演录整理而成。
② 傅斯年:《中华民族是整个的》,《独立评论》第 181 号,1935 年 12 月 15 日。
③ 傅斯年:《论所谓"国医"》,《独立评论》第 115 号,1934 年 6 月 26 日。
④ 参见赵寒松:《再评傅孟真〈再论所谓国医〉》,1934 年《国医正言》第 6、7 期;王合三:《异哉傅孟真"所谓国医"》,1934 年《现代中医》第 1 卷第 9 期。

的最高的菁华,他是用科学知识作燃料的大马力机器。"①其实这也是他为自己所撰写的墓志铭。

30年代"西化"派的主张就其本质来说,是对现代化的一次强烈诉求。在"现代化"一词尚未在中国流行开来之前,"西化"一词其实就是"现代化"的代名。抱持"西化"主张的代表人物(如胡适、傅斯年、陈序经等)并非不了解或不尊重中国的传统文化,而是根据他们对世界趋势的了解,坚持"西化"(现代化)这一大方向。他们在表述这一主张时可能因"知识的傲慢"而招致国人的不满和抵触,但它确是新文化当时最有力量的表现。傅斯年的文化观在三篇未刊的文稿(《中国三百年来对外来文化之反应》《文明的估价》《现代文化与现代精神》[未完稿])中得到了较为系统、深入的阐述。傅斯年将近三百年来中国对外来文化之反应分为三个阶段:第一阶段是从明末到清初的八十年间,主要是对西洋天主教的输入;第二阶段是从康熙以后到道光、光绪年间,以曾国藩、李鸿章为代表的洋务派主张学习西方的科学、文教;第三阶段是从清末到民国。傅斯年以为受到"中体西用"观的影响,国人重应用轻理论,故近代科学在中国不能发达。② 关于"文明的估价",傅斯年提出了三点认识:"第一,两个民族接触,便发生了文化交流,如果甲民族文化受乙民族文化的影响,而乙民族文化不受甲民族文化的影响时,那么能影响别人的乙文化自然较为高超,不能影响别人而反为别人所影响的甲文化自然比较低下,这是对文化估价的一个标准。但是这个标准往往有例外的地方,一个好懒的民族即使文化较低,也不容易受外来优秀文化的影响。"他以古代中印文化的交流说明了这一情形。"第二,凡是一种民族文化,对于那个民族的生存帮助大的价值较高,反之,对于那个民族的生存没有什么帮助的价值较低。中国历史上每一个朝代,凡是社会繁荣达到极高峰的时候,往往跟着就是外族侵略最惨痛的时候,这实在不能不说是文化的一个弱点。""第三,如果单能据上述第二点的标准,往往就很容易会将专讲生存专讲力量的文明看得极高。自从十九世纪乌托邦思想盛行以来,有一个很大的进展,就是认为一切事物,都应该以大多数人的福利为前提。这样说来,那么在一个文明之中,大多数人的生活能够有意义的,这种文明的价值就高,大多数人的生活没有什么意义的,这种文明的价值就低。"傅斯年以纳粹国家"都被一些英雄主义者所支配,完全丧失了他们的人生意义"为例说明这一点。③ 如何造就现代文化或现代精神?傅斯年认为,"造成现代我们生存在内的文化,造成现代精神之为矛盾的大都只能有三件事情:第一件是科学特别是科学之应用,第二件是资本发展,第三件是民族意识。这三件东西相互反应成就了现在的广博伟业而矛盾悲惨

---

① 傅斯年:《我所认识的丁文江先生》,《独立评论》第188号,1936年2月16日。
② 傅斯年:《中国三百年来对外来文化之反应》,台北:"中研院"史语所"傅档"I-708。
③ 傅斯年:《文明的估价》,台北:"中研院"史语所"傅档"I-706。

的世界"①。将"民族意识"视为铸造现代文化的要件,这是我们评估傅斯年中西文化观时不能忽视的一项内容。这三篇新发现的文稿,为我们了解傅斯年的文化观提供了新的重要参考材料。

　　三是对日关系问题,这是独立评论社同人极为重视、也意见分歧的一个问题。大敌当前,东北沦亡,华北危机,傅斯年当然将这一问题置于思考的重点。在独立评论社同人中,围绕对日政策的取舍有两种意见:一派是以蒋廷黻、胡适、丁文江为代表的主和派,他们希望通过推迟中日全面战争的发生,为中国赢得必要的战备时间和国际上的支持。蒋廷黻曾如是谈及这一派的意见:"大体说来,当时评论社的朋友们没有一个是极端主张战的。大家都主和,不过在程度上及条件上有不同而已,主和最彻底的莫过于在君,其次要算适之和我,孟和好像稍微激昂一点。"②一派是以傅斯年为代表的强硬派。30年代曾在北大历史系读书的吴相湘对傅的立场有详细评说:

> 　　自"九一八"以后,傅斯年为唤起国魂抵抗侵略,时在《独立评论》及《大公报》撰文,表现异常积极抗日态度。民国二十一年十月,北大教授马衡等企图划北平为中立的"文化城"以苟且偷安。傅斯年闻讯曾加劝阻,不听,乃寄信蔡元培院长表示反对:"斯年实为中国读书人惭愧!"民国二十二年五月,塘沽停战协定签订,傅斯年极表反对。六月四日,胡适在《独立评论》发表《保全华北的重要》专文,认为当局一时无力收复失地,赞成华北停战。傅斯年接阅此文大怒,要求退出独立评论社,严正表现爱真理甚于爱吾师。胡适为此非常伤感。嗣经丁文江寄长信劝解,傅始打消退社原意。然积极抗日主张则持之益坚,力言退让应有限度。民国二十四年度,日本策动"华北特殊化"。冀察政务委员会萧振瀛招待北平教育界,企图劝说就范。傅斯年闻萧言即挺身而起,当面斥责萧,表示坚决反对态度,誓死不屈精神。于是北平整个混沌空气为之一变。③

傅斯年并不是左派,但他对日所持坚决抵抗的态度,使其成为北平抗战知识分子的中流砥柱。为表达抗日意志之坚定,傅斯年用唐代赴朝抗倭名将刘"仁轨"之名为新诞生的儿子命名。在独立评论社同人中,傅斯年的对日态度有点"特立独行"的味道,的确表现了他极为强硬的民族主义者个性。几乎在30年代国际形势每个重大转折关头,傅斯年都有异乎寻常的言论表现。

---

① 傅斯年:《现代文化与现代精神》(未完稿),台北:"中研院"史语所"傅档"I-778。
② 蒋廷黻:《我所记得的丁在君》,1956年12月台北《"中央研究院"院刊》第3辑。
③ 吴相湘:《傅斯年学行并茂》,氏著《民国百人传》第1册,台北:传记文学出版社,1982年再版。

伪满洲国成立时,傅斯年特撰写《满洲傀儡剧主人公溥仪》一文,戳穿这场傀儡剧的把戏。① "九·一八事变"发生一周年之际,傅斯年即认定这是与第一次世界大战和俄国革命并列的"二十世纪世界史上三件最大事件之一"。他分析了当前的国内外形势。"浅看来是绝望,深看是大有希望。"所谓"失望"者的表现一是"在如此严重的国难之下,统治中国者自身竟弄不出一个办法来";二是"人民仍在苟安的梦中而毫无振作的气象";三是"世界上对此事件反应之麻木,中国人自己的事,而想到别人反应的态度,诚然是可耻的";四是"中国的政治似乎竟没有出路"。"希望"之处在于:一是"东北是亡不了的",此地在民族上永为中国人;二是"只要军队稍有纪律,地方便可以平安,只要政府能够维持最低限度的秩序,人民便可以猛烈的进步";三是"东北之大变关系世界大局者过于巴尔干,日本既以作鲸吞亚澳的发动,迟早必横生纠纷";四是"中国人不是一个可以灭亡的民族"。② 李顿调查团报告发表以后,国内外舆论扰攘,傅斯年认可其为"含糊之杰作"。不过,他以为"中国政府既不可抹杀此报告,以分日本之谤,也不便绝无说明不附条件的欣然承认,以陷自己之地位,只好加之以严重之保留,副之以详尽之宣言,而接受之"③。傅斯年对国际形势观察的重点:一是国联的动向与欧美国家对华局势演变的态度,这方面他发表了《这次的国联大会》《国联态度转变之推测》《国联与中国》《国联之沦落与复兴》《国联组织与世界和平》等文。二是欧洲形势与日本对华政策之关联,这方面他有《法德问题之一勺》《今天和一九一四》《日俄冲突之可能》《一喜一惧的国际局面》《欧洲两集团对峙之再起》等文。三是日本对华侵略政策及其进展,如《日寇与热河平津》《不懂得日本的情形!》《溥逆窃号与外部态度》《中日亲善??!!》等。傅斯年在当时似扮演了一个业余国际形势"观察员"或评论家的角色。

国民政府可能赋予傅斯年观察国际局势的使命,如果说傅斯年对内政的主张带有"谏"的因素,那么他的对外言论则带有"谋"的元素。在史语所档案中,留有傅斯年的一篇未刊长文《欧美形势与中国》目录,全文分十二节:一、生存在均势上的中国。二、均势之破裂。三、英国远东政策之传统。四、美国远东政策之升降。五、国联与欧洲和平。六、苏联与远东。七、八年来英国之威望。八、中国与倭之不能妥协性。九、倭寇大举之最近原因。十、最近的欧洲复兴。十一、前途。十二、我们努力的几个方向。惜只留有小引和第一、二节文稿。显然,傅斯年是有心对1930年代纷繁复杂的国际形势做一全面、系统的分析,此文不像是一篇欲公开发

---

① 孟真:《满洲傀儡剧主人公溥仪》,1932年《良友》第65期。此文系笔者新近发现。从文章的内容和笔调看,"孟真"应是傅斯年的署名,而不大可能是另一个"孟真"。
② 傅斯年:《"九一八"一年了》,《独立评论》第18号,1932年9月18日。
③ 傅斯年:《国联调查团报告书一瞥》,《独立评论》第22号,1932年10月16日。

表的时评政论,而可能是为国民政府条陈的意见,与史语所"傅档"收藏的《谨陈对德态度之意见》和《关于九国公约会议之意见》相仿。

"九·一八事变"发生时,北平图书馆召开了一次会议讨论时局。傅斯年在会上慷慨陈词,提出"师生何以报国"的问题。可见在这位怀抱现代理念的知识精英心中,仍承受着数千年来传承不断的士大夫忧怀,现代与传统如此奇妙地集于一身。在那个纷纷攘攘、激烈动荡的年代,傅斯年纵横驰骋于公共论坛的身姿与"天下兴亡,匹夫有责"的清流并无二致,其言论举止称得上是一个比较纯净的知识分子。对国家、对民族、对专业,他都尽到了一个知识分子的应有责任。

三、后期思想的问题意识:战争、国家与世界前途

从1927年到1937年这十年,是傅斯年一生最为忙碌、也是他盛产成果的一段时光。1937年"卢沟桥事变"爆发,战争的烽火覆盖了整个国家,打断了正在进行的现代化进程,扰乱了人们正常的生活秩序。抗战八年,傅斯年为人事、公事、国事所累,恶劣的生活、工作环境使其身心不支,在学术上唯有一部《性命古训辨证》可以塞责,这部著作其实在战前已基本完成。随后又是国共内战、美苏冷战,国内国际形势变幻莫测,整个国家为战争所困扰,傅斯年的后期生活可以说为战争的阴影所笼罩,战争自然成了他挥之不去的思想主题。

抗战时期,傅斯年实际涉足政治,以无党派身份参加国民参政会。国民参政会作为战时的议政机构,具有极大的影响力,他在参政会的一个大动作是炮轰行政院长孔祥熙,将孔拉下台。① 他内心真正挂牵的还是战局。他借翻译丘吉尔的《日本的军事冒险》一文,向人们展现有利于中国的世界形势,并预测日本最终失败的命运,以鼓励国人的抗战意志。② 陈之迈说:"当代文人中懂得军事的有三人最为出色:一为张季鸾先生,一为丁文江先生,一为傅孟真先生。从他们的著作及言论中我学到了许多军事常识,这是在欧美留学所绝对学不到的。"③ 体现傅斯年军事素养的大概要推《地利与胜利》《抗战两年之回顾》《"第二战场"的前瞻》这三篇文章。试看他对日寇在抗战初期使用战术的精辟分析:

> 从倭贼在芦沟桥寻衅起,到现在二十二个月的中间,我们根据经验,可以判定倭贼作战的总策略是这样的:用他认为最相应的代价,换取我们最重要的

---

① 参见杨天石:《傅斯年攻倒孔祥熙》《蒋孔关系探微》,收入氏著《海外访史录》,第528—555页,北京:社科文献出版社,2002年。
② 傅斯年译:《日本的军事冒险》,1938年《政论旬刊》第1卷第114期。据傅斯年在文前称,丘吉尔原作载1938年5月26日《伦敦每日电闻》及《晨邮报》。
③ 陈之迈:《关于傅孟真先生的几件事》,台北《传记文学》第28卷第3期,1976年3月。

交通枢纽,而且在一处呈胶滞状态时,另从侧面袭攻,或在距争夺处甚远之另一区域进攻,使得我们感觉调动上之困难。倭贼用这个方法,侵略我们,自始至今没有例外。

倭贼之终必归于全败,也就要在这个战略决定了。在德国,乃至在全部欧洲,除苏联外,所发达的这样战略,都是为国家较小,交通发达,工业繁盛,易于速战速决的地方而适用的。倭贼用这法子而不能决,更谈不到速决,则其失败的运命,便算注定了。①

根据日本的战略战术,傅斯年提出我方依恃江南地利制敌三术:"第一,我们要充分发挥江南山地中地形的便利,使得倭贼沿江的深入失其重要。""第二,因为倭贼的战略,是没有变化的,我们大致可以料定,他在每下一步的攻击地是何处,而预谋对付。""第三,我们用作抗战复兴的根据的川滇黔桂四省,固有其地形地利上之绝大优点,亦有其缺点,发挥其优点,补救其缺点,是现在当务之急,亦是后方军民应日夜不息,合作进行之事。"②1944年美、英开辟第二战场以后,傅斯年对此后的形势分做四段加以推演:(一)登陆,(二)扩充混合为大战线,(三)决战,(四)德虏无条件投降。他预估形势的进展,"英美的海空军优势,兼以德虏这次仍旧受他历来最恐惧而也最免不了的'两面战场'之拘束,盟方陆海空军三方面之高度配合,造成了革命的新战术,就是在西欧登陆。以后的进展必然节节胜利,而且每段胜利必付重大代价的。其所以必然节节胜利者,以实力优越之故,最大的难题就是登陆,而登陆业已试验的成功;其所以必付重大代价者,以在这些地方打仗,在德虏是拿手好戏"③。傅斯年对军事形势的评论,确实达到了行家的水平。

傅斯年运用自己擅长的心理分析和丰富的历史知识发表了一些极具宣传冲击效应的政论:《汪贼与倭寇——一个心理的分解》《盛世危言》《天朝—洋奴—万邦协和》《我替倭奴占了一卦》等文,警示国民政府,鞭挞汉奸汪伪,抨击日倭侵略。在抗战的最后两年,傅斯年有两篇纪念五四的文字——《五四偶谈》(1943年5月4日)、《"五四"二十五年》(1944年5月4日),表现出他的思想的某些微妙变化。在《五四偶谈》中,傅斯年强调五四运动在"文化积累"中的特殊作用:"'五四'未尝不为'文化的积累'留下一个永久的崖层。因今日文化之超于原人时代之文化者,以其积累之厚者。积累文化犹如积山,必不除原有者,而于其上更加一层,然后可以后来居上,愈久愈高。""五四之遗物自带着法兰西革命之色泽,而包括开明时代之成分。"五四以后,"学自然科学人文科学者之增加,以学问为事业之增加,遂开民二十以后各种科学各有根基之局,似与'五四'不无关系吧? 即在今天说'科

---

① 傅斯年:《地利与胜利》,昆明《大公报》1939年4月。
② 同上。
③ 傅斯年:《"第二战场"的前瞻》,重庆《大公报·星期论文》,1944年7月12日。

学与民主',也不算是过时罢?"文末,傅斯年罕见地、也许是首次公开将苏俄的布尔什维克主义者与德国的纳粹主义者并列为批评对象,称这"两种人要把自原人石器时代的文化起点,一齐拆去,重新盖起来,尽抹杀以前的累积"。①

1944年是五四运动二十五周年,回顾历史,傅斯年感慨万端:

> "五四"的积极口号是"民主"与"科学"。在这口号中,检讨二十五年的成绩,真正可叹得很。……注意科学不是"五四"的新发明,今天的自然科学家,很多立志就学远在"五四"以前的。不过,科学成了青年的一般口号,自"五四"始,这口号很发生了他的作用,集体的自觉总比个人的嗜好力量大。所以若干研究组织之成立,若干青年科学家之成就,不能不说受这个口号的刺激。在抗战的前夕,若干自然科学在中国已经站稳了脚,例如地质、物理、生理、生物化学,而人文社会科学之客观研究,也有很速的进展。若不是倭鬼来扰,则以抗战前五年的速度论,中国今天可以有几个科学中心,可以有几种科学很像个样子了。

考察科学发展的历史,傅斯年认定学术自由、思想解放、追求真理是科学进步的真正途径,"为科学而科学"是科学的"清净法门"。显然,傅斯年真正关心的还是科学在中国如何生根的问题,他语重心长地说:

> 全部科学史告诉我们,若没有所谓学院自由(Academic Freedom),科学的进步是不可能的。全部科学史告诉我们,近代科学是从教条、学院哲学(Scholasticism)、推测哲学(Speculative philosophy)、社会成见中解放出来的,不是反过来向这些东西倒上去的。全部科学史又告诉我们,大科学家自然也有好人,有坏人,原来好坏本自难分,有好近名的,有好小利的,原来这也情有可原,但决没有乱说谎话的。作夸大狂的,强不知以为知的。……所以今日提倡科学的方法极简单,建设几个真正可以作工作的所在,就是说,有适宜设备的所在,而容纳真正可以作科学工作的若干人于其中就够了。……工作的环境可以培植科学家,宣传与运动是制造不出科学家的。②

抗战胜利以后,国际国内局势很快逆转,一切都朝着与人们所期盼的相反方向发展。国际上美苏对峙,冷战局面降临。国内陷入内战,国共两党划友为仇,整个社会的精神生活迅速呈现两极对立状态。在这样一种新形势下,被蒋介石任命为北大代理校长的傅斯年,抱持"精忠报国"的传统观念,为国民政府撑面子,做政府的"诤友"。1946年春蒋介石赴北平视察,两人同游文天祥祠,在"万古纲常"匾额

---

① 傅斯年:《五四偶谈》,重庆《中央日报》1943年5月4日。
② 傅斯年:《"五四"二十五年》,重庆《大公报·星期论文》1944年5月4日。

下留影,显示两人建立起"君臣"般的亲密合作关系。

面对风云变幻的国际形势,傅斯年频频发声,显示了他对国际局势异乎寻常的关注。傅斯年敏锐地观察到东北所处地缘政治的敏感性。他领衔发表《我们对于雅尔塔秘密协定的抗议》,撰写时论《中国要和东北共存亡》,表达对美、英、苏三国背着中国签订《雅尔塔协定》,出卖中国东北主权的严重抗议。"中国的东北('满洲'),诚然是近代战史中最炫耀的因素。为它,起了日俄战争,而日俄战争是第一次世界大战的前奏。为它,起了'九一八'沈阳事变,而沈阳事变就是第二次世界大战逻辑的开始。"为防止东北再次重演"特殊化""倾外化""分割化"的局面,傅斯年提出建议:"一、东北的经济必须中国本位化、和平化、均沾化。""二、东北的政治必须统一化、无党化。"①在当时这是一厢情愿、自相矛盾的构想。国共两党均视东北为首要必争之地,内战的战火最先就在这里燃起。后来的朝鲜战争也是发生在东北亚,剑指东北,可见这一区域在冷战中的特殊地位。

在与德、日法西斯国家和苏联社会主义制度的对抗、竞争中,美、英做出自身的调整。傅斯年注意到美、英出现的"新自由主义"这一国际新动向。他借《罗斯福与新自由主义》一文,对罗斯福"新政"作了积极、正面的评价:"他给自由主义一个新动向,新生命,并且以事实指证明白,这个改造的、积极的新自由主义有领导世界和平与人类进步的资格。"傅斯年欣赏卢梭的政治、教育哲学,认为他"激动了新兴的第三阶级","于是对封建宗教的势力之统治者发生革命,以自由为号召,以解放为归宿"。不幸的是,19世纪自由主义因与资本主义结合,失去了其本有的人道主义色彩。"自由主义本是一种人道主义,只缘与资本主义结合而失其灵性,今若恢复灵魂,只有恢复灵魂,只有反对发达的资本主义。"罗斯福"新政"正是对自由主义"配合"资本主义倾向的一次修正,一次新的修复。他"虽不搞社会主义之名,也并不是强烈性的社会主义,却是一个运用常识适合国情的资本主义现状之严重修正案,其中实在包含着不少温和的社会主义成分"。傅斯年高度赞扬罗斯福总统1941年1月6日在国会宣布的"四大自由",即言论自由、宗教信仰自由、免于匮乏的自由、免于恐惧的自由。后两项纳入"自由"的权利,"可知他的自由论含有一半是新成分,以此新成分补充旧有者,而自由主义之整个立场为之改变,消极的变为积极的,面子的变为充实的,散漫的变为计划的,国际竞争的变为国际合作的。原来的自由主义与资本主义结合,实有助长帝国主义之咎,他的第三原则——免于匮乏——不特净化原来者,且正反其道而行之"。他呼吁自由、平等两不舍,两者应该均衡发展。他所理想的新自由主义是:"利用物质的进步(即科学与经济)和精神的进步(即人之相爱心而非相恨心),以促成人类之自由平等,这是新自由主义

---

① 傅斯年:《中国要和东北共存亡》,重庆《大公报·星期论文》1946年3月3日。

傅斯年以《评英国大选》为题,说明工党之胜实在是英国人民对"温和的社会主义"的选择。工党参加竞选,"拿出了一个明晰的、具体的社会经济方案,这方案比罗故总统的新政更多的好几倍的包含了社会主义,例如矿产国有、钢铁国有、内地交通国有、土地国管、银行国管、物资继续实行管制分配制等等,毫不含糊的是一个温和社会主义制度。工党的社会主义,是不革命性的,因为工党是个宪政党,不是革命党"。傅斯年认为"在老牌资本主义的英国,有这样一个明显的国有国营经济政纲,而以大多数当选,不能不算世界上头等的大事,这中间,可以象征英国人之有朝气,老大帝国人民之有觉悟"。中英两国国情不同,英国的问题在工业,中国的问题是在农民,"而其为温和社会主义的方案则同"。"国父孙中山之民生主义,实在是温和的,合于中国现状的社会主义。"故国民党与英国工党(特别是开明左翼分子),"在理论上很有共同点",可以合作。傅斯年鼓励国民党"看看世界大势",走英国工党之路。他直白地宣称:"我平生的理想国,是社会主义与自由并发达的国土,有社会主义而无自由,我住不下去;有自由而无社会主义,我也不要住。所以我极其希望英美能作成一个新榜样,即自由与社会主义之融合,所以我才对此大选发生兴趣。"②这样一种将自由与社会主义调和起来的想法,实际上是社会民主主义或民主社会主义,这正是英国工党持有的理论。所以,傅斯年与胡适的理论认同明显有些差异,胡适的自由主义思想几不提"平等",因而也缺乏社会主义的因素。在二战结束之际,傅斯年借探讨美、英之动向,表明自己的社会理想,这对国人自然是一次思想的劝导,对重返故都、即将执政的国民党其实也是一个严重的提示。

第二次世界大战落下帷幕不久,国际上很快出现美苏对峙的冷战局面。针对这一形势,人们对美苏之优长、苏联的性质等问题纷纷提出疑问。许多人认为美国有自由,苏联有平等,自由与平等不能两立。对于时人争议最多的"自由"与"平等"关系,傅斯年认为:"没有经济平等,固然不能达到真面(正)的政治自由,但是没有政治自由,也决不能达到社会平等。"主张自由与平等并重。但如果二者之间的关系不能维持平衡,即"在'自由''平等'不能理想的达到之前,与其要求绝对的'平等'而受了骗,毋宁保持着相当大量的'自由',而暂时放弃一部份的经济平等。这样,将来还有奋斗的余地"。③ 这种偏向"自由"的选择,也许正是傅斯年与左翼知识分子的区隔所在。傅斯年视苏俄为"独占式的国家资本主义""选拔式的封建主义""唯物论的东正教会"三位一体的国家,他回顾中国的历史,"在中国历史上

---

① 傅斯年:《罗斯福与新自由主义》,重庆《大公报》1945 年 4 月 29 日。
② 傅斯年:《评英国大选》,重庆《大公报》1945 年 7 月 30 日。
③ 傅斯年:《自由与平等》,《自由中国》第 1 卷第 1 期,1949 年 11 月 20 日。

我们的边患多来自北方,北方常有一些野蛮的民族在威胁我们的生存。旧俄罗斯的帝国主义,苏联的新野蛮主义,正是横在我们眼前最大的危机,也是我民族生存最大的威胁"。① 在其反苏立场的背后,仍然有着强有力的民族主义动因。与那些撤退到台湾的国民党人是出于对三民主义的忠诚不同,傅斯年在大变局中更是基于对世界前途的思考而做出自己的选择。

傅斯年后期陷身更深的人事纠纷之中。他在大学时代脱离章太炎派,组建史语所时与顾颉刚之争,在独立评论社中与蒋廷黻等的矛盾,这些都不过是学人之间的不同意见而已。傅斯年后期真正卷入政争。抗战时期,他搜集证据,在国民参政会拍案而起,攻倒孔祥熙。抗战胜利后,他坚持原则,不徇私情,严惩汉奸敌伪人员,为此得罪了一些为之说情的"好好先生"。内战之初,他在《观察》《世纪评论》发表《论豪门资本之必须铲除》《这个样子的宋子文非走开不可》《宋子文的失败》,发出狮子般的吼声,举国为之震撼,他是朝野清流派的代言人。1949年政权交替之前,蒋介石预先将他安排到台湾大学任校长,他身不由己、别无选择地离开了大陆。在处理人事关系上,傅斯年晚年可谓心力交瘁,以致最后倒在台大校长这一工作岗位上,兑现了他自己"归骨于田横之岛"的悲壮遗言。

结　语

傅斯年处在中国近代思想的激流之中,为个人的学业、社会的理想、国家的前途,一生都在努力而艰难地探索。通过解析他一生走过的思想历程,我们可以获致如下认识:第一,傅斯年一生奔走于学术与政治两栖,学术志趣与政治情怀并存。他的学术思想得以清晰而富有条理、较为系统地表达,这主要体现在《历史语言研究所工作之旨趣》。他的社会政治思想缺乏理论底蕴,对许多问题的看法是片断的、零碎的,有时甚至是矛盾的。他对个性的张扬和对社会重建的关怀,"西化"倾向与民族主义的立场,试图将自由与社会主义调和的意图,都表现出"求全"而"两难"的矛盾境遇。傅斯年的思想呈现出学术与社会政治二元分离的状态,表现了学术与政治的紧张关系。在中国近代思想史上,思想家们几乎无一例外地陷入各种思想矛盾,这是个体生命与时代巨潮相互碰撞的反映。思想家们被时代的大潮所裹挟,其命运起伏不定,与变幻莫测的时代风云一样充满了变数。傅斯年的人生轨迹正是近代中国这一大时代的一个缩影。第二,傅斯年的思想在"科学"上贡献良多,于"民主"下笔较少,这是他作为一个五四知识人的内在限制。五四时期,陈独秀提出以"民主"和"科学"为现代化的基本内涵和两大目标,这一主张遂成为新文化群体的共同理想。科学发展须以民主建设为前提,民主与科学在互动中相互

---

① 傅斯年:《苏联究竟是一个什么国家?》,《自由中国》第1卷第3期,1949年12月20日。

推进。民国政治体制与现代民主政治的要求虽有一定距离,但它毕竟提供了形式上的基本要件,这就为科学发展铺垫了重要基础。中央研究院的建立标志着学术研究纳入国家体制的范围,这为科学发展提供了重要保障。傅斯年炮轰孔、宋豪门家族,却不触动国民党的"党国"体制;晚年虽也标举新自由主义,试图修正国民党的"三民主义"意识形态,但与胡适坚持提倡人权、民主、自由,构成对国民党"党国"体制的挑战有明显差异。这或许并非是傅斯年不愿,而是其不能的缘故。第三,作为公共知识分子,傅斯年虽有影响舆论和当局的功能,但不能起到聚合社会力量的作用。五四以后的中国,支配社会政治运动的真正力量来自于国共两大政党,国共两党有着各自的意识形态,保持独立人格或自由意志的知识精英如不与国共两党发生关系或密切联系,其实际作用力可能就很有限,这是知识精英难以避免的悲剧命运。傅斯年的特殊之处也许在于他利用民国新拓的公共空间,以"诤友"这样一种方式处理与国民党的合作关系,这一身份定位既为他获得了一定的社会地位和影响力,也预示着他的人生最终以悲剧落幕。

  本书选文拟分为四卷,各卷收录文字内容依次为:卷一为五四时期的代表作,卷二为论述历史学方法和历史学代表作,卷三为时评政论,卷四为教育方面的文字。这样的设计大体反映了傅斯年在各方面的思想。因篇幅限制,所收文章不免存有这样那样的遗漏,如其史学代表作"民族与古代中国史"系列论文、讨论中西文化关系的文稿和晚年的一些政论、教育文字即未收入,选文或有不如人意之处,敬请读者谅解。

2013 年 12 月 1 日于海淀水清木华园
(作者单位:北京大学历史系)

现代中国·第十五辑
北京大学出版社
2014年7月

告别奥尼尔：洪深30年代的转向

吴晓东

30年代初由上海现代书局刊行的《洪深戏曲集》在为洪深20年代的话剧事业做了一次总结的同时，也预示着洪深话剧创作与演出实践的新的转向。这一转向的动机隐约见于洪深为戏曲集写的代序《欧尼尔与洪深》一文之中。

现代书局印行的《洪深戏曲集》事实上有两个版本，第一个版本的版权页上标注的是"1932年9月1日改版"，定价五角五分。这一版收入洪深的自序《属于一个时代的戏剧》以及《贫民惨剧》《赵阎王》两个剧本①。次年《洪深戏曲集》又出了一个新版本，版权页上注明的是"1933年6月1日初版"。这一"初版"本比前一年的"改版"本新增了一篇题为《欧尼尔与洪深（代序）》的文章，承担的是序言的功能。而前一"改版"本中的自序《属于一个时代的戏剧》则作为一篇创作谈编在两篇戏剧之前，不再承担序言的功能，书的定价也改为"实价六角"。

《洪深戏曲集》所收二剧《贫民惨剧》②和《赵阎王》，分别创作于1916年和1922年，前者是作者赴美留学的年份，后者则是作者留学归来的年份。两部戏的并置非常直观地表现出洪深跨越式的成长。如果说《贫民惨剧》还多少有文明戏的痕迹，那么《赵阎王》则是洪深回国后在剧坛的第一次亮相，也以对奥尼尔表现主义的借鉴令中国戏剧界耳目一新，标志着现代主义戏剧在中国本土最初的实绩。而洪深接下来的戏剧活动，则堪称成就卓著。1924年洪深为上海戏剧协社执导《少奶奶的扇子》，标志着中国话剧演出作为剧场舞台艺术开始走向成熟，也由此确立了话剧的专职导演和正规排演制度。茅盾这样叙述对《少奶

---

① 这一版本的内容其实与1928年9月上海东南书店出版的《洪深剧本创作集》完全相同，均由《属于一个时代的戏剧》（自序）以及《贫民惨剧》《赵阎王》组成。1932年现代书局的《洪深戏曲集》或许正是对东南书店版的"改版"。
② 洪深的五幕话剧《贫民惨剧》原刊1920年6、9、12月的《留美学生季报》第2、3、4期，曾先行收入1928年9月上海东南书店出版的《洪深剧本创作集》。

奶的扇子》的观感：

> 我去一看，大开眼界，啊，话剧原来是这样的！只有这一次演出《少奶奶的扇子》，才是中国第一次严格地按照欧美各国演出话剧的方式来演出的：有立体布景、有道具、有导演、有舞台监督。我们也是头一次听到"导演"这个词。看了洪深导演的这个戏，很觉得了不起，当时就轰动了上海滩。①

毕树棠在30年代追溯《少奶奶的扇子》的公演："其特色在能将西方名剧摄其神貌，一变而为完全适合中国观众之新剧，当时轰动南北，争相排演，其成功可想。"②田汉说："导演王尔德的《少奶奶的扇子》，奠定了中国话剧表导演艺术方面初步的规模。"③赵铭彝在《忆洪深与田汉》一文中则说："到《少奶奶的扇子》公演，进一步取得空前的成功，初步奠定了中国现代话剧的模式，并建立起一整套戏剧工作的制度。"④张庚也曾经指出："自从洪深起，中国的话剧才开始有了专业导演的职务，演出的统一性方被特别强调起来。"⑤

因此，1932年10月《现代》第1卷第6期刊载的一则《洪深戏曲集》的广告词堪称对洪深在现代戏剧史上诸方面贡献的一次简明扼要的总结：

> 洪深先生为中国话剧运动中最努力的一员，不但丰富于舞台经验，且对于剧本制作之技术上亦有极深刻之研究。本集包含有两个时代性剧本《赵阎王》与《贫民惨剧》，均为精心构思之作，内容技巧尤多独到之处，且均经各处上演，获得极大之成功，允推为洪深先生之得意杰作。书前附有自序"属于一个时代的戏剧"，对于戏剧与时代，详细阐明，引证丰富，立论透辟，对于戏剧运动，颇多贡献。

其中"最努力的一员"以及"丰富于舞台经验，且对于剧本制作之技术上亦有极深刻之研究"等语均中肯到位，非一般广告语所难免俗的溢美之词。但这部《洪深戏曲集》收入的却是洪深的两篇早期创作，而且早已有了上海东南书店的版本。两篇早期创作的再度刊行虽体现了现代书局对洪深应有的看重，却难以反映《赵阎王》之后洪深的戏剧实践。值得一读的，倒是《洪深戏曲集》1933年"初版"本中增收的《欧尼尔与洪深（代序）》一文。

这篇"代序"有一个副标题："一度想象的对话"。洪深为这度"想象的对话"拟设的时间是1933年1月；地点则是"太平洋的两岸"；对话的双方是奥尼尔与洪

---

① 《茅盾全集》第34卷，第278页，北京：人民文学出版社，1997年。
② 毕树棠：《二十年来清华文坛屑谈》，《国立清华大学二十周年纪念刊》，1931年5月。
③ 田汉：《忆洪深兄》（《洪深文集》代序），《洪深文集》第1卷，北京：中国戏剧出版社，1957年。
④ 赵铭彝：《忆洪深与田汉》，《文艺研究》1982年第2期。
⑤ 张庚：《半个世纪的战斗经历》，《戏剧论丛》第3辑，北京：中国戏剧出版社，1957年。

深本人。这次虚拟的对谈堪称精彩绝伦,一方面表现出洪深不拘一格的写作风格,另一方面也透露出洪深的戏剧道路一直笼罩在奥尼尔的阴影之下。

1916年留美的洪深1919年考入哈佛大学,师从倍克教授学习戏剧与文学,并获得硕士学位,成为中国到国外专攻戏剧的"破天荒第一人"①。洪深与美国戏剧大师尤金·奥尼尔是"师兄弟"关系,他的《赵阎王》即模仿奥尼尔的《琼斯皇》,营造了一种具有象征主义色彩的神秘气氛。在这场虚拟的对话中,洪深一开始即让奥尼尔提及与自己的渊源:

  欧尼尔:我和你相隔二年。
  洪 深:是的,你在一九一七年离开哈佛,我在一九一九年才进哈佛;我和你是相隔二年的先后同学,都是培克教授的弟子。

接下来,洪深以一个师弟的姿态虚心叩问,事实上是借助奥尼尔的权威性来传达自己的戏剧观。这次"对话",也构成了洪深反躬自省的过程,并且他在自省的同时寻求对奥尼尔影响的超越。尤其有意味的是这次对话的结尾,洪深让奥尼尔阐释了关于"命运"的理论:

  欧尼尔 古人处在大自然威胁之下,许多事不能了解,所以迷信神权与命运。……但在我,解释做"一切都由于社会环境",环境当然包括人和人的以往的历史的关系,以及一个人的生理状态在内。而社会的环境,不是可以用科学的方法改造的么?
  洪 深:唯——唯。(他不再开口了,但是暗自寻思着,创作与非创作,实在是极小的一部分问题,最重要的,还是一出戏的社会效果。食与色,本来是人生的两件大事;是生理所需要,一个人不能不去满足它的。为了争食而互相残杀,古往今来的作者,能正确地彻底地有力地描写的,已经是很少很少。至于为了争色而互相残杀,剧本虽多,但不是歪曲,便是浅薄,能如欧尼尔这样深刻,已经是十分难得的了。不过,争食争色,是两件独立的事么!争色,能不为争食所影响么!欧尼尔的社会环境,何以只包括生理而竟完全忘记生产了呢!这个,将来还要找一个机会谈谈的。)

洪深的"不再开口"并非唯唯诺诺的表现,作者恰恰通过虚拟一个叙述者的声音呈现出一个思索的自我,从而使这次拟想的对谈也构成了洪深的两个自我的潜对话:一个是深受奥尼尔影响的《赵阎王》时期的自我,另一个则是意图超越奥尼尔的30年代的自我。而这次对谈则既是对奥尼尔的致敬,也是一次超越,堪称是"为了告别的聚会";尤其是洪深所暗自寻思的"欧尼尔的社会环境,何以只包括生理而竟

---

① 洪深:《〈中国新文学大系·戏剧集〉导言》。

完全忘记生产",更是昭示了他已经有了戏剧观念新的取向的生成。

转向的标志,是洪深的"农村三部曲"的问世,即 1930 年创作的《五奎桥》(乃洪深参加左翼活动后第一个话剧剧本)、1931 年创作的《香稻米》、1932 年创作的《青龙潭》。《五奎桥》为第一部,也是最成功的一部,当时也有广告:

> 以农村生活为题材的创作,在戏曲方面实以洪深先生为第一人。本书为著者近来伟大计划的三部曲之第一部,曾在著者指导下,由复旦剧社上演轰动一时,被推为一九三二年最优秀的创作剧本之一。内容非常充实,无一句空话;至结构的绵密,对话的生动流利,犹其余事。首附著者《戏剧的人生》长文代序,详述著者从事话剧运动的经过,可为当世名贤借镜,并附以历次演剧经验为系统之插画二十余幅,尤为珍贵。①

洪深在"农村三部曲"中所追求的,大概就是把社会环境扩展到"争食"与"生产"的环节,应和的是左翼的文学观和社会观。而背后则是洪深加入"左联"之后所携带的鲜明的倾向性:"我已阅读社会科学的书;而因参加左翼作家联盟,友人们不断与以教导,我个人的思想,对政治的认识,开始有若干改变。这两部戏所表现的企图,因之也较为明确。我是想说,地主乡绅们,执行'六法'维持秩序的官吏们,放高利贷的资本家们,代表帝国主义者深入农村进行经济侵略的买办们,以及依附他们为生的鹰犬走卒们,由于他们在旧社会所处的地位,是不可能不剥削农民,不可能不压迫农民的。制度决定了他们的品性,制度规定了他们的行为。制度不推翻,他们自然继续作恶的。"②正是基于这种意识形态,洪深在《五奎桥》③中把"五奎桥"塑造成一个旧制度的象征:

> 这座五奎桥不仅仅是一座桥,而是一个重要的象征了。"五奎",一般乡下人迷信是司理命运的天上的星宿;桥名"五奎",或者还许是对于科举时代那读书人的功名际遇的一种颂祷。事实上这座桥的来历,果然是因为前清某某年间,本城一家姓周的,一门两代,出了一个状元四个举人,于是衣锦还乡;除了重新在祖茔上树起石人石马,又把那祖茔前河流上原有的一顶小桥,修理了改名"五奎"……直到现在,这座桥还是周乡绅家对于乡下人的一种夸耀,迷信、愚昧、顽旧的制度,封建势力、地主的特殊利益,乡绅大户欺压平民的威权!似乎五奎桥存在一日,这些一切,也是安如磐石,稳定地存在着的。④

---

① 原载《现代》第 4 卷第 3 期,1934 年 1 月 1 日。
② 《洪深选集·自序》,北京:开明书店,1951 年。
③ 《五奎桥》最初发表于 1932 年 11、12 月《文学月报》第 1 卷第 4 期及第 5、6 期合刊。1933 年 12 月现代书局出单行本,后收入 1936 年 6 月上海杂志公司的《农村三部曲》。
④ 洪深:《五奎桥》,第 37—38 页,上海:现代书局,1933 年。

"五奎桥"也由此成为洪深所设计的戏剧冲突的焦点。《五奎桥》所塑造的李全生,正是为了拆除五奎桥,让洋水龙通过,为桥东的稻田浇水;而与五奎桥的主人周乡绅进行斗争的农民形象,也汇入到30年代一批左翼作家所塑造的农民群像之中。

30年代的洪深同时超越的还有自己的艺术手法。到了《五奎桥》中,写实性成为艺术主旋律,如洪深在《五奎桥》代序《戏剧的人生》中谈到自己的《贫民惨剧》时所说:"在题材方面,我坚决地要描写贫民生活情形,虽不免有空想和过分夸张的地方,而精神却是写实的。"①这种写实精神在《五奎桥》中成为洪深更自觉的世界观和方法论的追求,也使《五奎桥》成为1932年关于农村题材的代表性作品之一,正如《中国文艺年鉴(1932年)》所说:"洪深虽然仅仅产生以农民斗争为题材的《五奎桥》,然而这是更现实的,更精细的,不愧为1932年的话剧的代表。"②

而在洪深告别奥尼尔的象征主义的同时,得与失恐怕就蕴藏其中了。30年代的洪深力图像《洪深戏曲集》自序所说的那样,创造"属于一个时代的戏剧"。因此,他认为:"一个时代有一个时代的精神与状态,有特殊的思想人事与背景……凡一切有价值的戏剧,都是富于时代性的。换言之,戏剧必是一个时代的结晶,为一个时代的情形环境所造成,是专对了这个时代而说话,也就是这个时代隐隐的一个小影。"③试图"对时代而说话"的洪深,必然强调戏剧对重大社会主题的反映。左翼戏剧理论家张庚当年曾经这样论及洪深的"农村三部曲":"最近数年来,他更花了精力,尽他的可能,在我们面前呈现了他所理解的江南农村的疾苦,农村中的思想动摇和激变。在他的世界观中,个人的,小有产者的苦闷是不被重视的。每一个题材,每一个题材中所表现的主题,在他,都有一种必要的价值的衡量:那便是当作一个社会问题、道德问题而提出来;而且在可能范围之内给予解决或者解答。"为了反映和解释时代的本质、主流和全貌,"首先吸引他的注意的,不是事件,人物,而是现象一般,从这现象一般,他首先去取得一个科学地正确的解释与解决"。"因此,事物的发展不是沿着现象对于作者兴趣的逼近,却是沿着最后的结论所逼成的戏剧的Action前进的。也因此,人物不是闪烁在作者头脑中的不可磨灭的'幻影',而是为了整个戏剧Action上的需要才出现的代言者。"④张庚把洪深的现实主义概括为"与动的现实主义相对立的一种机械的现实主义"⑤。有文学史家进一步认为这种洪深式的"'机械的现实主义'的戏剧创作规范,模式,逐渐占据了现

---

① 洪深:《戏剧的人生(代序)》,《五奎桥》,第7页。
② 《一九三二年中国文坛鸟瞰》,中国文艺年鉴社编辑:《中国文艺年鉴(1932年)》,第34页,上海:现代书局,1933年。
③ 洪深:《洪深戏曲集·自序》,《洪深戏曲集》,第1页,上海:现代书局,1932年。
④ 张庚:《洪深与〈农村三部曲〉》,《光明》第1卷第5期,1936年8月。
⑤ 同上。

代戏剧的中心地位,不仅成为支配性的创作倾向,而且逐渐成为一种传统,影响、制约着后来的创造者"①。

《现代》上刊出的《洪深戏曲集》和《五奎桥》两个广告都把洪深戏剧演出的成功作为图书推销的重要策略,从中可见洪深的戏剧在中国现代话剧演出史上也占有一席之地。不过《洪深戏曲集》广告中称《赵阎王》与《贫民惨剧》"均经各处上演,获得极大之成功",恐与事实不尽相符。至少1923年由洪深自己出资自饰主角自任导演、在上海笑舞台演出的《赵阎王》,难说成功。洪深自己回顾说:"那时的观众,看惯了'妾妇之道'的优伶,所以一致地说我是有神经病。""这出戏到民国十八年冬间重演,才获到了观众的同情。"②倒是《五奎桥》的演出,取得了轰动。《五奎桥》公演后,《良友》画报即登出剧照若干幅,所配文字称:"全剧意义正确,表现农民之反抗封建势力之压迫,含义至大。此剧曾由复旦剧社演出,由朱公吕氏导演。特聘袁牧之氏客串饰周乡绅一角,使该剧之出演,得获更大之成功。"③戏中饰周乡绅的袁牧之是话剧演员中的翘楚。1933年12月现代书局印行袁牧之著《演剧漫谈》,《现代》杂志登出的广告语称:

> 我国非职业话剧运动中,在从事实地表演上,袁牧之先生实为最努力之一人。袁先生是一位天才的演剧家,历次主演各名剧如《文舅舅》《五奎桥》《怒吼吧,中国》等,均轰动一时,且表演深刻,化妆神妙,对于剧中人神情尤能传达。本书系集其数年来之随笔四十篇而成,以一个戏剧演员,历述主演各剧时之心理情调,技巧经验,足供努力戏剧运动者作实际之参考。话剧运动自发轫以来近十余年,关于临场演剧之实际经验谈的出版物殊不多见,本书虽为著者个人散文体的纪述,然内容之真实,非身经表演者不能道也。④

在洪深的话剧创作、表演和导演的一体化视野中,"戏剧是感化人类的工具,而演员能透彻地理解与充分地发挥剧本的作用,则是戏剧表演成功的关键"⑤。《五奎桥》的演出,也堪称是现代话剧凝聚导演、演员、剧场、剧作家、剧本的文学性诸种元素于一身的结果,预示了30年代中国剧场艺术的走向成熟。⑥

(作者单位:北京大学中文系)

---

① 钱理群:《大小舞台之间》,第11页,杭州:浙江文艺出版社,1991年。
② 洪深:《我的打鼓时期已经过了么?》,《良友》画报第108期,1935年8月。
③ 《洪深名剧〈五奎桥〉公演(五幅)》,《良友》画报第77期,1933年6月。
④ 袁牧之著《演剧漫谈》的广告见1933年12月出版的《现代》杂志第4卷第2期。
⑤ 参见孙青纹:《洪深小传》,《洪深研究专集》,杭州:浙江文艺出版社,1986年。
⑥ 参见钱理群:《大小舞台之间》。

在"文学史著"与"出版工程"之间
——《中国新文学大系导言集》导读

陈平原

1970年5月,长期主持商务印书馆工作的王云五在一次内部讲话中称:"我认为一个出版家能够推进与否,视其有无创造性的出版物。"在他看来,商务七十年间,只有30种出版物可归入其中。这30种出版物,包括中小学教科书、《东方杂志》《辞源》、各科词典、四部丛刊、百科小丛书、各种索引、万有文库、中国文化史丛书、丛书集成等。① 如此自我期许,很是令人钦佩。不过,王先生所标举的好书,主要功在出版,多半做的是学术积累或文化普及工作,仍然算不上是开创时代风气、引领思想潮流的"大书"。

还有另外一种关于报刊出版"创造性"的解读,那是五四新文化主将胡适提出来的。1923年10月,胡适给高一涵等写信,其中有:"二十五年来,只有三个杂志可代表三个时代,可以说是创造了三个新时代:一是《时务报》,一是《新民丛报》,一是《新青年》。而《民报》与《甲寅》还算不上。"胡适说这话,主要是给《努力周报》诸君打气,希望能承继《新青年》未竟的事业,"再下二十年不绝的努力,在思想文艺上给中国政治建筑一个可靠的基础"。② 因此,胡适并未解释为何谈论足以代表"一个时代"的杂志时,不提读者面很广的《东方杂志》。我的推测是:可以称得上"创造了"一个时代的杂志,必须有明确的政治立场,这样才可能直接介入并影响时代思潮之形成与走向。强调照顾读者趣味(往往基于商业利益的考虑),其结果必然是磨平棱角,记录而不是引导社会,因而也就不可能义无反顾地承担这一选择所与生俱来的风险。这一点,对比《新青年》与《东方杂志》,很容易明白。③

---

① 参见王云五:《商务印书馆与新教育年谱》,第1189页,南昌:江西教育出版社,2008年。
② 胡适:《与一涵等四位的信》,《努力周报》,第75期,1923年10月21日;见《胡适全集》第2卷,第513页,合肥:安徽教育出版社,2003年。
③ 参见陈平原:《杂志与时代——为〈读书〉20周年而作》,《文汇读书周报》1999年2月20日。

既是成功的"出版事业",又在"思想革新"或"文化创造"方面有所建树,这样的成功先例不能说绝无仅有,但也并非俯拾皆是。放开视野,不局限于商务一家,在整个20世纪中国的出版事业中,像王云五那样选取三五十种"有创造性"的出版物,我认为上海良友图书印刷公司1935—1936年出版的《中国新文学大系》可以入围。

相对于皇皇巨著《中国新文学大系》,1940年10月上海良友复兴图书公司印行的《中国新文学大系导论集》,只能说是一册"小书"。可这册363页的小书,1982年由上海书店影印重刊,在最近三十年的中国现代文学教学与研究中,发挥了巨大作用。不说人手一册,起码也是广为传播、阅读与引用。十篇导论,或已成为"运动小史",或被认作"研究范例",对于关注1917—1927年的文学运动及创作的研究者来说,这不仅是"必读书目",且规范着"眼界与趣味"。① 也正因此,《导论集》某种程度上可以"特立独行",不一定非依傍那十卷大书不可。就像今人阅读《文章辨体序说·文体明辨序说》(北京:人民文学出版社,1962年)时,可以暂时搁置吴讷、徐师曾所选历代诗文一样。这种阅读趣味,自《导论集》成书之日起,就已经不可逆转——你既可以将其与《大系》对照阅读,也可以单独欣赏。

问题在于,流传甚广的《中国新文学大系导论集》,并不仅仅是《中国新文学大系》诸多导言的"集锦",其中的修订与删节,隐含着不同的编辑策略与文学眼光,值得仔细推敲。

一、从《大系》到《导论集》

不管是当初的出版说明,还是日后的阅读印象,一般都将《中国新文学大系导论集》视为《中国新文学大系》各卷"导言"的汇编。② 其实,情况远比预想复杂得

---

① 为总结"第一个十年"而编辑的《中国新文学大系》,不只保存了大量珍贵史料,更提供了一幅相当完整的"文学史"图景。除了蔡元培高度概括的总序,胡适、郑振铎、茅盾、鲁迅、郑伯奇、周作人、郁达夫、洪深、朱自清、阿英等为各卷所撰导言,都是相当精彩的文学史论。这就难怪后世的研究者常将其作为立论的根基。鲁迅的总结,历来被史家奉为圭臬;至于50年代的突出茅盾、郑振铎,80年代的注重胡适、周作人,主要源于政治环境的变化。倘若不考虑各家命运的荣衰与升降,单就学术思路而言,新文学创立者的自我总结,始终规范着研究者的眼界与趣味。参见陈平原:《学术史上的"现代文学"》,《中国现代文学研究丛刊》1997年第1期。

② 1982年上海书店以"中国现代文学史参考资料"的名义出版《中国新文学大系导论集》,其影印说明称:"《中国新文学大系导论集》,是三十年代上海良友图书公司出版的十卷本《中国新文学大系》各卷导论的汇编。全书对我国'五四'以后第一个十年间的新文学运动作了全面的总结。据上海良友图书公司1940年10月初版本影印。"

多——不能说不是"导言"的结集,也不能说就是"导言"的结集。因为,《导论集》出版时,编者做了很多"技术处理",目的是使其显得更像是一部独立刊行的文学史著作。这一点,《中国新文学大系导论集》书前的"出版说明"有明确的表述:"本书乃集《中国新文学大系》十册中所载各篇导言而成,故名《新文学大系导论集》,内计总序一篇,导言九篇,是第一个十年间中国新文学各部门综合的研究。"

将《大系》的"导言"结集成书,这一绝佳创意,早就潜伏在这套大书的编选过程中,也符合主编的设想及出版社的利益。"文选"的主要功能,不外存文献、见眼光、定经典、传久远,可规定每集冠以两万字的"导言",明显是"别有幽怀"。《大系》尚未面世,出版商已在《良友画报》第103期上大做广告,主打词为"五百万字选材,二十万字导言";《大系》即将出齐,《文学》第5卷第4号又刊登"《中国新文学大系》十大部之内容说明",着重介绍的依旧是各家的"导言"或"序文"。①"导言"成了《大系》的重要卖点,这正是日后《中国新文学大系导论集》得以单独成书的预兆。

赵家璧最初的设想是精选"五四以来文学名著百种",然后"统一规格,印成一套装帧美观、设计新颖的精装本",只是因碍于版权,方才改为编选集。可由于郑伯奇、阿英、郑振铎、茅盾等人的积极介入,越做越认真,越想越宏伟,最终做成了"兼有文学史的性质"的一套大书。②

所谓"文献"之外,"兼有文学史的性质",主要指向各卷的"导言"。至于阿英所编《中国新文学大系·史料·索引》的意义,必须是专家才能意识到。如果说《大系》的成功,很大程度取决于在"文学史著"与"出版工程"二者之间取得某种微妙的平衡,那么,《导论集》属于"二次开发",目标很明确,只讲"史著"而不问"工程"。

为了使《导论集》看起来更完整也更完美,编者可谓煞费苦心。

第一,为入集的十文另拟标题。详细情况见下表:

《中国新文学大系》	《中国新文学大系导论集》
蔡元培:《〈中国新文学大系〉总序》	蔡元培:《中国的新文学运动》
胡适:《〈中国新文学大系·建设理论集〉导言》	胡适:《新文学的建设理论》
郑振铎:《〈中国新文学大系·文学论争集〉导言》	郑振铎:《五四以来文学上的论争》

---

① 参见《良友画报》第103期,1935年3月;《文学》第5卷第4号,1935年10月。
② 参见赵家璧《话说〈中国新文学大系〉》,《编辑忆旧》,第161—183页,北京:三联书店,1984年;姚琪:《最近的两大工程》,《文学》第5卷第1号,1935年7月1日。

（续　表）

《中国新文学大系》	《中国新文学大系导论集》
茅盾:《〈中国新文学大系·小说一集〉导言》	茅盾:《现代小说导论》（一）
鲁迅:《〈中国新文学大系·小说二集〉导言》	鲁迅:《现代小说导论》（二）
郑伯奇:《〈中国新文学大系·小说三集〉导言》	郑伯奇:《现代小说导论》（三）【误植为《现代导论小说》】
周作人:《〈中国新文学大系·散文一集〉导言》	周作人:《现代散文导论》（上）
郁达夫:《〈中国新文学大系·散文二集〉导言》	郁达夫:《现代散文导论》（下）
洪深:《〈中国新文学大系·戏剧集〉导言》	洪深:《现代戏剧导论》
朱自清:《〈中国新文学大系·诗集〉导言》	朱自清:《现代诗歌导论》

第二,《导论集》调整了《大系》的结构,改《诗集》在前为《戏剧集》优先。如此调整,可能存在文类的偏见,但更大的可能是对朱自清所撰"导言"不太以为然。入选各文中,被删节最多的便是朱文。

第三,《导论集》仅收九卷的"导言",删去了本该入选的《〈中国新文学大系·史料·索引〉序例》。阿英所编《中国新文学大系·史料·索引》,对于整套《大系》来说至关重要。而且,以工作量计,十卷中此卷最吃紧。阿英所撰《序例》开篇即称:"依照《中国新文学大系》的整个编辑计划,和《史料·索引》册所能容纳的字数的关系,在这里,我只能很简略的说一点关于本册编制经过的话。"虽然篇幅不长（六页纸）,且侧重工作思路的介绍,但"序例"中牵涉不少文学社团及杂志创办等史实,并非可有可无。

第四,《导论集》删去了《中国新文学大系》第一卷（即《建设理论集》）书前所刊的《前言》（赵家璧撰）。赵家璧在《大系》中的位置,到底是"主编"还是"责编",这一点下节辨析,此处不赘。单就文章而论,此《前言》确实与"第一个十年间中国新文学各部门综合的研究"无关,故被《导论集》的编者果断地割舍了。

第五,《导论集》对鲁迅、郑伯奇、朱自清三篇"导言"进行了删节。具体情况如下:删去鲁迅《〈中国新文学大系·小说二集〉导言》的第五节,也就是"临末是,关于选辑的几句话——"以下大约五百字;删去郑伯奇《〈中国新文学大系·小说三集〉导言》第八节的最后两句——"本书所选的范围以《洪水》第一周年为止。《月刊》以后的作品便没有选入",而保留了涉及创造社各种刊物之间联系的那些文字;朱自清《〈中国新文学大系·诗集〉导言》因体例特殊,被删节最多。前面的论述文字未动,接下来的"编选凡例"（八则）以及"编选用诗集及期刊目录"全被删去;保留"选诗杂记",而删去了随后六七千字的"诗话"。

面对鲁迅等诸多大家专门为《大系》撰写的宏文,《导论集》编者竟如此"大动干戈",实在不应该。可仔细辨析,你会发现,编者还是相当用心①,所删均为编辑凡例之类,无关文学史论述的大局。如果说《大系》本就包含"选本"与"文学史"两个面向,那么,《导论集》舍弃前者,凸显后者,目的是将其改造成为一部多人合撰的"文学史"。

如果不是仔细校勘,发现诸多剪裁与调整的痕迹,单从这册独立发行的书籍看,《中国新文学大系导论集》还是可读性很高。这就牵涉到,到底是谁动的剪刀?《大系》乃良友图书公司所刊,《导论集》则属于良友复兴图书公司,二者关系如何?赵家璧《话说〈中国新文学大系〉》称:

> 一九三七年八·一三抗战爆发,良友图书公司因地处战区,损失惨重,随即宣告破产。一九三九年一月,改组为良友复兴图书公司,编辑部由我负责。一九四一年十二月八日日寇偷袭珍珠港,太平洋战争发生,随后,日寇入侵英法租界,"孤岛"时代的上海,从此结束。十八天后,良友与商务、中华、世界、大东、开明、生活、光明八家,同遭日寇查封。②

此后,良友复兴图书公司先迁桂林,后搬重庆,有过若干宏伟规划,包括编辑《大系》第二辑、第三辑等。可惜的是,好不容易熬到抗战胜利,"1946年,良友复兴图书公司因股东内部纠纷,无形停业",此事也就不了了之。③

《中国新文学大系导论集》初刊于1940年10月,按赵家璧上述说法,此时良友复兴图书公司的编辑部乃由他负责。至于将十卷本的《大系》改造成精粹简便的《导论集》,是不是他本人操刀,不得而知。不过,赵先生对这册《导论集》起码并不反感,在《话说〈中国新文学大系〉》中四次引述。④

从《导论集》的角度反观《大系》的制作与传播,未始不是一个有趣的角度。更何况,本文的撰写,主要针对新编《〈中国新文学大系〉导言集》的读者。

二、是"主编"还是"责编"

《中国新文学大系》的扉页,明明写着"赵家璧主编"五个大字,难怪后世专门

---

① 如郑伯奇《中国新文学大系·小说三集》导言》第八节"最后,关于编选的体例和范围,讲几句话",这很像鲁迅被删去的第五节,可编者没有全删,而是区别对待。
② 赵家璧:《编辑忆旧》,第216页。
③ 参见赵家璧:《编辑忆旧》,第217—221页。良友图书公司资深编辑马国亮撰文,谈及公司内部伍联德、余汉生、陈炳洪"三驾马车"的分崩离析,导致1938年的破产重组,以及1946年"股东意见分歧,同床异梦,彼此难以合作",最终无可奈何花落去,再度宣告停业。参见马国亮:《良友忆旧:一个公司与一个时代》,第282—287、294页,北京:三联书店,2002年。
④ 参见赵家璧:《编辑忆旧》,第195、197页。

研究"编辑出版"的学者,要据此大做文章。除了讨论其出色的营销策略,更有表彰其如何"主帅点将","指挥着11员新文学名声赫赫的宿将,共同成就了这样的创举和奇迹"的。① 一个"名不见经传"的年轻编辑,促成了《中国新文学大系》的诞生,确实难能可贵。对于现代编辑出版史上这么一项"历史性的大工程",赵家璧功不可没;可要说他"亲手绘制了《大系》全新的设计蓝图,在成为总设计师的同时又担当了举帅旗的总工程师"、"犹如交响乐的指挥,不但举帅旗,而且纳众议,奏响了雄浑壮丽的乐曲,成就了《大系》多元复调的学术特色和经久不衰的生命力"②,则实在言过其实了。《中国新文学大系》之所以具有"多元复调的学术特色和经久不衰的生命力",恰恰在于赵家璧这个"主编"不像今人想象得那么权威、那么神奇。

这里的关键在于,今人理解的"主编",乃运筹帷幄、指挥若定、一言九鼎,而民国年间活跃在出版界的"主编",不一定是学界权威或文坛领袖,也可以是代表出版社利益、起协调作用的"责任编辑"。

1935年3月15日刊行的《良友画报》第103期上,有《中国新文学大系》系列广告,其中包括赵家璧的《编辑中国新文学大系缘起》:"我们相信中国新文学的将来,只有向前进取才是最大的出路。这次我们集合许多人的力量,费了一年余的时间,来实现这一个伟大的计划,希望能从这部大系的刊行里,使大家有机会去检查已往的成绩,再来开辟未来的天地。"这"许多人的力量",落实在赵家璧所撰《〈中国新文学大系〉前言》便是:

> 这一个《新文学大系》的计划,得益于茅盾先生,阿英先生,郑伯奇先生,施蛰存先生的指示者很多,没有他们,这个计划决不会这样圆满完备的。蔡元培先生,胡适之先生,郑振铎先生,鲁迅先生,周作人先生,朱自清先生,郁达夫先生,洪深先生和上述的前三位,花费了他们宝贵的时间,替我们搜材料,编目录,写导言,使这十部大书得以如愿的实现,我借了这个机会,敬向他们深深的致谢。③

阅读赵家璧将近半个世纪后所撰、详细叙述整个编辑出版过程的《话说〈中国新文学大系〉》,更明白《前言》中这段感谢的话并非客套——赵家璧的工作接近今天的"策划编辑"或"责任编辑",主要是择善而从,联络各位编者,协调各方利益,以及宣传推广等。

---

① 参见邵凯云:《年轻编辑赵家璧成就〈中国新文学大系〉大业的缘由剖析》,《河南大学学报》2005年第1期。
② 同上。
③ 赵家璧:《〈中国新文学大系〉前言》,《中国新文学大系·建设理论集》,上海:良友图书印刷公司,1935年10月。

在茅盾、阿英、郑伯奇等名家的指挥下,赵家璧勤奋工作,出色地完成了编辑任务;可这并不等于他对"第一个十年间中国新文学各部门综合的研究"有什么高明的见解。因此,编《导论集》时,将其为《大系》所撰《前言》删去,一点也不奇怪;猜测那是因为同人倾轧或者本人谦虚,反而是多虑了。

良友编《中国新文学大系》,有很多"幕后英雄",但未见"举帅旗"号令四方的"主编"。而这,正是这套大书成功的秘诀。

1932年12月14日,鲁迅撰写收入《南腔北调集》的《〈自选集〉自序》,回忆当初与《新青年》诸战友联手,积极提倡"文学革命"的辉煌,接下来便是那段感慨遥深的文字:"后来《新青年》的团体散掉了,有的高升,有的退隐,有的前进,我又经验了一回同一战阵中的伙伴还是会这么变化……"①三年后,郑振铎撰写《〈中国新文学大系·文学论争集〉导言》,回望那"伟大的十年间",同样表现出无限的惆怅与凄楚:

> 当时在黑暗的迷雾里挣扎着,表现着充分的勇敢和坚定的斗士们,在这虽只是短短的不到二十年间,他们大多数便都已成了古旧的人物,被"挤成了三代以上的古人"了。……
>
> 最好的现象还算是表现着衰老的状态的人物呢!所谓"三代以上的古人"者的人物,还是最忠实的人物;也还有更不堪的"退化"的,乃至"反叛"的人物呢。他们不仅和旧的统治阶级,旧的人物妥协,且还挤入他们的群中,成为他们里面最有力的分子,公然宣传着和最初的白话文运动的主张正挑战的主张的。
>
> 只有少数人还维持斗士的风姿,没有随波逐流的被古老的旧势力所迷恋住,所牵引而去。②

这里分辨"斗士""衰老""反叛"三种路向,与鲁迅的说法异曲同工。只是无论鲁迅还是郑振铎,都只讲类型而不牵涉具体人物。后世的研究者固然可以断言谁高升、谁退隐、谁前进,当初却没有人愿意"对号入座"。

赵家璧的《话说〈中国新文学大系〉》撰于1983年,受时代氛围的限制,再三辩解为何请胡适编《建设理论集》、请周作人编《散文一集》,还抬出郑振铎、茅盾来为

---

① 参见鲁迅:《〈自选集〉自序》,《鲁迅全集》第4卷,第456页,北京:人民文学出版社,1981年。
② 郑振铎:《〈中国新文学大系·文学论争集〉导言》,《中国新文学大系·文学论争集》,第20—21页,上海:良友图书印刷公司,1935年10月。

自己撑腰。① 多年批胡适给作者心灵留下浓重的阴影,难怪其谈及此话题时仍心有余悸:"解放后,通过学习,我对五四革命运动的重大意义有了比较正确的认识,对胡适的那套说法有了不同的看法。因此当我听到有人批评《大系》的第一卷不宜由胡适来编选,在第一卷里又没有选入好几位革命作家的重要文章时,衷心有愧。"②胡适编《建设理论集》时是否"自吹自擂",可以见仁见智;但其"舍我其谁"的姿态,当年的左翼文人并没有斤斤计较,反倒是作为编辑的赵家璧过于胆小了。至于说陈独秀更合适编《建设理论集》,可惜因在监狱中无法找到③,这些都是外行话——且不说胡适在白话文运动中的贡献无人能替代,若真由"老革命党"、性情上更为偏激的陈独秀来编这一册,效果肯定不如目前的状态。

1930年代的中国文坛已严重分化,早年同一战壕的战友,如今可能因政治立场歧异而互射"明枪暗箭"。即便如此,彼此间还没到你死我活、不共戴天的地步。十卷《大系》的编者,有左翼人士,有自由主义知识分子,但没有右翼或封建遗老,基本上都是坚持五四新文化立场者。"道"不太相同,友情日渐稀薄,很可能互相不服气,这个时候,合作编书可以,但要说听谁的指挥,那是做不到的。他们可以接受一位年轻编辑的意见,因其代表图书公司的利益,但不可能听从任何一位编者的"帅令"。

如此弱小的"主编",促成了十位立场不太一致的名家"真诚合作",此乃"大系"神奇之处。正因为"主编"太不权威了,十位编者选编及撰写"导言"时,可以海阔天空,自由飞翔。当初出版社约定,每人编辑费三百,序文千字十元,这在当年是非常优厚的待遇;但鲁迅认为,有话则长,无话则短,"导言"不一定非撑到两万字不可。于是,鲁迅致信赵家璧,称"意思完了而将文字拉长,更是无聊之至";因此,宁愿"序文不限字数,可以照字计算稿费"。④ 出版社后来也意识到,"导言"以二万字为标准,"这种要求确实不很合理"⑤,因此听任每位编者自由取舍。阿英编《史料·索引》卷,《序例》不到五千字;洪深编《戏剧集》,撰写《导言》时下笔不能自休,洋洋洒洒六万言,也都相安无事。

对于"导言"的体例以及编选的策略,"主编"完全不加干涉。朱自清编《诗

---

① 参见赵家璧:《编辑忆旧》,第172—174、182、202页。赵家璧回忆有误,胡适那时并非"北京大学校长",且因其政治立场并不被政府欣赏,不可能"对审查会也许能起掩护的作用";但要说"对一般读者"有"号召力",那倒是真的。至于周作人,时人并不知道他日后会在抗战中"落水",以他当年在文坛的地位及影响力,出任"散文一集"的编者乃求之不得,怎么会需要茅盾来为他辩解呢?
② 赵家璧:《编辑忆旧》,第202页。
③ 同上书,第202、174页。
④ 参见《鲁迅全集》第12卷,第616页。
⑤ 参见赵家璧:《鲁迅怎样编选〈小说二集〉》,《编辑忆旧》,第241页。

集》,其《导言》变成了五块,短论加四个附录——"编选凡例""编选用诗集及期刊目录""选诗杂记"和"诗话";周作人编《散文一集》,撰《导言》时继续"文抄公"试验,不断引述自家以往所撰文章;郁达夫不管别人怎么看,将《散文二集》三分之二的篇幅给了自己最为欣赏的周氏兄弟。各卷的编者全都"一意孤行",不把"主编"放在眼里,这在日后刊行的《大系》各续编中,都不可能再出现了。

有大致的倾向——这毕竟是"新文学"的"大系",必须坚守五四新文化人的价值观;但没有僵硬的指标——对于具体作家作品的评价,"悉听尊便",并不强求一律。这一奥秘,被最早为《大系》撰写书评的姚琪一语道破:

> 不过是因为分人编选的缘故,各人看法不同,自亦难免,所以倘使有人要把《新文学大系》当作新文学史看,那他一定不会满意,然而倘使从这部巨大的"选集"中窥见"新文学运动"的第一个十年的文坛全貌,那么倒反因为是分人编选的缘故,无形中成了无所不有,或许他一定能够满意。①

除了作者以戏班作比喻,夸奖《大系》各卷编者的"角色"配搭得很匀称,更因为五四本就是一个"众声喧哗"的时代,新文学第一个十年的《大系》就该编成这个样子。任凭各卷编者自由发挥、各行其是,在我看来,乃《大系》成功的保证。而这,恰好是"主编"很不权威而导致的"无心插柳柳成荫"。

三、"工程"何以能成功

完成如此浩大的出版工程,犹如打一场胜仗,需要"天时地利人和"的配合。某种意义上,时势比人强,且"机不可失,时不再来"。假如上海良友图书印刷公司不是在1935—1936年间出版《中国新文学大系》,推后一两年,抗战全面爆发,此事绝难进行;提前五六年呢?那时新文学内部正忙于论争,火药味很浓,彼此伤了和气,也很难开展真诚的合作。恰好就在这个相对平静的空当,敏感的年轻编辑赵家璧以及良友图书印刷公司抓住机遇,成就了一件大好事。

因得到诸多高人的热心指点,整个《中国新文学大系》的出版过程进行得很顺利。"大约在1934年的三、四月至七、八月间,《大系》的基本轮廓有了,编辑这样一套《大系》的必要性已肯定了,但如何分卷,请哪些人来担任编选,全未着落";"十位编选者确定以后,我去谒见蔡元培,那大约是在岁尾年初,时间快进入1935年了";"1936年2月,《史料·索引》终于由装订作送来了样书。这样,酝酿于1934年的一个理想,至此终于全部实现了"。② 这么重大的出版工程,从酝酿到完

---

① 姚琪:《最近的两大工程》,《文学》第5卷第1号,1935年7月1日。
② 参见赵家璧:《话说〈中国新文学大系〉》,《编辑忆旧》,第169、203、212—213页。

成,总共花了不到两年的时间,这在今天看来是不可思议的。想想日后《大系》各续编的工作进度,就会明白其中的差距。

用不到两年的时间完成这套大书,首先取决于各位编者的积极配合。而诸多名声显赫的编者,之所以心甘情愿地听从一位小编辑的"驱使",全身心投入这项工作,除了报酬优厚,更重要的是这一出版计划深深打动了他们。赵家璧描述他求见中央研究院院长蔡元培先生时的情景:

> 当我把《大系》规划和编选者名单送给他看时,他仔细地翻阅了一下,他认为像这样一部有系统的大结集,早应当有人做了,现在良友公司来编辑、出版,很好!我们的话题,引起了他老人家的回忆。……他像又回到五四运动初期,风云疾卷的大时代大动荡的日子里,在他慈祥的眉宇之间流露出一层满意的笑容。……他赞许这一出版计划以后,一口答应两件事:先写一段短短的总序提要,再抽空写一篇长序。①

这虽是多年后的追忆,我认为大致可信。各位编者的心境,应该也是大同小异。"像又回到五四运动初期,风云疾卷的大时代大动荡的日子里"——正是这种感觉,让他们不约而同地放下手中的活计,齐心为《大系》效力。

郑振铎的《〈中国新文学大系·文学论争集〉导言》是这样开篇的:

> 编就了这部"伟大的十年间"的《文学论争集》之后,不自禁的百感交集:刘半农先生序他的《初期白话诗稿》云:
> "这十五年中,国内文艺界已经有了显著的变动和相当的进步,就把我们当初努力于文艺革新的人,一挤挤成了三代以上的古人,这是我们应当于惭愧之余感觉到十二分的喜悦与安慰的。"
> 这是半农先生极坦白的自觉的告白。但一般被"挤成了三代以上的古人"的人物,在那几年,当他们努力于文艺革新的时候,他们却显出那样的活跃与勇敢,使我们于今日读了,还"感觉到十二分的喜悦与安慰"的!②

这里有个小小的误解,"三代以上的古人"不是刘半农的发明,是刘半农引述陈衡哲的话。这段话对五四新文化人产生了极大的刺激。据赵家璧称,当初他向郑振铎约稿:"当我们谈到刘半农在《初期白话诗稿》一书序中,刘所说五四时代的战士们已被挤成三代以上古人那句话时,他就动了感情(后来我们知道他为人富于感情,对是非善恶反应强烈,绝不含糊妥协)。他面红耳赤地对我申述了他的见解。……因而对编辑《大系》之举,认为非常及时,极有意义。"而赵家璧之所以关

---

① 参见赵家璧:《话说〈中国新文学大系〉》,《编辑忆旧》,第 203—204 页。
② 郑振铎:《〈中国新文学大系·文学论争集〉导言》,《中国新文学大系·文学论争集》,第 1 页。

注这段话,则是由于阿英的提醒。①

历史感很强的文学史家阿英,在为光明书局1934年版《中国新文学运动史资料》所撰序言中,已经引述过这段话②;而在《大系》的《编选感言》中又称:"十六年来中国新文学的发展,其激急和繁复,是历代文学中所不曾有过的。所以参加了初期活动的干部,现在提起往事,都已不免于有'三代以上'之感。"③茅盾则在1935年4月发表《十年前的教训》,称"从这番话想到最近良友公司拟将出版的'新文学大系',觉得是非常有味";不过,"半农先生说十五年中国内文艺界的变动和进步就把他们这班当初努力于文艺革新的人一挤挤成三代以上的古人,这在一般的说来,容或是事实,但部分的看来,却也未必然呢"。④晚年撰写回忆录,茅盾为此"未必然"揭底:"也有未被挤为古人而与今人同行的,也有虽为今人却好似昔日的旧人还魂的。"⑤可以说,这是一代新文化人共同的"胸中块垒",借编选《大系》之酒杯而浇之,颇为快意。从撰写总序的蔡元培到十位编者,以及诸多自愿为《大系》站台的著名作家,可谓"人同此心,心同此理"。⑥

《大系》的编者不时提及"用以纪念白话诗十五周年"的《初期白话诗稿》,除了诗稿让他们回忆起当初的峥嵘岁月、陈衡哲的"三代以上的古人"让他们感慨万千,还有就是此前一年,《初期白话诗稿》编者、五四新文化运动的猛将刘半农突然去世(1934年7月14日),所有这些,都促使他们"却顾所来径,苍苍横翠微"(李白《下终南山过斛斯山人宿置酒》)。

为了说明编者是如何积极投入此项工作,我选择了几位关键人物,勾勒其工作进度,以及"进度"背后蕴含着的"心情"。有的编者没有日记传世(或独缺这一两年日记),我们只能笼统地说茅盾花了三个月⑦、郑振铎用了

---

① 参见赵家璧:《编辑忆旧》,第170—171、166页。
② 参见阿英:《〈中国新文学运动史资料〉序记》,《阿英文集》,第137—138页,北京:三联书店,1979年。
③ 阿英:《编选感言》,《良友画报》第103期,1935年3月15日。
④ 清:《十年前的教训》,《文学》第4卷第4号,1935年4月。
⑤ 《回忆录二集》,《茅盾全集》第35卷,第20页,北京:人民文学出版社,1997年。
⑥ 我在刊于《中国现代文学研究丛刊》2003年第1期的《思想史视野中的文学——〈新青年〉研究》(下)中提及:"'三代以上的古人'这样的感慨,既沉重,又敏感,牵涉到五四'文学革命'与1930年代'革命文学'的冲突。尽管代与代、先驱与后继、当事人与观察者、追忆历史与关注当下,决定了对于'新文学'的历史建构,各方意见会有分歧;但经由《中国新文学大系》的编纂,《新青年》同人的文学事业得到了前所未有的肯定。"
⑦ 茅盾晚年撰《回忆录》,其"一九三五年记事"一节称:"《新文学大系》小说一集的编选工作,花了我三个月的时间,等到我把《导言》交给赵家璧时,已是一九三五年三月上旬了。"参见《茅盾全集》第35卷,第21页。

八个月①;相比之下,蔡元培等人的状态好得多了。

蔡元培时任中央研究院院长,同时又是"党国要人",需参加各种政务及社会活动,故这段时间著述不多;偶有著述,大都围绕五四新文化运动展开。1934年1月1日发表《我在北京大学的经历》,详细描述发源于北京大学的新文化运动;同年6月13日撰《吾国文化运动之过去与将来》,称"观察我国的文化运动,也可用欧洲的文艺复兴作一种参证",从先秦诸子百家一直说到"《新青年》盛行,五四运动勃发",其中牵涉赛先生与德先生、语体文、西洋小说的翻译、民歌的搜集、话剧的试验等——此文篇幅不长,却为日后《大系》的《总序》埋下了伏笔;同年8月20日撰《哀刘半农先生》、10月1日撰《刘半农先生不死》、10月8日撰《刘复碑铭》。② 就在这个节骨眼上,迎面碰上了《中国新文学大系》的出版计划,难怪其不顾劳顿,一口应承。据蔡元培1935年1月11日日记:"良友图书公司编辑赵家璧到院,拟印《中国新文学大系》(第一个十年,一九一六——一九二七,即五四至五卅时代),要我作一篇总序,约三四万言,二月二十八日以前缴稿。先作二三百言的提要,于下星期六来领,备先付印征预约。"③出于对五四新文化及新文学的强烈兴趣,蔡元培认领了这一几乎不可能完成的任务。同年8月6日为《中国新文学大系》撰写的《总序》,叙述欧洲近代文化是从文艺复兴而来,而中国文化自先秦以至近代,自有其发展轨迹;陈独秀主持《新青年》以及胡适、钱玄同等提倡白话文,既是思想革命,也是文学革命,可与欧洲文艺复兴相比拟。文章结尾高屋建瓴:

> 我国的复兴,自五四运动以来不过十五年,新文学的成绩,当然不敢自诩为成熟。……吾人自期,至少应以十年的工作抵欧洲各国的百年。所以对于第一个十年先作一总审查,使吾人有以鉴既往而策将来,希望第二个十年与第三个十年时,有中国的拉飞儿与中国的莎士比亚等应运而生呵!④

半个月后,蔡元培又为《新青年》重印本题词:"《新青年》杂志为五四运动时代之急

---

① 郑振铎1935年3月上旬致信胡适,商谈《中国新文学大系》的《建设理论集》和《文学论争集》的编选问题,并将自己编的《文学论争集》选目寄给胡适,以避免二书选文重复(参见陈福康:《郑振铎年谱》上册,第291页,太原:三晋出版社,2008年)。至于完成时间,《文学论争集》出版于同年10月,《导言》后所署日期也是1935年10月21日,可见郑振铎编选此书的时间不会超过八个月。
② 参见《蔡元培全集》第6卷,第348—356、421—423、437—438、443—444、591—593页,北京:中华书局,1988年。
③ 中国蔡元培研究会编:《蔡元培全集》第16卷,第383—384页,杭州:浙江教育出版社,1998年。
④ 蔡元培:《〈中国新文学大系〉总序》,《蔡元培全集》第6卷,第568—576页,北京:中华书局,1988年。

先锋。现传本渐稀,得此重印本,使研讨吾国人最近思想变迁者有所依据。甚可嘉也!"①所有这些举动,对蔡先生而言,都是在怀念一个已经永远消逝的时代。

1935 年的上半年,北京大学文学院院长胡适除了教书、开会、会客、香港讲学、广西访问、平绥路旅行、为中日交涉谋划国策,还撰写了小诗、游记、论文以及大量时评。② 此外就是关于五四的若干文章。查胡适当年 4 月 28 日日记:"今天写《纪念五四》一文,至晨三时始终成,凡六千五百字";5 月 1 日日记:"校看《独立》稿,把'五四'一文送从文转载"。③ 可此文最后还是留在了《独立评论》,刊 1935 年 5 月 5 日发行的第 149 号。此期杂志的《编辑后记》称:"纪念'五四'的文字,本是沈从文先生要我为《大公报》文艺副刊写的,写成之后,我自己觉得够不上'文艺',所以留在这里发表。"④

五四运动发生时,胡适并不在北京,因而不可能有很生动的记述。其 1935 年所撰《纪念"五四"》,叙述五四运动的起源、经过以及影响,更多的是理性分析:"我们现在追叙这个运动的起源,当然不能不回想到那个在蔡元培先生领导之下的北京大学";而蔡元培提出"研究学术"的宗旨,吸收青年教授而造成了研究学术和自由思想的风气;另外,陈独秀主办的《新青年》反对孔教、提倡白话文、主张文学革命,因而在新旧思潮论争中,"北大早已被认为新思想的大本营了"。如此溯源,结论是我们必须关注"思想之变化":"因为当年若没有思想的变化,决不会有'五四运动'。"⑤紧接着,胡适于同年 5 月 6 日撰《个人自由与社会进步——再论五四运动》(刊《独立评论》第 151 号),针对近年国人对于他所提倡的健全的个人主义的批评,以及民族主义思潮的高涨,胡适强调两点:"'五四'运动虽然是一个很纯粹的爱国运动,但当时的文艺思想运动却不是狭义的民族主义运动";"思想的转变是在思想自由言论自由的条件之下个人不断的努力的产儿。个人没有自由,思想又何从转变,社会又何从进步,革命又何从成功?"⑥那年 8、9 月间,胡适为上海亚东图书馆与求益书社重印《新青年》题词:"《新青年》是中国文学史和思想史上划分一个时代的刊物,最近二十年中的文学运动和思想改革,差不多都是从这个刊物

---

① 蔡元培:《〈新青年〉重印本题词》,《蔡元培全集》第 6 卷,第 577 页,北京:中华书局,1988 年。
② 参见《试评所谓"中国本位的文化建设"》《我们今日还不配读经》《充分世界化与全盘西化》,分别刊 1935 年 4 月 7 日《独立评论》第 145 号、1935 年 4 月 14 日《独立评论》第 146 号、1935 年 6 月 23 日天津《大公报·星期论文》。
③ 参见《胡适全集》第 32 卷,第 435、441 页,合肥:安徽教育出版社,2003 年。
④ 同上书,第 281 页。
⑤ 胡适:《纪念"五四"》,原载 1935 年 5 月 5 日《独立评论》第 149 号,见《胡适全集》第 22 卷,第 266—276 页。
⑥ 胡适:《个人自由与社会进步——再论五四运动》,《胡适全集》第 22 卷,第 282—287 页。

出发的。我们当日编辑作文的一班朋友,也不容易收存全份,所以我们欢迎这《新青年》的重印。"①至于为《中国新文学大系·建设理论集》撰写《导言》,我们只知道完成于1935年9月3日,至于何时动笔,则不得而知。因为,一直到七月底,胡适日记仍没有撰写《导言》的记载;而8月至11月日记缺失,往来书信中也未见涉及。或许,对于胡适来说,撰写此文乃"水到渠成",用不着花很大力气,故也就不必记载了。

朱自清在《〈中国新文学大系·诗集〉导言》附录的《选诗杂记》中,曾引述周作人的话:"他说他选散文,不能遍读各刊物;他想那么办非得一年,至少一年。"②实际上,周作人不可能这么做,也不屑于这么做。查鲁迅博物馆藏《周作人日记》,1934年12月7日六时半,周与马隅卿、徐祖正往淮阳春饭庄,请客的是许寿裳,同席有熊佛西、朱自清、俞平伯、朱光潜、郑振铎等;席间,"西谛为良友公司转嘱《新文学大系》中'散文甲编',允考虑再覆"。同月11日发信郑振铎,内容不详;15日又给郑振铎寄去刚由北新书局出版的《夜读抄》;21日得郑振铎快信,22日寄郑振铎快信,应该是签了合约。③ 1935年1月6日,周作人致信赵家璧,称"大系规定至民十五年止,未免于编选稍为难,鄙意恐亦未能十分严格耳";15日再次致信,言"达夫来信拟以人分,庶几可行,已复信商定人选矣"。④ 这期间,周作人除了上课、演讲,平均两三天就有一篇新作,似乎没有特别在意《大系》的编选与撰序。完成于同年8月24日的《〈中国新文学大系·散文一集〉导言》,基本上是平日文章的连缀,因为此前周作人已有很多关于散文的言论,不必临阵磨枪。《导言》一开篇,就摘引自家的《中国新文学的源流》第五讲,接下来是1930年9月所撰《〈近代散文抄〉序》以及1926年5月致俞平伯信、1926年11月撰《〈陶庵梦忆〉序》、1928年5月撰《〈杂拌儿〉跋》、1928年11月撰《〈燕知草〉跋》、1932年11月撰《〈杂拌儿之二〉序》等,最后以《中国新文学的源流》第二讲作结。比起以前的论述,此文补充以下几点:"言他人之志即是载道,载自己的道亦是言志";追溯晚明公安派文"却不将他当作现今新文学运动的祖师";新文化运动受"唯物的科学思想"影响,故能使中国固有的儒释道得到很好的淘炼;"以科学常识为本,加上明净的感情与清澈的理智,调和成功一种人生观,'以此为志,言志固佳,以此为道,载道亦复何碍'"。接下来是编辑体例,第六点居然是:"末了我似乎还得略说我自己对于散文的主观

---

① 参见胡颂平编著:《胡适之先生年谱长编初稿》第4册,第1403页,台北:联经出版公司,1984年。
② 朱自清:《〈中国新文学大系·诗集〉导言》,《中国新文学大系·诗集》,第18页,上海:良友图书印刷公司,1935年10月。
③ 参见《周作人日记》下册,第719、721、723、727页,郑州:大象出版社,1996年。
④ 参见孔另境编:《现代作家书简》,第60页,上海:生活书店,1936年。

和偏见……"这样的序言,只有大名家周作人才做得出来;也只有编者对其格外信任乃至崇拜,才能允许他这么写序。对于了解周作人的文艺思想,此文很重要;可要想借此了解这十年间散文发展的轨迹,则实在是无从谈起。

《中国新文学大系·诗集》这一卷,赵家璧原本想请避祸日本的郭沫若编,因审查会的坚决反对,只好改请朱自清上阵。① 这样一来,留给朱自清的编选时间就很少了。好在朱先生十分敬业,竟如期完成了任务。查朱自清日记:1935年6月7、11、19日,朱自清和赵家璧有三次见面,那不会只是吃饭,应该是商定编选《大系》事宜。6月30日,朱自清"开始编《新诗选集》,但觉头脑不爽"②——这可不是抱怨,连着十天,朱自清一直跑医院;再接下来妻子早产,需要照顾,又不免分散了精力。从7月15日起,同时编《大一国文选》和《新诗选》,感觉"工作效率不高"。7月22日是关键,那天下午,朱自清拜访周作人,得其指点,日记中称:"下午进城,见周岂明,借新诗集甚多。询以散文一集之选编方法,并承答,谓搜集全部材料并选编,共费时一年。而在我则不可能有此余裕。又谓彼先主观确定十七八位作家,再从中选取作品,这却很有道理。看来我的计划也要加以改变。"③这一编选策略的改变,大见成效,虽整整改了一周的试卷,但还是在8月11日"寄走全部诗选稿件",9月5日"写《选诗杂记》"。④《诗集》的及时完稿,固然得益于编者此前在清华大学开设"中国新文学研究"课程并撰有相关讲义,可不管怎么说,用不到三个月的时间,编出这样一本大书,还是令人钦佩。了解其工作进程,明白编者们是在什么状态下编书的,我们对这套"大系"便既不忍横加指责,也不该过分迷信。

关于鲁迅编选《中国新文学大系·小说二集》的具体经过,赵家璧已有专文论述⑤,这里从略;我只想计算鲁迅编书与作文所费时间。查鲁迅日记,1935年1月8日"得赵家璧信并编《新文学大系》约一纸";1月24日"夜选《中国新文学大系》小说开手";2月20日"夜作《新中国文学大系》小说部两引言开手";2月26日"上午寄赵家璧信并所选小说两本";2月27日"下午选校小说并作序文讫";28日"访赵家璧并交小说选集稿"。⑥ 实际上,这时《导言》并未完工,只是写出了初稿。查3月1日鲁迅给萧军、萧红信,称"我的选小说,昨夜交卷了,还欠一篇序";3月6

---

① 参见赵家璧:《编辑忆旧》,第183—194页。郭沫若作为诗人的名气,远在朱自清之上;可朱的学术准备更充分,且性情平和,治学严谨,更适合于为《大系》编《诗集》。
② 参见《朱自清全集》第9卷,第364—366页、368,南京:江苏教育出版社,1997年。
③ 同上书,第372页。关于周作人"谓搜集全部材料并选编,共费时一年",此处明显是误解,参见前述《选诗杂记》文字。
④ 同上书,第375页、378页。
⑤ 参见赵家璧:《鲁迅怎样编选〈小说二集〉》,《编辑忆旧》,第226—244页。
⑥ 参见《鲁迅全集》第15卷,第206—214页。另外,参阅鲁迅1935年2月26、28日致赵家璧信,见《鲁迅全集》第13卷,第66—68页。

日致信赵家璧,提及"序文总算弄好了"。① 可见《〈中国新文学大系·小说二集〉导言》文末所注"1935 年 3 月 2 日写讫",应该是准确的。如此说来,鲁迅选编《小说二集》并撰写《导言》,合起来也才用了一个半月时间。

　　《大系》编选之所以进行得如此顺利,一是编者感触良多,愿意投入此"有意义的工作";二是编者均为当事人,对于相关文学活动及作家、作品相当熟悉;三是各位编者基本上成竹在胸,一旦应允下来,均能按时完成任务。当然,知道这套大书采用"预约制",不好意思因自家拖延而导致出版商破产,也是一个重要缘故。

　　读赵家璧《话说〈中国新文学大系〉》,容易产生两点误解,第一,十位编者分属不同阵营,选文时很可能互相排斥;第二,"前辈作家虚怀若谷",说不定因担心瓜田李下,都像茅盾那样"独独不选编者自己的任何一篇作品"。② 如此"想当然尔",是不了解上世纪 30 年代中国文坛的风气。《大系》的编者们,即便关系不太融洽,也都有历史眼光,明白哪些该选,哪些不该选。正是因编者不避前嫌,也不自我回避,使得这套大书显示出从容的气度与胸襟。

　　若将入选作品分成五类——文论、小说、散文、诗歌、戏剧,看这十位编者入选作品的数量(暂不考虑文章长短及重要性,也不计入各卷的"导言"),你会有很有趣的发现(括号中代表篇数):

　　　　胡适:文论(34),诗(9),戏剧(1);
　　　　郑振铎:文论(9),小说(2),散文(2),诗(2);
　　　　茅盾:文论(11),散文(2);
　　　　鲁迅:小说(4),散文(24),诗(3);
　　　　郑伯奇:小说(2),戏剧(1);
　　　　周作人:文论(7),散文(57),诗(9);
　　　　郁达夫:文论(2),小说(5),散文(8);
　　　　朱自清:小说(2),散文(7),诗(12);
　　　　洪深:戏剧(1);
　　　　阿英:文论(1)。

　　在编选过程中,各卷编者互相推荐文章,颇多沟通与对话。至于"内举不避亲",更是不在话下。如胡适编《建设理论集》,选入自家文章 20 篇;郑振铎编《文学论争集》,选入自家文章 6 篇;鲁迅编《小说二集》,选入自家小说 4 篇;郑伯奇编《小说三集》,选入自家小说 2 篇;朱自清编《诗集》,选入自家诗作 12 首;洪深编《戏剧集》,选入自家剧作 1 部;阿英编《史料·索引》,选入自家文章 1 篇。周作人

---

① 参见《鲁迅全集》第 13 卷,第 70、72 页。
② 参见赵家璧:《编辑忆旧》,第 215—216 页。

与郁达夫交叉选文,因此不会出现自己选自己的情况;可周编《散文一集》时选郁文8篇,郁编《散文二集》时选周文57篇,不也近乎自选吗?至于茅盾编《小说一集》时没选入一篇自己的作品,那是因为在新文学第一个十年,沈雁冰的主要业绩在文学批评,成为著名小说家(茅盾)是后来的事。

与日后编各种"选本"或"大系"时编者须"自我回避"不同,五四新文化人理直气壮地选入自家作品,因为,这是一代弄潮儿的"自我确认",既不想、也不必假装谦虚。

四、同时代人的阅读与评价

1935年5月,《小说一集》面世,打响了至关重要的第一炮;紧接着,7月出二册,8月出三册,10月出三册;而工作量最大的《史料·索引》卷也在第二年2月刊行。至此,《中国新文学大系》十卷全部出齐,可谓"功德完满"。

书如期出版了,读者反应如何?检测读者如何看待这套五百万言大书,有两种不同标准——图书发行与学界评价。前者很简单,赵家璧的"话说"说得很清楚:能销两千套即可保本,再版便是盈余;而《大系》采用的是预约制,初版两千很快订完,再版精装两千也已售出,1935年9月,《大系》尚未出全,已紧急加印普及本两千套。① 由此可见,《大系》在商业运作方面十分成功。至于说时人对这套大书的评价,可就有点复杂了。这里需要区分当事人的意愿、朋友的站台、公开的书评、私下的议论,以及政府有关部门的态度。

《中国新文学大系》的畅销,除了编者阵容足够强大,再就是宣传很到位。比起登载于大型月刊《文学》等的广告,在公司自家刊物《良友画报》上,关于《大系》的宣传更是铺天盖地。日后研究者论及时人对于《大系》的评价,多来自赵家璧《话说〈中国新文学大系〉》中引述的《大系样本》;而此《大系样本》的内容,大都见于《良友画报》第103—112期的广告。这里就以广告最为集中且最精彩的《良友画报》第103期(1935年3月15日)为例。

除了介绍"大系"内容以及预约方式的整张广告,《良友画报》第103期还有两大副张,具体内容如下:以赵家璧《编辑中国新文学大系缘起》打头,接下来是黑底白字的"中国文学史上千古不朽的纪念碑",包括"全国名流学者对《新文学大系》之评论摘录"、蔡元培手书《中国新文学大系总序节要》、十卷大书的介绍以及各位编者的"编选感想"(手迹)。中间穿插两则广告:"最理想的**编选人**,用最客观的目光,在最复杂的材料里,作中国新文学史上**最有价值的伟举**"(黑体为原本所有);"有了这部'新文学大系',等于看遍了五四运动以来十年间数千种的刊物杂志和

---

① 参见赵家璧:《编辑忆旧》,第188、212—213页。

文艺书籍。专家选择了最好的作品,可以省却你的许多时间和金钱!"

所谓"全国名流学者对《新文学大系》之评论摘录",总共八则,其中蔡元培、茅盾、郁达夫三则乃下面所刊"总序节要"或"编选感想"的摘引,剩下的五则是:

> 林语堂先生说:"民国六年至十六年中国文学开一新纪元,其勇往直前精神,有足多者;在将来新文学史上,此期总算初放时期,整理起来,甚觉有趣。"
> 冰心女士说:"这是自有新文学以来最有系统,最巨大的整理工作。近代文学作品之产生,十年来不但如笋的生长,且如菌的生长,没有这种分部整理评述的工作,在青年读者是很迷茫紊乱的。这些评述者的眼光和在新文学界的地位,是不必我来揄扬了。"
> 甘乃光先生说:"当翻印古书的风气正在复活,连明人小品也视同至宝的拿出来翻印的今日,良友公司把当代新文学的体系,整理出来,整个的献给读者,可算是一种繁重而切合时代需要的劳作。"
> 叶圣陶先生说:"良友邀约能手,给前期的新文学结一回帐,是很有意义的事!"
> 傅东华先生说:"将新文学十年的成绩总汇在一起,不但给读者以极大便利,并使未经结集的作品不至散失,我认为文学大系的编辑是对于新文学发展,大有功劳的。"

甘乃光时任内政部政务次长,虽也有著作,但主要身份是官员;其他各位,或著名作家,或文学编辑,统称为"名流学者"是可以的。只是有一点,诸人都只说编辑《新文学大系》非常非常重要,未说这《大系》编得怎么样。原因很简单,当其开口说话时,都是只闻选题而未见图书——打头阵的《小说一集》也是在这些广告刊行两个月后方才面世。

诸多为这套大书站台叫好的"名流学者"中,最显眼的当属中央研究院院长、德高望重的蔡元培先生。影印蔡元培"总序节要"手迹效果很好,此乃日后撰写的《〈中国新文学大系〉总序》的雏形,值得全文引录:

> 欧洲近代文化,都从"复兴"时代演出;而这时代所复兴的,为希腊罗马的文化,是人人所公认的。我国周季文化,可与希腊罗马比拟,也经过一种烦琐哲学时期,与欧洲中古时代相埒;非有一种"复兴"运动,不能振废起衰。五四运动时代的新文学运动,就是"复兴"的开始。
> 希腊罗马的文化,虽包括哲学、科学、文学与艺术,而要以文艺为最著,故欧洲的"复兴"以文艺为主要品。吾国周季的文化,如诸子的散文,策士的纵横,风雅颂的诗,楚人的辞赋,都偏于文学方面,故"复兴"时期,也以文学为主要品。

欧洲的"复兴",在艺术上,由神相而渐变为人相;我国的"复兴",在文学上,由鬼话而渐变为人话。

欧洲的"复兴",为方言文学发生的主因;我国的"复兴",以白话文学为要务。

欧洲的"复兴"由十三纪发起,历三世纪之久,由意大利而渐布于法、德、英等国,由文学而人道主义、科学方法,以达于艺术的最高点。我国的"复兴"自五四运动以来,不过十五年,新文学的成绩,当然不敢自诩为成熟;其影响于科学精神,民治主义(即《新青年》所标揭的赛先生与德先生)及表现个性的艺术,均尚在进行中。但是吾国历史,现代环境,督促吾人,不得不有奔轶绝尘的猛进。吾人自期,至少应以十年的工作,抵意大利的百年。所以对于第一个十年,先作一总检查,使吾人有以鉴既往而策将来,决不是无聊的消遣!

至于各卷编者所撰"编选感想",赵家璧在《话说〈中国新文学大系〉》中都有引用。考虑到这些文字被穿插在各处,且赵文引述时颇多错漏,这里根据当初影印制版的手迹重新整理,集中呈现,只是删去了每幅手迹下面关于此册图书内容的介绍。

胡适《〈中国新文学大系·建设理论集〉编选感想》:

我的工作是很简单的,因为新文学的建设理论本来是很简单的。简单说来,新文学运动只有两个主要的理论。(一)要做活的文学。(二)要做"人的"文学。前者是语言工具的问题,后者是内容的问题。凡"白话文学","国语文学","吸收方言文学的成分","欧化的程度",这些讨论都属于"活的文学"的问题。"人的文学"一个口号是周作人先生提出来的估量文学内容的标准。

郑振铎《〈中国新文学大系·文学论争集〉编选感想》:

将十几年前的旧帐打开来一看,觉得有无限的感慨。从前许多生龙活虎般的文学战士们,现在多半是沉默无声。想不到我们的文士们会衰老得那末快,然而更可怪的是:旧问题却依然存在(例如"文""白"之争之类),不过旧派的人却由防御战而突然改取攻势了。这本书的出版,可以省得许多"旧话重提"。或不为无益的事罢。

茅盾《〈中国新文学大系·小说一集〉编选感想》:

"新文学"发展的过程是长长的一条路。这条路的起点以及许多早起者留下的足迹,有重大的历史价值。现在良友公司印行"新文学大系"第一辑,将初期十年内"新文学"的史料作一次总结。这在今日的出版界算得是一桩可喜之事。至少有些散逸的史料赖此得以更好地保存下来。

鲁迅《〈中国新文学大系·小说二集〉编选感想》：

这是新的小说的开始时候。技术是不能和现在的好作家相比较的,但把时代记在心里,就知道那时倒很少有随随便便的作品。内容当然更和现在不同了,但奇怪的是二十年后的现在的有些作品,却仍然赶不上那时候的。

后来,小说的地位提高了,作品也大进步,只是同时也孪生了一个兄弟,叫作"滥造"。

郑伯奇《〈中国新文学大系·小说三集〉编选感想》：

中国新文学运动已经到了决算期了。把以前的成果整理一番,给今后文学的发展是很有帮助的。良友计划刊行的新文学大系,只就这一点讲,已是有意义的工作了。况且十多年来许多将被遗忘的作品因此而获保存,在目前不也是很重要的吗？

不久以前,自己发表了一点关于伟大作品的感想,曾引起了许多不同的意见。其实,讨论这问题也应该在前人作品中先做一番回顾反省的工夫,不然,便会流为空谈。现在参加这书的编选,为自己个人,是一个自己再教育的好机会。

周作人《〈中国新文学大系·散文一集〉编选感想》：

这回郑西谛先生介绍我编选一册散文,在我实在是意外的事,因为我与正统文学早是没关系的了。但是我终于担任下来了。对于小说戏剧诗等等我不能懂,文章好坏还似乎知道一点,不妨试一下子。选择的标准是文章好意思好,或是(我以为)能代表作者的作风的,不问长短都要,我并不一定喜欢所谓小品文,小品文这名字我也很不赞成,我觉得文就是文,没有大品小品之分。文人很多,我与郁达夫先生是分人而选的,正在接洽中,我要分到若干人目下还不能十分确定。

郁达夫《〈中国新文学大系·散文二集〉编选感想》：

照灯笼的人,顶多只能看清他前后左右的一圈,但在光天化日之下,上高处去举目远望,却看得出四周的山川形势,草木田畴。中国的新文学运动,已经有将近二十年的历史了；自大的批评家们,虽在叹息着中国没有伟大的作品,可是过去的成绩,也未始完全是毫无用处的废物的空堆。现在是接迹于过去,未来是孕育在现在的胞里的,《中国新文学大系》的发行主旨,大约是在这里了罢？

朱自清《〈中国新文学大系·诗集〉编选感想》：

新文学运动起于民六,新诗运动也起于这一年。民八到十二诗风最盛。这时候的诗与其说是抒情的,不如说是说理的；人生哲学、自然哲学、社会哲学都在诗里表现着。形式是自由的,所谓"自然的音节"。民十五《晨报·诗镌》

出现以后,风气渐渐转变,一直到近年,诗是走上了精微的抒情的路上去了。从一方面说这当然是进步,但做诗的读诗的却一天少一天,比起当年的狂热,真有天渊之别了。

我们现在编选第一期的诗,大半由于历史的兴趣,我们要看看我们启蒙期诗人努力的痕迹。他们怎样从旧镣铐里解放出来,怎样学习新语言,怎样寻找新世界。虽然他们的诗理胜于情的多,但是到底只有从这类作品里,还能够多看出些那时代的颜色,那时代的悲和喜,幻灭和希望。

为了表现时代起见,我们只能选录那些多多少少有点儿新东西的诗。

洪深《〈中国新文学大系·戏剧集〉编选感想》:

我想写两篇序文:一篇是泛论中国的戏剧运动的,指出各派各人的作用与功绩。在纵的方面,可分三期:一、最早以新姿态出现,作者的动机胜过于他的技巧。二、技巧相当地追上一段。三、更新的内容——在一九二七前,理应开始。而横的方面,又可分三类:一、理论;二、剧本的创作;三、舞台上工作。我在第二篇序文里,想说明每个剧本被选入的理由,以及每个作家的成就。

阿英《〈中国新文学大系·史料·索引〉编选感想》:

十六年来中国新文学的发展,其激急与繁复,是历代文学中所不曾有过的。所以,参加了初期活动的干部,现在提起往事,都已不免于有"三代以上"之感,刚刚成长的文学青年,那是更不必说了。在这样的情形之下,即使暂时不能产生较优秀的新文学史,资料索引一类书籍的印行,在任何一方面,也都是有着必要的。良友图书公司发刊《中国新文学大系》,其意义,可说是高过于翻印一切的古籍,在中国文化史上,这是一件大事!①

因编者们的积极配合,《大系》的出版工作进展顺利。到了 1935 年 9 月,《大系》已刊六册,《良友画报》于是推出了"发售普及本特价"的整版广告,除了丛书目录及简介,再就是以"全国舆论界对本书一致推荐赞扬"为题,摘引了四家报纸的赞扬文字:

天津《大公报》:

从民国六年的文学革命起始,中国有了个新文学运动,这运动因民八的"五四运动",而增加了它的意义和价值。到现在,算算时间,已有了十八年!十八年来这个新文学运动,经过了多少变迁,有了些什么成绩,它的得失何在:皆很值得国人留心。我们很希望有人肯费些精力来用一种公正谨严态度编辑

---

① 这里所录蔡元培"总序节要"及十位编者的"编选感想",据《良友画报》第 103 期(1935 年 3 月 15 日)广告版的手迹整理而成,整理时参考了赵家璧的《话说〈中国新文学大系〉》。

一部现代中国文学发展史,给这个新文学运动结一次账。年来虽看到几本书在市场上流行,可惜还没有一部较好的书。如今上海良友图书公司,请了十个当代作家,就这个运动初期十年中的一切活动,分别整理编辑了十本书,名为"新文学大系",可谓近年来出版界一种值得称道的大贡献。

南京《中央日报》:

我们要想对近代中国文学的这一次的变动(五四文化运动)来作一次估价,看看这一次的文艺思潮里倒[到]底有了些什么收获,要想搜取这样一种参考的资料,在现在实在已经是一件非常困难的事情。我觉得这一个工作,可以说是目下出版界里最有价值最有意义的工作。

上海《大晚报》:

从书的计划本身上看,把五四运动以来,中国新文学的启蒙时期,做一次整理和清算的工作,这次却是创举。这一次创举,我们虽然不必要对于既往的成果过分地夸大和自负,但把它当作教训和殷鉴,却是必要的。

上海《申报》:

目下中国出版界,古书在翻印了,新书也在编选了,凡为一个现代中国青年的我们,应当去看古书,研究一点古学问呢?还是应当去读新书,吸收一些新知识呢?这问题如果不是全无意义,那倒也有提出来加以讨论的必要。以我们的眼光看,现代中国青年,应该读新书,而不应该读古书。因此,当翻印古书之风正在盛行的今日,我们还能有这一部《中国新文学大系》可看,这真可说是现代中国青年的幸运!①

仔细阅读上述赞扬文字,依旧是从"立意"的角度,表彰《大系》"可谓近年来出版界一种值得称道的大贡献"。或许,这就是"大书"书评的特点,各报编辑尚未认真阅读(更何况书还未出完),只能"友情出演",给予十分热情但又显得相当抽象的肯定。

据赵家璧称,为了这降价销售的"白报纸纸面精装普及本",良友特意编印了《大系三版本样本》:"这个厚六十页的样本中,除分别介绍十个集子的内容外,又加了《舆论界之好评摘录》,把当时《申报》、《大公报》等全国各地七种大报的评语,摘编四页,并把《文学》的评语,列在最前面。还用二十五页篇幅,把九卷的全部目录(除《史料·索引》)编入,供预约者参考。"②这当然是很高明的销售策略。至于为何将"《文学》的评语"放在最前面,除了傅东华主编的《文学》在当年的文

---

① "全国舆论界对本书一致推荐赞扬",见《良友画报》第109期,1935年9月。
② 参见赵家璧:《编辑忆旧》,第213页。

坛属于"权威性刊物",更因姚琪的书评说出了很多编者想说又不便直接说出来的"心里话"。

姚琪发表在第5卷第1号《文学》上的《最近的两大工程》,高度评价了郑振铎编《世界文库》(生活书店)以及赵家璧编《中国新文学大系》(良友图书印刷公司)。书评作者只见到了最先推出的《小说一集》,故称:"这里共选录了短篇小说五十八篇,代表着二十九位作家,都计五十万言。这二十九位作家中至少有一半是我们陌生的,或早已从文坛上隐去的。然而这几位彗星似的作家的作品不但内容上反映了当时社会生活的各面,便是技术上也很不坏。"更重要的是,姚琪将《大系》与此前的文学史著作相比较:

> 近二三年来,曾经有过两三部"新文学运动史"之类的书籍出版,但是无论就材料的搜罗或思潮的分析上看来,似乎都还不能使我们满意。《新文学大系》虽是一种选集的形式,可是它的计划要每一册都有一篇长序(二万字左右的长序),那亦就兼有了文学史的性质了。这个用意是很对的。①

表彰作为选本的《大系》具有"文学史的性质",这无疑挠到了出版者的"痒处",让赵家璧等很开心。

可是,要说"专业书评",这篇常被研究者提及的《最近的两大工程》,其实不及沈从文发表在《大公报》上的文章。1935年5月5日,天津《大公报·文艺副刊》上发表署名"编者"的《介绍〈新文学大系〉》,那时书并未出版,以下文字属于报刊间互相交换的"软广告":"每种专集约五十万言,并由编选者各附引论约两万言,叙述本书各作品自五四以来发展的经过,以及其重要影响。十个编选人或为这个运动发端的领袖,如胡适之、周作人先生;或为重要刊物主持人,如茅盾、郑振铎先生;或为当时重要作家,如鲁迅、郁达夫、郑伯奇先生;或为专家,如朱自清、洪深先生;或为史料收藏者,如阿英先生。如今十个人能通力合作来编选这样一部五百万言的总集,可谓近年来出版界一种值得称道的大贡献。编者能在五四运动的十六周年的纪念日,将这部书介绍给本刊八万读者,很觉得是件快乐的事情。"②

等到读完了已刊六卷,这位《大公报·文艺副刊》编者、自信且倔强的小说家沈从文开始较起真来,以"炯之"笔名撰写了《读〈新文学大系〉》,刊1935年11月29日天津《大公报·文艺》。这是我见到的关于《大系》最为认真的书评——直到今天,仍值得我们认真咀嚼。

除了总体性的表扬,沈从文分册评述,称"洪深选戏剧,在已出六本书中可算

---

① 姚琪:《最近的两大工程》,《文学》第5卷第1号,1935年7月1日。
② 《介绍〈新文学大系〉》,见《沈从文全集》第16卷,第228—229页,太原:北岳文艺出版社,2002年。

得是最好的一个选本";"茅盾选小说,关于文学研究会作者一部分作品,以及对于这个团体这部分作品的说明,是令人满意的";"郑伯奇选关于创造社一方面作家的作品,大体还妥贴"。至于"鲁迅选北京方面的作品,似乎因为问题比较复杂了一点,取舍之间不尽合理";"郁达夫选散文,全书四百三十余页,周氏兄弟合占二百三十一页,分量不大相称"。所有这些评论,都是有的放矢,且不无真知灼见,与此前那些"泛泛之谈"明显不同。问题在于,沈从文只从"选本"的角度着眼,不涉及各卷的"导言",忽略了这套大书潜在的"文学史意义"。正因为看重的是选文的公正性,而不是编者的学识与见解,书评作者称:

> 一种书的编选不可免有"个人趣味",不过倘若这种书是有清算整理意思的选本,编选者的自由就必须有个限制。个人趣味的极端,实损失了这书的真正价值。

孤立地看,这段话很有道理,落实到《大系》,则显得有点"因小失大"。至于文章最后关于原作者版权问题,可就说到了出版社痛处:

> 一般选本虽有选上完事作者从不过问的习惯,这种选本却不能那么马虎了事。……一家正当书店若想在读者与作者间取得信托,照例是应当把这种书的版税按比例分给作者的。不管多少,都必需那么作,新书业才可希望日趋健全,且可使不三不四选本日渐减少。①

在《话说〈中国新文学大系〉》中,赵家璧已做了诚实的交代——编《大系》的最初动因,正是为了回避版权问题。②

胡适日后将《〈中国新文学大系·建设理论集〉导言》与《逼上梁山》合刊,改题《中国新文学运动小史》,1958 年由台北启明书局出版单行本。在《自序》中,胡适不无自嘲地称:"其中当然有不少'戏台里喝采'的说话,我很盼望能得到读者的原谅。"③其实,所谓编者的"编选感想",以及诸多名流学者的积极推荐,都属于胡适所说的"戏台里喝采",其公正性及权威性是必须打折扣的。好在《大系》确实质量不错,那些"推荐语"也都讲得有分寸,没有太过离谱的话。

至于私下里,编者并非没有任何怨言。1935 年 2 月间,鲁迅先后给杨霁云、叶紫写信,抱怨编书如何忙乱,所谓"近因经济上的关系,在给一个书坊选一本短篇小说——别人的",虽有自我调侃的成分,语气中还是流露出某种不恭与不屑。④书出版后,鲁迅送给王冶秋一套,附有短信:"《新文学大系》是我送的,不要还钱,

---

① 《读〈新文学大系〉》,《沈从文全集》第 16 卷,第 236—239 页。
② 参见赵家璧:《编辑忆旧》,第 161—163 页。
③ 《〈中国新文学运动小史〉自序》,《胡适全集》第 12 卷,第 446 页。
④ 参见《鲁迅全集》第 13 卷,第 65、67 页。

因为几张'国币',在我尚无影响,你若拿出,则冤矣。此书约编辑十人,每人编辑费三百,序文每【千】字十元,花钱不可谓不多,但其中有几本颇草草,序文亦无可观也。"① 私人信件的话,不能太当真;但起码可以看出,鲁迅对《大系》的评价,没有后世想象中那么高。

值得观察的,还有一个特殊维度,那就是政府有关部门对待《大系》的态度。赵家璧在《话说〈中国新文学大系〉》中讲述如何对付国民党新设立的图书杂志审查会——花了五百元大洋就搞定了"操纵着每本书刊的生杀大权"的审查会主管项德言,实在是太顺利了。② 这样的好事,日后很难见到——因为,若认真审查,《大系》违禁之处实在太多。"写过指名道姓骂蒋委员长的文章"的郭沫若,因"上面明文规定"而不能编诗集③,可《大系》各卷收入他的作品,似乎一点问题也没有:《建设理论集》收《论诗通信》;《文学论争集》收《我们的新文学运动》;《小说三集》以郭沫若打头,选其小说四篇,仅次于郁达夫、张资平的各五篇;《散文一集》收郭文七篇,仅次于徐志摩、郁达夫的各八篇;《诗集》中郭沫若入选二十五首,仅次于闻一多(二十九首)、徐志摩(二十六首),排名第三;《戏剧集》每家一部,郭氏的《卓文君》也在内;《史料·索引》选入郭沫若所撰三篇发刊词——如此"全面开花",在新文学家中绝无仅有。让人惊叹不已的是,这位入选《大系》卷数最多的作家,当年还是避祸日本的"通缉犯"!

至于新文化运动的旗手、中国共产党的创办人、正在监狱中服刑的陈独秀,在《建设理论集》《文学论争集》和《史料·索引》中多有表现,这在情理之中;我关心的是"左联五烈士"的命运。柔石、殷夫、冯铿等出道较晚,不在收录范围之内;可洪深编《戏剧集》时,收录了胡也频的《瓦匠之家》。阿英编《史料·索引》,其"作家小传"介绍了中共领导人陈独秀、瞿秋白,还有流亡海外的郭沫若,以及被政府枪杀的胡也频。关于胡也频和瞿秋白的两段文字很精彩,值得全文抄录:

    胡也频　小说作者。福建人。作品散见于《晨报副刊》者甚多,一九二七年后始辑集。主要者有《鬼与人心》,《也频诗选》等。曾主编杂志《红与黑》。一九三一年,在上海被杀。

    瞿秋白　散文作者,俄国文学译者。文学研究会干部。曾两次游俄。从事政治运动垂二十年。文学著作印成者有《新俄国游记》,《赤都心史》。翻译有《高尔基杰作集》《柴霍甫小说集》等。后期所作,多为辛辣讽刺散文,以载

---

① 参见《鲁迅全集》第13卷,第263页。
② 参见赵家璧:《编辑忆旧》,第189—193页。赵称:"我们提出的条件是鲁迅的名字不动,将来《大系》全部文稿,必须予以照顾,不能有意挑剔。这个诺言,后来总算是遵守了的。"
③ 参见赵家璧:《编辑忆旧》,第192页。

诸北平者为最多,别署有易嘉、萧参等。一九三五年,被杀于广西。①

除了佩服编写者阿英的勇气,还得感叹当初的文网很不严密。正是这种相对宽松的舆论环境,使得编者可以毫无顾忌地选文,也使得《中国新文学大系》的出版没有留下太大的遗憾。

五、后世的接纳与反思

与刚诞生时的"霞光万丈"形成鲜明对比,《中国新文学大系》之"接受史"显得相当坎坷。首先是书评如此之少,实在出人预料。大套书(尤其是选本)本就不太好评论,因促销的缘故,该说的好话也都已经说了;进一步的条分缕析,必须是专家才能出手。很可惜,一年多后,抗战全面爆发,《大系》也就不再被关注。

当初蔡元培《〈中国新文学大系〉总序》说的是"第一个十年",茅盾《编选感想》则提《新文学大系》第一辑②,这意味着,在当事人心目中,这"新文学大系"应该有第二、第三辑的编选计划。抗战结束前夕,赵家璧在重庆开始筹划此事,"按《大系》体例编为第三辑,出套'抗战八年文学大系'"。很可惜,此计划因时局变化而落空。③ 新中国成立后,政府力推的是毛泽东《在延安文艺座谈会上的讲话》以及解放区文艺,续编《大系》的设想日渐被遗忘。1962 年,香港的有心人(那些化名的编者至今无考)以"香港文学研究社"的名义影印重刊这套《大系》,且依其体例编选了 1928—1938 年间的新文学作品,题为《中国新文学大系续编》。不管这套《续编》有多少缺憾,它在传播新文学、延续《大系》香火方面,还是起了积极作用。

改革开放以后,在赵家璧等人的鼓动下,上海文艺出版社 1981 年影印刊行了一万多套《中国新文学大系》(各卷印数不一样),获得学界的广泛好评。于是,上海文艺出版社将"大系"作为本社的"重要品牌""无形资产"来认真经营。先是在 1984—1989 年陆续出版了《中国新文学大系 1927—1937》二十卷、1990 年出版了《中国新文学大系 1937—1949》二十卷,至此,"从五四到新中国成立三十余年间的中国新文学优秀篇章,尽收在这五十册、三千万字的三辑《大系》之中了"。1997

---

① 参见阿英编:《中国新文学大系·史料·索引》,第 215、227—228 页,上海:良友图书印刷公司,1936 年 2 月。另,瞿秋白被害地点是福建长汀,而不是广西。
② 茅盾晚年撰写回忆录,提及早年在《编选感想》中称"现在良友公司印行《中国新文学大系》第一辑",就是"寄希望于第二辑、第三辑的陆续出版,虽然在当时的政治形势下,还看不到新文学运动第二阶段的结束,出版第二辑更见渺茫。然而我相信,历史虽有暂时的停顿甚至倒退,但终将向前走去!"参见茅盾《回忆录二集》,《茅盾全集》第 35 卷,第 17 页。
③ 参见赵家璧:《编辑忆旧》,第 217—221 页。

年,上海文艺出版社再鼓余勇,编辑刊行《中国新文学大系1949—1976》二十卷,这回难度明显加大:"这一辑的编选,时间上,在'外部'覆盖了'当代文学'与'现代文学'的断裂,'内部'焊接了'文革文学'与'十七年文学'的断裂;空间上,则弥合了内地社会主义文学或工农兵文学与台湾文学香港文学的区隔。"①虽然发行不理想,但出版社为求"完璧",还是坚持做下去,终于在2009年推出了《中国新文学大系1977—2000》三十卷。就像王蒙在这第五辑《大系》的序言中所说,"百卷沧桑,百卷心事,百卷才具,百卷风流",可读者及评论界显然不大买账。② 这不是王蒙、王元化两位总主编的责任,而是时代变了,"强弩之末,力不能入鲁缟"也(《汉书·韩安国传》)。

至此,作为重大出版工程的"新文学大系",总算划上了并不十分完美的句号。为什么说这"句号"不太完美?就因为第二至第五辑《大系》的编者,虽也殚精竭虑,但其水平及影响力根本无法与第一辑比肩。读者仅从"出版工程"的角度来看待后四辑《大系》,而不再将其视为别开生面的"文学史著"。一个明显的标志是,后四辑共九十卷的"导言"极少被研究者引用,也未见相关"导言集"的刊行。赵家璧之后的《新文学大系》,基本上是萧规曹随,谈不上有多大的创造性。但这是整个国家的意识形态、文化思潮、出版体制、编者眼光、读者需求等决定的,没有人能"力挽狂澜"。

与第二至第五辑的"后继乏力"形成对照,首辑《中国新文学大系》可谓"一枝独秀"。以至自《大系》问世以来,凡讨论这一段文学进程的,可以不看其选文,但无法回避作为文学史建构的各卷"导言"。相对于胡适的《五十年来中国之文学》(1922)、陈子展的《中国近代文学之变迁》(1929)、朱自清的《中国新文学研究纲要》(1929)、周作人的《中国新文学的源流》(1932)、钱基博的《现代中国文学史》(1933)、王哲甫的《中国新文学运动史》(1933)等,《中国新文学大系》各卷"导言"更为后世的文学史家所关注,凡有著述,莫不热心征引。

中国现代文学学科的创始人之一王瑶先生曾谈及文学史研究的方法论:"我以为鲁迅的《中国新文学大系·小说二集序》就为我们提供了值得学习的榜样",因为,"它不仅对作者有中肯的评价,而且写出了历史过程的复杂性,我们可以把它看作是现代文学史研究的指导性文献"。③ 其实,深刻影响王瑶等文学史家的,

---

① 参见黄子平:《"新文学大系"与文学史》,《上海文化》2010年第2期。黄文称续编《大系》带出一系列文学史难题:"诸如文学史的断裂与连续,文学的地缘政治,文学知识生产的平衡与不平衡,文学史的文献学与系谱学,以及文化政策与作品价值之间的辩证等等,仍然值得学界作进一步的探讨。"
② 参见杨天:《质疑漩涡中的〈中国新文学大系〉》,《瞭望东方周刊》2009年7月27日。
③ 参见王瑶:《关于中国现代文学研究工作的随想》,《中国现代文学研究丛刊》1980年第4期。

不仅是鲁迅为《小说二集》所撰"导言",而是整部《中国新文学大系》的各卷"导言"。① 也正因此,黄修己撰《中国新文学史编纂史》时,用了整整11页篇幅来介绍及评析《中国新文学大系》各卷"导言",结论是:"总之,《新文学大系》的这些《导言》,有用学者治学的态度来总结历史,有用艺术家眼光来评品作品,不同的文章风格使各篇《导言》各呈异彩,于文艺批评和文学史的写作,都是有意义的开辟和推进。"②时至今日,北京大学等众多大学中文系在培养"中国现代文学专业"的研究生时,仍将《大系》及《导论集》列为必读(乃至考试)书目。

《中国新文学大系》的特点在于兼及"文学史著"与"出版工程",二者缺一不可。没有"史家"的眼光,《大系》缺乏高度;没有"企业"的管理,《大系》无法成形。而讨论后者,牵涉到精神与物质、学问与资金、作家与编辑、书斋与市场等一系列问题。我同意罗伯特·达恩顿《启蒙运动的生意——〈百科全书〉出版史(1775—1800)》的说法,"追溯一部18世纪图书的生产和传播过程",包括出版商如何草拟协议,编辑怎样处理文稿,印刷商如何招聘工人,销售商怎样推销产品,这确实是"一个好故事"③。问题在于,无论讨论清末民初的百科辞书编纂事业④,还是《中国新文学大系》这部大书的制作,我们都做不到这一点,因没有大量原始档案可供查阅。

值得庆幸的是,当事人赵家璧不断追忆,撰写了若干长短文章,尤其是初刊《新文学史料》1984年第1期、后收入三联书店1984年版《编辑忆旧》的《话说〈中国新文学大系〉》,为学界提供了相当丰富的史料,使得《大系》这个"好故事"开始显山露水。此前偶有文人提及这些"导言"的价值⑤,但应者寥寥;此后三十年,研究《大系》的文章开始逐渐发力,出现了不少值得推荐的好文章⑥。相对于谈论赵家璧编辑思想以及从出版角度说《大系》的诸多论文,文学史家及文化研究者的论

---

① 参见徐鹏绪、李广:《〈中国新文学大系〉研究》第五编第一章"《中国新文学大系》对中国现代文学史写作的影响",第339—382页,北京:社会科学文献出版社,2007年。
② 参见黄修己:《中国新文学史编纂史》,第70—81页,北京:北京大学出版社,1995年。
③ 参见罗伯特·达恩顿:《启蒙运动的生意——〈百科全书〉出版史(1775—1800)》,叶桐等译,第4页,北京:三联书店,2005年。
④ 参阅陈平原:《晚清辞书与教科书视野中的"文学"——以黄人的编纂活动为中心》,《近代中国的百科辞书》,第155—192页,北京:北京大学出版社,2007年。
⑤ 曹聚仁1955年在香港新文化出版社刊行《文坛五十年》(续集),其中的"史料述评"即高度评价《中国新文学大系》各卷导言,称"假使把这几篇文字汇刊起来,也可说是现代中国新文学的最好的综合史"。参见曹聚仁:《文坛五十年》,第375页,北京:三联书店,2010年。
⑥ 赵学勇、朱智秀:《〈中国新文学大系(1917—1927)〉研究述评》(《中国现代文学研究丛刊》2008年第5期)对我们了解"'文革'后至今《大系》研究的恢复与繁荣",以及"《大系》研究中质疑的声音",颇有帮助。

述更为深入①,也更值得重视。

刘禾著《跨语际实践——文学、民族文化与被译介的现代性》第八章《〈中国新文学大系〉的制作》,中文版2002年刊行,可英文原著出版于1995年,大概是最早将《大系》作为研究对象的学术论文。原著为英文,作者须用较多篇幅介绍赵家璧的文章,但仍有值得注意的学术立场:强调当初五四作家凭借其理论话语、经典制造、文学史写作"着力于生产自己的合法性术语",而编选《大系》时,"自我合法化不得不同时消解他者的合法性,这常常需要用自己的措辞来虚构他者的语言,而不是对他者的声音进行实际的压抑",具体的例子便是"王敬轩事件"以及对于学衡派的攻击。②

陈平原的《学术史上的"现代文学"》指出编选《大系》乃五四新文化人"自我经典化"的过程,其中出现的偏差,主要责任在读者而非编者:"作为一代人的自我总结,《中国新文学大系》的成功毋庸置疑,这从后世研究著作基本沿袭其思路,并大量引用其具体结论,可以得到证实。作为当事人,胡适等人之以'五四新文学'为标尺,抹煞与之相背的文学潮流,一点也不稀奇。只是如此立论,更接近于批评家的'提倡',而不是史家的'总结'。最明显的偏差,莫过于对待'晚清文学'以及'通俗小说'的态度。"③

杨义的《新文学开创史的自我证明》高度评价《中国新文学大系》的编辑体例及其对于现代文学史写作的深刻影响,指出"诸导言成为新文学开创史的现身说法或自我证明",而这种"自我证明"具有两重性:"一方面,它是对一个流动当中的文学过程,作相对定形的有序整理;另一方面,它也是当事人对这个文学过程发难期的荣誉权,进行再分配。任何历史说明,都是经过说明者心灵过滤的历史,当事人的说明更是不可避免地烙上当事人的主观印记。"④

温儒敏的《论〈中国新文学大系〉的学科史价值》除了强调《大系》保存了新文学初期丰富的史料,对现代文学的"学科意识及其地位"有明显提升外,更从另一个角度看待"荣誉权"问题:"《大系》的各集都是由权威的文坛元老编的,过来人谈个中事,虽然不免有情感倾向的介入,甚至有为争得'荣誉权'而导致偏执之处,然

---

① 参见张志强:《赵家璧编辑思想初探》,《编辑学刊》1992年第2期;李频:《"邀约能手":〈中国新文学大系〉成因解析》,《理论研究》2001年第1期;范军:《样本:一种值得怀念的图书广告》,《编辑之友》2005年第1期;赵修慧:《赵家璧主编〈中国新文学大系〉》,《世纪》2006年第4期等。
② 参见刘禾:《跨语际实践——文学、民族文化与被译介的现代性》,宋伟杰等译,第308—341页,北京:三联书店,2002年。英文原著为 Lydia Liu, *Tranlingual Practice: Literature, National Culture, and Translated Modernity*, Stanford University Press, 1996。
③ 陈平原:《学术史上的"现代文学"》,《中国现代文学研究丛刊》1997年第1期。
④ 杨义:《新文学开创史的自我证明》,《文艺研究》1999年第5期。

而比其后代人修史，他们的评论又有着后写的文学史不可替代的鲜活性和真切感。而且由于编辑者角色搭配本身就很匀称，有历史均衡性，而各集编目的角度与各自撰写导言的立场观点也互有参差，无形中进行了一种多元互补的有整体感的历史对话，这也正是这部《大系》最诱人的学术特色。"①

罗岗的《解释历史的力量——现代"文学"的确立与〈中国新文学大系(1917—1927)〉的出版》，与温儒敏的文章同年发表，但学术立场迥异，更接近于刘禾的思路，不过把话说得更清楚，也更绝对。他称"这套书不仅通过对重要的理论、创作的汇集，而且运用具有相当策略性的编辑手法，甚至在文献史料的选择安排上，都力图捍卫'新文学'的合法性"，这似乎与杨义的立场接近，但此文的重点在于批评阿英处理《学衡》时"在史实和史料上的粗率"，由此可见新文化人的褊狭："正是通过有效的暗示、彼此的联接和精细的安排，《新文学大系》得以把'它者'对'新文学'的批判，迅速转化为'新文学'话语生产的有机组成部分。"②

此后关于《大系》的研究，或在个案上拓展，或在规模上扩张③，但大格局已定，除非冒出新的关键性史料，否则很难有根本性的突破。

六、重编的工作策略

作为一个成功的"出版工程"，《中国新文学大系》因其恰到好处地表达了五四新文化人的立场、眼光与趣味，在学术史上具有特殊意义。至于选文上的缺陷、导言中的疏漏，那都是"在所难免"。只要不将其过分神圣化，每个现代文学研究者都必须认真面对这套大书。

随着时间的推移，《中国新文学大系》"选文"的重要性在下降，但"导言"并没有过时。从上世纪90年代起，北京大学中国现代文学专业的博士资格考试书目时有调整，唯有《中国新文学大系导论集》始终屹立不动。但是，就像本文第一节所论述的，良友复兴版《导论集》有不少缺陷。为了给研究生们提供一本值得认真研读的"好书"，我决定根据《导论集》的大致思路进行重编。

具体的工作策略是：补齐十篇"导言"，恢复被删改的文字，调整《导论集》自拟篇目，改正排印中的错别字——一句话，回到集合"总序"及十卷大书"导言"的原

---

① 温儒敏：《论〈中国新文学大系〉的学科史价值》，《文学评论》2001年第3期。
② 罗岗：《解释历史的力量——现代"文学"的确立与〈中国新文学大系(1917—1927)〉的出版》，《开放时代》2001年第5期。
③ 参见乔以钢、刘堃：《试析〈中国新文学大系·小说一集〉的性别策略——以冰心早期创作为中心》，《南开学报》2005年第2期；徐鹏绪、李广：《〈中国新文学大系〉研究》，北京：社会科学文献出版社，2007年。

初设想。另外,附录各卷选目,以兼及"选本"的意义①;影印十位编者及总序作者的手迹,以添加阅读的乐趣。这么一来,不再是旧书重刊,只好将书名略为调整,改为《中国新文学大系导言集》。

关于《中国新文学大系》的研究,我算是"起了个大早,赶了个晚集"。1997年发表《学术史上的"现代文学"》,2002年指导杨志完成硕士学位论文《选家眼光与史家意识——〈中国新文学大系〉的编选与出版》②,2004年撰《现代中国文学的生产机制及传播方式——以1890年代至1930年代的报章为中心》③,都是在不断尝试与《中国新文学大系》对话。2009年秋季学期,我在香港中文大学讲授"《中国新文学大系》研究"专题课,前六讲是我独立授课,后七讲则与研究生一起讨论《大系》各卷的功过得失。因采用讨论班形式,并非个人著述,故课堂讲稿不拟整理刊行。

为重编本《中国新文学大系导言集》撰写"导读",对我是一个"艰难的选择"。因写作时间拖得太长,学界不断有新成果面世,等到自己出手时,只好删繁就简,以回避"眼前有景道不得,崔颢题诗在上头"的困境。本文之所以从《导论集》而非《大系》的角度切入,某种程度正是为了便于腾挪趋避。至于第五节"后世的接纳与反思"提及诸多论文,既是本文的对话目标,也希望推荐给有兴趣的读者参考。

2013年6月5日定稿于京西圆明园花园

(作者单位:北京大学中文系)

---

① 2006年12月12日我将重编本《中国新文学大系导言集》目录发给了贵州教育出版社,但撰写长篇"导读"的任务一直拖延至今。2009年天津人民出版社刊行了刘运峰编《中国新文学大系导言集1917—1927》,也收录了各卷选目,可见"英雄所见略同"。
② 参见杨志:《选家眼光与史家意识——〈中国新文学大系〉的编选与出版》(北京大学硕士论文,2002年),节本刊夏晓虹、王风等:《文学语言与文章体式——从晚清到五四》,合肥:安徽教育出版社,2006年。
③ 陈平原:《现代中国文学的生产机制及传播方式——以1890年代至1930年代的报章为中心》,《书城》2004年第2期。

现代中国·第十五辑
北京大学出版社
2014年7月

我爱这土地
——中国新诗 1937—1948

谢 冕

灾难降临的时刻

　　北京飞速发展的轨道交通有一条地铁线通车后,由远郊房山通往城区只须半个小时。这条地铁,沿途经过著名的"卢沟晓月"①。卢沟桥斜倚着宛平城,宛平城垣屹立在永定河岸。永定河缓缓地从宛平城边流过,城不大,却是迷漫着浓重的历史风烟。这座宛平城见证了20世纪中国一场旷日持久的抵抗战争。战争的最初一点火星,是在这里点燃的。它造成了中国人长达八年的浴血苦斗,亿万人家破人亡,流离失所,那是一个悲惨的年代。

　　战火中诞生了悲歌慷慨的战争文学——小说、战地报道、木刻、街头剧、歌谣和小曲,也诞生了抗战诗歌,烽火中走来一代新诗人。与五四那一代先驱者不同,他们的写作实践,与其说是为了语言的革命、为了艺术的创新,不如说是为了唤起民众而发出救亡图存的呐喊。1938年3月27日,中华全国文艺界抗敌协会在汉口成立,它的《发起旨趣》称:"团结起来,像前方战士用他们的枪一样,用我们的笔,来发动群众,捍卫祖国,粉碎敌寇,争取胜利。"

　　现在我们回到战争爆发的现场,历史那惨痛的一页是这样打开的——

---

① "卢沟晓月"为金章宗命名的燕山八景之一。金人赵秉文所作《卢沟》是迄今发现的最早咏卢沟桥的诗篇:"河分桥柱如瓜蔓,路人都门似犬牙。落日卢沟沟上柳,送人几度出京华。"卢沟桥始建于金世宗大定二十九年(1189),完成于章宗明昌三年(1192),全长267米,宽6—7米,最宽处可达9.5米。有桥墩10座。桥身两侧石雕护栏各有望柱140根,柱头上雕有大小石狮500多个。

战事是在1937年7月7日午夜前不久的黑夜中开始的。按照庚子协定,从1901年起,日本就已在华北的北平和天津间屯驻了军队。而在那个和煦的夏夜,一中队日本军队在距北平十五公里的卢沟桥(马可波罗桥)附近举行野战演习,那里是控制所有与中国南方交通的具有战略意义的铁路枢纽所在地。日本人突然宣称他们遭到中国士兵射击,急点名发现,他们的一名士兵失踪了。于是,他们要求进入附近中国人驻防的宛平城搜寻。中国人拒绝后,他们妄图猛攻这座城镇,未能得逞。这就是战争最初的冲突。①

　　当日任宛平县长的是福州人王冷斋。他在事变发生后有诗记其事:"一声刁斗动孤城,报道强邻夜弄兵。月黑星沉烟雾起,当时七夕近三更。"诗后有记:"民国二十六年七月七日之夜,近十一时,枪声忽作于宛平城外,后查知为日兵所发。"②1937年一个阴谋的圈套,蔓延为近代以来最为惨烈的一场持久战。战争造成中国的苦难,也激扬了中国人争取独立自由的信念与决心。战争爆发后,形势急转直下,华东一带相继沦陷,生民涂炭自不必说,即教育文化亦受到严重摧残。这是战争第二年来自上海沦陷区的报道:

　　　　上海县自去年十一月沦陷以后,全境教育,悉数停顿。新建校舍,六十余所,大半毁坏。据最近调查,以中心、强恕、巅桥、北桥等校损失最钜。其余遍布乡村的校舍,日军恐惧游击队之藏匿,亦多加以摧毁。当日机来县轰炸时,各校弦诵之声,犹未停歇。幸教育当局,防范严密,故各校学生尚少发生生命危险。唯五权小学,炸死二人。

　　　　目前该县在日人控制之下,实行奴化教育,开学的,在浦东有十余校,在浦西只有两校,各校行政,均受日人支配。所谓书籍,竟是三字经,千字文,论语,孟子等,以前教科书,概须拣出焚毁,校中不得集会,即国庆日亦不许纪念。且不时有日人来校检查,学生不多,每以贫苦江北儿童充数,教师以老学究居多,

---

① [美]费正清、费维恺编:《剑桥中华民国史》下卷,第623—624页,北京:中国社会科学出版社,1998年。
② 钟兆云:《王冷斋:卢沟桥事变中最先与侵略者抗争的福州人》。"1935年,王冷斋应保定军校老同学、时任二十九军副军长兼北平市长秦德纯邀请,出任北平市政府参事兼宣传室主任。1937年1月1日,河北省第三区行政督察专员公署成立,专事处理中日交涉事件及下辖宛平、大兴、通县、昌平等四县政务,王冷斋又被任命为督察专员兼宛平县县长。"他另有诗赞勉当日抗日将士曰:"暗影沉沉夜战酣,大刀队里出奇男。霜锋闪处寒倭胆,牧马胡儿不敢南。"见《闽都文化》2011年春季号,第59—60、65页。

曾任县立学校之教师则不满十人云。①

这里记载的只是战争爆发第一年在一个局部地区（上海县）的一个局部领域（小学教育）的片断场景，巨大的灾难在随后的岁月中将惊人地展开，中国的苦难才露出巨大冰山的一抹淡淡的云影，才只是一座巨大火山飞溅的一粒小小的火星。即使如此，诗歌已经点燃了不可抑制的激情，下面是我们读到的抗战最初的歌谣："拿起线来抽起针，想起我前方作战人，不绣鸳鸯与蝴蝶，替他做几件棉背心。""口水讲干舌讲困，千言万语你不听，你不当兵不嫁你，留你一世打光棍。""二姐去当看护娘，小妹肩枪上战场，风头不比男儿弱，一队女兵上前方。""一件件的棉被心，也表爱国一份情，愿身化作棉和絮，与我将士同寒温。"②

这些诗句保持了最质朴的民间状态，这是诗，但不可以艺术的高低判断其价值。那是一个以生存和救亡为唯一目标的年代，在那个年代谈论艺术或诗意显得多少有点"不合时宜"。诗歌无疑是站在一个伟大时代的路口，随后的事实可以证明，不论是草创期的"尝试"，还是成熟期的探求，甚而革命诗歌的提倡，抗战的爆发无疑催使新诗来到一个新的转折点：炮火的轰鸣淹没了缪斯的竖琴，国土的沦丧、生民的涂炭，迫使人们放弃一切优美抒情的意念。

侵略者的血腥唤起了民众抗日救亡的热情，上面引用的四首来自敌占区的民谣，向中国广袤国土的热血民众发出了最初的奋起抗战的信息。在中国广大的前线和后方，民众在有效的号召和组织下全面地进入了战时状态。原先创造社的骁将成仿吾走完了万里长征的全程，此时作为一位革命家办起了陕北公学。他关于陕北公学的情况介绍中，从一个侧面传达了当时全国青年的抗战热情：

> 过去在国内战争中间，外面的青年走进边区来学习是很少的。西安事变和平解决以后，事情就不同了，差不多每天都有青年学生从全国各地通过各种关系走了进来。边区政府为了满足这些青年的要求，在抗日军政大学附设了一个第四大队。开始的时候还只准备吸收二百名左右，但结果在几个月中间不得不吸收了六百名以上。卢沟桥抗战开始以后，全国青年学生来的更多了，

---

① 见《文献》卷之二 E35 页的《日军暴行录——被摧残的上海教育》，1938 年 11 月 10 日出版，中华大学图书有限公司发行。《文献》是上海"孤岛"时期出版的文献性的刊物，月刊，阿英主编。引文中标点符号用法不规范，照录。1984 年 3 月，柯灵在《复印〈文献〉赘言》中说："《文献》月刊为故阿英同志所主编，一九三八年十月，创刊于已成'孤岛'的上海。目的是在斧钺中散播火星，划破长空的黑暗，并为伟大的民族解放战争保存历史文献。""秦始皇和希特勒焚书，火光烛天，中外古今，遥相辉映。文化大革命中的造反派后来居上刷新了焚书史的记录。但竹帛难销，常常是炕灰未冷，霸业已虚。《文献》历经八年抗战，十年浩劫，而终于未曾灭绝，就是一个小小的例证。"

② 《抗战歌谣四首》，原载阿英编《文献》卷之二 F17 页，1938 年 11 月 10 日。

他们首先是从华北方面大批涌进来,接着就从全国各地像无数点线一样,继续不断的进来了。为着适应这样的客观要求,边区党政当局及一些教育家创办了这个陕北公学。①

成仿吾提到的陕北公学,是随后的延安抗日军政大学的母体。在抗战进入一周年的时候,延安抗大号召全校教职学员以及全体的事务人员,"为创造大量突击员而斗争"。那是1938年的春天,抗大举行了盛大的毕业典礼。四千人集合在操场,高唱他们的毕业歌:

> 在战壕里准备好了明早就冲出去!
> 抗大是一道坚强的战壕吧!
> 学生在战壕里!
> 感谢抗战的血火,
> 感谢它烧红了这巨块钢铁。
> 感谢抗战的突击,
> 加工的锤炼了这巨块钢铁。
>
> 是时候了,同志们!
> ——该我们走上前线,
> 我们要去打击侵略者。
> 怕什么艰难万险!
> 我们的血沸腾了!
> 不除日寇不回来相见。
> 快跟上来吧,
> 我们手牵手,
> 去和我们的敌人血战,
> 别了,别了,同学们,
> 我们再见在前线!②

这是战争爆发后最响亮的一首诗,它号召中华儿女走上战场与侵略者拼死一战。这些歌唱者本身既是诗人又是战士。这些诗于是同时又具有了战歌的性能。

---

① 成仿吾:《半年来的陕北公学》,《文献》卷之一 G9 页,1938 年 10 月 10 日。
② 《延安抗日军政大学展开抗战突击运动》、《抗日军政大学毕业同学上前线》,《文献》卷之一 G1—G8,1938 年双十节刊。

中国怒吼了

其实危机早就潜伏着,只不过卢沟桥畔响起的枪声作了悲哀的宣告而已。敌人的觊觎,国土的被蚕食,中国民众早已感到了国势的艰危,为了争自由、争独立,全民奋起抗战是唯一的出路。诗歌当然地走在了时代的前面。上面引用的是沦陷区和共产党领导的敌后根据地的诗歌动态,进入1937年,在中国广大的国土上,诗歌活动已经形成了以动员投入保卫国土为核心的全面的抗战热潮之中。

最早发出抗战最强音的是诗场社,这一年的7月25日该社刊出《诗场号外——卢沟桥事件专刊》,刊有黄宁婴《卢沟桥》、芦荻《卢沟桥》、鸥外鸥《中国守卫中国土地》等。此年8月1日,《抗战》第一号出版,刊出沫若《抗战颂》、冯玉祥《九八》等诗。8月25日由征军、王亚平、戴何勿主编的《高射炮》诗刊创刊,刊有郭沫若《前奏曲》、覃子豪《给一个放逐者》、关露《抗战妇女》等诗。这一个月,《诗歌综合丛刊——开拓者》出刊,刊有《疯狗礼赞》(郭沫若)、《把强盗打回老家去》(穆木天)、《北方的军队》(覃子豪)、《和平颂》(任钧)等。这些,都是中国诗歌最初的怒吼。

1937年8月30日《救亡日报》发表《中国诗人协会抗战宣言》:

民族战争的号角,已经震响得使我们全身的热血,波涛似地汹涌起来了!我们再也不能容忍敌人的横暴,不能接受屈辱的和平了!过去事实证明:敌人的贪心是不灭尽我中华民族是不肯罢休的。东四省的版图早已变色,如今平津又已失守,华北陷在敌人的炮火围攻之下,淞沪被敌人的海陆军在威胁着,在这危急存亡的瞬间,我们如不甘心做奴隶就只有发动全面的抗战,给敌人以迎头的痛击,全国的同胞们,大家奋力起来吧,迎着这民族战争的号角声,在政府的领导之下,武装起来,奔向敌人去,杀个你死我活吧!这是我中华民族的生死关头,也是半殖民地的中国翻身的序奏啊!

在这种全国抗战的非常时期里,我们诗歌工作者,谁还要哼着不关痛痒的花、草、情人的诗歌的话,那不是白痴便是汉奸。目前最迫切的任务,就是将我们的诗歌,武装起来:我们要用我们的诗歌,吼叫出弱小民族反抗强权的激怒;我们要用我们的诗歌,歌唱出民族战士们英勇的战绩;我们要用我们的诗歌,暴露出敌人蹂躏我民族的暴行;我们要用我们的诗歌,描写出在敌人铁蹄下的同胞们的牛马生活。我们是诗人也是战士,我们的笔杆也是枪杆。拿起笔来歌唱吧,前方的战士,正需要我们的诗歌,以壮杀敌的勇起!拿起笔来歌唱吧,后方的同胞们正需要我们的诗歌,以加强抗敌的决心!拿起笔来歌唱吧,全世界上我们的同情者,正需要听到我们民族争自由平等的号叫!①

1938年4月,茅盾主编的《文艺阵地》创刊。② 发刊词指出:"这阵地上,立一面大旗,大书'拥护抗战到底,巩固抗战的统一战线'。这阵地上,将有各种各类的'文艺兵',在献出他们的心血;这阵地上将有各式各样的兵器,——只要是为了抗战,兵器的新式或旧式是不应该成为问题的。"创刊第一期,有署名周行的专论《我们需要展开一个抗战文艺运动》。在题为《玛耶阔夫斯基八年祭》的论文中强调:"讴歌革命,在中国就是讴歌在进行中的民族革命战争,这已经是诗人无可逃避的责任。鼓舞抗战的热情,带来胜利的确信,预示了前途的光明。诗人是时代进军的号筒——强烈的音响,兼以激烈的鼓动。"③这期刊物,刊有林林、力扬、王亚平等人的诗作,同期的《文艺阵地》还刊登了丁玲、舒群主编的《战地》创刊的消息。

"战地""阵地""战线""战士"或者"运动",一时成了文艺和诗歌的代名。文艺是为救亡而存在的,诗人就是士兵,诗歌就是士兵手中的武器。在战时,这一切的比喻和联想都是自然而然的。一切诗歌的力量,终于集结在抗战的大旗之下,从这里发出了战时诗歌的战斗之声。诗歌是应当为救亡图存而歌唱和呼号的,诗歌应当摈弃那些与伟大的人民斗争不协调的绵软、无力的甚或是"萎靡"的声音。这是当日广大诗歌工作者普遍的认识和意愿,这种体认由于众多诗人的实践,终于演化而为贯彻中国40年代诗歌基本的和鲜明的审美追求。

关于诗歌走向民众的最动人的情景,应该是在当时的西北边区,那里开展了轰轰烈烈的包括诗歌在内的文化运动。有报道介绍那里开展的街头诗歌的运动:在困难的物质条件下,他们曾为这一运动出了一厚册油印的《街头诗运动特刊》。他们指出,在今天,因为抗战的需要,同时因为大城市已失去好几个,印刷、纸张更困难了! 我们展开这一大众诗歌——包括街头诗的运动,不用说,目的不但在利用诗歌作战斗的武器,同时也就是要使诗歌走到真正的大众化的道路上去。④

当时在广大国土上传唱着由周巍峙作词并谱曲的《国共合作进行曲》,这是一首表达了抗战激情的诗,现在已鲜为人知了:

　　国民党和共产党,
　　现在已站在一条战线上:

---

① 《中国诗人协会抗战宣言》,原刊《救亡日报》1937年8月30日,选自《中国新诗总系:史料卷》(刘福春主编),北京:人民文学出版社,2010年。
② 茅盾主编:《文艺阵地》创刊号,1938年4月16日文艺阵地社出版。《文艺阵地》为抗战期间国民党统治区重要文艺刊物,生活书店出版。初为半月刊,后改为月刊。1938年4月在汉口创刊,于香港编辑,继迁上海、重庆出版。出至1942年11月第7卷第4期,被迫停刊。
③ 李育中:《玛耶阔夫斯基八年祭》,《文艺阵地》创刊号。
④ 《西北边区的文化运动》,引自《文献》卷之三 H10页,1938年12月10日。

> 他们贡献了全部力量,
> 一齐走上了抗日的战场!①

当然,更有由贺绿汀词曲、唱遍大江南北的《游击队歌》,也是从西北根据地首先唱起的。②"我们都是神枪手,每一颗子弹消灭一个仇敌,我们都是飞行军,哪怕你山高林又深,在密密的树林里,到处都安排同志们的宿营地,在高高的山岗上,有我们无数的好兄弟。没有吃,没有穿,自有那敌人送上前!没有枪,没有炮,敌人给我们造!我们生长在这里,每一寸土地都是我们自己的!无论谁要强占去,我们就和他拼到底!"诗歌就是这样以歌曲的形式,走在了抗日的最前线,成为鼓舞人民的有力武器。

从事这种适合歌唱的诗作者很多③,丰子恺曾就他作曲的《我们四百兆人》发表过对战时诗歌风格的见解:"纵观近来所流行的歌曲,大多数歌曲趋'柔丽'或'勇猛'。'柔丽'是中国作曲界的老毛病,像某种小歌剧,竟是'柔丽'得使人肉麻值可指斥为'亡国之音'!'勇猛'是前者的反动,是抗战以来新作品的特色。原有可取,但只宜作冲锋杀敌之助,不是经常的'精神的粮食'。"④

抒情的放逐

在全民抗战中,诗歌成为有力的武器,艺术是服从于战斗的。炮火硝烟,浴血奋战,当然崇尚的是坚韧和粗犷,它必然远离传统的优雅的情趣、隽永的韵味,从而给予诗歌以伟力而非其他。对于战争的关注至少给诗歌带来新的审美向度,那就是叙事成分的加强以及对于传统的抒情手段的轻忽。

战争的场景引发人们的重视,人们以突出鲜明地再现的特性,强调他们的关注。这一倾向在当时的一些诗中已有鲜明的呈现,如王亚平《失地上的故事》(《文艺阵地》第1卷第4期)、梢龄《记马排》(《文艺阵地》第1卷第11期)、蒋必舞《天

---

① 《西北边区的文化运动》,引自《文献》卷之三 G1 页,1938 年 12 月 10 日。
② 同上,G18 页。引用者介绍:"这一支歌最先流行在陕北,八路军战士最早唱出了它。新四军奉命改变成立,歌谱流到了新四军战地服务团歌咏组的同志们的手里,于是他们开始在各队教着,现在是新四军战士们个个会唱了。"
③ 2010 年 9 月 22 日《中国文化报》谈到抗战歌曲时说:"一曲《松花江上》,唱尽东北沦亡血泪史。作曲家张寒晖目睹流亡同胞的悲惨境遇,深感悲愤。他将北方女性的哭声艺术化,谱成《松花江上》的曲调,以如泣如诉、壮烈低回的情韵诉说着——。今天,当我们传唱《义勇军进行曲》《毕业歌》《黄河大合唱》《游击队歌》《松花江上》《旗正飘飘》《团结就是力量》等不朽抗战歌曲时,我们感受到的不只是旋律和音符,更是民族魂魄的经久回响。"《那鼓舞人心绵延不绝的力量——抗战文艺作品回眸》,新华社记者璩静、廖翊、白瀛。
④ 丰子恺:《我们四百兆人:附说》,《文艺阵地》创刊号,第 28—29 页。

柱山的争夺》(《文艺阵地》第1卷第5期)。这种对于写实的强调,源于人们对文艺价值的重新考量,这原也在情理之中。此一倾向,遂成为之后长时期的诗歌叙事化的滥觞。

而对于抒情的警惕,则是伴随着诗歌表现战争而来的一种新的艺术风尚。较早对此做出理论表述的是徐迟,他的题目就是《抒情的放逐》:

> 人类虽然会习惯没有抒情的生活,却也未必习惯没有抒情的诗。我觉得这一点,在现在这个战争中说明它,是抓到了一个非常好的机会。因为千百年来,我们从未缺乏过风雅和抒情,从未有人敢诋辱风雅,敢对抒情主义有所不敬。可是在这战时,你也反对感伤的生命了。即使亡命天涯,亲人罹难,家产悉数毁于炮火了,人们的反应也是忿恨或其他的感情,而决不是感伤,因为若然你是感伤,便尚存的一口气也快要没有了,也许在流亡到上,前所未见的山水风景使你叫绝,可是这次战争的范围与程度之广大而猛烈,再三再四地逼死了我们的抒情的兴致。你总觉得山水虽如此富于抒情意味,然而这一切是毫没有道理的。所以轰炸已炸死了许多人,又炸死了抒情,而炸不死的诗,她负的责任是要描写我们的炸不死的精神的,你想想这诗该是怎样的诗呢。①

徐迟承认抒情是美好的,但是抒情在当前并不是需要的。他认为在中国当今的战争中,诗应当具有建设的价值,"而抒情反是破坏的"。他语出惊人:"至于这时代应有最敏锐的感应的诗人,如果现在还抱住了抒情小唱不肯放,这个诗人可是近代诗的罪人。"②这种论点在当时是普遍的,这是当时时势所促成的。

很少对诗发表意见的端木蕻良,在《诗的战斗历程》中质疑从《蕙的风》(汪静之)到徐志摩诗中弥漫的"肉的氛围"(对此,作者自言"并没有讽刺的意味"),认为"那时的诗的歌吹发狂的降落在个人主义狭窄的观念上,因为他的政治理想是模糊的。以为我们抄袭了别的先进国家的政治制度,就一切都解决了。——显出悬空和无理想,甚至陷入了低级物质的官感的窄狭描写里去"。他力主诗的战斗性:

> 诗的战斗性由于他的文字的节省,反映的具象化而且它能够以最纤维的或最粗豪的笔触抒写出情愫的各面。——在文学上,最煽惑的形式是诗的形式,最战斗的词语,是诗的词语。因为它可以包含最雄武的政治讲演,辛辣的

---

① 见《顶点》第1卷第1期,1939年7月10日。引自吴思敬主编:《中国新诗总系:理论卷》,第283—284页,北京:人民文学出版社,2010年。
② 同上。

抨击和高度武装的搏斗。①

闻一多把诗的这种战斗性喻为"战斗的鼓点",而诗人则应是"擂鼓的战士"。他的《时代的鼓手》是当时让人耳目一新的论文,对上述"战斗诗"概念作了非常精到的表述:

> 单说新诗的历史,打头不是没有一阵朴质而健康的鼓的声律与情绪,接着依然是"靡靡之音"的传统,在舶来品的商标的伪装之下,支配了不少的年月。疲困与衰竭的半音,似乎比历史上任何时期都变本加厉的风行着。那是宿命,是历史发展的必然阶段吗?也许。但谁又叫新生与震撼的时代来得那么突然!箫声,琴声(甚至是无弦琴),自然配合不上流血与流汗的工作,于是忙乱中,新派,旧派,人人都设法拖出一面鼓来,你可以想象一片潮湿的发霉的声响,在那壮烈的场面中,显得如何的滑稽!它给你的印象仍然是疲困与衰竭。它不是激励,而是揶揄,伤蔑这战争。②

在闻一多的叙述中,鼓声与箫声、琴声是代表着截然不同的情感与趣味的,在和平时刻与战争环境,人们因处境不同而对审美产生重大的位移,这是自然而然的。闻一多不认同那些类似赶潮或为了装点自己而匆忙地"拖"出的鼓,它发出的声音是"潮湿的发霉的声响",这在时局转移中是让人沮丧乃至愤恨的。直到田间的出现,听到他发出的"战斗的鼓点",这才令人耳目一新,"便不免吃了一惊",原来中国也存在着这样的声音!

闻一多盛赞田间,欣喜之余,不免为此生发了诸多的联想:"这里便不只鼓的声律,还有鼓的情绪。这是鄮之战中晋解张用他那流着鲜血的手,抢过主帅手中的槌来擂出的鼓声,是祢衡那喷着怒火的'渔阳掺挝'甚至是如诗人 Robent Lindsey 在《刚果》中,剧作家 Eugene Oneil 在《琼斯皇帝》中所描写的那非洲土人的原始鼓,疯狂,野蛮,暴炸着生命的热与力。"③

闻一多的这些言论是因读到田间的《多一些》而引发,而最能代表田间诗歌的战争风格的,是他奔放而沉着的《自由,向我们来了》:

> 悲哀的
> 种族,
> 我们必须战争啊!
> 九月的窗外,

---

① 端木蕻良:《诗的战斗历程》,《文艺阵地》第1卷第10期,第315—317页,1938年9月1日。
② 闻一多:《时代的鼓手》,引自《闻一多全集》第3卷,第399—401页,上海:开明书店,1948年。此据三联书店1982年8月版。
③ 同上书,第404页。

亚细亚的
　　　田野上，
　　　自由啊——
　　　从血的那边，
　　　从兄弟尸骸的那边，
　　　向我们来了，
　　　像暴风雨，
　　　像海燕。

　　此诗作于战争爆发后不久，刊登于1937年11月16日出版的《七月》上。它无疑是为新诗的创作开辟了新生面：短促、简练、精粹，拒绝所有的装饰和形容，以最原始的朴素出现在人们的视野中。它当然是与所谓华美的夸饰以及优雅的情调不相关的。田间的诗句是一声声沉着坚定的鼓点，是决心、力量以及义无反顾的前进的呼啸和呐喊。田间的风格是抗战中国的诗意呈现，它展示了新时代中国诗歌的新风尚。

　　生当战时，妻离子散，国破家亡。此时的诗歌是从呼号和宣泄中获得灵感，是从冲锋和搏斗中获得旋律和节奏。国土沦丧，生灵涂炭，家园毁于兵燹，生命且不保，谈什么情韵的悠长，谈什么辞藻的华美！此时的审美的最高境界，只能是田间这样年轻、勇敢、粗糙而显得有点"野蛮"的声音。这是一种告别了传统的知识分子趣味的新的诗歌，它获得了闻一多有辨析的激赏："胡风评田间是第一个抛弃了知识分子灵魂的战争诗人，民众诗人。他没有那一套泪和死。但我们，这一套还留得很多，比艾青更多。——但田间的知识分子气，胡风说他抛弃了，我看也没有完全抛弃，如'自由向我们来了'，为什么我们不向自由去呢？艾青说，'太阳滚向我们'，为什么我们不滚向太阳呢？"①

　　放逐抒情，其实是放逐闻一多所批评的知识分子感伤的"泪和死"那一套，去掉那些幻想的、"给现实镀上金"但"又对赤裸裸的现实爱得不够"的毛病。其实，在这些诗中，属于诗的根本的抒情本质依然存在，那就是如同田间那样擂鼓诗人击出的战斗的鼓点。进入抗战时代的中国诗歌，这些原先人们感到陌生的诗情和诗意，正在变成普遍的趣味和选择。

　　这有当时的言说为证："《顶点》是一个抗战时期的刊物，她不能离开抗战，而应该成为抗战的一种力量。为此之故，我们不拟发表和我们所生活着的向前迈进

---

① 闻一多：《艾青与田间》，原载《联合晚报——诗歌与音乐》第2期，1946年6月22日，引自《闻一多全集》第3卷，第580页，北京：三联书店，1982年。

的时代远离的作品。"①"诗人,起来,现在这时节不能贪取甜蜜的睡乡。莫忘了,千万战士热血流在中原的沙场上。"②

至此,中国诗歌不仅进入了战时的状态,而且也形成了战争的风格和气势。郑伯奇对此有一个乐观的总结:"新诗是在抗战中进步了,新诗的运动是在抗战中统一了,新诗的派别是很多的。从浪漫派一直到意象派,凡是西洋文学史上所有的流派,都在中国的新诗坛上出现过,流行过。抗战以来,在抗战的旗帜之下,诗人的步骤变成了一致。不同流派的诗人在同一的诗刊上,为了祖国的独立自由而歌唱。抗战的血的现实制约了一切流派的诗人的作风。"③

战斗的鼓点

战争诗风格的形成源于战争。战争是生与死的搏斗,战争本身的惨烈、悲壮,奠定了此类诗的情感基础。它是与花前月下的温柔缠绵无涉的,它是厮杀、爆炸、是冲锋陷阵,是裹着血光的呐喊,是义无反顾的牺牲。因此,对战争诗歌的功能的最好概括,是号角,也是战鼓。这是与和平年月的笙歌弦管判然有别的另一种歌吟。要说抒情的话,这也是另一种抒情,有时是控诉,有时是呼号,有时则是悲泣,它的歌吟也带着粗粝甚至暴力的性质。

战声可能发自一个个体,却是最大化地代表了受苦受难的求生存的群体。在战声中,个人的哀乐是微不足道的,它是为众生发言的。从这点看,高兰的《哭亡女苏菲》④:

> 孩子啊!
> 你随着我七载流离,
> 你随着我跨越了千山万水,
> 我却不曾有一日饱食暖衣!
> 记得那古城之冬吧!

---

① 《顶点——编后杂记》,《顶点》第1卷第1期,1939年7月10日。引自刘福春主编:《中国新诗总系·史料卷》,第233页,北京:人民文学出版社,2010年。
② 萧三:《出版〈新诗歌〉的几句话》,原刊《新诗歌》第1期,1940年9月1日,引自朱子奇、张沛编:《延安晨歌》,西安:陕西人民出版社,1984年。
③ 郑伯奇:《略谈三年来抗战文艺》,原载《中苏文化》抗战三周年纪念特刊,1940年7月7日,引自刘福春:《二十世纪中国新诗图文史:1940—1957》,未刊稿。
④ 高兰的《哭亡女苏菲》刊载于1942年3月29日《大公报——战线》。作者自言:抗战时期,作者在重庆一所中学任教,时遭解聘,生活困苦,以致七岁的女儿患疟疾因无钱医治而夭折。1942年3月,作者在女儿去世一周年时写下这首悼诗,倾吐了内心的痛苦与愤慨。

寒冷的风雪交加之夜，
一床薄被，我们三口之家，
吃完了白薯我们抱头痛哭的事吧！

姗姗而来的是别人的春天，
鸟啼花发是别人的今年！
对东风我洒尽了苦女的泪，
向着云天，
我烧化了哭你的诗篇！

他写的虽是一个家庭的悲伤，表达的却是整个民族的悲伤。这首感动了千万人的抒情诗，传达的绝不仅仅是一己的哀戚，一个生命的夭亡，唤起了万众感同身受的同声一哭！

闻一多把战争诗歌喻为"鼓点"，这让人想起鲁迅对白莽（殷夫）诗做过的比喻：是东方的微光，是林中的响箭，是冬末的萌芽，是进军的第一步，是对于前驱者爱的大纛，也是对于摧残者的憎的丰碑。一切的所谓圆熟简练，静穆悠远之作，都无须来做比方，因为这诗属于别一世界。① 他的这种评语，体现了一种期待，是对于"别一世界"的诗的期待。鲁迅此语是为左翼写作的赞词，不经意间恰好证明了中国左翼诗歌与抗战诗歌的衔接。

可以说，田间乃至艾青的出现，也是一种历史的对接。这种"战斗的鼓点"的风格和节奏，早在革命文学倡导时期，在以蒋光慈、殷夫等诗人为代表的写作中就已显露出端倪。进入抗战，诗歌全部继承了革命诗歌的传统、特别是中国诗歌会的传统，而且予以更为健康鲜明的发扬。这里说的"健康""鲜明"，即指抗战以来的诗歌较之以往少了些闻一多所批评的"泪和死"的那一套，更简括、更果断、更朴素、也更有力，是一声声激动人心的战鼓。

与"左联"和抗战诗歌相连接的，是"中国诗歌会"的倡导和实践。中国诗歌会成立的《缘起》宣告了他们的诗歌信念："在半殖民地的中国，一切都在急雨狂风里，许许多多的诗歌材料，正赖我们去摄取，去表现。但是，中国的诗坛还是这么沉寂：一般人还在闹着洋化，一般人又还只是沉醉在风花雪月里。"它强调：诗歌是现实社会的反映、社会进化的推进机，创造大众化诗歌（诗歌大众化）尤其是最急切的使命。② 其中实践最力的是蒲风、任均和杨骚。这里是蒲风写于1937年9月15

---

① 见鲁迅《白莽作〈孩儿塔〉序》。此处不注《鲁迅全集》出处，特别引自黄礼孩、陈陟云主编的《新诗九十年序跋选集》，第141页。该期为《诗歌与人》总21期，2009年1月。
② 任均：《穆木天和中国诗歌会》，引自卢莹辉编：《诗笔丹心》，第232页，上海：文汇出版社，2006年。

日的《游击队》：

>游击队！游击队！
>　　你们的出现
>像闪电；
>　　一个闪烁！一个闪烁！
>接着
>一个勇猛的搏斗，
>　　给他们一阵暴风雨。①

这是"卢沟桥事变"后最早发出的一声热情的战颂,我们从中可以望见继续跟进者未来的声音和风采。还有他写作于同时的《路》,也是这样急促有力、令人警醒的短诗：

>等着
>大刀的砍杀，
>上吊的刑罚，
>　——不是
>　　路！
>　路，
>　在前方
>　　武装，
>　　打鬼子，
>　　——抵抗！②

  这些诗句,与闻一多所肯定的田间的写作何其相似！中国诗人战斗的鼓点源自30年代革命诗歌的呼号与呐喊,尽管它们因时代不同而在内容上有区别,但传达的情绪确是一致的。中国新诗的诞生是由于时代的召唤,它在急切中为"新"而忘"诗",这在当时的批评中已有涉及。随后一些"艺术至上"的"唯美主义者"为匡正此倾向而倡导诗的审美性。这些人中,就有此时全力推崇田间诗歌的闻一多。对此,田间谈过他的感受："在我的印象中,过去的闻先生仿佛是一个严峻的自由主义的学者,后来的闻先生仿佛是一位热血沸腾的勇士;过去它是在低吟,后来则

---

① 蒲风：《六月流火》,第215页,广州：花城出版社,1983年。这是蒲风的诗选,分别选自《茫茫夜》(1934)、《六月流火》(1935)、《生活》(1936)、《钢铁的歌唱》(1936)、《摇篮歌》(1937)、《抗战三部曲》(1937)、《黑陋的角落里》(1938)、《真理的光泽》(1938)、《在我们的旗帜下》(1936)、《儿童亲卫队》(1939)、《取火者颂集》(1939)、《可怜虫》(1937)。
② 同上书,第212—213页。

是狂呼了。"①

闻一多的转变说明了中国新诗人传承的使命感,却也再度展现了中国新诗的宿命:我们始终游移在时代与艺术之间、表现纯美与为现实服务之间,始终处于两难的境地。但此时,在全民奋起抗战的热潮中,我们的心情与闻一多、与蒲风、也与田间是同样的,我们为战斗的鼓点、也为所有擂鼓的诗人感到欣慰与骄傲。

于抗战诗歌发扬与倡导最力的是作为理论家与诗人的胡风。1937 年 10 月胡风主编的《七月》在汉口创刊。七月社在代致辞《愿和读者一同成长》中说:"我们认为,在神圣的火线后面,文艺作家不应只是空洞地狂叫,也不应作淡漠的细描,也得用坚实的爱憎真切地反映出蠢动着的生活形象。在这反映里提高民众的情绪和认识;趋向民族解放的总的路线。文艺作家底这工作,一方面将被壮烈的抗战行动所推动,所激励,一方面将被在抗战热情里面涌动着成长着的万千读者所需要,所监视。"②

从那时开始至 1941 年 9 月,《七月》从汉口而重庆,一直跟随着抗战的进程而坚持着、奋斗着。此后,进入 40 年代,胡风又以《希望》《七月诗丛》的刊名陆续推进着这种为抗战而呼号的诗歌写作实践。③ 这些书刊的出版者从希望社而到泥土社,出版地点从重庆而到抗战胜利后的上海。许多抗战的诗歌名篇,如胡风的《为祖国而歌》、田间的《中国底春天在号召着全人类》《给战斗者》、艾青的《雪落在中国的土地上》《向太阳》、天蓝的《队长骑马去了》,以及绿原、鲁藜、亦门、杜谷、牛汉等的诗作,都在胡风所主办的出版物上发表。

诗歌史记载着这些非凡的业绩。特殊的环境和机遇,加上一批如胡风这样的谙熟诗歌创作规律并拥有号召力和组织力的编者的热情投入,促使中国诗歌在这一阶段有着明显的突进。此中,《七月》和《希望》致力最多,收效最著。回顾抗战以来的诗歌运动,自闻一多"鼓点说"的倡导开始,由于众多诗人的参与,新诗的确展开了新生面,其特点也有着有别于前的鲜明。集结在《七月》《希望》等刊物周围的创作群体,到了 80 年代在由绿原和牛汉主编的诗集《白色花》中得到集中的展示。

与此相近的还有由魏巍主编的《晋察冀诗抄》,收集了战时活跃在晋察冀抗日根据地一带以田间为代表的诗人群体的作品。这一地区包括了当年同蒲路以东,津浦路以西,正太、石德路以北,以及平北、冀东、察哈尔、热河等的广大地区。他们

---

① 田间:《哀悼闻先生》(原文后注:"1946 年 7 月,去雁北的前夜"),引自田间:《抗战诗抄》,北京:新华书店,1950 年。
② 见《七月》第 1 期,1937 年 10 月 16 日,汉口:生活书店。
③ 《希望》一、二两集,每集四期,自 1945 年 12 月至 1946 年 10 月。《七月诗丛》出版时期跨度较大,亦有二集,起自 1941 年 7 月,止于 1951 年 1 月。

也是写作的主题和风格都极为接近的诗人群。魏巍在诗集的序言中介绍了这一群体的写作情况:

> 那时的出版条件是极端困难的,可是油印诗刊就出了五六种。出版时间最长,发表作品最多的是《诗建设》,先后由田间、邵子南、方冰等同志担任编辑,出发表诗创作外,还经常发表诗歌评论。它在团结作者,促进创作上起到了很大作用。此外,晋察冀各地还出版了《诗》、《边区诗歌》、《新世纪诗歌》、《诗战线》等几种诗刊。为了使诗歌更紧密地配合斗争,深入群众,还采用了诗朗诵、诗传单、街头诗等几种形式。①

这些活跃在战火中的诗歌创作,给中国新诗带来了新的特点。首先是,诗人和现实的社会生活的联系空前地紧密了。在以往,被称为是深入并表现了底层民众的诗,多半是以文人的、知识者的旁观的姿态介入,用因袭的"怜悯""同情"的眼光观察表现那一切。早期的实例就是胡适等人笔下的《人力车夫》,虽然有可贵的同情心,却依然保持着一种"居高临下"的角度和距离。战争起来了,大家都面临着亡国毁家的命运,此刻诗歌对于苦难的宣泄、对于暴虐的控诉,已不是一般的"观察和体验",而是自己的亲历,那种十指连心的痛感来自内心。当然依然不失"代言"的成分,却实在是一种发自内心的"自言",说的是自己,表达的却是民众,是众生。前面引用的高兰的《哭亡女苏菲》是典型一例,诗人写的是家庭的哀戚,唤起的是万众的嗟伤。

这是诗人的歌,是战士的歌,也是平民的歌。在这里,以往界限分明的抒情者和抒情对象的身份模糊了、浑然一体了。这是了不起的、跨越性的进步。举一个鲜为人知的诗人的作品为例:

> 我是农民
> 穿上军服,我就是兵
>
> 有犁锄一样的
> 我有一支枪
> 有种子一样的
> 我有子弹
> 土地永不荒弃
>   土地上有我的旗
> 战斗永不失败

---

① 魏巍:《晋察冀诗抄·序》,北京:中国青年出版社,1984年。

　　　　战斗的有我的血和意志①

　　这里,有"我""农民"以及"兵",还有一个诗人自己,是隐身的。在这首诗中,抒情主体和抒情对象是一体的,诗人和世界是一体的,他们的情感不仅同步而且同体。对此现象,绿原曾说过:他们"追求自己在创作过程中,必须通过严格的自我审查,争取同人民大众的思想感情相通……而不能像在抗战以前的书斋、讲堂中一样,让诗成为与世隔绝的孤芳自赏或顾影自怜的独白"②。

　　抗战给诗歌带来了一个新时代。这个新时代的标志,表现在诗歌与民族的存亡、社会的兴衰以及大众的悲欢从来也没有这样紧密的关联,诗人在这种与时代共荣辱的写作中,历来作为知识者的身份被淡化了,不再是置身局外发表感慨的人,也不仅是超然的写作者,而是自身也是"被写"的"诗中人"。这是新诗建立之后,从"新诗革命"到"革命新诗"人们一直期待着、追求着而始终未能实现的目标,如今在抗战诗歌的实践中变成了现实:它把中国诗学"言志""载道"的传统提升到了新的高度。

　　尤为重要的是,抗战诗歌也创造了新诗语言划时代的成就。中国新诗由文言写作的格律诗一跃而为用白话写作的自由诗——其间有新诗格律体的尝试,但不是严格意义上的格律诗——其卓然独立的标志,是周作人的《小河》。这是业内人士趋于一致的认识。但"独立"并不是"成熟"。新诗自由体的成熟、特别是语言的成熟期,是由于抗战诗歌的写作。抗战诗歌促进了新诗语言的成熟,也创造了自由体诗歌创作的高峰,这是抗战诗歌对于中国新诗的伟大贡献。

　　闻一多说的与"箫声""琴声"相对照的"鼓声",只是一种形象化的表述,具体一些,是诗歌内涵的自新与飞跃,风格则是刚健粗放代替了柔弱细腻,以及包括语言、词汇、节奏、韵律在内的一系列因素的综合的特征。语言的自然直接,意象的朴素简洁,节奏的明快短促,情绪的明朗昂扬,特别是田间式短句短行的广泛应用,形成抗战诗歌时代性的审美特征。"战斗的鼓点"促成了中国诗歌自突破古典的格律之美而后的诗歌散文美的完成,而奠定和完成新诗散文美的格局的代表者,则是艾青。

从芦笛到号角

　　抗战诗歌是艾青诗歌创作的高峰期,大约也是此时,他发表了著名的《诗的散文美》,这可以看作是他的美学宣言。文章说:"由欣赏韵文到欣赏散文是一种进

---

① 卫寄宇:《在星下面》组诗中的《兵》,载《希望》第2集。
② 绿原:《白色花·序》,绿原、牛汉编:《白色花》,北京:人民文学出版社,1981年。

步;而一个诗人写一首诗,用韵文写比用散文写要容易得多。但是一般人,却只能用韵文来当作诗,甚至喜欢用这种见解来鉴别诗和散文。"他认为"散文的自由性,给文学的形象以表现的便利;而那种洗练的散文、崇高的散文、健康的或是柔美的散文之被用于诗人者,就因为它们是形象之表达的最完善的工具"。①

抗战诗歌体现着中国新诗的语言从白话草创的稚嫩而定型,再到由艾青写作体现出来的成熟,这种成熟正是新诗成熟的标志。正如评家所总结的:"中国的自由诗从'五四'发源,经历了曲折的探索过程,到三十年代才由诗人艾青等人开拓成了一条壮阔的河流。把诗从沉寂的书斋里,从肃穆的讲堂上呼唤出来,让它在人民的苦难和斗争中接受磨练,用朴素、自然、明朗的真诚的声音为人民的今天和明天歌唱:这便是中国自由诗的战斗传统。"②

这种成熟性完整体现在艾青的创作中。绿原在谈到《白色花》诗人们的创作继承了中国自由诗的战争传统时说:"本集作者们作为这个传统的自觉的追随者,始终欣然承认,他们大多数是在爱情的影响下成长起来的。"③受艾青影响的不仅是"白色花"诗人群,而且是当时以至后来的中国新诗创作,无不受到艾青的深刻影响。艾青是代表一个时代的诗人。中国战时诗歌因艾青的忧郁和悲哀而彰显了特定的时代精神。人们从他的《我爱这土地》中听到了自己内心的声音——

> 假如我是一只鸟,
> 我也应该用嘶哑的喉咙歌唱,
> 这被暴风雨所打击着的土地,
> 这永远汹涌着我们的悲愤的河流,
> 这无止息地吹刮着的激怒的风,
> 和那来自林间的无比温柔的黎明——
> ——然后我死了,
> 连羽毛也腐烂在土地里面。
>
> 为什么我的眼里常含泪水!
> 因为我对着这土地爱得深沉——④

饱满而亢奋的情绪支配着抗战诗歌的写作。人们的悲哀、伤痛和积郁,从那些单纯、素朴、短促有力的节奏中获得一种释放、宣泄和鼓动的慰藉。但是,当全中国

---

① 艾青:《诗的散文美》,原载《广西日报》1939 年 4 月 29 日,引自吴思敬主编:《中国新诗总系·理论卷》,第 281—282 页,北京:人民文学出版社,2010 年。
② 同上。
③ 同上。
④ 艾青此诗作于 1938 年 11 月 17 日,选自诗集《北方》。他的《诗的散文美》则作于 1939 年。

所有的诗歌都只敲响一种共同的甚至显得统一的"鼓点"时,会感到为获得这种单纯甚至单调所付出的,可能也造成了一时代的缺失。尽管在当前,人们并不怀疑这种呼号和呐喊来自内心的要求,但这毕竟是诗,诗归根到底是属于艺术的,人们知道田间代表了艺术的高度,但更多的诗人们写作中所表现出来的直白的呼喊,并不与诗的品质等同。

因此当人们看到艾青从彩色的欧罗巴举着彩色的芦笛出现在中国,很快就认同了他的色彩和声音。艾青的那支芦笛,是他对于欧罗巴真挚的记忆。而他对于波特莱尔和兰波的心仪,则是他的欧罗巴记忆的主体——那是自由的、现代的欧罗巴的芦笛!而此刻,芦笛正吹响在中国的梦中——诗人因自由的理想而陷身中国的巴士底。艾青写大堰河和芦笛时,距离抗战烽烟的燃起还有三四年的光景,但面对中国的积重,艾青已经觉醒。

比《芦笛》写得更早一些的是他对于奶娘"大堰河"的礼赞。诞生于殷实家庭的艾青,由于亲身的遭遇而感知到一个普通农妇无私的爱,诗人由此而思及育他、养他的伟大的人民和土地。"呈给你的儿子们,我的兄弟们,呈给大地上一切的,我的大堰河般的保姆和她们的儿子,呈给爱我的如爱她自己的儿子般的大堰河。"艾青带着他心爱的芦笛和他对大堰河的爱,投身于抗战的歌唱,他感到了中国大地彻骨的寒冷,芦笛于是换成了号角。

雪落在中国的土地上,寒冷封锁着中国。在这样的天气里,他和他所遇见的中国的农夫以及农夫的儿子们,一样地感到了中国道路的崎岖和泥泞,饥馑的大地,以及向着阴暗的天伸出颤抖的、乞援的双臂的深陷于苦难的人们,他希望自己的这些诗句能给寒冷的中国"带来些许的温暖"。艾青是迎着太阳歌唱的。他的悲哀的心中,充满希望和期待。早在1937年春,他的心就被太阳的火焰之手所撕裂,阳光把陈腐的灵魂搁弃在河畔,他于是说:"我乃有对于人类再生之确信"①。

热爱人民和土地的诗人把芦笛换成了号角。他带来的是比芦笛还要多彩的虽然悲哀但却是举着火把向着光明的战斗的旋律。劳辛说:"在抗战时期,诗人的芦笛变成号角。号角总是比芦笛嘹亮的。芦笛播出受难者的歌;而号角却吹出对敌人的攻击进行曲。他的笔触胶滞在中国老百姓战斗行列里的愿望的生活","他以一种乐观的心情来歌颂光明的事情,这在他的诗作中有不少太阳和黎明等具体的形象来体显出来的。他也希冀把中国的民族性——旷达和深沉发掘出来"。②

艾青此时的诗歌创作以独有的方式,凝聚了中国式的忧郁和感伤,并使这一切上升为典型的美感意蕴。他以接近欧化的语言,新颖而丰满地发挥、开掘现代汉语的潜在魅力,以此表达他对中国大地和人民的挚爱。而且,他也使自由体白话新诗

---

① 艾青《太阳》中句,见诗集《旷野》。
② 劳辛:《艾青论》,《诗的理论与批评》,第9页,上海:正风出版社,1950年。

语言的运用和探索臻于完美,尤其在诗歌语言散文美的追求方面,由于他的勇气和执着,终于使以白话书写的新诗终结了初期散漫、平淡和缺乏凝练的缺憾,而抵达稳定、成熟的诗学高度。从欧罗巴带回来的芦笛,终于成为鼓舞和催进中国人民奋起救亡和争取自由的号角和火炬。

笔者曾在艾青去世后追念他的文章中论及他在新诗诗学方面的杰出贡献:"中国诗走出古典到达现代,经历了诸多的汽曲折和痛苦,这个过程在艾青手中得到完成。在新诗的发展史上,胡适是光辉的起点,郭沫若传达了五四时代的浪漫激情;而白话新诗文体的完成则是艾青。""艾青感受了这大陆无所不在的忧患:战争和饥饿、不公和强权这一切的沉重都注入了艾青清醒并有点洒脱的笔下,造出了独异的诗美奇观,这就是艾青的个人风格:沉郁的内涵和自由形式的和谐。"①

在战云密布的中国大地,诗依然在顽强地生长着。40年代有很多大事,一是争取抗战的胜利,一是内战已露出端倪。诗歌处在两个战争之间,于是出现了"主题"转换的复杂局面,"争独立"和"争解放"胶着地在"季节转换"的诗歌运动中呈现。这情景有点微妙。随着二战的接近尾声,此时的矛盾仍是民族和救亡的。接着是内战的摩擦加重,争斗加剧。到了40年代后期紧接着就是几场大战,亢奋的激情取代了那些年的颠沛辗转,即战烟依旧,离乱依旧,而反映在中国人的情绪上,却是另一番景象:有人庆新生,有人叹流亡,一边是解放翻身的欢欣,一边是去国毁家的悲情。这是悲欢交集、欲说还休的复杂世代。

从诗歌现象上看,胡风、蒲风、艾青那一代人的创作起始较早,《白色花》中,有些人的创作始于抗战前,更多的人则是敲着鼓点、吹着号角进入为抗战呼号的队列。其中也包括了上面说到的晋察冀根据地的那些诗人,他们中大多数的写作始于抗战爆发后,有的人的写作则接续到50年代,成为战后年代的写作中坚,如郭小川、贺敬之。不论经历如何有差异,但他们作为战时歌者的身份则是相同的。他们共同实践并见证了中国自由体诗歌主潮的建设和成熟,以自己的创作连接着五四白话语体和以散文为基本形态的新的诗体的写作。

但是随着40年代的到来,这种以自由体为主潮的秩序受到了挑战。形成这种局面的诱因,与其说是艺术的,毋宁说是政治的;与其说艺术板块的裂变,毋宁说是基于现实功利的重新分割。人们注意到,三四十年代之交的中国政治地图,基本上由三大板块构成:共产党领导的解放区及广大的敌后根据地,它的基础是广大的乡村;国民党领导的"大后方",它的基本构成是以未被占领的大、中城市为中心,开始是武汉、长沙,后来是桂林、昆明、重庆;而敌伪占领的,则是以上海"孤岛"为标志的沦陷区。就艺术的影响和传统而言,后二者基本是在延续五四建立起来的流风余韵,而解放区则出现了迥然不同的景象。

---

① 谢冕:《永远沐浴着他的阳光》,《阅读一生》,第153—155页,天津:百花文艺出版社,2011年。

从相关的史料可以看到,尽管战争在近处或远处继续凌厉地进行着,特殊环境留给诗歌的空间还是十分艰危,但是诗歌还是按照它既有的规律顽强地运行着。40 年代初期,中国人久经战乱,已经适应了战争带来的离乱和痛苦的际遇,他们已经没有战争初期那种祸从天降的仓皇和惊怵,已经对苦难"处变不惊"。人们已经习惯了家破人亡、颠沛流离的动荡生活,有许多的伤痛和磨难,依然有淡定的坚忍。诗歌也是如此,人们已经能以不惊不乍的日常状态来安排和培育诗歌。

首先是诗歌活动的频繁举行。这里举一些关于战时诗歌活动的记载:

1941 年 5 月 30 日中华全国文艺界抗敌协会在重庆举行首次诗人节,于右任、郭沫若、阳翰笙、老舍、姚蓬子、潘梓年等出席。"我们决定诗人节,是要效法屈原的精神,是要使诗歌成为民族的呼声,是要了解两千年来中国诗艺术已有的成就,把古人的艺术经验,作为新诗创作途中的养料——是要向全世界高举起独立自由的诗艺术的旗帜,诅咒侵略,讴歌创造,赞扬真理。"①

1941 年 9 月 14 日重庆诗人召开第一次座谈会,冯乃超主持,出席的有郭沫若、姚蓬子、阳翰笙、安娥、臧云远、方殷、任钧、罗荪等。郭沫若在会上发言论析了《诗经》与楚辞的语言。紧接着,9 月 26 日再开第二次座谈会,阳翰笙主持,主题是"新诗歌的样式问题",臧云远、常任侠、姚蓬子等发言。②

1941 年 12 月,成都文艺协会召集诗歌座谈会,讨论的主题是"诗与音乐"。叶非洛主持,报告抗战以来之诗与音乐的联系问题。讨论的范围涉及诗歌的写作、语类、形式等问题。报道见于《创作月刊》创刊号。③

以上数例,可以看出当时后方诗歌活动的频繁。特别值得注意的是,当时尽管环境险恶,但是人们依然坚持着诗歌的艺术追求。由于战时已成"常态",心智的成熟使人们不再满足于那种始终如一的鼓点式的节奏和方式,他们开始考虑属于诗的最根本的属性——诗意和诗性。从芦笛走向号角,再从战斗的号角走向多彩的芦笛,这并不是倒退,也不是循环,而是成熟。在战争的间隙里,人们终于有机会深情地回望曾经被"放逐"的"抒情"。

在战时,人们写诗往往出于战斗的激情,又往往因这种激情忽视了诗的特性,而把一般的战斗呼喊等同于诗。这种体认,在进入 40 年代之后引发了论者的注意。S. M.(阿垅)在他的评论中敏锐地对诗人和士兵作了区分,其实也是对诗和生活作了区分。他在诗评《读艾青底——》中说:"这个吹号者底声音,是一个诗人底,而不是一个士兵底,是智慧的力,而不是粗野的歌曲,这,只有一个诗人才能够

---

① 中华全国文艺界抗敌协会:《诗人节缘起》,《新华日报》1941 年 5 月 30 日。转引自刘福春:《20 世纪中国新诗图文史》(1940—1957),未刊稿。
② 刘福春:《二十世纪中国新诗图文史》(1940—1957),未刊稿。
③ 同上。

用抒情的言语说出,而一个朴拙的士兵是不能够的,士兵不能够有诗人所有的,正像诗人也没有士兵所有的。而艾青,他是一个诗人啊。"①

一种既重视诗的战斗性、又注重诗的艺术性的氛围,正在悄悄地形成。艾青无疑是处于他的创作的巅峰期。他在写出诸多战争杰作的同时,也从未忘了他革新诗歌语言的意愿:

> 我确是如一些批评者所说,在同时代的诗人里面,比较努力地创造新的词汇的人。我最嫌恶一个诗人沿用一些陈腐的滥调来写诗,我以为诗人应该比散文家更花一些功夫在创造新的词汇上。——假如我们没有把文字重新配置,重新组织,没有把语句重新构造、重新排列,假如我们没有以自己的努力去重新发现世界,发现事物与事物的关系,人与事物的关系,人与人的关系,我们就没有必要去制造一首诗。——大胆地变化,大胆地把字解散开来又重新拼拢,重新凝固起来。——语言的应该遵守的最高的规律是:纯朴、自然、和谐、简约与明确。②

很少见到艾青这么具体地谈论语言创新的问题,由此可见当时诗歌运动的一般氛围。人们开始从战争初期的那种直接呼喊的满足中醒悟,从而回到了艺术的本位上来——决定诗歌价值的,除了现实的追求,到底还是艺术自身。上面艾青的那一番关于诗歌语言的言说之所以可贵,正是由于它传达了 40 年代初期非常重要的诗歌信息——人们尽可从情感的考虑"放逐抒情",但战争的阴影不会长久地遮蔽诗歌审美的空间。

延安的想象

然而,更加复杂的局面也出现在同一个时期。这种诗歌艺术的复杂性,如同往常那样,是由中国政治局面的复杂性决定的。40 年代初,在以重庆为中心的广大地区,在战争的间隙中,诗歌依然延续着五四以来以自由体为核心的艺术传统。诗人的知识分子身份是确定的,因此,人们也并不对诗人个性化的艺术实践另有期待。在这些地区(抗战胜利后更有扩展),诗歌仍然沿着原有的路径行进着。

而在共产党领导的敌后根据地,情形与前述截然不同,那里是一片广大的乡村地带,文化的基本形态是乡村文化,和现代城市存在着距离造成的文化差异。在那里,文学或者艺术、诗歌的受众,从整体上看,是低文化或者基本是文盲的农民。正

---

① S.M.:《读艾青底——》,《诗创造》第 5 期,1941 年 11 月 5 日。
② 艾青:《我再怎样写诗的?》,《文艺学习》第 2 卷第 3—4 期,1941 年 3 月 10 日。

如毛泽东强调的,这里的文艺和诗歌的服务对象即"文艺作品给谁看的问题",与前者判然有别,他明确地指出了二者的差异:

> 在陕甘宁边区,在华北华中各抗日根据地,这个问题和在国民党统治区不同。和在抗战以前的上海更不同。在上海时期,革命文艺的接受者是以一部分学生、职员、店员为主。在抗战以后的国民党统治区,范围曾有过一些扩大,但基本上也还是以这些人为主,因为那里的政府把工农兵和革命文艺互相隔绝了。在我们的根据地就完全不同。文艺作品在根据地的接受者,是工农兵以及革命的干部。根据地也有学生,但这些学生和旧式学生也不相同,他不是过去的干部,就是未来的干部。各种干部,部队的战士,工厂的工人,农村的农民,他们识了字,就要看书,看报,不识字的,也要看戏、看画、唱歌、听音乐,他们就是我们文艺作品的接受者。①

这就是毛泽东制定文艺策略的前提和基础:立足于广大的乡村,以及乡村中广大的缺少文化的农民,以他们可以和可能接受的方式满足他们的需求。毛在许多场合多次讲过,文艺要为人民大众服务:"什么是人民大众呢?最广大的人民,占全人口百分之九十以上的人民,是工人、农民、士兵和城市小资产阶级。"②其核心仍然是农民。毛分析过"工农兵"或"最广大的人民"这些概念的内涵,认为农民做工就是工人,农民穿上军装就是士兵,而干部即是从这些人中选拔出来的,说到底,也还是农民。

毛认为文艺首先是为工农兵的,为工农兵所创作、为工农兵所利用的;而为今日最广大群众所最需要的是"初级文艺"。他要求作家改变原有的立场,放弃原先的趣味和习惯,以工农兵自己所需要、所便于接受的东西去满足他们。因此他提醒作家注意群众中流行的文艺方式:

> 我们的文学专门家应该注意群众的墙报,注意军队和农村中的通讯文学。我们的戏剧专门家应该注意军队农村中的小剧团。我们的音乐专门家应该注意群众的歌唱。我们的美术专门家应该注意群众的美术。一切这些同志都应该和在群众中做普及工作的同志们发生联系,一方面帮助他们,指导他们,一方面又向他们学习,从他们吸收由群众中来的养料,把自己充实起来,丰富起

---

① 毛泽东:《在延安文艺座谈会上的讲话》,1942 年 5 月,引自吉林师范大学、吉林大学文艺学编写组编:《文艺方针政策学习资料》,第 108 页,长春:吉林人民出版社,1961 年。(此处引文本来可以直接引自"毛选",但是手边这书伴我多年,一直是得心应手的工具书,用起来有一种亲切感。)

② 同上书,第 114 页。

来，使自己的专门不致成为脱离群众、脱离实际、毫无内容、毫无生气的空中楼阁。①

在关于文学的思考中，除了要求文艺工作者改变立场，把文艺基点放到适应无文化或少文化群众相适应的位置，同时也要求以他们能够接受的民族的形式予以实现。他的表述是抽象的："中国文化应有自己的形式，这就是民族形式。民族的形式，新民主主义的内容——这就是我们今天的新文化。"②虽曰抽象，其指向却是明确的。讲话发表的当年春节，延安各界为实践讲话的精神，开展了春节文艺演出活动，延安《解放日报》为此发表社论《从春节宣传看文艺的新方向》，肯定了当日的实践：

> 他们的成功，首先是因为反映了群众的现实生活、实际斗争，反映了群众的思想感情；其次是因为他们的表现形式符合于群众的实际，语汇语法是群众的语汇语法，容貌服饰是群众的容貌服饰，腔调姿势是群众的腔调姿势，离开了这些，则内容的真实性就无法表达；第三是适当地采取了并提炼了群众自有的某些艺术传统，譬如歌谣、年画、戏装、秧歌舞、秦腔、郿鄠等等……③

延安讲话并没有直接设计在"新文化"形态下的新诗形态，但一切迹象都表明，诗歌也如文学的其他体式一样，面临着对于五四传统的改写。这种改写是由五四的完全取法西方而转向取法本土；由原先的近于全盘欧化的倾向、有意无意地忽略民间或民族资源的倾向，转向寻求中国传统，特别是民间传统的回归。延安开展的民间化运动，以与群众联系最多的戏剧改革为前导，京剧改造和秧歌剧的提倡走在了文艺改革的前面。座谈会召开的次年，中共中央宣传部作出决定，以戏剧与新闻通讯这两种最切近实际的形式为切入点，逐步铺开工农兵方向的实践，这无疑是一种战略性的考虑：

> 在目前时期，由于根据地的战争环境与农村环境，文艺工作各部门中以戏剧工作与新闻通讯工作为最有发展的必要与可能，其它部门的工作虽不能放弃或忽视，但一般地应以这两项工作为中心。内容反映人民感情意志，形式易演易懂的话剧与歌剧（这是融戏剧、文学、音乐、跳舞甚至美术与一炉的艺术形式，包括各种新旧形式与地方形式），已经证明是今天动员与教育群众坚持

---

① 毛泽东：《在延安文艺座谈会上的讲话》，1942年5月，引自吉林师范大学、吉林大学文艺学编写组编：《文艺方针政策学习资料》，第121—122页。
② 毛泽东：《新民主主义论》，1940年1月，引自吉林师范大学、吉林大学文艺学编写组编：《文艺方针政策学习资料》，第79页。
③ 《从春节宣传看文艺的新方向》，1943年4月25日，《解放日报》社论，引自吉林师范大学、吉林大学文艺学编写组编：《文艺方针政策学习资料》，第367—368页。

抗战发展生产的有力武器,应该在各地方与部队中普遍发展。①

我们从中依稀可以窥见未来文艺改革的总体思路,即使文艺向着民族的、民间的,向着低文化甚至无文化的工农兵所能够接受的方式"复归"。周扬在论及解放区文艺的特点时指出,这是和"自己民族的、特别是民间的文艺传统保持了密切的血肉关系"的文艺。他以《白毛女》为例,认为"《白毛女》是在秧歌的基础上,创造新型歌剧的一个尝试。文艺座谈会以来,文艺工作者在搜集研究与改造各种民间形式上,都做了不少的工作。其中最主要的收获是秧歌。我们在农村秧歌的基础上创造出了新的人民的秧歌"。②

延安当日的思路,是以适合群众欣赏习惯的民间的秧歌取代"不合时宜"的"大、洋、古",用装进了新内容的旧秧歌取代只能在大城市演出的大歌剧。从《夫妻识字》《兄妹开荒》演进为《白毛女》《赤叶河》,就是此种思路的具体化。这种改革,在文艺的各个领域次第展开,而且取得了明显的成效。其间以赵树理的小说创作最为显著,赵树理实现了小说表现农民和通往民间的重大的艺术变革。除了戏剧和小说,在音乐和绘画方面,也陆续出现了把民间经典化的有力实践。

在新诗领域,动作显得迟缓,这种迟缓不免带来了焦虑。直至李季《王贵和李香香》的出现,才使焦虑得到缓解。陆定一为这部长诗写了序言,第一句话就是:"我以很大的喜悦读了《王贵和李香香》,因为这是一首诗。"不了解这背景的人们一定会为这"不通"的措辞纳闷。其实,陆定一以这种方式透露了他的"期待的焦虑"——当各个部类都有了变革的成绩的时候,人们对诗歌的期待就显得非常地迫切。这有陆定一的文章为证:

> 自从文艺座谈会以来,首先表现出成绩来的是戏剧。那年就有新式的秧歌出场了。《兄妹开荒》现在已经传遍全国。新的戏剧运动,范围非常广大,改良的平剧出现了。新式的歌剧《白毛女》出现了。这方面的收获最快,最丰富。戏剧真正到了人民大众里面去了。
>
> 其次跟着来的,是木刻。这方面革除了外国气派,采取了中国气派,也有很大的成绩。现在解放区的木刻,代表了中国,在全世界有了地位。
>
> 来得更晚些的,是小说和说书,这是这一两年间才有的。小说里面,如《李有才板话》,《吕梁英雄传》,《抗日英雄洋铁桶》,《李勇大摆地雷阵》等,获

---

① 《中共中央宣传部关于执行党的文艺政策的决定》,1943年11月7日,《解放日报》1943年11月8日,第6页。
② 周扬:《新的人民的文艺》。这是周扬1940年7月5日在中华全国文学艺术工作者代表大会上的报告,原载《中华全国文学艺术工作者代表大会纪念文集》,北京:新华书店,1950年,引自谢冕、洪子诚编:《中国当代文学史料选》,第25—26页,北京:北京大学出版社,1995年。

得广大的读者,并在小说的领域里展开了新的一页。在说书的方面,有韩起祥编的许多本子,显出民间艺人惊人的天才。

比较来得晚的,就是诗了。《王贵与李香香》就是这样的诗。用丰富的民间语汇来做诗,内容形式都好的,在外面有袁水拍(按即马凡陀)先生,现在我们这里也有了。①

这情景正如五四的新文学革命,一旦新诗试验成功,白话文学的胜局就定了。同样道理,讲话确定的工农兵方向,一旦李季的《王贵与李香香》出现,胜局也就定了。我们不难从陆定一的"喜悦"中得到这个信息。打个不合适的比喻,此刻的李季的试验,其功效真有点像胡适当年的"尝试"。当然,这个比喻并不适当。简单地说,在胡适那里,他的尝试有很强大的原创性,而在李季这里,原创的元素被强大的模仿所代替。但的确,李季的出现使"期待"成为了"事实"。请阅读充满西北情调的乡村长曲的片段:

> 玉米开花半中腰,
> 王贵早把香香看中了。
> 小曲好唱口难开,
> 樱桃好吃树难栽,
> 交好的心思两人都有,
> 谁也害臊难开口。
> 王贵赶羊上山来,
> 香香在洼里掏苦菜。
> 赶着羊群打口哨,
> 一句曲儿出口了:
> "辛苦一天不瞌睡,
> 合不上眼睛我想妹妹。"
> 停下脚步定一定神,
> 洼洼里声小像弹琴:
> "山丹丹花来洼洼开,
> 有那些心思慢慢来。"
> "大路畔上的灵芝草,
> 谁也没有妹妹好!"
> "马里头挑马不一般高,
> 人里头挑人就数哥哥好!"

---

① 陆定一:《读了一首诗》,引自黄礼孩、陈陟云主编:《新诗90年序跋选集》,第204页。

"樱桃小口糜米牙,
巧口口说些哄人话,
交上个有钱的花钱长不断,
为啥要跟我这个揽工的受可怜。"
"烟锅锅点灯半炕炕明,
酒盅盅量米不嫌哥哥穷。
妹妹生来就爱庄稼汉,
实心实意赛过银钱。"
"红瓢子西瓜绿皮包,
妹妹的话儿我忘不了。"
"肚里的话儿乱如麻,
定下个时候说说知心话。"①

李季的现身实现了"新的文化在一个一个地夺取旧文化的堡垒"②的战略梦想,这种梦想,用陆定一的话来说就是,"革命的文艺如果不学会自己的民族形式,即劳动人民所喜见乐闻的形式,哪怕内容很好,也不可能在几万万人的头脑里把旧文艺的影响打倒、肃清"③。这是李季的贡献。他使此刻所谓"延安的想象"现出了轮廓。

民族的和民间的

延安的想象有强大的现实依据,那就是根据地支持了战争,战争中建立起来的政权必须为根据地广大民众服务。而在现阶段,这种服务必须是通俗的、习见的,甚至是低级的,因而也是普及的。延安的取向是从高处往低处拉,摈弃群众不能接受的大城市的那一套,从"夫妻识字"和"小放牛"开始。这种意向,木刻、剪纸、秧歌都不难,甚至戏剧和小说、说书也不难,难的是"从来高级"的诗歌。而对诗歌的处理,也只能是由高处往低处拉。李季这样实践了,他给大局的呈现带来了补益。李季的出现,使延安提出的工农兵方向的蓝图出现了"全景"。

李季《王贵与李香香》的创作理路,完全符合延安的文艺想象,即内容是表现人民的翻身解放,形式是来自陕北的民歌谣曲,因此它是民族的和民间的。也许,它更长远的意义在于,它改变了新诗建立以来以自由体为主体的格局,形成了重返

---

① 李季:《王贵与李香香》。这里用新华书店1949年9月上海版,该书为"中国人民文艺丛书"之一,上海洪兴印刷所印行。
② 陆定一:《读了一首诗》,引自黄礼孩、陈陟云主编:《新诗90年序跋选集》,第204页。
③ 同上。

格律的趋势——不管这种格律并非旧格律的同义词，也不管这种重返会走多远。民族的和民间的，在五四时期受到轻漠的命题，此刻却拥有了某种神圣感。文艺工作者莫不期望以此为目标趋之以成。李季在诗歌中是最先抵达者。他的思路完全符合延安提出的方向，他使新诗具有了与前不同的新面貌——那就是新诗拥有了民族的和民间的形式。

李季把改造自己和改造诗歌视为同体。改造自己即投身于自己原先不熟的生活中去，从体验他人开始，然后对比自己，再将自己设想为他人。因为当时的理论认为，作为小资产阶级的诗人的"自己"依然是渺小的，而作为工农兵的"他人"则是伟大的。李季把他所认知的这种关系，叫做"我和三边、玉门"的关系。他自言："离开了三边和玉门，我几乎连一行诗也写不出来……从我自己和三边、玉门的关系，却使我懂得了从心里爱着一个地方，把你自己变成一个不折不扣的当地人，这一点，对于像我这样的作家是多么重要。"李季认为，这是他"长时期的取用不尽的诗的源泉"。①

这种深入"不熟悉"的生活、再把自己"忘记"的体验生活的观念，是与前全然不同的一种写作观念：越不是自己的，就越是好的；越是自己所陌生的，就是越应该去熟悉的。诗，从写自己变成了写他人，从"个人主义的人间本位主义"（周作人语）变成离开了工农兵的生活就"写不出一句"，这是一个重大的改变。除了写作的内容的转移，也许更重要的在于，要求写诗必须去掉知识分子的腔调，换上工农兵的腔调。记得五四当年，胡适尝言，当时最为急切的目标，在于去掉"旧词调"即去掉旧诗词的腔调②；而现在，则是去掉知识分子的其实即是五四建立起来的多少显得欧化的"洋"腔调，换上当时提倡的属于工农兵的"土"腔调。

在这方面，李季是"开一代新诗风"的始作俑者。《王贵与李香香》采用的是陕北信天游的调式，这种在当地流行的民歌体，多用于男女对唱，双句为一组，是互问式的。首句起兴，次句为即兴的言说，双句押韵，另章可换韵。其句

---

① 李季：《我和三边、玉门》，原载《文艺报》1959年第18期，引自北京师范大学中文系当代文学教研组编：《当代文学教学参考资料·诗歌》，第193—195页。
② 胡适在《谈新诗》一文中反复谈到旧诗的"词调"问题："词曲的发生是和音乐合并的，后来虽有可歌的词、不必歌的曲，但是始终不能脱离'调子'而独立、始终不能完全打破词调曲谱的限制。直到近来的新诗发生，不但打破五言七言的诗体，并且推翻词调曲谱的种种束缚；——这是第四次诗体大解放。""我所知道的'新诗人'，除了会稽周氏弟兄之外，大都是从旧式诗、词、曲里脱胎出来的。沈尹默君初作的新诗是从古乐府化出来的。——我自己的新诗、词调狠多，这是不用讳饰的。""此外新潮社的几个新诗人，——傅斯年、俞平伯、康白情，——也都是从词曲里变化出来的，故他们初做的新诗都带着词或曲的意味音节。此外各报所载的新诗，也很多带着词调的。"原载《星期评论》"双十节纪念号"第五张，1919年，引自刘福春主编：《中国新诗总系·史料卷》，第1—5页。

式以七言为基础。字数可视语气需要自由添加,终是奇数,当地习俗喜用重叠的形容词,增强了语言的活泼性。从道理上讲,这种调式是可以唱的。因为是以七言为基础,所以从语言的构成看,回过头来又接通了受到五四初期排斥的"旧词调"。

这是一种诗歌的"返祖"现象,具有警觉意味的诗学回归。这对新诗而言,带来的是一次不大也不小的"震感"。《王贵与李香香》的出现是一个标志,以此为开端,先天性的欧化的新诗从此增多了本土的色彩,这对于深陷于西方陷阱的新诗而言,未必不是佳音。这一切都发生在40年代的后半期,中国的局势在出现新的变数,诗歌也是。正如中国所有的文化运动都牵萦背后的政治一样,这次由延安讲话引发的文化艺术变革,其根本动因也在于此。

《王贵与李香香》最早的版本是1946年11月的东北新华书店版和太岳新华书店版。它的出现相对于1942年5月的讲话,是显得迟缓了,但是,诗毕竟是迟缓的。正如五四当年那样,新诗的出现,就是那场革命的定局。李季带了头,一时蔚为风尚。收在诗集《佃户林》中的,大抵都是这样民间风格的诗。徐秋风的《唱毛主席》、严辰的《新婚》和刘衍洲的《弹唱小王五》是信天游体,柯仲平的《拔掉敌人最后一条根》、邵子南的《大石湖》、鲁煤的《红旗竞赛歌》和胡征的《槐树下》是五七言四行一节的民歌体,王希坚的《佃户林》是五言歌行体,以及儿歌、催眠歌等。各路诗人,不论他们原先服膺的艺术信条如何,此时莫不以饱满的热情投身于新的诗歌潮流之中。

在民族化的诗歌写作中,阮章竞是致力最多的一位,他以全方位的试验,奠定了民族化新诗的根基。《圈套》是一首长诗,出现在1947年的2月,作者特别标明它是"俚歌故事"。"俚歌"是民间通俗的谣曲,"故事"则是诗的叙事,意即用民间歌谣的方式写成的叙事诗。《圈套》作为长诗当然是韵文,但它并不刻意分行,基本是根据内容的分段连写,用的是七言体民歌的调式。同年写作的还有《送别》和《盼喜报》,也都是民歌的方式。《送别》用的也是信天游的格式:

  鹅毛毛的大雪纷纷地下,
  上前线的新兵骑上马。

  银装的高山棉敷的路,
  老娘的头发像雪花。

  亮晶晶的眼泪滴滴第洒,
  喉咙抽咽声沙哑。

  呼呼的北风顶头刮,
  勒紧了缰绳听娘的话。

而《盼喜报》则是四行一节的传统民歌格式。阮章竞从此时起便有意识地进行多向度试验民间形式的写作。他的创作取法多方,但都是在民间流行的形式中建立创作的根基。他的这些作品,被收集于列入"中国人民文艺丛书"的《圈套》中。《圈套》之后,他于1949年开始了长诗《漳河水》的创作。《漳河水》把新诗写作的民族化推向了成熟的经典化的高度。《漳河水》的写作始于建国之前,而成书和出版则在建国之后,这是一部跨时代的大诗。① 它见证了一个时代的终结,又见证了一个时代的诞生。诗前有作者的《小引》,因为它提供了当时探寻的踪迹,故全录:

> 离开漳河一年多了。今年春天,回去一趟,正碰上是桃红柳绿的时候,一天偶尔在河边走走,山坡树林间传出歌声来,娓娓悠扬觉得好听。是妇女生产互助组唱的。她们在歌唱自己的翻身,歌唱自己的劳动,歌唱自己的快乐。
>
> 太行山——我的第二故乡,太行山的人民和全华北的人民一样,在共产党的领导下,消灭了封建剥削制度,解放了自己,并和自己的子弟兵——中国人民解放军比肩作战,从自己的家门口,先打走一个日本帝国主义,接着又打走一个蒋美匪帮军队,建立起一块自由幸福的新天地。太行山的妇女,过去在封建传统、习俗的野蛮压迫下,受到了重重的灾难。但随着抗日战争,减租减息,解放战争,土地改革,这两个时期的伟大斗争,她们获得了自由,认识了自己的力量。十多年来,她们忍受着难以设想的重负,支持人民解放事业;并且不断地和封建传统习俗作斗争。在党的领导下,积极参加生产,获得妇女彻底的解放自由。她们的丰功伟绩,在祖国解放的史诗中,占着光荣的一页。
>
> 自听了歌声以后,萦绕脑中。找人口述,录下些片段的歌儿,自己又模仿着编了些,组织成现在的样子。
>
> 三个女主人公到底是哪个村的,没打听出来。群众说好多村都有这样的故事和大同小异的歌儿。
>
> 这些片片断断的歌儿,原无题名,也无章段和小题。因故事发生在漳河两岸,民间歌谣中常用头一句做题名的,故名《漳河水》。
>
> 题名是有了,但这篇东西,是由当地许多民间歌谣凑成的,代表这些歌儿的总的形式叫什么呢?每个词儿都注明是采用什么调吧?如《开花调》、《刮野鬼》、《梧桐树》、《绣荷包》、《打寒虫》、《大将》、《一铺滩滩杨树根》,还有好多失名的。可是这些歌谣又因人因村,唱得不大相同,我所听过的《开花调》

---

① 作者在长诗的后面记载:1949年3月26日初稿完于卧虎坡,1949年12月改写完于北京。序文《小引》后注:1949年,除夕,序于北京。该书正式出版于1950年9月,为"中国人民文艺丛书"之一,上海新华书店发行。

就有五六种,据当地同志说还要多;而且也不能说明曲调的总的形式。如陕北的《郿鄠》《道情》,是总的形式名称,其中包括很多曲调名:《刚调》《虞美人》《剪剪花》等等。说是"山歌",在北方很少听说这两个字;说是"秧歌",太行山的秧歌是一种戏曲名,和平常唱的歌儿,有严格的区别;说是"快板",快板是"说"的不是"唱"的;说是"诗",群众叫"念",用文人的说法是"朗诵",现在这些东西分明是唱的;"乐歌"、"乐曲"、"乐章",太文雅,"合唱"、"大合唱",更是胡诌;"牧歌",洋来洋去;"夜曲"、"夜歌",也不对,人家常常在白天唱的。写《圈套》用了"俚歌故事"四个字,曾引起个别同志的不同意,这回如果名不正,就更言不顺了。想了好多时候想不出来。

有一天,碰见两个牧童在河边放羊,嘴里也哼着这些歌儿。我问他们唱的是什么,回答是"小曲"。故把许多曲调总名叫"漳河小曲"。

诗人在这里详细叙说了命名的困惑。其实,在这背后隐藏着这部作品与其他同类作品写作上的差异。当时盛行一种对于民间格式的直接套用,而《漳河水》不同于此。首先关于内容,说的是妇女翻身,但却非"实录",是"好多村都有这样的故事",可见已涉及文学创作的虚构及典型性的原理。至于形式,命名的困难正说明它是一种"博取"——因为是一种对于"民间"的"活学活用",看起来"什么也不是",而恰恰是一种脱离了"原样"的再创造。这在当时竞相直接模仿或直接搬用民间形式的习尚中,是一个令人鼓舞的现象。

从李季的《王贵与李香香》到阮章竞的《漳河水》,再从阮章竞的"俚歌故事"到"漳河小曲",我们看出了学习民间形式的可贵的新趋向,这表现了一种文学思维的成熟。40年代新诗的这种创作景观,证明了一个事实,即,在一个特殊的年代,由于一个特殊的际遇,一个出于意识形态的功利动机,经过诗人的有力的、创造性的实践,直接回答了新诗建立以来人们对于全盘欧化的疑虑。民族的和民间的思索,关于中国诗歌传统的思索,终于回到了人们的视野。

也许《漳河水》提供给我们的还不仅于此,它不仅提供了民间的元素,还提供了古典的元素,它提供了中国新诗民族化的成熟的经典。这里是《漳河小曲》:

漳河水,九十九道湾,
层层树,重重山,
层层绿树重重雾,
重重高山云断路。

清晨天,云霞红红艳,
艳艳红天掉河里面,
漳水染成桃花片,
唱一道小曲过漳河沿。

诗人说这是牧童唱的小曲,我们怎么看都像是中国宋词或是元人小令的某种衍化。水墨画般浓郁的情趣和韵味,传达着解放的欢欣,它是一部交响乐章的序曲,预示着后面宏伟叙事的展开。《往日》《解放》《常青树》,其中总有类似"漳河小曲"这样的导引,而作为叙事主体的,则是诗人在太行山区听到并予以收集、加以改造的繁多的民间曲调。这种古典和民间的穿透、交叉和融汇,造出了异常动人的新诗的传统美。久违了的民间情调,久违了的中国韵味,都说这是对于五四西化传统的违逆,却更像是对于中国诗歌源泉的接续与传承。

一个基于意识形态需要的艺术变革,意外地纠正了历史原因造成的中国新诗的偏离。也许这种纠正本身一样也意味着某种偏离,但无可置疑的是,中国诗歌经历了战争的苦难,正在走出"往日"的阴影,迎接艺术的另一种意义的"解放",而且预示着新时代诗的"常青树"的卓然生长。

抉择与坚持

时间来到了战争的后期。整个的 40 年代,结束了一场抵抗外国侵略的战争,接连着是一场发生在意识形态领域的国共两党领导的战争。在后一个战争中,共产党是胜利者,它由弱者转为强者,从遥远的北方一路进军,一路浴血凯歌猛进。作为胜利者,它当然有能力、也有理由推行自己的主张和政策,其中包括了文艺方针和策略。延安的想象不再是想象,而是准备随着战事的推进,把这种经验推广到全中国,使之成为一个统一的指针或范式。一种在战争年代成长起来的文学形态,一种本来为适应战时的环境和民众的习惯而形成的艺术风尚,如今却要在幅员广大、文化悬殊的国土上成为一种统一的模式,这不啻是一场冒险。

随着战争的胜利,胜利者为自己的成就自豪。这种情绪在第一次全国文艺工作者代表大会周扬的报告中有充分的流露。"文艺座谈会以来,文艺工作者在收集研究与改造各种民间形式上,都做了不少的工作。其中最主要的收获是秧歌,我们在农村旧秧歌的基础上创造了新的人民的秧歌,它的影响现在已遍及全中国。"[①]这在当时是一种风气。诗歌创作方面由此所引发的倾向,已引起论者的警觉。有一篇文章认为不能把《王贵与李香香》这一形式误会成是诗的唯一形式:

> 最近在读到的一部分诗歌作品里,就形式讲两行两行的诗很不在少数。我想,把诗写成两行两行的样式,如果不是故意,或抱着某一种单纯的"迎

[①] 周扬:《新的人民的文艺》,原载《中华全国文艺工作者代表大会纪念文集》,北京:新华书店,1950 年,引自谢冕、洪子诚主编:《中国当代文学史料选》。

合"心理,是可以的。因为李季的《王贵与李香香》就是利用了陕北民间的顺天游这一曲调在毛主席文艺思想、方针指导下由实践获得的成果之一。——有些人因为陆定一同志在《读了一首诗》中表扬了李季的《王贵与李香香》,便死抱住这一形式,认为这种形式便是诗的唯一形式,这是不对的。还有人不管写什么内容的诗,非要把它弄成两行两行的样子不可,这更是错误的。因为《王贵与李香香》的这一成果,只能显示着实践文艺群众化的这一总的文艺的方向,而不能把《王贵与李香香》本身这一形式误会成是诗的唯一形式。①

但潮流是阻挡不住的。诗歌创作方面的一体化倾向,原不只是表现在对两行一节的顺天游体生硬照搬,而是表现在以内容的单一为表征的高度思想一体化上。这已给新诗的发展带来明显的影响,此是后话。抗战后期和解放战争进行中的大后方,延安传来的信息已是举国兴奋的核心。延安的文化举措,包括它的文学诗歌模式,已在悄悄地被传播和被模仿,它的指导性和方向性的位置已是不言而喻的。

人们以告别黑暗和迎接光明的虔诚之心,期待着新社会的到来,也以同样的心情欣然接纳了随着新的文化形态而来的文学和艺术的新潮流。在诗歌方面,这种潮流表现为在大众化和民族化的旗帜下的向着民间—古典传统的重新认同。这一趋势,就自然地疏离甚至中断了新诗建立之后的欧化进程。需要强调的是这一进程是那些拓荒者审慎地认知并确立的。

此后的诗歌发展事实验证了这个"转向"。40年代后期,许多有影响的诗人开始对新诗历史进程进行反思。"现在我们的新诗和中国千年以来的诗的形式(或者说习惯)太脱节了。所谓'自由诗'也太自由得不像诗了。和中国古典诗的脱节,和民间的诗歌也脱节,因此,新诗直到现在还没有能在这块土壤里生根。""汉字如果暂时仍不能废除,何以不能写旧形式的诗呢?"②

在这种背景下,许多诗人对传统诗歌采取了重新的"回望"。这种"回望"的幅度是很大的:内容的颂歌化和大众化③,语言的古典化和民歌化,以及对于旧格律

---

① 纪初阳:《诗的民间形式研究》,原载《人民日报》1949年7月30日,引自刘福春:《20世纪中国新诗图文史 1940—1957》,未刊稿。
② 萧三:《谈谈新诗》,原载《文艺报》第1卷第12期,1950年3月10日,引自刘福春主编:《中国新诗总系·史料卷》,第304—305页。
③ 关于诗歌大众化的理念,王亚平在《论诗歌大众化的现实意义》中说:"它不但要求形式大众化,内容大众化,就是作者本人的生活也应该大众化。只有这样才能符合这个伟大丰富的民主内容,才能在各种形式的基础上创造出一种更被人民大众所欢喜的形式。"《文艺春秋》第3卷第5期,1946年11月15日。

的重新审视和对于建立新格律的构想,其中包括了对自由体诗的反思。在这样的氛围里,受到积极推许的不仅是李季的《王贵与李香香》、王希坚的《翻身民歌》,还有张志民的《死不着》《王九诉苦》。

1946年的10月和11月,40年代最具代表性的两部诗集《马凡陀山歌》(袁水拍)和《王贵与李香香》(李季)相继出版。① 它们的出版无疑为当时的诗歌通往民间的进程增添了动力。

这几乎是一股不可阻挡的潮流。但是潮流不能夺去诗歌本有的自由品性。40年代初期,也就是延安发出新的文艺召唤的那个时候,在中国西南的一隅昆明,那里的西南联合大学简陋的校区里,集聚了一批年轻的大学生和他们的老师们。他们依然延续着新诗固有的思路,追求并实践着对于新诗的现代主义的梦想。当时的西南联大,不仅是民主运动的堡垒,而且也是新诗现代化的重镇。与他们站在一起的有闻一多、李公朴、朱自清、冯至,还有燕卜荪。

它好比是一座艺术的孤岛,无视外界的风吹草动,一心一意地继续着他们对于新诗的伟大探索。同样是1942年,5月,冯至的《十四行集》出版,6月,卞之琳的《十年诗草》出版。关于前者,评论说:

> 冯至先生可以说占有诗的全意义。每个成品都是一个艺术的完整,一个诗的印证。那样纯,那样美,而对于人生的参悟那样深透。他是人生圣地的巡行者,具有艺术的德行,他知道创作过程的甘苦。有光,他指给我们光,有阴暗,他指给我们阴暗,他是人生最忠实的信徒。他本已就是智慧的化生。哲人的沉思与诗人的温情在他的笔下取得了融协。希望,想象与向上向善的心欲在他的表现里交织着。他兼有说理与抒情的长才。他提炼了语言。他顺从了而又主宰了形式。②

关于后者,李广田有长文(约四万余字)专论《十年诗草》的艺术成就,分别从章法与句法、格式与韵法、用字与意象各个方面全面论述卞之琳诗歌的艺术,这种专心致志地、细心系统地研谈新诗的艺术性的文章,在当时甚至在今天都是罕见

---

① 1946年10月马凡陀(袁水拍)的诗集《马凡陀山歌》由生活书店出版。当时广告:"马凡陀的山歌,有时采自由诗体,有时借山歌小调,有时仿陶行知和冯玉祥的形式,但均别出心裁。而以诗人的热情向现实的黑暗挑战,投以讽刺的刃,今日尚少与比肩者。"1947年7月《诗创造》第1辑。1946年11月李季的长诗《王贵与李香香》由东北书店出版。周而复讲:"一颗光辉夺目的星星,从西北高原上出现,它照耀着今天和明天的文坛,这就是《王贵与李香香》。""《王贵与李香香》出现,无疑的,是中国诗坛上一个划时期的大事件。"《文艺生活》新第13期,1947年4月。当时广告称:"这是人民壮丽的史诗,郭沫若先生誉为文艺翻身的响亮信号。"《文艺生活》新第14期,1947年5月。
② 杨番:《读"十四行集"》,《诗》第3卷第4期,1942年11月。

的。从30年代后期直抵40年代,中国新诗在战争的硝烟中艰难地行进,前面述及的抒情的放逐,正是自然之理,诗歌不再迷恋温柔缱绻的情趣,也不再追求精致细密的技巧,而始终为悲壮而惨烈的战斗高歌猛进,这才是文学和诗歌的崇高目标。在战争中,艺术始终是次要的,温馨的抒情更是显得多余。

李广田写《诗的艺术》,时间是1942年11月26日,这一年文学界发生的大事已是举世皆知。由此带来的一切变化,随后即有明证。也就是在巨大的潮流卷来之时,这里却有着别样的宁静风情。且看《诗的艺术》是如何谈论卞之琳的诗的,李广田引用卞诗《长途》的一节:

> 几丝持续的蝉声
> 牵住西去的太阳,
> 嗮得垂头的杨柳
> 呕也呕不出哀伤。

他分析说:"'几丝持续','牵住西去',这些字的声音,都可以教读者听到那蝉的声音,而且是倦意的蝉声。以下两句中的'头''柳''呕''呕'都是一种郁塞的声音,真仿佛夏天走长路,又热又累,简直喘不过气来,而这里又是写杨柳,没有风,杨柳也闷得难受。"①这种摈弃了空洞的大论而深入到一个字甚至一个声音的切磋探究的精神,不仅在当时,即使在今天也是凤毛麟角般的稀罕。我们空言太多,泛论太多,而诗歌艺术却是一个字、一个音见精神的。

1942年的《亚洲》(Asia)刊登的一篇论及卞之琳的文章称:"他身材短小瘦弱,看起来弱不禁风,一副厚厚的眼镜后面闪动着浅灰色的眼睛,他的声音微弱,表情迷茫,让你有置身九霄云外之感。它对整个外表和本质及其诗中的幻想情调,会一同造就如下印象:他一定是世上最不堪这场战争的狂暴风云一击的。可是他就这么出现了,而且是一个优秀的战时诗人,完全无愧于这个名号。不过,也不要认为战时的诗人就一定以笔为枪去战斗,言辞轰轰如发射子弹一般。想象一下吧,狂暴的海水侵袭着巨大的礁石,一只白鸽就在海水中经受着冲刷。白鸽最容易受到狂暴海水的伤害,可是它依然以最为从容的姿态震动它那雪白的翅膀,不因喷溅的浪花而受挫。无论面对何种困难,一个诗人就应该这样。"②

大后方的西南联大校园,当时弥漫着的正是这样与外界迥然不同的氛围。冯至当时住在远离昆明的郊外山间,每周步行从乡下住地往学校上课,他的典雅的十

---

① 李广田:《诗的艺术》,第55—56页,上海:开明书店,1948年1月第4版。
② 陈世骧:《一个中国诗人在战时》,《亚洲》(Asia)1942年8月号。陈越译文见《现代中文学刊》2011年第1期,转引自中国人民大学复印报刊资料《中国现代、当代文学研究》2011年第6期。

四行就是在这样的环境里"吟"出来的。① 有趣的是这种艰难困苦中的"闲适",是这种从容的心境。冯至说到它的形式:"至于我采用了十四行体,并没有想把这个形式移植到中国来的用意,纯然是为了自己的方便。我用这形式,只因为这形式帮助了我。正如李广田先生在论十四行集时所说的,'由于它的层层上升而又下降,渐渐集中而又解开,以及它的错综而又整齐,它的韵法之穿来而又插去',它正宜于表现我所要表现的事物。它不曾限制了我活动的思想,只是把我的思想接过来,给一个适当的安排。"②

深夜又是深山,
听着夜雨沉沉。
十里外的山村、
廿里外的市尘,

它们可还存在?
十年前的山川、
廿年前的梦幻,
都在雨里沉埋。

四围这样狭窄,
好像回到母胎;
我在深夜探求

用迫切的声音:
"给我狭窄的心
一个大的宇宙!"

然而,正是这种不经意,竟说出了那里延续着的战前中国校园里的学术氛围。环境是艰苦的,条件是简陋的,而艺术趣味却始终保持了学院精神的高贵而典雅。当时的联大校园,积聚了中国最有希望的一批学者和诗人。在闻一多、朱自清、冯

---

① 冯至:《十四行集·序》:"一九四一年我住在昆明附近的一座山里,每星期要进城两次,十五里的路程,走去走回,是很好的散步。一个人在山径上,田埂间,总不免要看,要想,看的好像比往日看得格外多,想的也比往日想得格外丰富。那时我早已不习惯于写诗了——从一九三一到一九四零十年内我写的诗总计也不过十几首——但是有一次,在一个冬天的下午,望见几架银色的飞机在蓝得像接结晶体一般的天空里飞翔,想到古人的鹏鸟梦,我就随着脚步的节奏,信口说出一首有韵的诗,回家以后写在纸上,正巧是一首变体的十四行。这是集中的第八首,是最早也是最生涩的一首。"明日出版社,1942年5月初版;文化生活出版社,1949年1月再版。
② 同上。

至等前辈诗人的引领下,一批更加年轻的诗人在成长。他们中的一些人成为后来影响中国诗歌的"九叶诗群"的重要成员:穆旦、袁可嘉、郑敏、杜运燮,以及未被列入"九叶"、实际上与之风格相近的西南联大的诗人们。王佐良的《一个中国新诗人》,说的是穆旦,其实论的是在西南联大出现的一批新诗人:

> 这些诗人们多少与国立西南联大有关。联大的屋顶是低的,学者们的外表褴褛,有些人形同流民,然而却一直有着那点对于心智上事物的兴奋。在战争的初期,图书馆比后来的更小,然而仅有的几本书,尤其是从国外刚运来的珍宝似的新书,是用着一种无礼貌的饥饿吞下了的。这些书现在大概还躺在昆明师范学院的书架上吧:最后,纸边都卷起如狗耳,到处都皱折了,而且往往失去了封面。但是这些联大的年青诗人们并没有白读了他们的艾里奥脱(按:即艾略特)与奥登。也许西方会吃惊地感到它对于文化东方的无知,以及这无知的可耻,当我们告诉它:如何地带着怎样的狂热,以怎样梦寐的眼睛,有人在遥远的中国读着这两个诗人。在许多下午,饮着普通的中国茶,置身于乡下来的农民和小商人的嘈杂之中。这些年青作家迫切地热烈地讨论着技术的细节。高声的辩论有时伸入夜晚;那时候,他们离开小茶馆,而围着校园一圈又一圈地激动地不知休止地走着。但是对于他们,生活并不容易。学生时代,他们活在微薄的政府公费上。毕了业,作为大学和中学的低级教员,银行小职员,科员,实习记者,或仅仅是一个游荡的闲人,他们同物价作着不断的,灰心的抗争。他们之中有人结婚,于是从头就负债度日。他们洗衣,买菜,烧饭,同人还价,吵嘴,在市场上和房东之前受辱。他们之间并未发展起一个排他的,贵族性的小团体。他们陷在污泥之中。但是,总有那么些次,当事情的重压比较松了一下,当一年又转到春天了,他们从日常琐碎的折磨里偷出时间心思来——来写。①

这一段文字把我们带到了战时的西南联大,带到了那一批年轻作家生活写作的具体氛围之中。而在这被称为新诗人的群体中,杰出的代表则是穆旦。"在穆旦的诗中,中国风情和西方方式,现实的苦与历史的沉压,活生生的画面与对于人的、民族的生存状态,生命的最内在的感受和把握有着非常熨帖的融汇。穆旦创造了一种新的可能性,以刺刀般的尖利刺入历史的深层,造出了表面冷淡的内在爆发力。"②当然,最深刻的见解依然来自王佐良:

> 但是穆旦的真正的谜却是:他一方面最善于表达中国知识分子的受折磨而又折磨人的心情,另一方面他的最好品质却全然是非中国的。在别的中国

---

① 王佐良:《一个中国新诗人》。此文写于1946年4月,在昆明。原载《文学杂志》第2卷第2期,1947年。
② 谢冕:《新世纪的太阳》,第226页,长春:时代文艺出版社,1993年。

诗人是模糊而像是羽毛样轻的地方,他确实,而且几乎是拍着桌子说话。在普遍的单薄之中,他的组织和联想的丰富有点近乎冒犯别人了。这一点也许可以解释他为什么很少读者,而且无人赞誉。然而他的在这里的成就也是属于文字的。现代中国作家所遭遇的困难主要是表达方式的选择。旧的文体是废弃了,但是它的词藻却逃了过来压在新的作品之上。穆旦的胜利却在他对于古代经典的彻底的无知。甚至于他的奇幻都是新式的。那些不灵活的中国字在他的手里给揉着,操纵着;它们给暴露在新的严厉和新的天候之前。——

穆旦对于中国新诗写作的最大贡献,照我看,还是在他的创造了一个上帝。他自然并不为任何普通的宗教或教会而打神学上的仗,但诗人的皮肉和精神有着那样一种饥饿,以致喊叫着要求一点人身以外的东西来支持和安慰。大多数中国作家的空洞他看了不满意;他们并非无神主义者,他们什么也不相信。而在这一点上,他们又是完全传统的。在中国式极为平衡的心的气候里,宗教诗从来没有发达过。我们的诗里缺乏大的精神上的起伏,这也可以用前面提到过的"冷漠"来解释。但是穆旦,以他的孩子似的好奇,他的在灵魂深处的窥探,至少是明白冲突和怀疑的。①

从冯至到穆旦,他们走的依然是新诗西化的道路。这对于革命情绪高涨的时代,特别是民族处于危难而寻求独立解放的时代,可能是"不合时宜"的,然而却是"弥足珍贵"的坚守。从远处看,中国新诗从五四发轫,一直"别求新声于异邦",是按照西方的诗歌模式来创造中国新诗的,说是坚守也不为过。从近处看,新诗自来的自由与多元的传统,不可能被某种倡导的模式所"统一"。大一统是没有出路的,他可能造成新诗生态的危机,这一点是50年代以后的事实所证明了的。此处叙述的穆旦,王佐良说他"对于古代经典的绝对的无知",不禁令人想起艾青,艾青之所以成为一个国际性的诗人,也是由于他的文化背景的"非中国化"。

1941年的12月,也就是先于1942年文艺革命高潮到来之时,穆旦用他自己的声音,唱出了对于战时中国的独特的赞美诗②——

　　一样的是这样悠久的年代的风,
　　一样的是从这倾圮的屋檐下散开的
　　无尽的呻吟和寒冷,
　　它歌唱在一片枯槁的树顶上,
　　它吹过了荒芜的沼泽,芦苇和虫鸣,
　　一样的是这飞过的乌鸦的声音。

---

① 王佐良:《一个中国新诗人》,《文学杂志》第2卷第2期,1947年。
② 此处引诗的题目是《赞美》。

当我走过,站在路上踟蹰,
我踟蹰着为了多年耻辱的历史
仍在这广大的山河中等待,
等待着,我们无言的痛苦是太多了,
然而一个民族已经起来,
然而一个民族已经起来。

一个民族已经起来

一个民族已经起来,他们最终甩掉了战争的阴影,迎接了一个崭新的黎明。诗人们用自己的声音赞美了民族的新生,也用自己的声音埋葬了一个旧时代。那曾经是一页多么悲壮的诗史。公刘在为诗集《黎明的呼唤》①写的序中,描绘了当日中国这一幅动人的画面:"四十年代后半叶是灾难深重的岁月,半个中国在水深火热中呻吟、挣扎;革命的早行者们不时在这里和那里发出一声两声怒吼,但都很快就或者被扼杀或者被掩堵了。而另外的半个中国却正以鲜血燃烧起一片辉煌的烈焰。辉煌的这一半理所当然地感染着和吸附着污黑的那一半。"公刘深情地回忆起他当年十分喜爱的一支歌曲:

当黑暗将要退却,
而黎明还在遥远的天边
唱起红色的凯歌
——我们为什么不歌唱!

当锁链还锁住
我们的手足,鲜血在淋流;
而自由已在窗外招手
——我们为什么不歌唱!

40年代后期,战事在辽沈、淮海、平津,在江淮平原、长江两岸激烈地进行。岁月激荡,瞬息万变,这时的上海已是风声鹤唳,但诗歌依然顽强地生存着、发展着。

---

① 《黎明的呼唤》由圣野、曹辛之、鲁兵编选,四川人民出版社1982年6月出版。编选者的《编后》特别有针对性地指出:"从这些诗篇可以看到,当时的诗歌创作在表现形式上是不拘一格,多种多样的。即使是属于一个流派,也往往各有个性。诗人们从自己的生活出发,用自己所喜爱熟悉的独特的风格,去表现自己的思想和感情,是和当时人民的思想感情融合在一起的。应当写什么,不应当写什么,这样写才算正统,那样写即成异端,这只能成为枷锁,不利于新诗的发展。"

文网酷烈，物价飞涨，诗歌的生存环境十分恶劣，但是写作、出版照样进行。1947年7月，《诗创造》第1集《带路的人》出版，《编余小记》说：

> 在这个逆流的日子里，对于和平民主的实现，已经是每一个人——不分派别，不分阶级——迫切需要争取的。因此我们认为在诗的创作上，只要目标一致，不论它所表现的是知识分子的感情或劳苦大众的感情我们都一样重视。不论他是写社会生活，大众疾苦，战争惨象，暴露黑暗，歌颂光明，或是仅仅抒写一己的爱恋、抑郁、梦幻、憧憬——只要能写出作者的真实情感，都不失为好作品。同时今天不是一个理想的社会，每一个诗人都有他的不同的生活习惯、生活态度，对现实问题的看法也有着程度上的差异。能够放弃自己的阶级立场，个人的哀怨喜乐，去为广大的劳动大众写作，像某些诗人写他的山歌，写他的方言诗，极力想使自己的作品能成为老百姓所喜闻乐见的，这种好的尝试，都是可喜的进步；但是像商籁体，玄学派的诗，及那些高级形式的艺术成果，我们也该一样对其珍爱。①

这段话不是无的放矢，它是一种"重申"，表达了某种"隐忧"，也表达了一种坚持，重点是在诗歌的多向度和多种可能性的表述。这让我们想起1957年《星星》创刊号的"稿约"，几乎都在"重申"。不幸的是，这种"隐忧"后来都被证实为"不妄"。过了一年，即1948年又有一个诗刊在上海面世，那就是《中国新诗》，它的出现是对诗歌创作的严肃性的再一次宣告：

> 到处有历史的巨雷似的呼唤：到旷野去，到人民的搏斗里去，到诚挚的生活里去。它以它的光叫我们知道：只有在历史的光耀里才有人的光耀，人的存在只因为他的严肃的工作，人的存在只因为他的自我的牺牲——在生活里也在文艺与诗的创作里。
>
> 我们是一群从心里热爱这个世界的人，我们渴望能拥抱历史的生活，在伟大的历史的光耀里奉献我们渺小的工作。我们都是人民生活里的一员，我们渴望能虔诚地拥抱真实的生活，从自觉的沉思里发出恳切的祈祷、呼唤并响应时代的声音。②

《我爱这土地》这篇文字的写作，始于令人悲愤的1937年，中国诗人伴随着他们的人民和他们的军队经历了殊死的抗争，直至法西斯的灭亡。紧接着这场战争的结束，又开始了三年的国内战争，那同样是悲苦惨烈又惊心动魄的。值得骄傲的是，诗歌没有缺席，诗人们始终以自己的歌声记载着并鼓舞着人民的斗争。

这篇文字结束于一个永久定格的年份。北京的10月，当一个庄严的宣告如雷

---

① 《诗创造编余小记》，见《诗创造》第1辑《带路的人》，1947年7月。
② 《我们呼唤——〈中国新诗〉代序》，引自《中国新诗》第1集，1948年6月。

滚过天边,此时和此后(大约是8月到11月),一场又一场惨绝人寰的屠杀正在山城重庆的黑夜进行。可以告慰历史的是,在那里的牢房和刑场,那些手无寸铁而又视死如归的人们,依然用诗歌抗议暴行。在何建明关于红岩的纪实文学中,留下了这些非专业的诗人们用鲜血写成的诗篇,其中如《示儿》(蓝蒂裕)、《我的"自白"书》(陈然)、《天快亮的行凶》(文泽)、《黑牢诗篇》(蔡梦慰)等。他特意记下了一位诗歌青年的感人故事:

> 年仅二十一岁的女青年黄西亚,是一位美丽而充满热情的姑娘,她先后在《西南风晚报》和保育院幼稚园工作,并一直在地下党领导下从事对国民党部队的策反工作。一九四九年九月十三日被捕,她在被捕前送给同学一首《一个微笑》的诗中这样表达她的人生志向:"——以自己的火,去点燃别人的火。用你笔的斧头,去砍掉人类的痛苦;以你诗的镰刀,去收割人类的幸福。牢记着吧,诗人!在凯旋的号声里,我们将会交换一个微笑——"现在,她在敌人的枪口下实现了自己的诺言,当鲜血浸红了她的衣衫的生命最后时刻,姑娘的脸上依然充满了胜利的微笑。①

历史翻过了沉重的一页,而我们的耳边依然响着那穿越铁牢的声音,那是渣滓洞难友们集体朗诵监狱里的"人民歌手"古承铄的《天还没有亮》:

> 天还没有亮
> 忌讳说黑暗
> 黑暗黑黝黝
> 痛苦看不见
> 就是看得见
> 也是不忍见——
> 有亮照出来
> 照给大家看
> 纵然狂风暴雨多
> 为了发光要大胆②

纪实文学的作者把这些诗叫做"最后的诗赋",它们也是永恒的诗赋。

2011年7月11日,完稿于北京昌平北七家
(作者单位:北京大学中文系)

---

① 何建明:《最后的诗赋》,《文艺报》2011年6月15日。
② 同上。

现代中国·第十五辑
北京大学出版社
2014 年 7 月

"诗界革命"与新诗发生期研究的突破性思考
——序荣光启《现代汉诗的发生：晚清至五四》

孙玉石

晚清"诗界革命"与五四前后诞生的白话新诗，是中国新诗发生发展的肇始与源头。① 在几近百年的中国新诗发生发展历史的研究叙述中，它们始终是一个无法绕过而又必须言说的重要话题。许多部新文学发生发展历史研究成果、新诗历史衍变专题的学术专著、近代诗歌史的研究论说，以及更多与之相关联的专题研究的学术论文，包括胡适等人在内的新诗开山们无数篇回忆自述和理论阐发文字，对此段从旧体诗的内部变革到中国新诗最初诞生的历史脉络与理论问题，多有异见纷繁各具特色的探讨言说，也获得了后来一些文学史家历史叙述和新诗专门研究者某种程度上的共识或认同、理解或存疑。包括一些新近出版的近现代中国文学历史研究著述，也大多无法回避对它们的言说。

由于承担任务各异与理论准备不同，他们对于中国新诗发生期及其历史变革源头，即包括晚清"诗界革命"这一历史前奏到五四初期白话新诗发生这段历史蜕变期中的诗歌现象，从理论主张到创作成果所呈现的复杂内涵与得失利弊，先驱开拓性质与言说的内在矛盾，都没有以颇有分量的专著的形式，作出更为专门、更为深入、更为富于理论性，而又学理新颖、视野开阔、富有深度的充分思考和探论。因此，我以为可以这样说：荣光启的这部由博士论文修改而完成的专著《现代汉诗的发生：晚清至五四》，有意识地承担了在这一方面深入思考拓展探寻的理论责任，

---

① 该书运用"现代汉诗"以代替通用的"中国新诗"概念，我以为这样做起码有些问题不好处理，如五四之后至今仍蓬勃发展并有不少流传于世的现当代诗人、文人所写的许多成就很高、非常出色的旧体诗词，就无法被纳入、作者似乎也不想纳入"现代汉诗"的研究范畴。现当代旧体诗也应该是中国现代汉诗，只是区别于用白话写成的中国新诗而已。另外，中国许多少数民族诗人用本民族语言所写的新诗作品，无论译成汉语与否，均应属于大家所公认的"中国新诗"的一个组成部分，但却有可能被排斥在"现代汉诗"的研究视野之外。

并在一定程度上获得了富有突破性的学术开掘与进展。我喜欢此书,希望先睹为快,并答应为之撰序,原因也在这里。

　　读过之后,我确实感到,这确是一部对从古典诗歌晚期自身变革到新诗萌生阶段摆脱传统自辟新路这样一个时段里面诗体文学历史变革问题进行严肃思考和深入探讨的理论专著。作者在"导言"里,这样阐释全书的写作意图:愿以"现代汉诗"的概念代替"新诗",来面对20世纪中国诗歌变革的问题,力求进行关于中国现代诗歌的"发生"理路的辨析,并努力抓住"现代"(现代经验)、"汉语"(现代语言)、"诗歌"(现代人的情感与形式)这三个要素,着重对于诗歌本体特征的自觉意识和理论探寻。他并且这样说明自己这种命名选择和现代性言说的意图:将从晚清至今的中国诗歌称为"现代汉诗"是"针对传统诗歌史的一种新的书写格局",力图避免将晚清诗歌研究与五四初期诗歌研究"一刀切"地分开,避免由于各自进行的孤立性质的研究而忽略了它们在诗歌变革理路上的联系。由此本书便更为关注晚清文人在更新汉语言说方式这一侧面付出的努力和思考,与五四一代人之间的变革意识和白话新诗实践之间存在的差异性和连续性,从而更深入思考晚清诗歌创作中变革的意图、困难、矛盾及其为五四一代人进行白话新诗探索实践提供经验与启示的可能性。也就是说,作者想向读者更清晰地说明,中国新诗的发生,至少应当从晚清开始寻找语言和形式探索与发展的内在关联与文学脉络。基于这样的学术意图,本书以"上篇""下篇"两个部分,各篇里又分别用三章的篇幅和相对平衡的结构,进行步步为营、递进深化的分析论述。本书从1900年《清议报》上青木森《题星洲寓公风月琴尊图》一诗中"别造清凉新世界,遥伤破碎旧河山……"的慨叹,1915年著名记者黄远庸在《甲寅》上致函章士钊发出"愚见以为居今论政,实不知从何处说起"的询问,书中所举的许多类似现象,实质上均如胡适先生所说:早在中国新诗诞生之前,诗界"已经发出了文学革命的预言";这种新诗的变革意识,不仅仅是简单地将文言变为白话,格律诗变为自由诗,更重要的应该是通过诗中语言的变革,改变了诗歌作者的"汉语文化的思维方式"。从这样论述肇始的思考脉络,可以清楚地看到本书是想告诉读者:从"言文一致"追求下手,寻求汉语诗言说方式的变革,乃是晚清以来中国知识分子在现代性境遇中的内在要求。晚清诗歌出现的"诗界革命"的意义,除了它自身的创作成果和理论言说之外,给予后来主张新文学革命的变革者们这样一种启示:"诗歌的革命必须从语言'形式'和言说的艺术规范入手。"胡适于中国白话诗最初"尝试"的功绩也就在于:由他开始了以白话为诗以及诗意生成机制的一场更新的、更彻底的"诗界革命"。他的以"说话"的方式作诗,为中国文学构建了新诗的语言系统和言说方式。现代白话诗在表面上看是在实现"诗体大解放",其内在实施的则是中国汉语诗歌句法之大"转换"。本书"导言"中阐述的从晚清"诗界革命"到五四前夕白话新诗诞生的理念与思路,为全书的整体理论关注和突破意图作了清晰的描绘和说明。

作者在论述中清晰地意识到：语言问题可能是探讨"新文学""新诗"之发生的重要路径。倡导"言文一致"，既是白话文运动，也是白话诗运动的出发点。文学革命的倡导者们，由此找到了革新中国文学、中国诗歌的突破口。晚清时的先驱者们，早已经提出这一革命性口号，并进行了文学革新的积极实践，但是，在诗的言说方式上，诗歌体式和诗的语言中，为什么却没有催生出"新诗"这样一种"尝试"成果乃至形成一种全新的"诗歌"革新运动呢？

为了弄清这个属于文学深层变革的问题，作者首先深入辨析和探讨了晚清文人"言文一致"和胡适一代人所倡导的"言文一致"在具体内涵上的差异性质。他从西方语言学理论对于"言文一致"的认识存在全然不同的层面，其中所包含的谬误与局限，找到这样一种研究和认知的思路：胡适怎样从中受到"刺激和启发"，从关注语言外部差异转向为对汉语内部的追求。胡适由此不再是在书面的"文言"与口语的"白话"之间做什么样的局部改革，而是大胆地提出了一个更具有突破性的"全变"的设想：实行"以白话为中国文学之正宗"的汉语书面语实验，并进行彻底在文学书写中"生成"新的语言的整体性改革。作者认为，只有这样，才能彻底打通语言表意的通道，真正让汉语接通现代性的思想言说诉求，从而使晚清以降中国知识分子"言文一致"的寻求，得到一定程度的实现。为弄清这个问题的本质，本书引述黄遵宪《日本国志》之《学术志》里对汉语"言文不相合"原因的思考，以中原迁入的嘉应客家人吟诗著述言文一致的实例，证明了这样一个结论："岂非语言与文字合，易于通文之明效大验乎？"晚清诗人由此出发提出的"我手写我口"主张，虽然未能贯彻始终，但这种主张的实践对于晚清诗歌的语言意象符号化和形式秩序僵化的冲击，却是巨大的。本书同时也指出，这一主张的弊病，是因为这一思想远没有达到在整体上冲击既有诗歌言说方式的效果，结果就只能是更多"回到传统当中寻求弥合的资源"，更不要说真正提倡"白话"诗了。在论述中，作者对于自己所论对象及其在历史中可能存在的意义的肯定认知，能够坚持一种从历史实际出发的冷静与客观，并不为了说明一种理念而无限夸大、引申，用自取所需的眼光，对其包蕴的思考内涵及现代性意义作出不适当的评骘。如对于黄遵宪在《日本国志》卷三十三《学术志二》中所提出的"言文相合""文学始盛"的主张，作者在肯定其革新意义的同时，也指出了其理论内涵的历史局限。作者指出了客观事实，即黄遵宪曾以通俗流畅、活泼生动的靠近口语的浅显文言来写诗作文，但同时也指出这其实并不是黄遵宪终生要坚持的文学目标。今人甚至以为，以"我手写我口"的提法来理解黄遵宪一生的诗歌作风，是肤浅的。如钱仲联在《人境庐诗草笺注发凡》中就这样说："黄先生自许其诗，谓自群经三史逮于周秦诸子之书，许郑诸家之注，凡事名、物名切于今者，无不采取而假借之。故其诗奥衍精赡，几可谓无一字无来历。今悉为拈出，知先生《杂感》诗所谓我手写我口者，实不过少年兴到之语。时流论先生诗，喜标此语，以为先生一生宗旨所在，浅矣！""黄遵宪晚年在编辑《人境庐诗草》之时,甚至将自己年轻时所作大量的近乎口语的作品删除……可见其在晚年对以流俗语为诗的作风看法已有所改变。"本书作者努力从更深层面思考和论述了黄遵宪所倡导的"言文一致""我手写我口"之维持语言"旧风格"存在的本质性弱点,以及其与胡适等人提倡以"白话"写诗理论主张之间的根本性差异。作者认为:"和黄遵宪努力在'古人之风格'中写出'新意境'的诗歌作风相一致,黄遵宪虽然倡导'我手写我口',好以流俗语为诗,但这不是他对语言本体层面的关注,他关注的实际上是这一种语言在'内容'的层面上对晚清诗歌的语言意象符号化和形式秩序僵化的冲击。黄遵宪一方面渴求在诗歌中能够写出'今日'之'新意境',另一方面却挣扎在对旧风格的努力调整和新的语言、形式的试验中,在'新语句'和'旧风格'之间,他努力以'风格'的调整来化解诗歌语言更新对旧形式的压力,这是他诗歌写作始终很矛盾的地方。他的流俗语入诗只是暂时性的、策略性的、'内容'层面的语言认识,尚不足以达到冲击既有诗歌言说方式的效果,更不是要提倡'白话'。"他缓解"手"与"口"相矛盾、言文不合的焦虑的办法,"更多是回到传统当中寻求弥合的资源"。在语言文字方面,"他甚至有为求'语言与文字合'而建议人们多寻求'古意'、'古音'的意思;在诗歌革新方面,他关注的是如何在'旧风格'当中创出'新意境'"。为证实自己的见解,作者还援引周作人1934年出版的《中国新文学的源流》,其中也指出了晚清文人在作白话文时的这种"二元态度":"那时候的白话,是出自政治方面的需求,只是戊戌政变的余波之一,和后来的白话文可说是没有多大关系的。"引述之后,本书作者还进一步辨析说明:"说五四的白话文和晚清的白话文'没有多大关系',这样的判断值得商榷,但晚清文人在做白话时的'二元'态度却是事实。"

由此可以看出,本书作者的论述中,既注意了晚清白话文运动与五四白话文学倡导之间存在的"不可缺少的背景关系",同时也指出了两者对于语言的认知和目的上存在的差异:"晚清的白话文运动是讲求语言的实用性,是与政治意识形态的'启蒙'、'宣传'密切相关的。"而胡适的"白话"追求,"并不是语言的短期行为和速成效果,他是将语言改革看成是一个民族传统的言说方式在现代境遇内必须的革命,即最终实现'以白话代替古文'的'文学的国语'的'宏大目标'。晚清文人们追求的'言文一致'只能说是在提倡和使用'白话'时候的'言文一致',而不是追求整体上的汉语符号系统之于'新世界'的言说诉求'一致'。胡适的'白话'彻底改变了'白话'与'文言'的语言分治状态造成的'文言'与'白话'相安无事、长期共存的两难境况,并由此指向进入'汉语理想书面语的理想形态'。而此前'言文一致'的目的从未脱离语言文字分工的二元态度:以白话文达到现代性实践的实用目的,以文言文来保存国学精粹。本书回顾晚清以来的对于汉语'言文相离'的焦虑和对'言文一致'的寻求,直至废除汉字采用'万国新语'论争的复杂历史背景,指出了他们在'言文一致'倡导中的二元态度,即如胡适进一步指出的那样:晚清文人们的提倡白话文,"最大的缺点是把社会分作两个部分","一边是应该用白话的'他们',一边是应该作古文古诗的'我们'",可以说他们是"有意的主张白话",但不可以说他们是"有意的主张白话文学"。这样审慎而细致的辨析论述,显示了本书作者努力追求自身论述的科学性与坚实性的一种特色。

理论视野的开阔和吸收新知的敏锐,为此书的理论性研究带来了言说的新颖和思考的深度。本书作者注意吸收索绪尔、德里达、罗兰·巴尔特、诺姆·乔姆斯基等现代西方语言学家关于诗歌语言研究的理论成果,努力吸收中外著名汉学家和诗歌理论研究者赵元任、王力、高友工、梅祖麟、叶维廉等关于中国古典诗词语言运用特色的精到论述,用以加深和拓进自己关于中国新诗语言变革、传统诗语言艺术特点,以及新旧诗与词类语言"变性"特点之间契合和变异关系的理论思考,并用来探讨白话诗句法转换、意象蜕变与古典诗歌特点之间更为深层次的关系问题。本书以美国人费诺罗萨以及受他影响的意象派诗人庞德,对于中国汉语诗的魅力与汉语单音字词特殊搭配处理造成特殊艺术效果之间关系的看法,来加深强化自己对于新诗语言、句法等的论证。国内外一些学者关于中国古典诗歌语法、句法分析的意见,在近年的现代诗研究中,颇为中国研究者所认同、接受和赞赏。本书作者借鉴这些理论见解,进行深入细致的理论探讨,对于这种传统诗歌与汉语言文字关系的科学认知和某种"误读",进行了富有科学性的理论辨析;在吸收中又能有自己的选择和辨析。

例如,论及汉语诗歌词汇关系、诗的意象之灵活和独立、虚词省略等一些吻合于传统诗话的理论判断,既肯定他们的诗歌美学的真知灼见,也分析了某些带有普遍性见解的不足之处。作者认为这些研究者"忽略了使字词产生如此效果的真正原因,也就是说,这种关注是表面化的诗歌特征归纳,忽略了诗歌句法的内在结构与功能:不是词法的变化产生了具体的诗歌美学,而是汉语诗歌独特的句法特征使字词能具备上述功能,并且,特定句法产生的美学效果有时必须要求汉语诗歌在语言上追求'动词的卓越运用'等特性",从而提出这样的观念:"在汉语诗歌研究里,还是应该将目光从'词法'转移到'句法'上来。"又如谈及汉语古典诗歌往往忽略虚词,词与词之间关系十分自由,使得近体诗的句法常常呈现一种"独立句法"的形态,区别于英语语言连接中那种细密精确的语法关系所形成的"罗列与连接句法"的形态。作者通过杜甫《江汉》《秋兴》等全诗或个别诗句的句法特征具体分析,深入论述了自己这一观点。

又如,书里运用罗兰·巴尔特《符号学原理——解构主义文学理论论文选》中关于现代诗,特别是如何往往从"隐喻轴"着手,进入诗的言说方式更新的思考论述,特别注意捕捉一些被忽略的作品在现代白话诗发生中所蕴含的重要意义,并努力作出别具新意的具体而深入的分析。对胡适《尝试集》里一首自己创作的《应该》和另一首译诗《关不住了》,书中以较大篇幅一一具体分析了它们如何蕴涵着胡适自己"尝试"建构现代白话诗歌"新质的理想",其中包含了诗人自己有意努力拒绝古典诗的言说方式,试图通过"具体"呈现"曲折的心理情境"的抒情方式,将旧体诗无法表达出来的一些"意思神情"曲折细腻地传达出来,因而使这两首诗具有了"一点现代诗'抒情自我'的雏形"。可以看出,诸多类似这样的论述,服从于全书新诗由古典向现代转变的总体理路,体现了作者具有一种严肃学术探讨中求新的艺术敏感,以及力求将理论思考达到某种"探底"程度的自觉追求。这样的认知、感受和追求,是我阅读此书过程中获得的一种很深的启发。

再如,本书依据汉学家高友工、梅祖麟等人对于中国古典诗歌抒情美学特质研究成果的诸多论述,深化说明由于"面对整个听众的普遍言说",诗里面"个人化的声音失去了个体经验的细致与深刻性",特定艺术方式面临的这样一种困难,到了白话诗的"尝试",乃是"要改变这种艺术形式,'诗体大解放'正是从句法着手。无论《应该》多么没有诗味,但它'说'个人的'话'的意图应该说还是达到了"。《应该》《关不住了》(此首译诗胡适谓为"'新诗'成立的纪元")这些诗,读起来"确实缺少'余香与回味',但胡适之所以对这些诗的写成按捺不住兴奋之情,恐怕还是因为在这些诗的写作中蕴涵了他的文学理想,他是在尝试他要看到的'白话的文学可能性'"。作者由此认为,胡适在译诗《关不住了》中"尝试"的实质是:怎样"以'白话'来传达一种现代情感经验",怎样以"白话"写出"现代'自我'在现代性的境遇下,已经是旧体诗的形式所'关不住'了"的新的时代精神。这样通过具体作品进行分析的思考和阐释,就将初期白话诗在从古典诗向新诗转换过程中带有的文学变革性的意义,论述得更加富有说服力和理论深度。

本书后面接着分析了郭沫若《女神》之《笔立山头展望》《凤凰涅槃》《立在地球边上放号》等作品,如何更进一步"以'自我'对世界的想象和宣告,改变着传统诗歌的说话方式",诗歌抒情"主体意志强行投射外物,不再是物我合一、神与物游,而是主体占据着世界的中心"。由这样一些分析也可以见出,本书作者从宏观理论探究与具体个案分析的结合展开自己的论述,显示出以逻辑严密和分析细腻见长的论说特色。与此相同,作者借鉴诺姆·乔姆斯基《句法结构》《句法理论若干问题》中的转换生成理论,以及高友工、梅祖麟等其他一些关于中国古典、现代诗歌语法结构研究的成果,对于五四初期新诗中句法结构极为"奇特"的《天狗》等诗与中国古典诗歌"语法结构"之间巨大差异现象的分析,较为深入地涉猎了作为汉语诗歌新体式的"白话诗",认为无论有多少局限,也不能"忽略其作为一种新的诗体的诗意生成机制所蕴涵的丰富可能性"。类似这些观点与论析,体现了作者前面所述的理论研究的追求与特色。

阅读这部论诗专著,给我的一个感觉和印象,是作者的许多理论分析,努力超越浮泛常规思考而力求做到细腻求深的探究。如第四章对于梁启超的诗歌变革主张由"政治革命"立场转为"政治改良"立场,放弃了"诗界革命"表现新思想、新精神的批评,作了客观叙述之后,又从新的视野和眼光出发,进行了更切近历史实际的论析。书中论述了梁启超如何坚持诗歌的历史作用赖以存在的自身文类秩序、语言特性和文体功能等不那么轻易为外力所左右的稳定性质,强调梁启超对于诗歌认识的程度,对其在晚清诗歌革新运动中的积极态度和行为价值予以肯定。作者运用结构主义诗学观点,讨论了梁启超提倡诗歌的"新精神思想"与"旧风格"之间如何实现协调的"保守"性问题,认为梁启超是想重视诗歌"程式"的"归化"力量,他看到了在"新名词"与"古风格"之间的龃龉,想办法让前者进入后者程式中,尽量减少新名词对于诗本体的破坏力。新名词被汉语书面语——"文言"所吸纳,甚至成为新的文言词。这样的结果对旧形式不是破坏,而是被"归化"而"融为一体"了:出现的根本不是诗歌美学上的"新意境",只是诗的社会性层面的"真思想"而已。在实践中,"新语句与古风格,常相背驰",诗歌本体仍处于旧的状态,这种本体方面的固守,很难带来诗歌内容彻底的革新。作者认为,梁启超提出的所谓"新意境",是关乎诗如何表现新的时代精神,而并非是通常理解的审美内涵之要素与"意象"密切相关的"境界"。梁启超取代"新意境"的恰是诗的"理想",而非王国维所讲的艺术境界意义上的"意境",它侧重的是诗歌的社会意义,而非审美功能。这种只是时代精神之新的"新意境",仍只是诗歌社会内容层面的追求,"根本就没有真正触动中国古典诗歌的形式秩序",它与诗歌美学上的"意境",实际上是相差甚远的。这些大体切近历史实际和认识维度的论析,表现了作者理论思维的一个特点:对于学术研究中为人们论述较多的熟悉课题,努力获得一种"重认识",进行更沉潜、更富新意的理论思考。

阅读这部论诗专著,给我的另一个重要的感觉和印象,是作者对于人们论述过的许多诗歌理论现象,往往能借用新锐的理论或采取新颖的视角,作出自己的分析,使得熟悉的问题因超越一般性思考而获得更为透彻的论述。如第二章里,从现代汉语即"国语"生成的肯定,到汉语文学、诗歌初步形态的发生,深入讨论了"国语文学"生成的互动关系和形态体现;进一步讨论了"汉语"言说方式的更新与文学写作之间的关系,讨论"诗"的"汉语"形态应当靠什么体现,讨论"新文学"之发生的原因对于诗歌这一独特文体是否具有普遍的适用性等等;作者又通过细读胡适留美时期《胡适日记》,具体考察了胡适"文学革命""作诗如作文"思想萌生的具体过程。作者先是论及胡适主张的"言文一致"和晚清知识分子提出的"言文一致"之间的区别。黄遵宪、梁启超在文体的变化中寻求对于语言的困厄的反抗,将语言当作个人创作的产物。胡适的语言观不仅是语言的问题,而是看到在语言与历史、文化之间那晦暗不清的牵连,从汉语的特点和西方语言的启示入手,"以意义的明晰为目标,将长久以来人们对言说方式的更新的寻求从汉语本身或外部转移到汉语内部,从'文字问题'转移到'文学问题'"。在引述了胡适1916年4月5日一则正式谈论"吾国历史上的文学革命"的日记之后,作者这样论述说:胡适的

"言文一致"是在"文学革命"的历史背景下提出来的。胡适的"言文一致"已经不是语言符号领域里的,而是文学领域的,是通过文学的方式在具体情境的写作中来"生成"新的语言。看起来胡适是以迂回的方式来革新汉语的言说方式。一种语言符号能否有"言文一致"的言说效果,这不单是符号系统的问题,更是这种符号系统的言说机制问题。语言符号必须在具体的言说语境中才能真正检验出其表意的功能,才能接纳、生成新的发展质素,得到真正的更新。这应是胡适的"言文一致"和晚清知识分子的"言文一致"的最大区别。这样就从晚清以来中国知识分子言说方式上的努力寻求的角度,肯定了胡适正是通过白话文运动、白话诗的尝试,初步达到了这一从语言上着手进行文学变革的目标。作者在书中第六章《破坏中的期待——白话诗的诗意生成机制》里,从必要的"形式"策略角度,就胡适提出的"须讲求文法""不用典""隐喻""务去烂调套语""具体的做法""新体诗的音节"等一些新诗创作问题,分别进行了十分具体的分析讨论,由于采用新的理论和视角,可以让人们除了看到胡适尝试汉语诗歌新变革,更多一些看到胡适对传统文化和汉语特性的深刻理解以及对它们在历史中境遇的同情和敏感。本书作者对于新诗创作诸多理性思考的积极意义和现实感,能够突破这方面已有研究的论述,给人许多启示。

　　作者能够关注学术研究既有的成果,从中吸收那些富有启发意义的见解,对于见解不甚相同的严肃的学术声音,即使是来自为自己景仰尊敬的前辈,倘有不同意之处,也能出于学者公心和学术良知,作出自己经过理性思考的回答和辨析。如书中谈到郑敏先生在自己的著述中提出了这样的见解:从民族文化的角度看,陈独秀、胡适的白话文运动是割裂文化传统,不仅是可笑的,也是不可能成功的。基于这样的理由,郑敏先生得出这样的结论:"这种从零度开始用汉字白话文写诗的论调,为白话文的发展带来了很大的障碍。使它虽是一次成功的政治运动,在文化上却因拒绝古典文学传统,使白话与古典文学相对抗而自我饥饿,自我贫乏。"(《结构—解构视角:语言·文化·评论》)作者对此作出了坚持历史观念和学理性的辩驳,他提出:"胡适并不是从文字本身来判断其能否进入文学,而是从语言在现代情境中的适应性来判断其表现事物的真实程度。"将论证焦点越来越清晰地引向"白话能不能作诗"的核心问题,并认为从语言及其使用关系来看,胡适并没有改变汉语的符号系统和它"本质"的东西,他的改革只是以文学的方式在汉语内部寻找一条通向现代性的通道。他的语言改革与同时代人或更换汉语符号系统或实行"文言"和"白话"二元分工的态度相比,差别甚大。经过白话文运动、欧风美雨的洗礼之后,尽管面临着许多亟待解决的问题,汉语已经是一种面向"新世界"、现代经验、意识敞开的状态,既在吸纳新的现实经验,也在与传统对话,接纳传统。从这个意义上说,郑敏先生"'五四'运动的走向是对汉语母语本质进行绝对的否定"这一说法,既是对"母语"认识的"绝对",也是对五四运动文化走向认识的"绝对",

"从零度开始"的批评对于"胡、陈"也不大合适。"胡适在中国近现代文学史上,所做的贡献最大的事情,恰恰就是将中国文学的语言形式当作语言形式本身而不是仅仅作为意义、内容的次属物来变革,其谨慎的在文学场域中'实地试验'出新的言说方式的态度、'国语的文学,文学的国语'的主张恰恰具备一种'书写'语言学的特征。从这个意义上说,怎么能仅仅将胡适的语言、文学革新理论理解为使汉语'口语中心'或'语音中心'化的'政治运动'呢?"本书还从符号学的角度,对于任叔永、胡先骕以及其他南社诗人的创作存在的弊病作了批评:他们"都落入了语言的'神话'模式,其最大弊病是以符号化的语言、意象阻隔了现实经验的传达,这种诗歌写作方式,既拦阻了汉语成为接通西方思想的现代性通道,也阻隔了现代个体情感经验的真切言说"。这样的看法是否准确与科学,尚可进一步讨论,但作为一种批评性的学术见解提出来,这样的学术态度,我以为还是应该肯定的。作者在本书论述中坚持了一个年青学人的基本品格:从历史实际出发看待诗歌语言变革如何符合新文学生成的内在合理性。

属于历史性质的理论研究,如何做到既注意理论历史论述的宏观概括性,又注意典型例证分析言说的具体性,是本书作者追求的一种阐释论述的艺术。本书中论述梁启超、陈伯严(三立)等对黄遵宪《今别离》一诗之极力推许高度评价就是一个突出的例子。梁启超推举《今别离》一诗为"生出一个诗歌理想王国"的"典范",陈伯严赞之为"千年杰作"。本书作者对相近题目作品和诸家评述进行了个案具体分析,指出除了一般认为"此诗确实不同凡响"之外,还可以从这里窥见这样一个令人回味的信息:"也有可能只是二人在诗中看到了与自身的诗歌理想契合的东西,他们的推许并不能表明这首诗的真正价值和意义在哪里,更不能表明诗歌就真的多么杰出,完美无缺。"针对此诗评价出现很大差别的现象,作者进行了深入的分析探讨。他认为黄遵宪的诗不以"新语句"取胜,从这个"实际上是一次刻意试验的写作"的实践成果,可以窥见"诗人是在考验诗歌接纳新事物,不徒见'新名词'而重在创造'新意境'的能力。诗歌的情感动力虽是思念亲人,但其写作目标并不就是一次通常的情感交流的文字释放,而是要有意试验出一种新的诗歌文本","作者就是要在传统的意义序列中来陈述出新的意义"。诗人实际上是"为了与古典诗歌的形式秩序进行对话,蓄意要在'古风格'中生出'新意境'"。接着在与孟郊《车遥遥》、沈佺期《拟古别离》等作品的比较中,本书指出黄遵宪《今别离》诗乃"是蓄意要与《古别离》对话;试验古典诗歌的形式秩序接纳新事物、创造新意境的可能性"。"正是在当下性的'时间'而具有独立的经验、意识的个体'我'上,黄遵宪的《今别离》和'古别离'形成了明显的差异。"作者又举王闿运的《今别离》一词进行比较,完全摆脱了如胡适评骘所说,为模拟古人,寻不出真正可以纪念"这个惨痛时代"的痕迹,更可以看出黄遵宪的诗如何自觉地"突出现实历史的当下性和个体经验的独特性"。作者用了很长的篇幅,分析论述了黄遵宪《今别离》与诸多《古别离》诗作的差异性,及其在"诗界革命"新派诗"有意试验的文本"与读者接受关系中的重要价值和意义,并这样认为:《今别离》代表了为梁启超所忽视了的黄遵宪在"'风格'的试验上'胜过'了'新名词',使之能化为真正'新'的言说个体现代经验的审美'意境'"。诸如这种诗人及作品个案的集中比较分析论述,与宏观理论阐释言说相结合,成为本书一个闪光的特色。

  本书面对一个长期存在、必须回答的问题:新诗发展中对于古典诗歌的"破坏",以及在这"破坏"中孕育着怎样的生成机制的重建?本书第六章就是对于这个问题的深层次理论探讨。作者进一步思考的问题是:"从晚清以来,诗歌中的这个'所指'就在面临着变换与难以变换的矛盾,而白话诗,更换了汉语诗歌的语言系统('用白话替代古文'),能指层面的更新只是诗歌'内涵'生成的初步,而在诗歌写作的'修辞学'与汉语言说方式更新的'意识形态'之间,白话诗面临着汉语诗歌转型期的困难,也孕育着新的诗意生成的期待。"

  作者参考乔姆斯基关于汉语"句法"在调解"语法""语义解释""语音解释"中作用的理论,由此选择了以汉语"句法"来探求古典诗歌到白话诗之间诗歌"说话方式"的诸多变化特征,其核心点,乃是注意新诗讲求"文法"的写作策略。如此就将胡适提出的诗歌从古典向现代蜕变中"须讲求文法"这一问题,在新诗"说话方式"变革与诞生中的重要意义突显了出来,并着意从理论到实践方面进行了深入专门的探讨。这样做的目的,是纠正汉语书面语的"言之无物""文胜质"的弊病,使新诗达到"寻求汉语言说意义的确定性和对现实经验的真正触及",它破坏了传统诗的"以隐喻、典故、语音等基本的'对等'模式"形成的"诗意生成方式",增进了我们对于白话诗"在特定历史时期所诞生的必要性的理解"。

  记得还是去年岁末,在首都师范大学附近的一个宾馆里,参加他们主办的一次关于当代散文诗问题的学术研讨会。一起与会的荣光启是我的友人王光明教授指导的博士。这部大著,就是在其博士学位论文基础上修改而成的。会议期间,我听了荣光启关于一本散文诗集新作的发言,他清晰的学理思维和深刻的新异见解引起了我的关注。会议快要结束的时候,荣光启向我谈及他博士学位论文的主要内容,及其即将由中国社会科学出版社付梓刊行,并邀请我为之写序。我当时没有太多犹豫即答应了。他回到自己任教的武汉大学不久,寄来了出版社已经排版后装订成册的厚厚一本清样。我于是年12月21日的回复邮件中,如是写道:"所寄博士论文大作清样,及其他书籍,均于前几日,平安收悉,写此函特告,望释念。因一直忙于其他杂事,今天才开始阅读你的大作。明日要外出一趟,五日后归来。待阅读后,写序文,可能要拖延至明年了。真对不起,望谅!"接此短函后,他当日即于电子邮件里回复说:"序文一事,您根据自己时间精力吧,不要紧的,您先忙。那日我试着与您一说,您能欣然答应,我很感动,更是战兢,怕给您的生活带来搅扰。很感谢!"从短短文字中,我感到一种理解宽容的温馨。但我没有料到,自己在新的一年里,因各种大小学术会议和活动,应付各项须要完成的"急活儿",诸多无法推却的外出杂事,加上身患疾病带来的限囿,这份"欣然答应"的序文,竟一直拖延了下来,这样一拖,就是八九个月了……于此,我常常怀有一种惭愧不安的心境。

前时,经一番挣扎思考之后,忽然发誓立即实践:放下手中一切急待完成的"文债",将此部书稿读完,边读边学边录书稿文字和读后随想,又匆匆中一声声"敲"出了这些思索杂乱的文字来,想以此完成的内容抄录、导游说明式无甚价值的"序文",弥补自己"欠债"的遗憾,并传达乞望作者谅解的一点心意。所幸我与本书作者虽年纪相差甚远,然为新诗研究同路人的心境是一致的。我们自知走的是一条非常寂寞的路。阅读这部几十万言的厚重之作,想象我们一代代知识人已经走过或将要走过的漫漫长路,我总是忘不了书稿里引用过的大诗人李白《长相思》中那句凝聚生命心血的千古慨叹:"天长路远魂飞苦,梦魂不到关山难。"引录于此,谨以它期冀和祝愿作者在"天长路远"的学术跋涉中不断收获更多更丰硕的果实,并以此在寂寞的探索之路上相互慰勉。

是为序。

2012年9月17日于京郊蓝旗营
(作者单位:北京大学中文系)

现代中国・第十五辑
北京大学出版社
2014 年 7 月

纪念三位诗人①

洪子诚

我今天要谈的三位诗人，是商禽、张枣和许世旭。同学们可能会问，为什么把他们放到一起？一位是台湾的，一位大陆的，许世旭却是韩国人；他们也不是同"世代"的作家，彼此的风格也很不一样。我把他们放在一起，出于一个简单的理由，这就是他们都是去年（2010 年）去世的、用中文写作的诗人。许世旭虽然是韩国人，但他的许多作品是用中文写的——当然，他也有大量的韩文作品——用中文写的诗、散文，在他的创作中占有很大分量。这三位诗人在去年离开了我们，他们的死，引发我的一些感想。商禽是 6 月 27 日凌晨去世的，享年 81 岁。许世旭 7 月 1 日，76 岁。张枣去世比他们早几个月，3 月 8 日，但他最年轻，48 岁：这应该是年富力强的年龄。

在我们的时代，诗歌确实很边缘了，所以，即使很有成就的诗人的离世，也不会引起媒体、大众的关注。例外的情况，大概只在一种比较特殊的情况下，比如杀人或者自杀，正如八九十年代之交的海子、顾城和戈麦。我之所以要拿诗人的死作为话题，主要是前些年发生的事引发的感慨。昌耀先生是 2000 年去世的，我不是个不读书不看报的人，可是过了许多日子才知道这个消息。昌耀在当代中国大陆（我们先不说台湾），应该是数一或数二，至少是数三的诗人了，可是却走得悄无声息。另一位著名老诗人蔡其矫先生，2007 年 1 月 3 日凌晨去世，当天上午有朋友告诉我。虽然他年事已高，享年 89 岁，但因为上一年，也就是 2006 年春天我去福建三明参加一个诗歌会议，还和他、刘登翰一起到闽西北建宁的地质公园，他没有老年人的蹒跚，一起坐船爬山，因此我听到这个消息还是感到突然。晚上我就给和蔡先生同是福建人，而且跟蔡先生很熟的首师大教授王光明打电话。他后来有一篇文章说到这件事：

---

① 本文为 2011 年 10 月在北京大学"当代诗歌与当代文化"通选课上的讲课录音整理稿。

今年1月3日凌晨2时,诗人蔡其矫因脑瘤在北京逝世。我是当天傍晚从北京大学教授洪子诚先生的电话中得到这一消息的。晚上,我打破自己的习惯,在网络上搜索关于蔡其矫逝世的消息,不见任何报道。我再向中国作家协会一位副主席打听中国作家协会对蔡老丧事的安排,不想他还是从我的口中才知道此事。

我顿时木然。蔡其矫的逝世不该这样无声无息!之于当代体制,他是1938年的"老革命";之于中国诗坛,他是当代屈指可数的真正有成就的诗人。一个多么热爱生活的诗人!青春永驻的诗人!走遍了中国的千山万水,献出过那么多才情洋溢的诗篇。他天真可爱得像一个儿童,2004年2月14日情人节,已经86岁的蔡其矫,穿着红衣服站在福州的大街上,向每一对身边走过的情人分发诗集和玫瑰。……

王光明说到的中国作协副主席,我猜是张炯先生。张炯也是福建人,北大中文系55级的。说蔡其矫是"老革命",是指他8岁随着家人移居印尼泗水,20岁回国参加抗战,到了延安,进鲁艺学习,40年代在晋察冀边区从事革命文化工作。至于说到他情人节在福州的大街分发玫瑰,这是确实的。我在网上就看到这个情景的照片,穿大红颜色羽绒服的蔡先生,向一对情侣赠送红玫瑰。照片中的女孩子露出惊讶也满心欢喜的笑容。蔡其矫是个爱美的诗人,爱美丽的女孩子,爱美丽的山水;从朴素的人道精神出发,保护美的不被破坏,不被损毁——这在他的诗里看得很清楚。前些年在北京的一次晚宴聚会上,蔡先生原来坐在后面,看到有新疆漂亮女孩子的歌舞表演,就把椅子搬到最靠近表演的地方……结果是,会场几乎有一半的人不是在看歌舞,而是在看那看女孩子的蔡其矫:看他的旁若无人,看他长时间的目不转睛。这让我想起张枣的两行诗:

  我直看她姣美的式样,待到
  天凉,第一声叶落……

(《灯芯绒幸福的舞蹈》)

王光明其实也不要过于伤心。蔡其矫不是歌星,不是名伶,在人大、政协、政府,在中国作协等机构,好像都没有什么实际意义的官职——可能有一个福建作协名誉主席的头衔吧,我记得不大清楚。他被人称为"独行侠",独来独往的。对他的去世的反应,正好是这个社会给予一个"疏离者"的合适"待遇"。在匪夷所思地将高占祥先生(前文化部长)封为"中国桂冠诗人"的地方,真的不应该为这样的遭遇感到奇怪。不过,相信他的读者和倾听者会记住他,会有另外的纪念方式。说到底,诗人和这个世界,和他的读者,最牢靠的只有以诗联系,其他的一切都是虚幻的,其实不很紧要。这正如爱尔兰诗人希尼的话:"在某种意义上,诗人的首要职责,是允许诗歌再次发生。"

关于诗歌的处境,前一段时间常常引起争议的顾彬教授,在他的文章里有这样一段话:

> 人们都在谈论诗歌受到的危害,在中国,甚至谈到了"诗歌的危机"。真的,到了 20 世纪,诗歌,这所有文化中人类精神史的发轫者,似乎走到了末日,政治与媒体看好的只是大众,而大众并不需要诗歌,于是,诗歌艺术这一类门便由于内在的美学原因走向了边缘,站在自绝于人的悬崖上。但更令人吃惊的却是:在 21 世纪来临之际,诗人并未死绝,而且,尽管现代诗高蹈晦涩,复杂难懂,读者乃至倾听者,仍有人在。甚至中国现代诗也是这样⋯⋯

他讲到这里,都还是入情入理、真知灼见,接下来这些话就有点不太靠谱了:

> ⋯⋯只是似乎出现了一个重心的转移:读者和倾听者与其说在中国,还不如说在国外,对中文诗关注的人与其说是中国人,还不如说是洋人。为何?因为西方至少知道资本主义仅仅只是生活的一半,而在中国,市场经济作为生活方式刚刚被允许,人们不想知道那另一半是什么。物质的利欲熏心导向自我麻痹的可能,面不是导向诘问。现代诗,或准确地说当代诗,正是这诘问的表达⋯⋯

我说"不靠谱",是因为在中国,也不像他说的那样,就不存在想知道生活"另一半"的人,这样的人其实也不少,也不全都那么利欲熏心吧。诗歌还是有许多读者和倾听者。想知道那"另一半"的人的忧心,不比顾彬教授少许多。顾彬这些话是在十多年前说的,不知道现在看法是不是有了改变?当然,诗歌的读者、倾听者是无能为力的一群,他们无法呼风唤雨,没有办法阻挡世界的总体走向。能做的也就是和其他人一起,分享读诗的感受、经验,在忙碌、焦躁之余,用一点时间,静下心来温习离我们远去的诗人留下的诗篇。

一、商禽:负伤的鸟

先来说商禽。他本名罗燕,商禽是 1960 年才开始使用的笔名。他去世后,台湾诗歌界为他在台北举行了追思会,参加的人很多。台湾的《创世纪》诗刊和《文讯》都出版了纪念专刊,不少诗人、读者和他的朋友,像张默、马悦然、向明、楚戈、辛郁、管管、碧果、尉天骢⋯⋯写下了动情的文字,还详细编集了他作品的目录,以及对他评论、研究的论著篇目。因此,我想他是幸福的。我最早读他的诗,是 80 年代初,就是现在仍被看作是他的"代表作"的《长颈鹿》《跃场》《灭火机》《逃亡的天空》等。"超感"的意象和奇崛的字词、句式,当时让我惊讶。但我对他的创作研究很不够,这里只是谈几点印象。

首先是诗人生活经历和他的作品的关系。从宽泛意义上说,"人"和"诗"自然密不可分,但是情况也有不同。朱光潜先生30年代说过,"有些诗可以从文字本身去了解,有的诗非先了解诗人不可"①,也就是说,有的诗人的作品是自己生命、遭际的直接投射,诗和人构成了互补互证的关系。牛汉、绿原、昌耀等诗人都属于这一类,商禽也是。所以,牛汉先生将他的诗看成"生命的档案",绿原为他的诗论集命名《人和诗》,商禽也坚决认为,"由人所写的诗,一定和人自己有最深的关系"。另一类诗人,他们的作品和生活经历的联系就不是那么直接,有的还可能回避诗的直接人格化。读后一类诗人的作品,"传记"因素的加入就不是那么重要。比如在座的姜涛老师,读他的诗,还有臧棣老师的诗,好像就不大必要苦苦追索、考证他们的经历,他们的生活细节,况且他们也有意无意神秘化自己,隐蔽"自我";他们不大信仰诗是诗人的"自叙传"或"自我表现"这类浪漫主义的诗歌信念。商禽这样的诗人,在人和诗的关系方面,还有另一层面的含义。他们的生命和诗歌写作,联系着现当代动荡变迁的历史进程;他们的生活,颠沛流离,就是镶嵌在20世纪的战争、动乱、政治运动之中的。这构成了20世纪新诗写作与时势紧密纠结的独特"风景"。随着他们的离世,这道"风景"也将会逐渐消失,成为"历史"。

  当然,强调他们"诗"和"人"的这种难以分割的关系,也不是把这个问题绝对化。也就是说,即使对待他们,也要避免走入在写作上崇拜个体生活经验和在阅读上依赖诗人传记的误区。台湾年轻诗人叶觅觅,就对商禽诗歌通常的"传记式"读法有所保留。她写的追思商禽的文章题目叫《他的猫将会继续穿墙,他的催眠将会继续遥远,他的脚将会继续思想》,这个题目的三个短句,来自商禽的三首诗《穿墙猫》《遥远的催眠》和《用脚思想》。叶觅觅说:"我们应该仔细触摸那一行一行从他笔下流出来的看似超现实的现实,而不是去哀叹实际发生过但是我们不在场的他们的现实。"还说:"我宁愿用比较纯粹的,艺术的视角来欣赏商禽的诗……而非用他颠沛流离的人生去揣度。"这里的根据是,商禽诗歌的成就,不仅依靠他的生活经验,更重要的是他具有改造、转化、提升和发现的强大的艺术能力。

  商禽1930年生于四川珙县。1945年15岁当兵,他"当"的不是共产党的八路军、解放军,是国民党的军队。后来随军到过广东、湖南、云南,多次从军中脱逃,又被抓回,自己说有六七次之多。1950年,国民党军队溃败从大陆撤退,他也从云南经海南岛到了台湾。大概因为不那么规矩,不肯受军纪管束,多次被关禁闭、拷打。当了二十年的兵,1968年退役时还只是个上士。

  这里,我想到一个有趣的现象,就是在上世纪的五六十年代,大陆和台湾不少写诗的年轻人都是军人。大陆的有闻捷、公刘、白桦、李瑛、周良沛、张永枚、顾工、梁上泉、高平、雁翼、未央、胡昭,台湾的除商禽外,郑愁予、辛郁、梅新、洛夫、楚戈、管管、痖弦、张默、周梦蝶、大荒也都是行伍出身。为什么会出现这样的现象?是那

---

① 《文学杂志》第1卷第2期《编辑后记》,1936年7月。

个年代不少有诗的潜质的青年人都主动或被迫入伍,还是军旅生活有助于情感、想象力的开发?当然,虽说都是军人,他们之间的世界观、诗歌观念、艺术资源却差异极大,诗歌意涵和情感性质也大相径庭。诗人都是对时间敏感的人,两岸行伍出身的诗人,在"时间观"上重大的区别是:一群认为自己是时间的主人,他们以时代驾驭者的身份,写作真诚也嫌单薄肤浅的"创世纪"之歌。另外的一群则强烈感受到被时代遗弃,他们肩负着巨大压力,"以诗抵御时间无尽无止的侵蚀"①。有评论家将商禽的名字解析为"负伤的鸟",那么,让他"负伤"的正是他所经历的时代"无尽无止的侵蚀",是无力把握支离破碎的现实的废然绝望。

　　商禽退役后,生活拮据艰难,当过出版社编辑,在高雄当过码头工人,跑过单帮(从高雄贩卖丝袜和进口香烟到台北),卖过牛肉面(因少人问津亏本),开办过家庭托儿所。直到80年代当《时报周刊》编辑,生活才算比较安定。商禽说,他从小就是一个逃亡者,以前为了生活,为了逃避死亡逃离,晚年则为抗拒病魔逃离。他晚年患有帕金森氏症。身体、灵魂受到的禁锢和逃离禁锢,对自由的渴望和渴望的受挫,是他的诗的持续性主题。他的诗风,和台湾早期的诗人杨逵有相近的地方:瘦、硬、冷峻。就像商禽在《杨逵素描》里写的那样:

　　　　干瘦的双腿
　　　　　　盘坐在
　　　　光洁的竹席
　　　　同样有嶙峋的骨与节
　　　　都是只能折断
　　　　而无法弯曲的

不过商禽的着力点,不是杨逵那样直接的社会批判,他聚焦的是人被囚禁——肉体的和心灵的,被囚禁和自我囚禁——的悲剧命运,和在无法逃离的处境中个人尊严、精神自由的坚守。说到商禽诗中构筑的"悲剧性处境",我想起《文讯》追思专刊的名字。他们给这个专刊起名"梦或者黎明":这是商禽一首诗的题目。"或者"这个连接词在他诗中很重要,除了"梦或者黎明"之外,还有"门或者天空""哭泣或者遗忘"。在另一些诗人那里,比如蔡其矫、牛汉,对立性的命运、情境,被处理为明暗分判的两端。商禽不一样,它们的界限远不是那么绝对、清晰,"或者"表现了那种不稳定的交错和转换。他很有名的短诗《逃亡的天空》,就是在"超现实"想象中,揭示这种对无法挣脱的悲剧处境的刻骨感知:

　　　　死者的脸是无人一见的沼泽
　　　　荒原中的沼泽是部分天空的逃亡

---

① 陈芳明:《商禽之秋:纪念他,不如读他一首诗》,《文讯》2010年7月。

> 遁走的天空是满溢的玫瑰
> 溢出的玫瑰是不曾降落的雪
> 未降的雪是脉管中的眼泪
> 升起来的眼泪是被拨弄的琴弦
> 拨弄中的琴弦是燃烧着的心
> 焚化了的心是沼泽地荒原

对商禽诗的另一点印象,可以引用翁文娴的一个观点。翁文娴是台湾成功大学教授,著名诗评家,也是诗人。她写诗用的是"阿翁"的笔名。她评说商禽的诗歌风格是,"他冻结了长久以来泛滥的、疲乏虚弱的抒情传统,像一支'冷藏的火把'"[1]。"冷藏的火把"也是商禽一首诗的题目。感情自然是诗歌的支柱。但是,在中国新诗中,浮泛、廉价、泛滥无边的抒情感总是太多,以至令人生厌。从一般情况看,与感伤保持距离其实并不容易,自怜、自恋也是人的本性,能让自我从感伤中得到某种满足、安慰。况且,从中国现代诗人的普遍性处境说,他们也有资格、有理由去感伤,去宣泄。不过,正像翁文娴说的,他们"在东西文化更迭交替、数百年战乱与贫弱中已然抒发得失去焦点"。商禽显然对感伤这种"疲乏的抒情"传统有清醒的警惕。他介绍自己,说"商"是奸商的商,"禽"是禽兽的禽,并以"你是一只现役的狗"这样不堪的字眼自况。又写道,他"用不曾流出的泪,将香槟酒色的星子们击得粉碎"(《海拔以上的情感》)。这是一种"冷藏"(或急冻,或定格)的美学方案:芟除枝蔓,在"超现实"的变形中,实现对感情的控制和压缩,以逼近事物的骨干与核心。

商禽说他是"快乐想象缺乏症患者",说"我不但不了解莫扎特中的'欢畅',并且也卑视他"(《商禽诗全集·商禽诗观》,台北印刻文学杂志,2009 年)。莫扎特当然单纯、欢畅,但也不纯然单纯、欢畅。听听他的慢板,特别是钢琴协奏曲的慢板,还有他的《安魂曲》就可以知道。我还是第一次听到有人说莫扎特的"坏话"。哪怕是贝多芬,有人不喜欢他(比如张爱玲)我也不会奇怪。在我印象里,莫扎特是个让已死和未生的人都感到亲切的作曲家。这样说倒不是要故作惊人之语。神学家卡尔·巴特说过:"当我有朝一日升上天堂,我将首先去见莫扎特,然后才打听奥古斯丁和托马斯,马丁路德、加尔文和施莱格尔的所在。"[2] 而我们知道,打开购书网站,在胎教音乐 CD 中,莫扎特占有相当大的分量:母亲们放心地让未出世的孩子受莫扎特的引导。正像莫扎特不全然是欢畅,商禽也不全是痛苦、悲伤、绝望。有人将他概括为"悲伤至极的诗人"——台湾《中国时报》2010 年 6 月 29 日刊出"悲伤至极的诗人商禽 27 日病逝"的消息——就只看到他"显在"的一面。如

---

[1] 翁文娴:《进入事物内质的代价》,《新诗评论》总第 13 辑,北京:北京大学出版社,2011 年。
[2] 卡尔·巴特、汉斯·昆:《莫扎特:音乐的神性与超验的踪迹》,第 4 页,上海:上海三联书店,1996 年。

果耐下心来,在他的诗里,可以发现深藏的而且深厚的、令人感动的温情。爱、温情、对温暖的期待,在他的诗中不是一种"配料",可以不夸张地说,是他这些黑色的、悲苦冷峻的诗的核心。

我本来想和大家一起读他的《遥远的催眠》《穿墙猫》两首诗,时间关系,就念念《穿墙猫》这首吧。它是用散文形式写的。开头一段说:"自从她离去之后便来了这只猫,在我的住处进出自如。门窗乃至墙壁都挡它不住。"第二段是:"她在的时候,我们的生活曾令铁门窗外的雀鸟羡慕,她照顾我的一切,包括停电的晚上为我捧来一勾新月(她相信写诗用不着太多的照明),燠热的夏夜她站在我身旁散发冷气。"第三段:"错在我不该和她讨论关于幸福的事。那天,一反平时的讷讷,我说:'幸福,乃是人们未曾得到的那一半。'次晨,她就不辞而别。"接着是:

> 她不是那种用唇膏在妆镜上题字的女子,她也不用笔,她用手指用她长长尖尖的指甲在壁纸上深深的写道:今后,我便成为你的幸福,而你也是我的。

全诗这样结束:"自从这只猫在我的住处出入自如之后,我还未真正的见过它,它总是,夜半来,天明去。"

也许这里面隐藏着商禽生活里的某些"本事"?但这并不重要。在"它"和"她",在实存与虚幻,在悲苦与甜蜜,在追悔和期待……之间,有着我们咀嚼的空间。翁文娴教授有这样的评语:它"是世纪最美的爱情故事:张力如此饱和,各方都哀伤至极点而无法戳破,无法挽回。如今,商禽(伤情)已过,漫漫长夜完结,穿墙猫是否会修炼成人在白昼走出来?"[①]

二、张枣:知音寻求者

接着讲张枣。张枣在德国的图宾根大学医院死于肺癌。图宾根大学是他归国之前学习和工作过的学校。他去世时,有一位诗人在悼念的诗(《悼念张枣》)中,引了约瑟夫·布罗茨基这样的诗句:"死神大手大脚,不知节俭"。在这件事情上死神的确出了差错,不该让年仅48岁、并不厌弃这个世界的诗人过早离开。前些天翻他的诗集,看到有《死亡的比喻》,开头这样说:

> 死亡猜你的年纪
> 认为你这时还年轻
> 它站立的角度的尽头
> 恰好是孩子的背影
> 繁华,感冒和黄昏

---

① 翁文娴:《"怪味鸡"怀商禽》,《文讯》2010年8月第208期。

死亡说时间还充裕

　　根据颜炼军做的年谱(《张枣生平与创作》,刊载于《新诗评论》第13辑),这首诗写于1987年他在国外的时候,当年25岁。我突然想到,不知道是什么原因,新时期以来不少年轻诗人,喜欢无所顾忌地写死亡,写衰老。顾城、海子、陆忆敏、西川、张曙光、王小妮……或者是认为生活和写作总归是两回事?或者是因为"死亡说时间还充裕"?就像诗人清平(他从北大中文系毕业后,长期在人民文学出版社担任诗歌编辑,主持"蓝星诗库"的编选工作)说的,"人最惧怕的是时间的流逝,和流逝中的某些改变,但在写作中,真正感到惧怕的人并不多"。不过清平说他自己却有顾忌,回避着这些意念、这些词语。他说:"毫无顾忌地写生死、衰老、疾病、凶器,尤其是心无芥蒂地写时光流逝,我在十多年前就办不到了。一个词,一种口气,一样东西,都会让我突然警惕,怕它在冥冥中损害我今后的命运。我所忌惮的,不单是时光变迁所暗含的某些逻辑结论,同时也包括了那些微露端倪而并不确定的词语谶意……"①

　　《死亡的比喻》在涉及这个话题的时候,用的是一种满不在乎的语气。其实,它一直是盘旋在张枣心中的问题,是他需要面对的对象。这个话题,在他90年代以后的创作中得到延续。时间的压力是那些敏感、恃才傲物者的苦恼,就像他的朋友柏桦说的:"他的痛苦仅仅是因为时光寸寸流逝,因为死亡是无法战胜的,因为'一江春水向东流'的青春将不再回来。"②

　　在这三位诗人中,张枣是我唯一见过面的。那是在2000年12月,因为"新世纪"即将来临,对历史象征事件入迷的诗歌界,便在大连策划了一次规模很大的诗歌会议,打算演出诗歌界大团结、大胜利的仪式,还准备发布迎接新世纪的"大连诗歌宣言"。全国知名诗人、诗评家来了七十多人,我也有幸被邀请参加。但是,这个宏伟的设想并没有成功。已经持续一段时间的有关"民间"和"知识分子"的分裂、冲突,在会上继续发酵。24日我们去大连的时候,因为暴雪,飞机备降沈阳。在寒冷的沈阳机场,臧棣向我介绍芒克,问他是否认识我,芒克摇摇头;臧棣补充说,写当代新诗史的,读过吗?芒克一脸茫然:"没有读过。"第二天晚饭餐桌上,臧棣又用同样的方式向我介绍张枣。我的名字张枣可能有点印象,因为1998年出版的那套主编挂我名字的"90年代中国诗歌"丛书(文化艺术出版社),收入了张枣的《春秋来信》诗集。当问到是否读过我和刘登翰合写的"当代新诗史"时,他也一样茫然。在这次研讨会上,有诗人批评我的新诗史不公正。我便发言说,里面肯定有许多问题,但我又说,诗人其实不要太在意,也不要去读什么新诗史;在这方面,

---

① 清平:《一类人·自序》,北京:作家出版社,2007年。
② 柏桦:《左边——毛泽东时代的抒情诗人》,第119页,香港:牛津大学出版社,2001年。

我要特别感谢从没听说过、当然也没有读过"当代新诗史"的芒克和张枣。我这样讲并不是想敷衍塞责，也不是为自己的偏颇辩护。那时我强烈感到，比起小说家来，诗人有不含糊的执着、认真，但也过于敏感，有太多的"文学史焦虑"；他们不明白，"当代人"写的"当代史"很多是靠不住的，很快就会被忘掉，我的"当代新诗史"也一样。

当时张枣留给我的，是有点顽皮的孩子的印象——不知道那个晚上他是不是酒喝多了。十年过后当我从照片上再次"见"到他，看到他有些苍老、有些浮肿的面容，就有点失落，就想，和有的人见面，就像读有的书，只见过一面或只读过一次最好。张枣诗的数量不多，诗集也不多，有的是自印的。他不是有很多读者的那类诗人。"蓝星诗库"的《张枣的诗》，收入作品130首，后来又发现了四五首。有的诗人写得很多，有的却是惜墨如金。商禽也写得少，《商禽诗全集》收167首，是他50年代起六十年的写作总量。在台湾诗坛，痖弦、周梦蝶都是作品数量很少的。痖弦也是不到200首，事实上他可以说只有一本诗集《深渊》，其他的诗集可以看作是《深渊》的复本。今年诺贝尔文学奖获得者特朗斯特罗姆也是这样，中译本《特朗斯特罗姆诗全集》①，也只有160多首。我当然不是说写得好的诗人就一定写得少，这样说没有道理，也不是事实。人与人是不同的。不过，有才情的诗人，也要警惕才情过度、随意的挥霍。

1980年代读张枣的诗，如《镜中》《何人斯》和他稍后的《楚王梦雨》，有种很奇特的感觉。目前的诗歌界，通常将他归入"第三代诗"的行列。他的这些作品，既没有北岛式的政治隐喻和批判激情，也不是于坚式的解构和日常生活琐屑碎片，里面有当代不常见的恍惚、唯美，来自潮湿南方的颓废，有着回想、追忆的悠长委婉，也不难发现对古典意象和声音的借重。比如写在80年代初的《镜中》：

> 只要想起一生中后悔的事
> 梅花便落了下来
> 比如看她游泳到河的另一岸
> 比如登上一株松木梯子
> 危险的事固然美丽
> 不如看她骑马归来
> 面颊温暖，
> 羞惭。低下头，回答着皇帝
> 一面镜子永远等候她
> ……

---

① 李笠译，海口：南海出版公司，2001年。

又比如《何人斯》：

> 这是我钟情的第十个月
> 我的光阴嫁给了一个影子
> 我咬一口自己摘来的鲜桃,让你
> 清洁的牙齿也咬一口,甜润得
> 让你也全身膨胀如感激
> 为何只有你说话的声音
> 不见你遗留的晚餐果皮
> 空空的外衣留着灰垢
> 不见你的脸,香烟袅袅上升——

那个时候我正学习解读现代诗。缺乏想象力的人就特别死心眼,就想为什么想起一生中后悔的事,梅花便落了下来。多多在一首诗里说,"一个故事中有它全部的过去";还说,"所有的日子都挤进一个日子/因此,每一年都多了一天"。后来我明白了,如果一天既无法挤进另外（更不要说所有）的日子,也就不大可能创造那多出来的一天。一度,我在张枣一些诗面前感到困惑,便怀疑自己是否具备研究诗歌的条件、能力。将我从这种困惑中解救出来的,还是顾彬教授。他在什么地方说过这样的话,说张枣是20世纪"最深奥的诗人","张枣的读者殊不容易,无论是他原文的还是他译文的读者,无论是他中文的还是德文的读者,他们所面临的难度是同等的"。既然不是我一个人感到这种难度,既然许多"张枣的读者"都"殊不容易",我这才放下心来。

张枣和商禽的一些诗,的确晦涩、难懂,但商禽和张枣的"深奥"性质不同。商禽是那种怪异的"超现实"意象,那种奇想,张枣的情况,顾彬提到的原因是他追求艺术的简洁,说他"以简洁作为艺术之本"。克制、简明精确,使用的词不是可预测的,是陌生化的,而且这种陌生化随着文本的递进而加深。因而,这些看似随意排列的词语的统一,"只有最耐心的读者才能发现"。我觉得,和这个原因相关联的,还有来自他诗中自传性因素的处理方式。在将自己的经历、体验的细节写进诗里的时候,他并不想将解套的钥匙、密码（哪怕是一点线索）同时交给读者。当然,理解其中对古代诗文典故、意境的借用、转化,也是我们面临的另一难度。

这里牵涉到诗人对自己的基本定位。我们要问的是,张枣想象自己是个什么样的诗人？他在为谁写作？有什么样的诗艺理想？这是需要弄明白的一点。90年代,他有这样的自述：

> 我的那些早期作品如《何人斯》、《镜中》、《楚王梦雨》、《灯芯绒幸福的舞蹈》等,他们的时间观、语调和流逝感都是针对一群有潜在的美学同感的同行而发的,尤其是对我的好友柏桦而发的,我想引起他的感叹,他的激赏和他的

参入。正如后来出国后的作品，尤其是《卡夫卡致菲丽丝》……与我一直佩服的诗人钟鸣有关，那是我在 1989 年 6 月 6 日十分复杂的心情下通过面具向钟鸣发出的……①

显然，这个自述告诉我们，他不是要做一个"大众诗人"。这个判断有两方面的含义。第一是，他的写作不想主动触及人们关切的政治、社会时势问题，也不大想和涌动的诗歌潮流建立某种连接。另外一点是，他自觉不为"多数人"写作，不是为了被"多数人"阅读，他更愿意寻求知音。寻求知音的写作，是来自中国古典诗歌传统，这表现了向这个"伟大传统"回归的取向。在文本写作上，他经常使用"对话"的诗歌方式；在诗歌交往、传播、阅读上，他的理想是获得"知音"的理解、激赏。因而，他的诗不是倾诉的、演说真理的，而是交谈和对话。这也是他的诗复杂的另一背景。从大的时空方面看，这种交谈、对话，涉及现在和过去、生者与死者、东方与西方；而具体的对话对象，则可能是朋友、诗人、文本、预设的读者，以至另一个我……他这样高傲地说："我将被几个佼佼者阅读。"——在他的心目中，有资格进入这个"佼佼者"名单的人数，不会太多。

这种在接续中国古典诗歌"伟大传统"上所做的探索的得失，需要细心辨析。无论如何，他质疑、"抵抗"那种单一的倾诉、宣讲、抒发的诗歌方式，重视交谈、对话在传达现代人复杂、多层次的体验、思考上的价值，就值得重视。但是，这样的诗歌经验哪些具有普遍性意义，可以加入到"诗歌方向"的方面，哪些是属于个体不可模仿、复制的个人风格，在判断上仍需要慎重。也就是说，他的诗歌取向、诗歌方式的形成，既是基于他的诗学理想，也由他的具体境遇所制约。在普遍性的诗歌意义与不可替代、复制的个人经验之间，有着复杂的交织需要厘清。在近现代，中国诗歌现代化进程的一个重要征象，就是诗歌开始扩张自己的功能和边界。它突破同好之间那种"知音"式的小圈子，走进更大的社会空间，并不仅与个人生活，而且与社会政治、与更大人群的生活命运连接。顾彬教授（还有另外一些批评家）对中国汉语诗歌有一个理想性设定，他认为，"朦胧诗"的"意象世界和语汇选择"还依赖着西方和中国早期现代主义，还承担政治和社会的角色。他说，这还不能理解成"纯语言或者纯汉语"。这里含有他对朦胧诗的"缺陷"的批评，也显然从一种诗歌方向上肯定了张枣的语言的"回缩"。其实，在中国现代诗歌近百年的历史中，拓展与"回缩"一直是一组矛盾，它们都难以被互相取代：纯诗和不纯的诗，向公众发言的诗和寻求知音的诗，承担政治和社会角色与专注于语言的美和完善的诗，总是形成冲突，但也互为推动的条件。

---

① 我是从《一棵树是什么？》中转引的，收入《语言：形式的命名》，第 334 页，北京：人民文学出版社，1999 年。

讨论张枣的诗，还有一个问题不能忽略，这就是在国外的生活对他心理、写作产生的影响。他1986年赴德国留学、工作，到2007年回国到中央民大任教，二十余年间大部分时间生活在国外，主要作品也在这一时间完成。谈到张枣曾经旅居国外，有的评论使用了"流亡"这个词。我觉得在他身上使用这个词并不恰当，他出国学习工作和通常意义上的"流亡"无关。如果说"流亡"的话，商禽主要是在他与社会现实的关系的层面，北岛则主要是政治性的"流亡"。张枣不是，他在国外的生活和写作遇到的问题，主要是文化、语言上的问题；虽然这对北岛们来说同样存在。不过，张枣在国外遇到的，又不是一般留学生的问题，他出国之前在国内诗歌界已经有了名气，又自视甚高，可是到了国外没有人知道这一点，无人赏识，变得无足轻重。他有一种心理上的落差，感到孤独、悲观。因此，在国外他常常这样介绍自己："我是张枣，我是一个诗人。"他经受着这种孤独的压迫。张枣在自己的诗里也透露了这样的心理信息。余旸——他是我们学校中文系博士毕业的，本名余祖政，写文章和写诗都用余旸这个笔名——在他的一篇题为《重释"伟大传统"的可能与危险》①的文章里，引了张枣写在国外的两行诗：

> 一百年后我又等待了一千年；几千年
> 过去了，海面上仍漂浮我无力的诺言
>
> （《海底被囚的魔王》）

余旸说，这里面透露了无望、悲观。这个分析是有道理的。这里的无望，是对语言无法充分表达、也难以充分抵达倾听对象的无望。如果说，张枣出国之前寻求"知音"是基于艺术上的高傲，那么，这个时候对"知音"的寻找，就多少转化为承担和释放这种心理压力的意图。也就是说，寻求"知音"，"寻找对话"的性质、目标发生了转变。这个问题，可以说是一个文化事件，或者说一个语言事件。"语言事件"这个说法，是俄裔美国诗人布罗茨基提出的，他是在说明发生在20世纪的带普遍性的文化现象。一些作家因为各种各样的原因，离开祖国生活在"异邦"，这就出现了这样的情况："他被推离了母语，他又在向他的母语退却"；开始母语是他的剑，然后却变成他的盾牌、他的密封舱。这样的难题、困境，相信也发生在布罗茨基身上。同学们知道，布罗茨基出生在列宁格勒（现在的圣彼得堡），1976年移居美国，在密歇根大学获得博士学位，后来加入美国籍，主要用英文写作。张枣不同于布罗茨基，除了后者有强大的政治性背景（被驱逐出苏联）之外，还在于张枣没有那种强大的"性格能量"。美国作家桑塔格说得很好："他着陆在我们中间，像一枚从另一个帝国射来的导弹，一枚善良的导弹，其承载的不仅是他的天才，而且是他祖国的文学那崇高而严苛的诗人威感。……他快捷、灵活地与其移居国建立联

---

① 《新诗评论》总第13辑，北京：北京大学出版社，2011年。

系。"桑塔格说,我们只要看看布罗茨基的行为举止,就不难发现他"仍是一个不折不扣、地地道道的俄罗斯人";但是"他实际上又是何等慷慨地让自己适应我们,同时急于把他的意志强加在我们身上"。也就是说,这种强大的性格能量,表现为两方面的勇气:对移居国文化、语言上的适应,和对祖国文化、语言传统的维护与坚守。这样的适应性和勇气,是张枣不完全具备的。这是张枣生活和诗歌中"悲剧性"的一面。

最后,我们用他的"知音"柏桦的一段话,来结束对这位优秀诗人的谈论:

> 他或许已完成了他在人间的诗歌任务,因此,在他生命的最后几年里,他干脆以一种浪费的姿态争分夺秒地打发着他那似乎无穷的光景。新时代已来临,新诗人在涌出,他在寂寞中侧身退下,笑着、饮着,直到最后终于睡去……但极有可能的是,由于他的早逝,由于这位杰出的诗歌专家的离场,我们对于现代汉诗的探索和评判会暂时陷入某种困难或迷惑。

三、许世旭:跨"界"的歌者

台湾作家尉天骢写道:"今年(按:指 2010 年)的六七月是一个极不遂顺的季节,老友先后走了两个,先是商禽,接着就是许世旭。辛郁告知商禽去世的消息时,我们都想着老许一定会从韩国赶来台北送商禽一程,没想到不到两天,竟也传来他的死讯。"许世旭对我们、对在座的同学来说,可能比较陌生。他是韩国人,1960 年到在台北的台师大中文系读研究所,到 1968 年,先后获得文学硕士、博士学位。当年读研究所时,和叶维廉先生是同学。尉天骢说,"大学研究所的拘谨,使得他的学习呈现一片刻板,直到一个偶然的机会他认识了纪弦,开始了和商禽、楚戈等人的'鬼混'生活"之后,"人一灵活,语言的窒碍也就随之畅通起来;随意的交谈,随意兴的喝酒,路边摊的胡说八道,这一切相加起来,就使得老许整个变成另一个人"①。从此,许世旭便用韩文、中文写诗,写散文,写研究论著,在台湾的《现代诗》《创世纪》等刊物发表中文诗作,出版中文诗集。

过去,我零星读过许世旭的诗文,但比起商禽、张枣来,更不系统,也没有能形成明确的判断。在他去世之后,才有更多的搜集关注。在他离世后,大陆、台湾的诗人、学者都集中回忆、谈论他和异国诗人"打破国界共赏的文化生命"(叶维廉语),激赏他用中文写诗,与台湾现代诗人成为莫逆之交,参与台湾 60 年代的现代诗运动,推动中韩之间诗歌、文化的交往。在与异国语言、文化建立心神相系的联结上,许世旭做到的,恰恰是张枣遭遇的压力和困境。张枣坚持的是原先生活、身

---

① 尉天骢:《那个时代,那样的生活,那些人》,《文讯·商禽文学展暨追思纪念会专刊》。

份、文化、情感的原点不摇动。因此,当许世旭说"不懂得猪耳朵就酒,因此韩国没有文化",而且"每隔一阵子总要回来台湾住上几天,要不然他会乡愁得要死"的时候,张枣在异乡写的却是:

> 她的清晨,我在西边正憋着午夜
>
> (《祖母》)

但我的这些描述,可能只是表面的、印象式的。我要说的是,对不同诗人而言,他的推动力、资源都是难以比较的,他们的成就也难以用同一的尺度来衡量。我们对诗人的阅读、纪念和评价,只能一个一个地进行;喜欢笼统概括的这种风习,有时候是对他们的不够尊重。

因为早已过了下课时间,我推荐同学读读刊发在这一期《新诗评论》(2010年第2辑)上,谢冕、严家炎、孙玉石三位老师怀念许世旭的情真意切的文章,他们都是许世旭的好朋友。

(作者单位:北京大学中文系)

现代中国·第十五辑
北京大学出版社
2014年7月

遥远的乌托邦
——王安忆《弟兄们》中的女同志连续体

滨田麻矢

序　言

在改革开放以后的中国,当"性别"被重新发现时,作家们如何描写女性之间的情谊？本文探讨的《弟兄们》(1989),是中国现代的代表作家之一王安忆的作品。这篇小说叙述的是女学生们毕业、离开了女生宿舍这么紧密的空间,同性的情谊被隔断以后,她们怎样顺应/不能顺应社会主流的性别规范。本文先概述《弟兄们》的内容,然后梳理人民共和国建国以后出现的女学生叙事,把《弟兄们》放在女学生叙事的脉络中加以讨论。再者,运用美国诗人、评论家亚卓安·芮曲(Adrienne Rich)的概念"女同志连续体"(Lesbian continuum)来探讨《弟兄们》中女女关联的可能性与限度。

一　关于《弟兄们》

中篇小说《弟兄们》1989年发表于杂志《收获》第3期。这一年王安忆已陆续发表过《岗上的世纪》(《钟山》第1期)与《神圣祭坛》(《北京文学》第3期)这两篇崭新的作品。

故事从南京某一个大学的美术系开始。三个已婚的女生,互相称呼"老大""老二""老三",要建立像桃园结义那种永远持续的友谊。她们"样样事情都做得比男生出色",她们三个人共同的房间"比男生宿舍还更脏更乱",她们"象真正的弟兄仨一般喝了起来"。她们都离开了各自的伴侣,可以说借暂时住"学校"这座避难所的机会,就这样模拟永久不变的"男子汉的友谊",并且发誓"这一辈子决不要孩子。她们都已是结了婚的人,只剩半个自由身了,如若再有个孩子,这半个自由身也保不住了"。就这样，她们往往彻夜不眠地打开心扉，将自己最最隐秘的心思说出来。可是快要毕业时，老三首先决定跟着男人回家乡，辞去了"老三"这个"兄弟"的身份。离开学校、丧失老三的老大与老二，分别住在上海与南京，开始了自己的教学工作。老二（老王）正在厌烦平凡、枯燥无味的日子时，突然怀孕的老大（老李）来见她，此后故事的齿轮开始重新运转。因为不想面对老三的消失，她们开始互相称呼老李、老王，同时她们的感情像决了堤的水一样爆发出来，狂热地互相追求。两个女人的状态使老李的男人根本不能接受，他无论如何也要分开她们两个。但是，最后她们的感情不是因为老李的男人，而是因为老李刚出生的孩子永远地破裂了。

关于这篇小说，已经有一些研究者从女性主义的立场分析了"女人兄弟"仨的情谊。张京媛说："王安忆在《弟兄们》中所解构的正是一种关于女人之'女性'、女人之'自我'的神话。'弟兄们'试图共同去寻找'女性自我'的一次'精神历险'，而他们友情的最终破灭，正在于'女性'始终是被男性文化所定义并构造的客体。"① 戴锦华承接了张京媛的观点，认为主人公们的尝试——寻找"女性的自我"这个精神的冒险——终于挫折的原因在于"女性"终究只不过是男性文化定义、建构的客体，她们的意义与名称都不得不由男性来决定。② 有本美国出版的文集收了《弟兄们》英译版，该书的序言说，这篇小说描写了两个已婚女人虽然认真探讨怎样做"女人"、怎样抓住"自我"，可是后来还是被自己的"妻子""母亲"这样的角色湮没了。③ 本文基本上赞同这些已有的研究，但在此想要更进一步关注产生"女女纽带"的学校（女生宿舍）这个场所，并且探讨对她们关系的叙事方法。为此，先要概述一下新中国的女学生形象。

二 人民共和国的女学生形象

女子教育制度诞生以后，中国文学中出现了各种各样的女学生叙事。民国时期的女学生，有的跟男生一样享受学习的乐趣，有的跟校友谈（模拟）恋爱，但不管如何，都对毕业后的将来怀着不安。社会对女学生的期望不外是贤妻良母，她们的学生时代也只不过是个侥幸的暂缓期（moratorium），毕业以后她们都会不容分辩地被列入"女结婚员"（张爱玲《花凋》）的队伍。她们的不安，不用说与不能有效

---

① 张京媛：《解构神话：评王安忆的〈弟兄们〉》，《当代作家评论》1992年第2期。
② 戴锦华：《涉渡之舟：新时期中国女性写作与女性文化》，第214页，北京：北京大学出版社，2007年。
③ *Red Is Not The Only Color: Contemporary Chinese Fiction on Love and Sex Between Women*, Rowman & Littlefield, 2001. Introduction 执笔者兼编辑是 Patricia Sieber。

地利用在学校里得到的学识做工作直接相关,可是更大程度上,她们的忧虑是由于要告别在学校里培养的情谊。毕业后,同性的朋友都四分五散,好容易形成的纽带怕是无法持续。不管自己怎么努力,少女们的前途更多地受到丈夫与孩子的影响,一旦嫁出去,恐怕很难再跟现在朝夕相处的同学们见面。①

人民共和国建立后,这样的不安好像被扫净了。比如在"十七年"时期,宗璞发表的《红豆》(1952)叙述了国共内战时期,女主人公江玫虽然跟资本家青年齐虹热烈地谈着恋爱,但她同时受到同宿舍的朋友萧素的指导与影响,最终毅然离开了要去美国的恋人,决定全力以赴地参与祖国建设与共产革命。② 在对党的忠诚比什么都优先、再不能写轰轰烈烈的恋爱的时代,作为迈进革命的一个推进力,同性之间的情谊起了很大的作用。③

"文化大革命"结束后,学校恢复其功能,学生们渐渐回到城市,这样才有人重新开始写毕业后保持同性之间纽带的困难。④ 张洁的《方舟》(1982)描写了原是老同学的三个女性,经历了离婚(或分居),一起挣扎着度过"文革"后效率优先的社会,此时她们的纽带无疑发挥精神食粮的作用。尝尽了狂热政治时代的摆布之后,她们最终发现了"社会还是属于男人的"这难受的现实。虽然具有才能与上进心,但就是因为不能投男人的所好,她们饱受了各种艰苦。这篇小说暴露了党所给予的"女性解放"的空虚,受到广泛的关注。

《弟兄们》跟《方舟》一样以三个女同学为主人公,可是没有像张洁那样明确地提出异议。《方舟》的焦点在于早已从学校毕业、离婚的女人们在生活中的疲惫,而《弟兄们》的重点放在学生时代与毕业以后的生活感受的距离上。书中提到红卫兵武斗最激烈的时候老王(老二)念初中一年级,那么她应该跟1954年出生的王安忆是同代人,比《方舟》的主人公们小了一轮。她们经过下放后上南京的大

---

① 至于民国期的女学生叙事,笔者已在《女ともだちのはなし——陳衡哲と凌叔華による女学生の物語》(《女朋友的叙事—— 陈衡哲与凌叔华写的女学生故事》,《桃の会論集》第三集,京都:朋友書店,2005年)以及《女学生だったわたし》(《当时你我都是女生——张爱玲〈同学少年都不贱〉中的回顾叙事》,《日本中国学会報》第六十四集,2012年)中探讨过。
② 关于《红豆》中的友谊,请参阅拙文《十七年"文学の愛情と革命:宗璞〈紅豆〉をめぐって》(《十七年期的爱情与革命:以宗璞〈红豆〉为例》),《吉田富夫先生退休記念中国学論集》,東京:汲古書院,2008年。
③ 比如电影版《红色娘子军》(1960,谢晋导演)也可以说是个"女子集团"以友谊为食粮培养革命力量叙事的典型例子。她们穿着军服(算是一种制服)、一起住在兵营(一种女生宿舍),跟指导员(一种教师)认真学习,她们的姿态可以说是女学生群像的类推。
④ 很多知青文学(比如王安忆《六九届初中生》[1986])并不颂扬下放青年在乡下如何团结,而是暴露他们/她们怎样一心一意获得更好条件的调动,他们/她们一个个都是很孤立的分散的存在。

学,最早也要到 1977 年以后,老二应该是二十几岁了。三个女同学都已婚(而且很可能年龄各自不同)也大致说明了这一点。虽然小说中没有提及,但是对她们这些知识青年来说,离开了下放的乡下而到南京念书,应该是个极大的、空前绝后的转机。所以她们的感情那么浓厚,而且老三告别的时候引用毛泽东的井冈山词,用了"战友"这个词(第 474 页)①,在这篇政治气氛整体上很淡薄的小说里,只有这个地方能让人想到她们共同拥有的政治体验。从这点来说,《弟兄们》可以说是"知青的后知青时代"小说。

三 人物视角的转变,循环的时间

《弟兄们》一共有五章,内容大概分为三部分。

第一部分讲述三个女学生的宿舍生活(第一章)。第二部分是毕业后每天往返家与单位,过着枯燥无味生活的老二(老王)再见到怀孕的老大(老李)的故事(第二章)。第三部分讲的是她们俩恢复了学生时代那样的亲密以后,由于想不到的原因而永远分别,老王又回到孤独的生活(第三到五章)。

虽然全篇都用第三人称的叙事手法,但是三个部分的人物视角先是复数,然后经过单数又回到复数,她们的称呼也有变化,这些可以说是这篇小说叙事的一个很大的特点。

比如在开头里,几乎所有的主语都写成"她们",让读者有强烈的印象。来看下面这段引文:

> 在学校里的时候,她们有兄弟仨,分别为老大,老二,老三,将各自的丈夫称作为老大家的,老二家的,老三家的。她们是这一班上惟有的三女生,可是样样事情都做得比男生出色。她们三人一间的宿舍,比男生还更脏更乱:吃了饭碗是不洗的,都是在吃饭前洗;洗过澡衣服也不洗的,要在下一次洗澡前洗。老大从素描室偷来的一个石膏人头,转眼间被老二画上了一蓬胡子,又接着被老三描上了一副眼镜,立在放满杂物的桌子中间。她们早上起得比最懒散的男生还迟,在星期天或假日的时候,她们可从前一个夜晚直睡到后一个夜晚。阳光穿过窗栏杆,从她们一动不动的被窝上走过,再接上了月光。而当她们勤奋的时候,又比最积极的男生还要早起。她们三人穿了球鞋,悄无声息地走过黎明前最黑暗地校园,去爬学校背面地凤凰山。……这往往是彻夜不眠地晚上,她们打开了心扉,将自己最最隐秘的心思说了出来。这其实是人生中最难

---

① 这里引用的是毛泽东 1929 年作的《采桑子》词中的一句,"战地黄花分外香"。又,本文引用的文本是《王安忆自选集二 小城之恋》,北京:作家出版社,1996 年。

得感人的一刻。(第 464—465 页,下划线为笔者所加,下同。)

在这个时期,"她们"的行动几乎都可以互换。我们无法忽视的是,不仅是她们没有属于自己的名字("老三家的"闯入校园以后我们才知道老大姓李,老二姓王。至于老三,作者始终没透露她的名字),而且连容貌、表情、衣服、谈吐等等属于个人的描写都没有。王安忆经常剥掉小说中人物的名字、容貌,而使之成为很唯心的、观念性的人物,在这篇小说中也不例外。张洁《方舟》中的三个中年女性都具备不一样的境遇、外貌、职业(正是因为个性不一样,所以她们才很投缘,互相帮助),而这篇小说与之完全相反,这三个"兄弟"成为了一体。所以,她们谈的"最最隐秘的心思"也立即成为三个人共有之物,它决不会是属于个人的感情。作者格外小心地剥夺了三个女学生的个性。

这样的"非特定性"不只表现在人物特征上,甚至在时间上也是这样的。当在苏北铜山县文化馆里工作的老三丈夫来南京的时候,这个"三人一体"的均衡状态才会被打破。老大与老二自称"兄弟",而他一定要套用自己已知的姊妹情谊,把老大叫"大姐",把老二叫"二姐","使她们觉得俗不可耐而皱起了眉头"。此时明显看得出来,三个女学生自我认定的"弟兄关系",与他人对她们关系的看法之间存在差异。更要注意的是,这"老三家的"的访问并不是某个特定的日子发生的事情。作者小心翼翼地设计老三丈夫访问时的副词:"老三家的……<u>经常</u>来南京联系工作","这一顿<u>总是</u>他请大家客","然后,一个学期结束了,<u>寒假或者暑假</u>开始了"。三个女学生破天荒的行动、其中一个的丈夫闯入校园以后的混乱、随之而来的修复关系、然后放了假……这些都是在学校这样封闭的空间里<u>循环、反复、按惯例举行的活动</u>。学校是每个星期、每个季节都重复着同样活动的空间,在这个反复的空间里,她们过着(表面上)可以互换的日子。

她们很侥幸恰恰是她们三个相遇了,日日夜夜讨论很多问题。正如戴锦华说,这是寻找"自我"、探讨"自己是什么"的对话。在螺旋状循环的时间里,她们谈到自己是什么、恋爱是什么、男女是什么,等等,没完没了地讨论。她们的苦恼也不属于特定的某个人。正像人物与时间没有特定性,她们的苦恼也(只要"老三家的"没来)都可以互换。

正像下文将要讨论的,《弟兄们》的主题,实质上是老二(老王)与老大(老李)之间的情谊,可是我们不能忽视小说开头描写学生时代的"兄弟"有"三个"的意义。以三人为一体的团体,一方面模拟《三国演义》式的"男子汉的友谊",一方面让她们从一对一的排他的亲密关系中解放出来。她们的关系确实是独一无二的,但对各自来说,情谊的对象不是只有一个,而是两个——"弟兄们"。也就是说,三人一间的女学生宿舍,是一个有期限的乐园,它在两种意义上背叛了社会主流的性别规范——这规范要求纯粹的爱是只能在男女之间才有的、排他性的一对一的感情。第一点,宿舍排除异性(包括各人的丈夫);第二点,宿舍的亲密空间<u>不是以一</u>

对一的模式来建构的。社会主流的"性别规范"控制过大学入学以前的她们,她们毕业以后恐怕又要服从。犹豫了很长时间以后,老三决定还是跟着丈夫回乡。毕业的前一天晚上,她先说,如有一辆车撞了她才好;继而回顾学生时代,又说,和她们在一起,"她是那样放纵自己。她从来不能这样放纵自己,将来也不可能了",毕业后的她,"就说吃饭这一回事,那钟点是靠死的……将来,为人妻母,将有许多义务,一点也不可大意的"(第474页)。

在学校里,从未被怀疑过的规范与义务被拆掉,时间百分之百地属于她们自己,她们衷心歌颂美好而有限的时间。而在这段时间里,她们从头开始就意识到,她们一旦毕业,所有的"自我空间"就会立即消失,只剩下一片白茫茫大地,干干净净,一无所有。老三的深刻告白与"弟兄们"的号哭说明,对她们来说,学校毕业在她们的一生中打了个决定性的句号。那么,女学生宿舍的经历,怎会产出那么深厚的情谊?而这个深厚的情谊为什么一定要结束?这种关联,究竟有什么样的特质?我将在下一章作进一步的探讨。

四 强制异性恋与乐园的瓦解

在此,我想援用美国的诗人、批评家亚卓安·芮曲的著名论文《强制异性恋与女同志存在》[①]。据芮曲说,强制异性恋(compulsory heterosexuality)是个体系,它把异性恋看成坚定不移的规范而压抑同性之间的爱情或欲望,强制所有的人(即便他/她并不是异性恋者)采取异性恋者的行为方式。对芮曲来说,最大的问题是"作为确保男性的肉体性、经济性、情动性接近权的手段",女性被强迫遵循异性恋规范。异性恋中心主义(heterosexism)一方面强制女人爱男人,同时又强迫她作为男人欲望的对象而行动。这个体系就是父权制的根基,它是一个让女人不得不依靠男人的体系。令老三回乡的压力就是一个例子。老三要把这个行为用"爱情"这个词汇说明,但"弟兄们"早已看穿这"爱情"充满欺骗。

芮曲还提出了一个概念:"女同志连续体"。这是为了对抗上述的强制异性恋手段而出现的女性之间的关系。芮曲还使用"女同志存在"(lesbian existence)这样的词汇,它指的不是所谓"在性层面上爱女人的女人",而是"作为怀有同样热情的同志,作为生活的伴侣、共劳者、恋人、共同体建构者而选择女人的女人"。芮曲所谓的"连续体",不是"仅指女人与女人有生殖器参与的性经验或有意识地怀有欲望",而是"包括了女性之间更多的形态丰富而强烈的直接关联,比如共有丰富

---

① Adrienne Rich, "Compulsory Heterosexuality and Lesbian Existence", *Blood, Bread, and Poetry-Selected prose*, 1979-1985, W. W. Norton & Company, Inc., N. Y, 1986. 笔者参考的是大島かおり翻译的《強制的異性愛とレズビアン存在》,《血、パン、詩》,東京:晶文社,1989年。

的精神生活,共同对抗男性专制,实践上、政治上的互相帮助"这样一个概念。

本文想这样解释:对异性恋主义——它强逼女人跟男人谈恋爱、以被男人爱为目标、随后为了给男人传宗接代而做母亲——来说,既不合适,又有威胁,又令其厌烦的女女纽带就叫"女同志连续体"。芮曲说,男人真正害怕的是看到"女人可以对男人完全不关心"。《弟兄们》中出现的,不正是这女同志连续体(使强制异性恋爱社会感到焦躁、无能为力的女女纽带)的变体吗?这个连续体跟她们爱(过)自己的丈夫这一事实并不矛盾。她们一方面是体验"普通结婚"的异性恋者,另一方面,相比与丈夫的关联,她们更渴望同性之间的情谊。在此我们能明白芮曲所说的"连续体"何以被称为"连续":女女纽带并不是"欲望女人、特殊女人才有"的"特别"现象,而是"爱女人的女人"与"爱男人的女人"之间的渐进的连接。之所以老三丈夫对她们的关系感觉不愉快,是因为她们都对他所依靠的异性恋中心主义的规范未加一顾,这样的话,规范岂不都无法起到规范的作用了吗?

可是,虚拟兄弟这个连续体,最终还是比不上强制异性恋,意想不到地崩溃了。三个女学生做"兄弟"而歌颂学生生活的"循环的时间",终于被"后来,最末一个学期到了"这一句打断了。叙事者预告,三个女人一起度过的"同性的乐园"时间即将结束。毕业以后,她们都将不可逆地被掷入线条形的、再不重复的时间推移中。从苏北铜山来的老三必须做出选择,要么在南京留校教书,要么跟丈夫回铜山。因为老三丈夫一定要让她回家乡,所以渐渐不再掩饰对三人关系的敌意与轻蔑,不仅对"老三"这个称呼也露骨地表示反感,来南京时还故意摆出一副男子汉主义的威风,对老三颐指气使。老大与老二劝老三说,在南京与在铜山是完全不同的两个命运,她大可以先留在南京,再调丈夫来南京。这时老三居然说:"他就是不愿这个,他觉得跟了女人走路,说话再也说不响了。"

她们便冷笑道:照这个意思,只有女人跟他,好让他说响话,女人则沉默。老三就有些急,说,并不是这个意思。她们连连冷笑,说怎么不是这个意思?难道还会有别的意思?老三情急之下,不由脱口说道:男人如不为女人承担责任,岂不正是令我们失望的事情?她们一怔,没想到老三竟会说这样搬起石头砸自己的脚的话。然后,老大才慢慢说道:老三你又糊涂了,他现在难道是为你承受什么责任?他明明承不起责任,却要你为他的自尊心而牺牲前途。老二接着说:这样的时刻,最具男子汉气质的做法应是,打开闸门,让你奔向大海。老大笑道:这倒也是一个悲壮的手势。老三却哭了,说道:我不要什么手势,我只要夫妻和睦快乐!她忽然间流露出一个平凡的女人的人生理想,使她们失望透了。(第472—473页)

三位一体的"兄弟"之一突然意识到自己的"妻性"(张京媛语),决定永远离开她们俩。老三不是不知道"兄弟"两个的说法切中了要害。正如上文提到过的那样,在宿舍度过的最后一个晚上,老三笑道:如有一辆车撞了她才好。就这样,老三走了,这时她依然没有自己的名字,而叙事者也不再提起老三走后怎样。从学校这样的避难所毕业的同时,老三也永远被婆家所在的小县城吞没了。这是她们三个构建的女同志连续体上出现的第一条裂痕,与此同时,对老大(老李)与老二(老王)来说,她们两个的关系也从"三角中的两点"变成"独一无二"的了。

五 失去控制的潜流

三个女生毕业后,叙事的重心变成老王(老二)一个人。跟两个"兄弟"断绝了音信以后,老王先拼命搞课外指导,其次编织毛衣入了迷,最后热心逛街买化妆品和时尚衣服。可是哪个活动都不能填补她感觉到的空虚。美术教员这个工作,应该说是跟她的专长有直接联系的、很值得做的工作,老王却一直缺乏热情。在这一点上,她的形象跟张洁笔下诚挚的、想对社会做出贡献的女主人公不一样。我们还应该注意,老王的丈夫跟老三的丈夫不同,他很理解老王,理解得比老王本人还深,他知道怎样一面尊重她的感情,一面控制她的奔放,与她共同生活。老王又有学识,又有工作,又有能理解能尊重她的伴侣,从《方舟》式的问题意识来看,老王的生活并没有什么问题。可是她郁郁不乐,一直沉浸在"人是为了什么活的"这样看起来很空虚的问题中。"为了什么活"这个问题,可以直接链接到学生时代和"兄弟们"讨论的"自我"问题。在学生时代,"她们你知我,我知你,互相将各自真实的自己唤醒了。她们终于发现自己原来是这样的。她们解除了种种顾虑,放下包袱,让真实的自我解放出来"(第471页)。老王追求的并不是工作,也不是支持自己的丈夫,而是"解放真实的自我"。换句话说,连理解、支持她的放诞不羁的丈夫也不能解放她的"真实的自我"。

陷入僵局的老二,突然撤回原来抱有的"不生孩子"这个方针。"她是恨不能明天就把孩子生下来,好让空虚的人生充实起来。她听人说,母爱是可将一切牺牲的,并且没有一点怨言。她想:自己的一个'我',既然得不到充分的实现,还不如让它伟大地牺牲掉算了。这也是一种宁可玉碎,也不瓦全的气节。……她觉得有一个庄严的牺牲正在小腹内酝酿"(第484页)。

本来不想要孩子的老王突然要怀孕的原因并不是她突然有了母爱。正相反,她要孩子的理由是学生时代发的"一辈子不要生孩子"誓约的延续。"他们说她们都已是结了婚的人,只剩半个自由身了,如若再有个孩子,这半个自由身也保不住了。"(第476页)毕业以后,工作上也好,家庭生活也好,业余爱好也好,反正一直没能发挥"自我"的老王,决定索性连"半个自由身"也牺牲掉,将自己的所有时间都贡献给自己以外的人,因此她企图怀孕——因为有空的话就会开始动脑筋,而思想是一件恐怖的事。那是一个"庄严的牺牲",是为了填补空虚的、消极的选择。老王只为扔掉"半个自由身"而希望怀孕,在她采取行动的第二天,怀孕的老李竟然到老王的学校来找她,她们毕业后第一次见面了。由于这个"偶然",怀孕的老李替代了应该填补老王空虚的"未来的孩子",老李的存在占据了老王生活很大的部分。使她们之间的距离缩得更短的是,老李想要孩子的理由正跟老王一样。"她是个情感极丰富的女人,丰富到了情感已使她感到沉重负担的程度了。她晓得增加一个小孩子就是增加一份情感的负担,而这一份负担是异乎寻常的。保全一个自由身的希望将彻底灭绝了。可是她仍然想念小孩子,没有小孩子,她心里头空落落的。"(第489页)老李之所以想要孩子也是因为填补自己的空虚!虽然老李自己想要孩子,却预感到不久以后会有更严重的束缚,经常有一种沉重的不吉的预感。好像为了脱离这沉重的预感,她迷上了跟老王的交流。

这样,故事进入第三个部分,文本里又开始泛滥起复数的"她们"来。现在没有了老三,她们用书信确认互相的绝对性、排他性的关联,为了避免丈夫看到这些信,向各自的单位殷勤地邮寄长长的信。在书信中,她们又丢失了自己的个性,再次共同构成"她们"这样的复数主角。

她们在信中很惊异地写道:为什么她们俩会有这么多说不完地话?尽管她们各自都有丈夫,丈夫应当是比朋友更亲密的关系,可是她们彼此同丈夫说的话却都是有限的。在下一封信中,她们又都同时恍然悟到其中是有着深刻的原委。……精神和思想的对话注定只能在保持了距离的双方间进行。而且,这必须是同性的双方。因为异性间是无可避免地要走入歧途,以情欲克服了思想,以物质性的交流替代了精神的汇合,而肉体最终要阻隔精神的。所以,同性间的精神对话实际上是唯一的可能(第497页)。

这个叙事建立在"情欲"与"思想"、"肉体"与"精神"这样的二元对立上,并主张同性的纽带是完全基于后者的关系而决不互相存有欲望。虽然这个框架完全符合异性恋规范的"常识",但我们不必过分拘泥于这个"安全宣言"。正如前一章所探讨的那样,作品中的人物谈"同性间的关系不伴随情欲"一事与她们两个建构女同志连续体一事并不矛盾。首先,她们两个的关系要侵入异性恋规范信奉的"父母与孩子构成的家庭"内部。老王虽然连《圣经》也没有读过,可是要做婴孩的教母。"她想:她们有一个小宝宝了。在这样的思想中,她已将宝宝的父亲排除在外了。她以为这个宝宝只有两个亲人,一个是他生母,一个是他教母。"(第498页)

这样的想法,不会对老李的丈夫毫无影响。放暑假时,老王长期住在老李家,勤快地照顾产妇与婴儿。老李的丈夫表面上感谢她,心里却想"她好像将他们的家庭拆散了似的",而且他在听到老王把自己的妻子叫"老李"时内心有强烈的反感:"他起初听了还以为是在叫他,就说:'对不起,我不姓李。'不料她说:'我没有叫你。'这称呼使他觉得又古怪又刺耳,好像当这么样叫着和应着得时候,他女人不再是他的女人,而是一个男人,或者别的什么人了。"(第500页)

这两个女人开始喝酒,都用只有她们能分享的措辞谈他们兄弟的故事,她们自顾自地谈话,把老李丈夫丢在一边。她们约好下一个夏天一起在海边度过,"谁也不带,就咱们俩!"听到这个话,"老李的男人却觉得<u>两个女人在海边的情景有一种可怕的疯狂的意味</u>"(第 503 页)。这里的"可怕性"一词是对两个女人的关系而言的,但他也看出,"这个女人正和他女人潜藏在心底深处的那股动力前呼后应。如没有他女人心底深处的潜流作祟,那个女人也翻不了天"(第 508 页)。

有讽刺意味的是,老李与老王重逢之前,老李的男人已知道"她非常和平的外表之下,很深的地方,有一股不安的潜流",而这股潜流具有"极大的破坏性"。他一直担心有一天这股潜流泛滥而她永远地离开他,所以他还想"应当创造一些机会让她那股危险的潜流疏导释放出来",将自己单位里一些最捣蛋的男工带回家喝酒。可是,在闹到左邻右舍纷纷前来敲门的喧闹里,"她却始终很端庄,使那些最没有敬畏的男工们对她也不得不稍事收敛"(第 496 页)。他没有力量解放她本质里的"潜流"。这事实让我们想起,老王的男人也最终不能解放老王的"真正的自我"。她们的"自我",有破坏和平的、不能控制的力量。这潜流的闸门,在她们重逢的时候就已默默地打开了。春节的晚上,她们两个商量说,可以辞掉工作,可以一路写生一路给农民照相,走遍全中国,开个画展。这个梦想确实让她们两个陶醉,可是这个梦想同时意味着她们要拒绝固定的家庭、固定的工作、固定的生活习惯、固定的规范而放浪,不外是她们要断绝与坐在旁边的丈夫和孩子的关联。

六 遭到报应

找到了可以实现的具体的目标以后,老李与老王的关系达到了顶点。她们自己想,她们的关系跟男女的不一样,是"非常纯洁而且高尚的""全靠了理性",是"人性的很高境界"(第 513 页),她们为此而自豪。老王突然问老李,假如她们同时爱上了一个男人,将怎么办?老李便说,杀了他。

从这个未免唐突的假定,我们可以联想到美国性别学者塞吉维克(Sedwick)提到的男性同性社会性欲望(homosocial desire)。在她的著作《男人之间》(*Between Men*)中,塞吉维克说,两个男人同时爱一个女人时,他们互相在乎的程度远超过他们自己以为爱上的女人,女人只不过是男人交易的媒介、手段而已。①

回头来看,早在女生宿舍的时候,老王、老李已经把自己的关系模拟为"兄弟",那么现在的她们这样露骨地模仿男性同性社会也并不奇怪。"她们同时爱上的一个男人"只是确认她们亲密的假想工具而已。确实,从这个对话以后,她们的

---

① Eve Sedwcik, *Between Men*: *English Literature and Male Homosocial Desire*, N. Y. Columbia University Press, 1985. 笔者参考的是上原早苗等翻译的《男同士の絆》,名古屋:名古屋大学出版会,2001 年。中文版参见郭劼译《男人之间:英国文学与男性同性社会性欲望》,上海:上海三联书店,2011 年。

感情更密切了。

"她的回答使老王非常激动,眼泪都涌了上来。而她们不知道,她们的谈话其实已经到了一个危险的边缘,她们的关系也已是到了极点而不得不面临了转折。"(第513页)在此,叙事者现身了。① 叙事者预言,到达比跟男人的爱情还强的"很高境界"的两个女性,不会实现她们的梦想——离开自己的家庭而一起放浪。正印证了这个预言,不久后一个事件发生了。老李的孩子在公园偶然受伤,她们的关联就简简单单地结束了。她们两个聊天聊得入迷的时候,老李的孩子从童车掉下来,碰在露出地面的树根上,伤得见了骨头。这件事情并不能归咎于老王,可是老李动摇得叫出"我的孩子!"以后,向要帮忙抱孩子的老王怒吼"别碰我的孩子!""老王怔住了,她觉得她的心在一片一片撕碎"(第514页)。老李一下子变成个"庸碌的主妇,什么思想都没有,一心只有孩子",完全不考虑自己的话是如何伤害了老王。就这样,老王体会到"生母与教母与孩子"那样的模拟家族只不过是她一个人的妄想。

此前叙事者的预言(已到了危险领域的两个女人的关系不得不面临转折)规定了这件小事的意义。因为有了这个预言,孩子的受伤与两个女人的行为不端之间形成了"报应"关系(至少我们知道叙事者这样解释)。那么,她们犯的罪是什么?"很高境界"的友谊,为什么遭到处罚?现在引用小说中的两个场景来探讨:

第一个是学生时代三兄弟瞥见的深渊。她们提问,当男人们消灭了她们的性别,女人们又该多么扫兴?他们笑着笑着不笑了。"觉得事情很糟糕。她们恍恍然想象:一个全是女人的世界是什么样的情形,她们就又一次地面临了宇宙黑洞。"(第471页)② 三个人当初开玩笑地想象男人被阉割了的世界,全是女人的世界。结果为什么她们都不笑了,面临了"宇宙黑洞"?这不是意味着"全是女人的世界"有不能一笑了之的切实感吗?而且,恐怕这个世界在让她们讨厌的同时也充满着吸引她们的魅力。

再看另外一个场景,孩子受伤事件发生不久,小说快结束的地方。孩子的状态稳定了,神志清醒过来的老李送要回南京的老王到上海站的检票口。突然老李拉住了她,说:"我是爱你的,真的,我很爱你!"

---

① 王安忆全面地引进后设叙事是1990年发表《叔叔的故事》以后的事,但在此已经开始使用类似的手法(文本中出现叙事者并预言以后发生的事)。请参阅拙文《灾厄的物語は共有されうるか——王安憶〈おじさんの物語〉から》(《灾厄的故事能否分享?——从王安忆〈叔叔的故事〉开始》),《共生の人文学 グローバル時代と多樣な文化》,京都:昭和堂,2008年。

② 此文中说"又一次地面临了宇宙黑洞"。她们"第一次"面临宇宙黑洞是讨论"为什么要将一个男人与一个女人组合成世界"时的事。"她们陷入了包围圈,感到人是那么的没有生的希望。绝望使她们亢奋,她们觉得她们已经接触到了人和生命的核心,一个宇宙黑洞。"在此无法详细展开讨论,但这里表露的很可能是对自己属于"生产的性别"的畏惧。

"她们之间从来没有说过'爱'这个字,这个字已经被男女媾和的浊流污染了,这时候她却说了。老王的眼泪夺眶而出,她嚷道:'晚了,已经晚了!'老李也哭了,她流着眼泪说:'没有晚,没有晚!''不,晚了,太晚了!'老王哭着,眼泪流成了河,'有些东西,非常美好,可是非常脆弱,一旦破坏了,就再不能复原了。'"(第 518 页)

她们两个的最后对话,暴露出她们自称"全靠理性的""很高境界"的同性关联,变成了已<u>不能不形容为同男女媾和一样的"爱"</u>。她们自豪为"全靠理性"的关联,竟然是个"非常美好,非常脆弱"的很感性的东西。这个关联要永远消失的时候,老李只能把这个感情叫"爱"。她们把自己的关系置于纯洁而高尚、理性而至高的层次上,认为它跟夫妻的物质性(肉体性)关系完全不一样,可是实际上,她们之间的感情是"爱",而这个爱情大有震荡基于异性恋规范建立的家庭的"危险性"。叙事者(作者)说的"危险的领域"不外是她们是"爱女人的女人",这个爱已经达到可以杀掉她们两个同时爱的男人,这不也就意味着,她们在下意识地渴望学生时代已瞥见的深渊——"没有男人,全是女人的世界"吗?

其实在中国以前也有写过不想结婚、想跟女伴生活的女作家。虽然产量不多,可是从庐隐《海滨故人》开始,凌叔华、丁玲等确实在作品中表达了对躲开强制异性恋、构建女性共同体的憧憬。可是这个憧憬,面对"男性社会的压力"时显得太无力,从开始就被认为是不能实现的梦话。

我们不妨认为,"弟兄们"是从梦话前进了一步的作品。确实这篇小说也没有写社会应该承认女同志连续体,而且一直到小说结尾,女主人公也好,叙事者(作者)也好,都没有直面她们下意识的欲望。然而,她们"危险的领域"已经有了具体的计划——留下家属放浪全中国,而且这个梦差一点就实现了。阻止这梦实现的,不外是老李的"母爱"突然觉醒,她不想脱离传统的家族。而"母爱"觉醒了的老李,醒悟后几天就向老王表白了她的"爱"。因为"太晚了",老王拒绝了老李的求爱。从这个难免太唐突、因偶然琐碎的事情而出差错的情景,可以看到她们两个的"爱"的纯真与诚挚。这样,老李(老大)也永远从老王(老二)的人生中消失,正像毕业后的老三那样。

结　语

《弟兄们》最后的场景写的是两个人分开了几年后,好不容易愈合精神创伤的老王一个人到三峡去旅游。在结尾,叙事者谈到她们两个原来计划在三峡开办画展,题名为"弟兄们",结果在即将实现的时候,她们的"模拟同性社会性"关系却永远消失了。这几年老王一直在调动工作而始终不能满意,最后在三峡,她心想"自己都不知道自己是要什么了",这一心里话表明,即使她回到异性恋规范中,也不能恢复"自我"了。虽然小说的叙事者终于没有写跨进"危险的领域"以后的她们,可是我们不应该看作作者王安忆认为"同性恋终究是危险的(该否定的)",倒不如说这篇小说把以前被忽视的女女关联(女同志连续体)隐藏的力量——小说称之为"危险的潜流"——诉诸语言呈现了出来。这就是《弟兄们》在当代女性文学史上拥有的意义吧?[①]

(本文日文原文刊登于日本现代中国学会《现代中国》第87期,2013年9月。)

(作者单位:日本神户大学)

---

① 这一"女女情谊"的叙事系统的脉络上,很可能有林白、陈染等作家。

"跨媒介对话"座谈会

时间：2012年4月25日 15:00—19:00
地点：北京大学中文系一楼会议室
对话嘉宾：李欧梵、乐黛云、陈平原、黄子平、王风
文字整理：陈伟华、张丽华

陈平原：开始吧。今天下午，我们是见缝插针。本来，五讲已经结束了。那天我偶然提起，前面，我们请过王德威、宇文所安（Stephen Owen）来北大讲学，除了演讲，他们都会跟老师们、同学们有一个对话，那些对话效果很好。欧梵先生一听，自告奋勇说他也来一次。我怕他太累了，说好定一个题目，请几个老师一起来参加讨论，乐黛云老师、黄子平老师、王风老师，包括我自己，我们也参加对话。李先生你随时插嘴，随时表达，要讲多少都可以，然后我们几个人互相帮衬，把这个题目撑起来。"跨媒介对话"，这题目是我定的。因为，诸位都知道，欧梵先生的兴趣特别广泛，人文学的各个领域都有所涉猎。他的好处以及缺点都在这个地方。我们今天要讨论的问题是：当一个人文学者面临众多学科的挤压、众多文化、众多媒介的诱惑时，我们该如何处置，或者说如何安身立命。

好，我自己先说一个开场白。2000年，我写过两篇文章，一篇是《数码时代的人文研究》（《学术界》2000年第5期），那里面谈到了进入数码时代，我们整个人文学科的发展，肯定跟以前不一样了。最后说到一点，那就是超媒体的出现，使得文字、图像、声音三者的结合变得轻而易举，而且天衣无缝。因此，导致图文并茂、动静相宜的知识传播途径，极有可能催生出新的知识框架。十几年后看，这已经成为现实。我上课使用PPT已经很努力了，学生们还说不过瘾，他们要上台玩，比我玩得更开心。这一类的，导致我们对文字、声音、图像及各地方的使用方法都不一样了。

同样是在2000年，我还做了一件事情，第一次在报纸上开专栏。那个专栏叫"看图说书"，是讲明清绣像小说的插图的，后来出了一本小书，就叫《看图说书——小说绣像阅读札记》。做这些事情的时候，我一直在思考，我们中文系的学生

们，以前的任务主要是"说文"与"解字"，也就是说，经常与文字打交道；而今天，我们必须兼及图像与声音，这会导致我们的知识结构以及治学方法产生很大的差异。这些年，我自己做得比较得意的，是在香港三联书店刊行的《左图右史与西学东渐——晚清画报研究》，以及在《文学评论》上发表的《有声的中国——"演说"与近现代中国文章变革》。

然后呢，我一边做，一边惶惑。以前说"跨文化研究""跨学科研究"，我大致知道是怎么回事。今天谈"跨媒介研究"，到底应该如何操作，对我来说是个很大的困难。第一个障碍是个人修养和学术方向之间的差异。作为个人修养，比如欧梵先生除了是个人文学教授，还喜欢音乐，喜欢电影，喜欢小说创作，喜欢玩各种新奇的东西。问题来了，当我们把各种个人兴趣投射到自家的学术研究中，会出现什么奇妙的变化？王风老师喜欢古琴，可我不知道，这弹古琴与现代文学研究之间，到底有没有什么关系？如果只是个人修养，那没有问题。可一旦希望将不同的媒介结合起来，那后面是有一整套知识体系和审美趣味的，怎么结合？对于兴趣广泛、身兼数职的现代学者来说，我们到底是暗渡陈仓呢，还是触类旁通？抑或是学问归学问，兴趣是兴趣？上午我讲文学的现代性问题，晚上我弹自己喜欢的古琴，各归各，两不相涉。可我们都知道，最好是个人兴趣与学术研究有某些契合点，那样读书更有趣。现在问题是，在以前的跨文化对话、跨学科研究之外，再来一个"跨媒介"，如何应付？"跨界"是一种时尚，也是一种陷阱。做得好，成为中心的话题，甚至成为时尚；做不好，谁也不认你。我记得戴锦华教授曾跟我抱怨，不管是学术评奖还是申报课题，她都不做，为什么？她说，因为我是中文系的教授，报电影研究成果，人家会说这属于艺术门类；到了艺术类，人家又会说，她是中文系的。所以，两头都不搭界。

跨媒体、跨学科、跨文化的研究，在世俗层面面临的危险是，很可能谁也不承认你。你的电影研究，你的音乐研究，放到中文系来讨论，人家即便嘴上不说，心里也是不太认同的。而在学术层面，我们的困难是，如何把不同学科、不同媒介的技巧及趣味糅合在一起，以达成一种新的工作目标，甚至建构一种跟今天的文学教授不一样的新的学术表达方式。困难在于：各种各样的媒介，本来就有自己的形式感与审美趣味。媒介并不透明，媒介自有立场，也自有独立的趣味。当我们选择这个媒介的时候，已经内在地被规定或被它限制。这个时候，当你努力在众多媒介之间游走的时候，若是一个自由人或艺术家，没有问题，但作为一个学者，在大学里教书，会有很大的压力。像欧梵老师有点特殊，他可以天马行空，香港中文大学谁也管不了他。他爱怎么说就怎么说，爱怎么写就怎么写。你说我有学问也行，说这不是学问也行，都没关系。对他来说，没有任何问题。可年轻一辈就不一样，面临各种评鉴，很麻烦。拿博士学位，评教授、副教授，有一大堆学术规制。这么层层规制，我们的趣味会不会被压缩成一张平面的纸？还是说，我们可能借助于跨学科、跨文化、跨媒介而重新打开心灵,成为古人所说的"博雅君子"?用我们的视觉、用我们的耳朵、用我们的心灵去感受各种各样的文化,接受各种知识以及审美趣味,这是我关注的问题。

今天请到的几位,都是这方面的专家。为了让欧梵先生稍微休息一下,我想按照年资排队。请乐(黛云)老师先说几句,后面我们不断接话。今天下午的对话,我的设想是,不是每个人都必须长篇大论,随便说几句,大家不断插话。

李欧梵:我插嘴也可以。

陈平原:当然,您插嘴也可以。(众人笑)还有一位浦安迪(Andrew H. Plaks)教授,他现在在上课,四点钟会赶来,那时再让他说话。昨天浦安迪在中文系做了个讲座,谈中国古典小说的物质文化层面,包括明清小说里的猫和狗的功能,还有荡秋千,从《金瓶梅》《醒世姻缘传》一直讲到莫言的小说。秋千是干什么用的,为什么要荡起来,作为一种物质文化,如何同时又有象征意味。当然,有的有象征意味,有的没有象征意味。他特别强调那没有象征意味的,到底该如何阅读。等下他来了,有兴趣的朋友可向他请教。现在我们先请德高望重的乐(黛云)老师,因为最近她身体不是很顺畅,不太好出来,难得今天出席欧梵先生的座谈会,我们先表示欢迎。(鼓掌)

乐黛云:不不不,你说的是来插话的。

陈平原:(微笑)好吧,那您等一下插话。

乐黛云:我等着插话,李老师先讲。

李欧梵:老乐让我先讲,我就先讲吧。(众人笑)

李欧梵:我想,刚刚陈平原说的,其实牵涉到至少三个方面的问题。一个是跨学科,一个是跨媒体,还有一个就是学院里面的升等问题。关于升等不升等,我没有什么话讲,因为各个大学的制度不大一样。我常常说我如果再年轻20岁,要升等,我绝对升不了,所以这个事我是缺席的。另外两方面,跨学科和跨媒体,我是很严肃地对待的。我觉得中国传统文史哲不分家就是跨学科,学科这个定义,其实是西方近代才有的。我常常讲,现在香港的专业化,已经到了令人难以忍受的程度。所以在香港中文大学,我就故意跟他们过不去。他们来找我,要我到中文系,我说我不要;然后,他们让我成立一个东亚研究中心,我说我反对东亚研究中心,因为要用英语教学;最后他们也没办法,说那么就文化研究吧,我说可以。为什么呢?这就涉及平原提的两个问题。因为目前在美国,文化研究本身是一个跨学科的研究,并且特别注重跨媒体。什么叫文化研究?长话短说,就是喜欢将电影、电视、通俗文化,然后加上性别、政治、后殖民等等放在一起,用的材料很多是文学材料,但也可能是广告、电影,甚至社会学的,各种各样都有。哎,我说这个很好玩。结果我在那里教了两年,我就发现一个问题,这可能跟我的中国文学本来的底子有关。我觉得没有历史感,没有深度,好像讲的都是很浮面的东西,理论也是浮面的。我记得当时开了一门课，是高级研讨班，就是读本雅明的《拱廊街计划》(The Arcades Project)。这是本雅明的一本新书，刚刚出来，一千多页。我说我们从头看吧，不全部讲，我就选几章，两百多页。学生们叫苦连天，因为有的我也不懂。然后我还教了一些什么课呢？本科生的课有一个"电影经典"，另外一个是关于萨义德（也译萨依德）的课，还有一个是"都市文化和现代性"，这个课我在港大也教过。那么这样我就已经跨了媒体。这些东西在香港非常时髦，特别是都市和媒体、都市和视觉文化。所以有时候"跨"起来是由于一个城市或者一个时代的环境的影响。像香港是一个电影城市，大家都喜欢看电影，这就很自然地进去了。

我发现一个问题是，当你教一个跨学科的学问时，你要说两边都行、两边都懂，那是不可能的。比如你说我懂电影，但不见得。如果戴锦华来，我一句话都不敢讲；她不来，我还可以卖弄一下。我觉得跨学科的好处是，当你在进行本学科的专业研究时，会碰到一些问题，这个可能会逼着你，或者是很自然地将你带入另一个领域。像平原和晓虹研究《点石斋画报》，整个的就是视觉媒体，这个很自然地就"跨"起来了。跨学科是一个很自然的现象，特别在现在年轻一代的学生，如果兴趣很广泛的话，就会觉得光是书写的文本远远不够。可是也不能为了时髦而乱跨，那样反而有很大的问题。我自己讲一个失败的经验。我在普林斯顿大学教书的时候，身兼两职，历史系聘我教中国近代史，东亚系叫我教中国近代文学。我说很好啊，教得很高兴。等到要评职称的时候，历史系说你太文学化了，文学这边说，你搞的根本是历史。那怎么办呢？就乖乖走路了。过了一年，到了芝加哥大学，开始理论挂帅了。芝加哥大学的好处就是后来杰姆逊（Fredric Jameson）说的那句话：真正跨学科的是理论。你只要懂理论，你就会跨学科。杰姆逊自己懂法文，写过科幻小说的研究，也写过关于电影以及其他各种各样的东西。对他来讲，这都是理论。特别是当他进入到后现代主义理论时，这个理论本身，就是由于新的经济，特别是资本主义带动了新媒体所促成的，所以杰姆逊可能对于纯属文字的工具觉得不过瘾。我觉得，将来我们人文研究要面对一个很大的挑战，就是跨学科。如果大家对于西方理论有兴趣的话，它会永远带着你走向一个不是你自己专业的学科。

跨学科研究有相当大的好处，特别对于各位年轻的同学来讲，它绝对能让你开拓将来写论文的视野。我记得我第一次到北大来的时候，王瑶先生说了一句话，吓了我一跳。他说中国文学的小说就那么几百本嘛，你全部看完就行了。你问他（看着陈平原），是不是说过这类的话？可是后来，就有学生说，那我们每个人都研究这些小说、这些作家，研究完了之后，没有题目怎么办？其实题目有的是，就看你怎么去找。跨学科就带给了我们一个找寻相关题目的可能方向。常常有一种跨学科的研究启动之后，很多新题目就出来了。也许我带动了一点小小的都市研究，马上平原的北京学、开封学，整个就出来了。如果是在二十年前，让大家做北京的公园，我想可能不会有人做的。做这个（看着陈平原），你要插话吗？

陈平原：（微笑着）没有。

李欧梵：（笑着）我看见你举手了。

陈平原：（笑）没有，不是我举手。（众人笑）

李欧梵：赶快，老乐（黛云），你要插话赶快插。

乐黛云：我不，还没到。

陈平原：您先讲，您讲完我们再插话。

李欧梵：我是乱讲的。这个跨学科，我现在有点走火入魔了，我觉得自己已经变成一个半吊子学者了。我对于香港中文大学也没有什么贡献，唯一的贡献就是把文学院不同学科的研究，特别是年轻的老师们组织在一起。我最近开了一个Seminar，刚刚结束。英文是"(Re)connection"（中文叫做"人文重构"或者"重新连接"）。用时髦的做法，把其中的"Re"用括弧括起来，因为本来就该连接的，现在我们再连接一次。前三讲是关于文化研究跨学科的理论，我就把文学研究批评了一顿。然后呢，中间那一段是我讲，讲不同的题目，每一个题目都是跨学科的。第四讲我就讲到朱光潜、萨义德，然后就讲到维柯，维柯本人其实就是带动跨学科的，他的研究一个是人类学，一个是历史学，另外就讲到翻译的问题。这样基本上就带动了中文大学的翻译系、英文系、文化研究系、历史系。然后呢，最后3月到4月份，大概有八次课，一次两个人，我把历史系、哲学系，甚至于心理系、音乐系的几位教授拉到一起，让他们每个人来报告一次。我说唯一的条件就是要跨学科，至少跨两个。于是科大卫（David Faure）就讲他怎样从人类学做进来，开始研究中国南部、特别是广州那一带的历史。还有一位年轻的同事，他是研究心理学的，自己特别喜欢古典音乐，于是就一头栽到傅雷翻译的《约翰·克里斯多夫》里，准备就从心理学讲过来。另外还有一位哲学系的关子尹，他是研究德国现象学的，他就讲洪堡特这样一个语言学家，怎样从中国的古文里面得到现代灵感，写出他的一套理论来，结果就把胡塞尔、洪堡特、中国古文连在了一起。我听了一愣一愣的，可是非常兴奋。我回到家里，请他们吃饭、喝酒，从来没有这么兴奋过。

我为什么这么高调地倡导跨学科研究呢？我觉得在香港这个环境里，人文研究有一个很大的危机，就是基本上从政府一直到商人，都认为人文学科没有用，一点用都没有。那么我就用用途跟他们说。我在国内见到很多记者、编者朋友，他们懂得很多东西，我们一谈，马上就知道我的文章怎么改。香港的编者、记者没办法，最简单的东西都会搞错，一点知识都没有。为什么？很简单，人文修养不够。你只念你专业的那么一点点，譬如说念新闻的就不念中国古典文学，那怎么可以，对不对啊？所以，这样自然就有很多很多的漏洞。我们现在生活在一个可以说信息充斥的时代，信息这么多，你应该有所选择，并且应该知道怎么选。那么这就需要一种跨学科的能力，也可以说是修养。我这种做法刚刚开始。我不敢做到跨文明对话，我知道乐（黛云）老师做过，杜维明先生做过。（看着乐黛云）艾柯还为你写了一篇文章,吓死我。我好佩服她。那么这是我的一种跨学科的基本经验,细节我们大家待会儿可以再聊一聊。

跨媒体这个问题其实是一个很大的理论问题,我也从一个实际的例子来讲。现在在美国非常走红的一个学者,就是周蕾,她在一本书里面一开始就用鲁迅幻灯事件的例子,说幻灯事件是一个视觉的东西,鲁迅怎么从这里走到中国文学了?然后就说,研究鲁迅的、研究中国现代文学的那一帮人(包括李欧梵在内,虽然没有点我的名,因为我是她的朋友),也都回归到文字了,为什么不注重视觉?她的话是有道理的,她背后的理论根据是:当时有几位研究法国文化史的人编了一些书,就讲法国文学和文化里对视觉的忽视和轻视。视觉艺术是什么呢?于是,理论就出来了,什么本雅明啦、福柯啦,一大堆的,然后电影也都进来了。现在在美国几乎变成一种视觉挂帅,挂帅到连文字都不管。我们在美国教书,包括王德威在内,总要教点电影。我听说王德威非常用功,他买了几十部中国老电影在家里苦读(众人笑),不知道是真的还是假的。我们昨天晚上讲到的周成荫,她是非常懂电影的,根本就是心在电影,可同时还研究鸳鸯蝴蝶派,写那个写不完。于是我说,你干脆做电影算了,只要做得好(就没问题)。所以我们现在面临一个困难,不知道北大的情况怎样,在美国研究现代文学的,几乎个个都在跨,个个都在用不同的媒体。研究古典文学的可能少一点。其他的像日本现代文学的,就跨得更厉害,理论更厉害。研究阿拉伯文学的也许少一点。可是你看,研究当代的,或者是法国的,像他们的法文系,基本上就变成翻译德里达、翻译法国各种理论的机构了。每个人都在那里翻,不然他们连饭碗都没有了。说得不好听一点,就是似乎对于文学文本本身,他们觉得已经做完了,现在能够做的,只是把原来的一些文本用新的理论再重新解构,做新的解释。所以理论层出不穷,各人把自己的专业改头换面,变成了理论架构。我最近看了一本书,是史书美和她的一个同事合编的,叫做 *Creolization of Theory*,"Creol"是一个混血民族,南美的。然后她就把这个民族的研究当成一个理论的架构,意思就是说,我们研究的东西都是散的,每一个地方怎么样怎么样。现在这个似乎是一个大势所趋了。

我现在反而回归到一个比较保守的立场。跨学科也好,跨媒体也好,我们都要扪心自问:作为一个人文学者,或者作为一个人文人士,我为什么要做这个?这个问题是个人的操守道德问题。你表现上可以玩玩,可是最后你的目的是要做什么?我的目的非常清楚,就是要恢复人的价值。各种学科、各种媒体的背后,不是机器,而是人。当然人的定义可以是五花八门。所以,我最近常常做的一个事情,就是用各种方法,让年轻人、让香港人愿意听我讲这个,能够得到一些启发。

最后再回答平原所问的一个问题:到底我的这些课余研究,这些乱七八糟的东西,是不是影响到我的"主业"?我现在已经有点分不清了,以前是分得非常清楚的。在香港我常常讲我是两栖动物,到了岸上,是在做学问,然后一下海,到香港,就乱写影评。后来写着写着我发现,我的一些想法,是先在我的一些杂文里面写出来。包括我现在做的很多东西,比如我讲维柯的那篇,最早就发表在《苹果(日报)》上。这有很大的好处也有很大的缺点。缺点就是升等绝对不可能,中大每次要我报最近出版的成果,我都把它们放在"另类"。论文啊、翻译啊、学术研究啊,我都没有,然后在"另类"中我就列了一大堆。另类就是 other,我就故意跟他们过不去,他们拿我也没有办法。

这些另类的东西,是不是可以对于本专业的研究有所帮助呢?我只能说:有时候有,有时候没有。好几个年轻的同学问我,对音乐的爱好跟你研究文学有没有什么关系?你从音乐中的收获如何?我从来没有想过音乐跟文学有没有关系的问题。可是,有时候我跟别人谈音乐的时候,他们总说你是从文学出发的,或者谈电影时,他们也说,你这是从文学出发的。我自己也没有想到,就是我真的是搞文学的,这个种子已经播在了我的心里,跑也跑不掉。我们搞文学是一辈子的事,你喜欢也罢,不喜欢也罢,都是一辈子的事。可是,倒过来说,当你有了文学的阵地,再重新来做一些杂七杂八的事情的时候,有时候也有意想不到的效果。这个效果不见得是学术的效果,有的时候往往是一个,怎么讲,我常常用的一个词是"accidental coincidence",指的是偶合式的、巧遇式的效果。而这种偶合的、巧遇的效果,会带动你的研究兴趣。我随便举一个例子,最近香港管乐团演奏了一个冷门交响曲,叫做《抒情交响曲》,有人知道吗?Lyric Symphony,这个作者呢,是马勒(Gustav Mahler)的太太的第一个情人。

陈平原: 太复杂了。(众人笑)

李欧梵: 嗯,太复杂了。你懂得音乐马上就知道了,他的名字我现在忘记了,他是 Alma Schindler Mahler 的作曲老师。这个人长得奇丑,可是呢,他这个乐曲非常有名。这个乐曲是根据什么诗呢?马勒用唐诗来作《大地之歌》,而他是用泰戈尔的情诗作这种抒情调。后来他们要让我去讲这段关联,我就做了一些研究。我发现,原来他们研究音乐的人也提出来了,这些诗选自《园丁集》还是什么集我忘记了,是不是《园丁集》?是《园丁集》。原来有冰心的翻译。于是我就把冰心的翻译和那位德国作曲家引用的来作对比,发现他跟马勒一样,在中间加油加醋;而冰心的翻译是很清晰的,可是没有欲望(erotism),没有那种性的成分,没有颓废感。后来我又发现,泰戈尔这诗是用英文写的。哎,这对我来讲,就变成一个有意思的题目了。我不知道有多少人还在研究冰心为什么翻译泰戈尔。泰戈尔对中国的影响,除了大家知道的那一段之外,还有其他方面没有?泰戈尔在中国扮演的角色和他在印度扮演的角色有什么不同?他在 1915 年左右(确切地说是 1913 年)拿了诺贝尔奖之后到欧洲去旅行,到处结交欧洲的名人,对于欧洲有相当大的影响。那么,这就是我所说的所谓跨国际、跨学科、跨文化的一种研究。当然它有相当大的难度。因为我不知道泰戈尔在印度本国的地位。我们知道他非常有名。其实他在印度有一个试验,这个试验是类似英国罗伯特·欧文(Robert Owen)的一种乌托邦式的试验,就是要把工业、音乐、艺术、种田和手工业等等放在一起。在英国有一个地方,叫做Totness,我以前去过,因为我研究徐志摩的时候去过,我曾经写过这一段。没有想到,那个小提琴家就在那里教过一个学生,告诉我这个人是泰戈尔访华的英国秘书,叫伦纳德·埃尔姆赫斯特(Leonard Elmhirst)。那么这个试验在印度,原来已经有一个学校,是泰戈尔成立的,我最近在台湾见到了一个在这个学校教了二三十年中文的老师。那么,好,你怎样把这些乱七八糟的东西连在一起,这就是学问了。讲到这儿,我就没得好讲的了,看一下各位高手,谁能够联系一下?

我最后的结论就是,有时候一个人实在处理不了,就提倡小组研究,让不同领域的朋友,比如你是研究印度学的,我是研究音乐,他是研究文学的,把这些不同的人召集在一起,我觉得是非常值得提倡的。我个人觉得,把我自己的所有研究放在一个系里面,至少在香港这个环境里面,我觉得是不够的。我常说的一句话是,中国文学的研究,近代、现代、当代全部要打通,中国近代文学应该从晚明开始。今天听了平原的演讲,应该从魏晋开始。(众人笑)

陈平原:好,谢谢欧梵先生!接下来,子平您先说吧?

黄子平:那个,好,我来说。网上有一张照片,是湖南一个市的交通管理的一个标语,在马路上的栏杆挂的一个条幅,说的是"刘翔不好当,跨栏会受伤"。(众人笑)

陈平原:交通管制的?

黄子平:对,不要跨栏。我觉得是很严肃的很重要的警告,对于我们这些想跨的人。丽华给我Email说,有这么一个座谈会,说是跨媒介的一个交谈。然后,说要欧梵讲电影和音乐,平原讲图像研究,王风讲古琴,(众人笑)请戴老师戴锦华讲电影,我就无路可走了。(众人笑)讲一个笑话,就是说被熊追的一群人里头,你不必要跑第一,跑倒数第二就行了。(众人笑)我就报了网络文学这么一个题目。我搞网络文学至少比在座的各位稍微拿手一点,同学我不敢说。(笑)各位,我就斗胆讲一讲网络文学。

网络文学,首先感觉到网络已经成为我生存条件的一部分。我有非常深刻的感受,就是上个月,有一天我们住的那个周转公寓停电,星期天,我以为是跳闸。一看这个闸好好的。我又以为是小区停电。结果发现对门也是亮着的,楼下也亮着,楼道的灯也亮着的。就去敲门,敲对面的邻居。邻居说你的那个电表用电量用完了,要去买一个卡插进去。星期天怎么办,星期天没办法,房产部没人上班。所以这一天肯定是整个一天就若有所失。(众人笑)被全世界抛弃的那种感觉。(众人笑)结果,最后决定拿着我的手提电脑跑到咖啡店里面去,跟世界产生一些联系。就说现在是这么一个情况,网络已成为我们生活中的一部分,但是我们对它其实很不了解,并由此产生一种恐慌。我一辈子经历过类似的恐慌,只有"文化大革命",

整个卷进去,然后不知道它要干什么。这次也是。网络已经成为我们生存条件之一,但是我们完全不知道它是什么东西。所以,我们经常引用马修·阿诺德的一种说法,就是说,旧世界还没死掉,新世界也还没有产生,在方生方死若明若暗之间,怪物(Monster)浮现。

20世纪是两个怪物,法西斯主义和斯大林主义。21世纪就是这个玩意儿,就是这个网络。我想起来前阵子一个报道,也是湖南的一个大学,突然规定说是子夜以后,也就是晚上12点以后断网,就引起暴动了。所有宿舍的大学生都骚动了,烧报纸扔东西到窗子外头。这是很重要的一个信号,就是说,网络的畅通是安定团结的基本条件,(众人笑)是维稳的一个基本条件。这些人坐在屏幕前边,就不会上街。以前,我们80年代闹学潮是因为食堂里面的菜涨价,或者强令所有人早上七点半就要起来在操场跑步。现在是因为你断了他的网。这告诉我们,当所有的人都乖乖坐在自己屏幕前面的时候,社会确实就是和谐的。

一般人的误解,说,以为这个,因为网络才会有茉莉花革命,等等。其实是错的。在埃及,它把所有的网络都关掉了,把电话都关掉,手机都关掉了,革命照样发生。如果我们回溯历史的话,法国大革命、俄国革命的时候,那个时候任何网络都还没有。但是回过头来言归正传,为什么要谈网络文学这个题目呢,我其实是没有资格谈的,最有资格谈的邵燕君老师不在,她是被熊追的时候跑在第一的。(众人笑)她这学期在北大中文系开网络文学的选修课。我也想去旁听。说起来我上网还是历史悠久,就是在1990年我有幸参加欧梵的一个研究计划,芝加哥大学57街那里,有个士林书店,玉莹也记得。士林书店那个台湾来的老板,前面卖书,后面卖电脑。我掏了1300美元,买了一部286,(众人笑),喔,很贵啊,1300美元。钱是跟我老丈人借的。老丈人是缅甸远征军的译报员。他对这个26个英文字母的键盘能打出汉字来很感兴趣,于是就借钱给我。当时的系统是DOS系统,那个屏幕是黑的,里面冒出那种暗绿色的字母来,一闪一闪的,很好玩的。到1991年的时候,那个morden(俗称"猫",即调制解调器)还刚刚发明出来,可以接到旁边那个主机里头,通过电话拨号,接上网络。

开始第一份中文的网络文学叫做《华夏文摘》。可以在校园的BBS上看到,是留学生办的,这是最早的网络文学。后来就是方舟子的《新语丝》,1992年创办的。1993年我到了香港以后,我当了一个诗社的网络顾问,"方舟"。"方舟"的这个社长是港大土木工程系的一个学生,写很不错的诗,他自己建的一个网站,发表了诗社社员很多诗。那我就斗胆为他们做顾问。他们后来还出了两本诗集。我大胆地推测"网络诗学"的出现,对诗歌的形态作一些很大胆的判断,主要是相对印刷文化而言的,认为可能会恢复到印刷文化产生之前的那种兴观群怨的状态。"群"的范围无远弗届,他们有很多社员远在加拿大温哥华,而唱和这种古老的古诗才有的形式也在网站出现,"同题唱和"这种形式就在他们那个诗歌网上出现。在网络办这个诗的杂志，比纸、比书的成本要低很多，自发的、不受编辑体制限制的全民写作得以实现，等等，作了一些推测。后来我没有接着关心这件事，虽然都活在网上，但对网络文学这一块没有太关心。过了很多年回头再看，跟我那个推测完全不是一回事，预测完全失败。我那个预言，就是说那种山民野唱，那种国风式的、自发的、全民的、草根的创作，已经不是这么一回事。最重要的当然是商业势力进来了，网络跟文学的关系完全被"点击率"所控制。多少年以后回头来看，产生了一系列的疑惑。欧梵老师问我，为什么只有汉语世界有网络文学，台湾和中国大陆有网络小说，别的地方好像没有产生出来。在美国它是电子书，电子书都是跟那个亚马逊连接起来的，卖纸本书也卖电子书，电子书便宜一点，买来在 kindle 上看，最早卖过 Steaven King 的惊悚小说。但是都没有所谓大面积的这种"网络小说"出现。这是一个比较奇怪的、独一无二的现象。这是第一个疑惑。

第二个疑惑就是，为什么只有网络文学？我们有很多照片都放到网上，但并没有网络摄影。我们很多论文都放到网上，为什么没有网络学术？更没有网络音乐，这些都没有。你可以写一些歌放上网，但不成气候。规模大到来势汹汹的只有网络文学，这也是一个比较奇怪的现象。

那第三个疑惑就是说，后来网络文学缩小到网络小说。这是我刚才所讲的这些诗歌啊，散文啦，没有一个名牌出来。很多人在上面写诗，在上面发散文，发博客，甚至发一些个人随笔的东西，现在就没有人再关心了。但是在争夺传统文学应该有的文类里头，只有网络小说一枝独秀。这些我都没有办法回答。我用邵燕君老师说的一个比喻，她用的是人类学的比喻，我们不是土著，虽然是住在网上，但是不是网络文学的土著。所以我们真的要去研究的话，必须住到部落里头去。跟他们同吃同住，娶他们的女子为妻，（众人笑）学他们的语言。出来以后才能发表一些人类学著作。就是说，这些疑惑我们暂且放下。

回过来看，就说，突然就发现网络文学、网络小说已经发达了，发展成了一个壮观的滚滚洪流。尤其是 2011 年，我找到一个材料，说，不到十年时间，中国的文学网民人数已经达到 2.27 亿，占网民总人数的 47%。以不同形式在网络上发表作品的人数高达两千万。还有一种很奇怪的，叫做网络写手，注册网络写手的有两百万人。网络写手和网络作家的区别在哪里呢？就是说网络写手是跟那个网站有签约的，那个叫网络写手。网络作家是另外一回事。然后，通过网络写作来取得收入的，人数已达到 10 万人。职业和半职业写作人已超过 3 万人。男女作家的比例基本持平。年龄，这个很重要，年龄在 18—40 岁之间的作者占了 45%。在读学生占10%，在座的可能就有。还有一个很重要的数据说，理工科的占了 40%。这些数字还是很能说明一些问题。比如方舟子，理工科；当年的痞子蔡，是台南成功大学水利系的，博士生。痞子蔡成为经典的是《第一次亲密接触》。它是经典的网络文学，里面的人物是在网上认识的。网名一个叫痞子蔡，一个叫轻舞飞扬，哲学系的，哲学女,这边是理工男。他们网上的签名特别能够表现出他们的身份。平原你不知道这个签名?不懂就算了。每个网名 ID 下面有一个签名。痞子蔡的签名就是那种写电子的 Program,写程式的写法。If……then……, if not……then……意思是,那种如果是什么条件,然后得出一个什么结论,三段式的。如果我有翅膀,我就能飞起来。因为我没有翅膀,所以,我不能飞起来。完全是一个理工男的那种句式来写这个文学句子。那么轻舞飞扬是哲学系的,痞子蔡的同屋比较粗鄙,就问是头发飞扬还是裙子飞扬。就这样发展出来的亲密接触。其实这个故事是一个非常简单的校园爱情故事(love story)。1970 年的那个电影讲的是哈佛爱情故事。后来女的得了绝症,是吧?非常简单。跟我们现代文学里早就发展得非常复杂的那种叙事,完全不能相比。但是就走红。然后产生了一些非常重要的网络写作的特点。就是说,它是一节一节放上去的,类似金庸时代的连载小说。但是同时跟网民——他们叫做迷群体?——发展出了一些新的概念。迷群体或者粉丝,粉丝群体,有非常密切的互动,就直接会影响到创作。因为原来这个轻舞飞扬的死法是比较凄惨的,是台湾经常见到的那种泥石车辗死的。所有的网民、粉丝都焦虑,都说不能这样。(众人笑)而且很多人哀求着,不要让她死,等等之类的。就是这些互动。后来痞子蔡用了红斑狼疮,但不是红斑狼疮那么难听,叫蝴蝶症。(众人笑)这么浪漫的、诗意的一种死法。

那么这个网络小说的发展过程中,最近就是那个九把刀了。九把刀的《那些年我们一起追的女孩》,改编成电影,影响极大,红遍海峡两岸。香港的学生最近大学三改四,中学七改六,中学六年级就毕业了。毕业时候在校服上签名,同班同学签名,签得黑压压的一片。据说就是受到了《那些年我们一起追的女孩》的影响。网络文学现在就是一个形势大好又是形势极坏。所谓大好呢,就是说,急速地被转换成这个媒体,影视媒体。所谓严峻就是版权。现在大家都去抢版权,看谁下手早。

最近国内比较走红的《失恋三十三天》,也是网络文学。鲍鲸鲸,一个女孩鲍鲸鲸在"豆瓣",一个比较小范围的网站上,把她写的 33 篇微型的小说,每一天放一篇,其实是 33 篇日记的形式。放到第十天的时候,就有影视公司过来说,10 万块卖给我们,好不好,就说这个。原来我是设想这么一个全民的、草根的小说写作,基本上就是这个非常强大的网络经济介入了。其中最重要的一个网络公司是盛大文学公司。它见一个文学网站就买一个。买了以后就开始打版权官司,我们最应该关心的,我觉得非常重要的就是这个版权官司,无数的版权官司。因为它这个网站的阅读有一个很重要的参数——点击率。越是好的,粉丝多的,给钱就越多。平原你不看网络小说?不贵,一千字两分钱、三分钱这样的。然后这些网络写手才能够赚钱。但是谁有哪么傻,好不容易上了一个网,还去给钱看小说。所以有很多盗版。所谓盗版的就是,整个复制你的网站,劫富济贫,免费看。上万个上千个盗版网站，所以这个盛大文学公司就忙着打官司，主要是跟百度打官司。百度上能搜到本来要给钱才能看的小说，这是一起官司。还有一起官司就是，那些传统的作家也跟百度打官司，比如王蒙啊、池莉呀这些。另外又跟苹果打官司，你打开iPhone、iPad，王蒙、池莉随便看，作家们不干。大家知道版权官司永远打不完的，"野火烧不尽，春风吹又生"。这些都是非常重要的迹象，对我们这些研究文学的人来讲，就是说跟我们这个印刷资本一起诞生的总体局面正在改变。这首先就是涉及版权问题，就是说，跟资本主义一起，这些版权啦、产权啦，这些都跟资本主义一起产生，之前山民野唱的时候，哪有什么版权？那么我想象未来，我的理想就是说版权也会消失。就是说在未来，回到全民的作者、全民的读者，这是我非常激进的一个想象，就是说版权制度会跟资本主义一起灭亡。

王　风： 进入大跃进民歌时代。（众人笑）

黄子平： 大同世界。那么现在的问题在哪里，就是说传统文学这一块也感觉到了必须要跟网络文学发生联系。有的名词叫做收编，另外一个网络作者就抗议，说不能叫"收编"，也不能叫"招安"，叫做"承认"。"承认"，怎么"承认"呢？有意思的就是中国作协它开始评鲁迅文学奖，你可以用网络小说作品来参评。茅盾文学奖，也有七部网络小说进入评奖。当然初选就被选掉了，等等。然后，最有意思的是中国作协安排的两批那个所谓传统作家和网络作家的"结对交友"。

王　风： 过去叫"一帮一，一对红"。

黄子平： 那非常有意思，在这里，可以看出网络文学和传统文学之间其实是奇怪的不平衡和不对等。这些网络作家很多都是90后、80后，战战兢兢地去跟这些前辈配对。（众人笑）然后，王刚，这个传统作家，问一个知名的网络作家，说你有没有看过卡夫卡？这就是一个很挑衅的问题，用网络的说法就是"嚣张"。（众人笑）那个网络作家说没看过。又问一个，说你有没有读过托尔斯泰呢？这个网络作家很嚣张地说："谁是托尔斯泰？"

这非常有意思，非常有意思。其实是两种文化，就是说"Monster"和我们存在已久的印刷文化产品之间的一些差异。这些我觉得都是非常有意思的小细节。危机在哪里呢？对我们这些在传统文化里头、印刷文化里边长大的人来讲，一个非常严重的挑战，就是我们的阅读习惯，已经完全不能适应了。印刷品的阅读是从口头文化发展过来的。回到印刷史，最早欧洲的那个文字是连单词之间的空格都没有，更不用说标点，所以你必须朗读才能把那个印的是什么呈现出来。奥古斯丁的《忏悔录》里面写道，他有一次看到一个人读书，他居然默读，他不出声地读书，这个人很奇怪，这个人太了不起了。所以默读这种阅读方式是在印刷文化里发展而来的，让我们能够沉思，能够专心致志地一个钟头两个钟头地读，能够有一种深度阅读。这是一个非常有趣的思维方式，就是说当你专心致志地读，同时心理联想和解释都非常活跃。这就会有学术呀，就会有长篇巨著那样的产生，所以阅读文化是现代文明的基础。

但到现在就是我刚才讲的,互联网是吸引我们的注意力的一个怪物,它吸引我们的注意力的目的是要分散我们的注意力。因为我们有无数的链接,看到这个地方"竹林七贤"什么意思,旁边有一个链接,就去看。阮籍很好玩啊,阮籍是怎么回事?阮籍才看了两句,链接到了花雕酒。再一链接到了绍兴。弄了半天,读了很多,再回到那个地方,已经忘了我刚才是从哪里开始的。同时我还要查我的E-mail,同时手机又响了有短信,然后facebook那个人的头像又在闪了。(众人笑)

王　风:太忙了!

黄子平:就是说我们的阅读量是空前地增大了,空前地增加,但是记住的很少。这就是我们现在的阅读现状。不要以为只有我们的学生这样,我参加过北京大学中文系当代教研室的开题、论文答辩,那些教授也是,根本就没有在听人家说什么,不断地从口袋里掏手机出来看短信。这就是所谓深度阅读的消失。

那么这种深度阅读消失以后,很奇怪的就是我们去参加IQ测验的话,分数更高,这就是说我们并没有变蠢。那么是不是我们的前辈蠢呢?他们的平均IQ分数比我们要低呢?我儿子,我看他做作业的时候,开着电视,开着电脑,听着耳机,放着手机,做作业,我问你怎么能做作业呢,他说能做呀,做出来的分数也很高。那么这个IQ分数里面分析出来就是说,他们对图像的分析能力非常快,而且非常准。旋转的几个图形,他们马上知道是什么意思,这方面的分数极大地增长。但是语言跟我们的爷爷辈没有什么区别,语言这方面的智能没有随着增长。而我们现在训练出来一种,叫做跟电脑一样,人脑变成电脑,多任务,多任务就是multitasking。就是说,我们以前是专心致志地看一本专著,如平原的博士论文。(众人笑)现在不行,我现在也是抓耳挠腮。看着看着,就觉得自己特别烦躁,已经很难坐下来说用一个钟头看完一篇文章。所以这就是我们要面对的,不光是方法的问题,思维方式都已经在改变之中。我们被网络这头熊追赶着,尽管会受伤,还是跨过了栏,伤得起还是伤不起,到了需要严肃考虑的时刻。

陈平原:好,接下来是王风老师。

王　风:嗯,我要讲的内容好像陈老师已经定了,说是那个古琴和现代文学的关系。(众人笑)前几天张丽华给我打电话,我还在山东,正在梁山泊的顶上。在那么一个豪放的地方接到了这么一个豪放的题目。然后我就想,在梁山泊顶上想,古琴和现代文学,有什么关系呢?(众人笑)过去我可从来没有想过,而且因为古琴,曾被陈老师批评不务正业。所以后来与张丽华两次通电话,我都专门问到这事,我说陈老师到底是怎么说的。她有点含含糊糊,故意说得不清不楚,像是有个陷阱,所以我一直到昨天晚上还担心这是张丽华在恶作剧。(众人笑)

现在我明白,是要陪李欧梵先生"跨媒介"。不过问题可能要稍微置换一下,古琴和现代文学,这个过于具体,要说关系大概没什么关系。但要放大到古琴跟文学,或许能有一些关系啊什么的问题。我也就是这两天才被逼着考虑的,过去没专门想过,只是有些感觉,似乎有一些若有若无类同的地方。其实古琴对我来说,就是平常比较喜欢而已,平时弄一弄而已的一个东西。而且说实话,讲这样一个话题我是有压力的。一个就是,我担心那个讲着讲着给人感觉有点"显摆",好像会那东西就如何如何;另外一个我觉得可能有些部分到最后变成"瞎掰"。

按照八股的程式,首先要"破题"。所谓的"跨媒介",先得区分"媒介",那么有图像、声音、文字等等。从文学上来讲,可以分为口头的、纸本的,还有现在的网络等等。这都是按物质性来分类。另外也可以从感官接受的角度来区分,比如说视觉、听觉、味觉、嗅觉,还包括触觉,也就是所谓"五觉"。那么在中国古代,这与五音、五味、五色、五行等等,都有各自的对应关系。这些关系看起来玄妙,其实一点都不奇怪。我们谈到音乐感受的时候,会说音乐是有味道的,或者说音乐有色彩。这就是钱锺书所谓的"通感",在文学中此类"跨媒介"更是再普通也没有的事情。

我想先从一个方面来谈,也就是在同一个时空里,不同的媒介总会具有某种共同的趋向,或者更准确地说——气质。因为我是临时接到的这么一个问答题,所以就想着用什么例子来说明。首先举一个北大中文系师生非常熟悉的,大家都知道林庚先生提出"盛唐气象",来说明当时的文学尤其是诗歌。当然"盛唐气象"并不是林先生的发明,这在古代就是成语,初、盛、中、晚唐的划分本就是谈论诗歌的。那么这就涉及一个问题,何谓"气象",显然"气象"云者,是笼括那个时代一切的,远不止诗歌乃至文学。我该讲到古琴了。(众人笑)我每周到故宫博物院的郑珉中先生家问琴,已经十年以上,从他77岁到现在89岁。之所以要跟他,是因为他是古琴国手管平湖先生的弟子,一双手就直接来自管先生。在我看来,现代中国,古琴管平湖、围棋吴清源,都是雄视百代的人物。能有跟随郑先生的机会,那真是费了非常大的努力,前后有两年才拜上师。最后我的"保人"了不起,是王世襄先生夫妇,他们在电话里劝了郑先生快两小时。那么王郑二先生都是文物鉴定名家,跟他们交往,自然见到旧琴的机会就很多,我有兴趣,也上了点心,就跟着瞎看。现在算是看得懂了。古琴至今还保存着唐代的制作,有盛、中、晚唐器,最早的是盛唐。面对这鼎鼎唐物,确实是能感受到"盛唐气象"的。同样,如果去看当时的陶俑,比如唐三彩;书画,比如怀素、颜真卿、韩干、张萱;诗文,比如王维、李白、"燕许大手笔";或者建筑,比如山西的那些,也会得到同样的感受。觉得就是这么回事,有那种"气象"在里头,明摆在那儿。后来我明白,文物行分门别类,只能在某一门类里面进行判断的,即通过纵向比较断年代先后,并不如何了不起,那是专家。真正的顶级行家,应该称为通人,还能有个横向联系,即在同时代不同部类的百工技艺之间,能够把握统一的——也就是所谓"气象"吧。

再可以举的一个例子,是鲁迅提到的"魏晋风度"。鲁迅喜欢魏晋,欣赏嵇康,但他也一直在解构普通的印象。比如20年代的演讲《魏晋风度及文章与药及酒之关系》，谈到那时风流人物之所以宽衣博带，是因为吃药，药物中毒造成皮肤敏感，也不能常洗澡，于是微生物滋生，那就会有"扪虱而谈"的"风度"。鲁迅固然是不以为然普通所以为的轻飘飘的魏晋，不过他将"文章""药""酒"连带而论，涉及文学也涉及行为方式，比如衣着、谈吐等等，从方法论的角度看，不正是论述了一个"跨媒介"的"风度"吗？而事实上鲁迅也并没有颠覆"魏晋风度"，读了他的文章反而让人觉得更为合理自然，似乎非如此不成其为魏晋了。同样，30年代他批判朱光潜的陶渊明论，说渊明并非浑身"静穆"，陶诗还有"刑天舞干戚，猛志固常在"这样怒目圆睁的一面，也是为了还一个完整的陶渊明。其实陶更惊人的是《闲情赋》，说要化为各种物事纠缠女子。还有《形影神》三首，"形赠影""影答形"，意象的使用简直类于《野草》，而这是千八百年前的作品。比他还早的嵇康也有篇奇文，叫《声无哀乐论》——声无哀乐，这真是难以想象。在"乐教"一统数千年的中国，能有这样的理论出现，非常非常的现代派，但它就是出现了。不过仔细想想，如果必须要出现，那只能出现在魏晋嵇康的时候，往前一点往后一点都好像不行，都搁不下。这里可以涉及古琴的历史。大家应该知道科举取士始于隋炀帝即位的大业元年，不过可能不知道当时考生的不易，隋朝科举是要考古琴的。具体考的曲目是"九弄"，"弄"是琴曲的量词单位，"九弄"就是九首琴曲。因此这"九弄"在历史上地位非常高。"九弄"其中有五弄是蔡邕，也就是蔡文姬的父亲作的，还有四弄是嵇康作的。我们来看，蔡邕是东汉末年的，他这"蔡氏五弄"叫做《游春》《渌水》《幽思》《坐愁》《秋思》，都是很具象的题材，借此来表达情绪，其意境也是我们很熟悉的。那么，其实过不了多少年，到西晋嵇康的时候，就有"嵇氏四弄"，叫《长清》《短清》《长侧》《短侧》。什么意思呢，宋元的时候就不明白了，后来琴谱的解题其实都是误会，说什么《长清》描写的是白雪。现代顾梅羹的研究搞清楚了，《长清》《短清》这东西和白雪根本没有关系。长清、短清的"清"指的是清调，长侧、短侧的"侧"指的是侧调，都只是表现调性，没有什么主题的。这种抽象在中国传统音乐中实在是超乎想象的异端，但没办法，魏晋时确实有。古琴曲的历史遗存是不少的，但有个不小的问题，即大部分作者都失落了，标明作者的很多也不可靠。不过，"九弄"的作者没有疑问，反而著名的《广陵散》，就我个人的看法，至少存世资料只说嵇康临刑时弹奏，并没有说就是他的创作。而"嵇氏四弄"正应该看作"声无哀乐"的具体实践。将"四弄"、《声无哀乐论》与当时出现的山水诗、山水画，以及田园诗、玄学、王羲之书法、竹林里的长啸、《世说新语》中的隽语异行，乃至于《闲情赋》等等并置，是很和谐的，隐隐然有共通的"风度"。

也就是说，各个时代不同层面的文化门类，或者说不同的"媒介"，其背后有一种共同的，不管说审美也好，或者说广义的语言也好，一种共同的趋向在里头。这种共同性或趋同性的气质该怎么来把握，该怎么描述，其实是一件非常困难的事情。这种东西很难形容,但是它确实存在,是我们能够感觉得到的。或者可以笼统地称它为"媒介间性",不同媒介之间所共同拥有的气质。这种情况可以说无处不在,在另外的文化地域——比如说我们都读过西方的象征派诗歌,我读到它们的时候就很容易想到印象派绘画。虽然说一个是书写的语言,一个是图像的语言,但总觉得它们背后好像有一套共同的符码,或者称之为"元语言"吧。"元语言"隐性地存在于不同的媒介之中,尽管不同的媒介用各自显性的语言进行表达,但因为都是同一套"元语言"的不同表达方式,因而在本质层面上是一致的。所谓"跨媒介"或者也可以作如是观。

要说起来,其实我们每个人都在"跨媒介"地表达自己的"元语言"。一个人,他的行为方式,衣食住行,穿什么样的衣服,留什么发型,蓄不蓄须以及什么样的胡须,聚会选择什么样的饮食和环境,还有言语方式,都会趋向于统一的表达。就跟鲁迅谈的魏晋人物穿着啊清谈啊药啊酒啊等等一个道理,否则旁人就会觉得不和谐,甚至古怪。我先举一个例子,现在讲所谓"四大俗",叫做唱昆曲,弹古琴,喝普洱,练瑜伽。(众人笑)

陈平原:过十年就有几个俗。

王　风:我这所谓的"四大俗",是最新流行的。

李欧梵:我觉得我一样可以喝普洱。(众人笑)

王　风:(笑)我有信心来讲这个话题,主要就是因为这"四大俗"。因为里面有个"俗"是古琴,我先招认了,大家就不会觉得是在炫耀了。这"四大俗",昆曲是诉诸视觉还包括听觉的,古琴是诉诸听觉的,瑜伽是诉诸触觉的,普洱是诉诸味觉可能还有嗅觉的。那么为什么它们会被放在一块儿,而且似乎我们能感觉到它们确实是一类东西?这几个"俗"是现在白领阶层的文化表达和展示,(众人笑)其实并不是真懂得,也未必真喜欢,但就得掰忽这么些东西。以前的白领,有了一定收入,听摇滚,后来是爵士。尽管可能喜欢乒乓,但必须得打网球,当然也不能高尔夫,那是老板的文化符号。拜佛,不过瘾了信喇嘛。跑到三里屯,宁愿挨宰也要喝冒牌的法国红酒。喝着喝着不过瘾了,觉得"四大俗"了,(众人笑)那怎么办呢?那就改成昆曲呀古琴呀瑜伽呀普洱呀搁一块儿了,不幸的是现在又变成新的"四大俗"了。(众人笑)所以以后还得找更新的版本。

我们换个严肃的角度,(笑)就是不管是什么版本的"四大俗",内部都是统一的。红酒总不能跟昆曲搁一块儿,同样,喝普洱听爵士也是很古怪的。一次古琴的场合,有人问我,你在哪儿工作,我说北大中文系,他说那你具体做什么,我说近现代文学。他非常诧异地看着我,说:"你怎么会是搞现代文学的?"前后说了好几遍,我心想我怎么就不能搞现代了。(众人笑)这种事我不止碰到一回,大体这些问的人总觉得你会古琴,那当然应该跟古代有关系,所以觉得我这样很奇怪。还有个朋友,写了关于我的一篇小文章,也说到古琴,然后就说我一年四季都穿一双布鞋。(众人笑)这当然是想当然,但这种错觉其实有它的道理,也就是对待他人,常有一种统一的预想或期待,不符合自然会觉得奇怪。所以类似"四大俗",其实并不出于精心的设计,是很自然的感觉联系起来的。这也发生在每个人身上,比如你是西装革履,可能就不好留长发扎个大辫子;如果剃个光头,再穿件长衫,那准得要双布鞋;或者干脆套着大棉猴,那你总不能这么吃西餐,总得蹲街边羊肉串配二锅头才像样。所以每个人都在不自觉地塑造自己的一种形象,这种形象是通过所有可能的不同媒介构成的,包括物质的方面和精神的方面,形成一种统一的表达。

"四大俗"为什么老是四个,我想过但没考证过,古代倒有"琴棋书画",也是四个。(众人笑)"琴棋书画"这个说法是到宋代才有的。为什么是宋代?主要是宋代较以前的朝代有了很大的变化,一方面城市管理的变化使得市民阶层有了勾栏瓦肆这样的文化空间,另一方面科举制度的成熟也造就了士大夫阶层,士大夫阶层的文化很大程度上表现在"文房"这个空间。"文房"当然首先有书,有书架书桌,还要有笔墨纸砚。到了宋代开始出现大量所谓文房清供,后来明清类别就非常之多,比如跟笔有关的笔筒、笔架等等,跟墨有关的墨盒、水丞等等,跟纸有关的镇纸、臂搁等等,跟砚有关的砚滴、砚屏等等,以及与印章相关的。此外如盆景、花插、屏风等等,不下数十种,如再考虑其工艺与材质的不同,可说是包罗万象。宋代赵希鹄《洞天清录集》,明代曹昭《格古要论》、张应文《清秘藏》、屠隆《考槃馀事》、陈继儒《妮古录》、高濂《遵生八笺》、文震亨《长物志》,乃至清代李渔《闲情偶寄》等等,都有篇幅谈论这些。琴棋书画更是雅致点的文房所必备,书画不必说,琴也得挂一床,不必一定会弹,但不能没有。琴棋书画有内部美学的统一性,围棋黑白二色,相反相生,书画主要也是黑白,古琴虽不能说成黑白,但琴器的历史解说从来是从天地阴阳立论,因此可以四者并称。而琴棋书画作为文房的构成,又与笔墨纸砚、文房清供等等塑造出美学上的外部统一,后人所谓"书卷气"。因此,类别虽多,媒介各别,但所表达的文化语言是和谐一致的。同时具有排他性,比如在我们现在的分类体系中,围棋象棋均属智力竞技,古琴琵琶都属民族乐器,但古代文房中如以象棋代围棋,或以琵琶代古琴,那简直不可想象。

这些不同媒介之间背后的统一性,看着很神秘,但说开来其实容易理解。给人起初的感觉是怎么扯一块儿了,回头想想,确实就是一回事。那么,现在我反过来说另一个层面的问题,就是同一个媒介,是可以分裂的,变成完全不同的两回事。作为例子,还是从古琴举起。我当年刚学琴的时候曾经问过一位知名的琴家,问了一个傻问题。我说古代讲的是"琴棋书画",现代"琴"被认为是民族乐器的一种,民族器乐的一种。那么我问他:"您认为它跟棋、书、画更接近呢,还是跟二胡、琵琶更接近?"这位先生是音乐学院出身的,他说当然,琴首先是一种乐器。这确实是个傻问题,不过我后来想想,傻问题背后似乎也有些傻道理。为什么呢?因为这说明同样是"琴",在古代和在现代是在完全不同的分类体制里的。到了现代,首先不是"琴棋书画",围棋是智力竞技,书画是美术,古琴呢,是音乐,然后是民族音乐,然后是民族器乐。音乐学院民族器乐系,下面分专业,二胡专业、琵琶专业、古筝专业等等,还有就是古琴专业。而古琴在中国古代的时候,跟琵琶、二胡其实是不大可能碰面的。是什么诗社呀、吟社呀,在那里头出现,"琴棋书画"同时出现;而琵琶可能更多在歌舞场,二胡原来就是茶馆街头的艺术。所以现在的这样一种分类体制,已经造成了理解方式的截然不同。比如古人说"琴不入歌舞场中",它不会在那种场合出现,是文房里的东西。那现在古琴的训练完全是为了上舞台,是民族音乐的表演,完全不是一个东西了。

所以,同样一床古琴,一个单一的媒介,就分裂成两种门类。演奏方式、理解琴曲的方式都不一样了。现在还有老先生,民国时代过来的,已经没剩几位了,真正传承他们的也非常之少。占绝对主流的是50年代以来音乐学院培养出来的几代专业学生,大量民间习琴的也主要是他们教出来的。当然,老先生们的风格也不大一样,但对琴曲的处理方式是一致的。而音乐学院培养出来的就完全不同,闭着眼睛都能听出来,根本无需事先了解他的师承,一听就能听得出来。我原先一直不太明白这是什么道理,后来才发现这其实是语言变了。古琴原来是有谱的,最早文字谱,后来减字谱。这种谱能够显示音位、双手的指法,但是不标明节奏,靠的是口授心传。那么如果师承中断了,谱还在,后世琴家按自己的理解,把节奏重新编订出来,把曲子弹出来,叫做"打谱"。"打谱"的第一项工作是什么,就是断句,标示也是用句读,跟古代文章一样。后来我恍然大悟,哎呀,古人对琴曲的感觉其实是跟文章一样的。听老一辈的录音,就是这种感觉,读文章的感觉。

那么现代呢?现代的比较科学。古琴谱上加五线谱,或者简陋点加简谱,那都有点不好意思。但是你看它小节线出来了,用小节线断,大部分琴曲确实也能这样断得出来。那么,四四拍,强—弱—次强—弱,这种感觉就弹进去了。四三拍,蹦擦擦、蹦擦擦的感觉搞不好就出来了。句子呢,不能说完全没了,但至少也就可有可无。所以你现在一听,哎呀,背后怎么是钢琴的味道。现在音乐学院是怎么训练学生的呢?进去之后,不管你学什么专业,学民族器乐、学古琴,首先都得先学乐理,这个乐理不是宫商角徵羽,是西洋乐理。还有什么?学钢琴,钢琴过了关你才能学别的乐器,或者钢琴过了关才进得了音乐院校。所以现在的古琴界,是一种很分裂的状态。一部分人觉得古琴应该是老先生那样的,另一部分人就认为不该那样,时代发展了,古琴进步了,与世界接轨。在同一个媒介,同一张琴上,它其实已经分裂了,语言完全不同了。这其实是中国进入现代后整体性发生的一个问题,比如水墨画,书画同源,用的都是毛笔,中国画其实是写字写出来的,首先要有书法的功底。那么现在美术学院培养的呢?是从素描入手。过去画仕女画,说要"开脸",现在是谈比例、解剖学原理。所以同样是水墨画这个媒介,也分裂成两种语言。要举例子的话还可以举中医,道理一样,中西医现在在舆论界简直成了动感情的主义之争。这我就不谈了。

其实要说到现代文学,也有同样的问题。文言与白话,可以算作两种媒介。我们现在谈"文学革命",以白话代文言是很主要的一个方面。但是白话宋代就开始有了,凭什么到了20世纪才"革命"呢?当然,拿一篇古代白话作品和一篇现代白话作品,我们一眼就能分辨出来,文本的味道就不一样。那么还有一个文言,回头看晚清的文言文,尤其周氏兄弟《域外小说集》之类,会发现要比同时代白话更现代。这样说起来,古代的文言和白话都可以称为古典书写,近现代的白话和文言都可以称为现代书写。文言居然"现代",听起来有些不可思议,但将周氏兄弟的文言与白话作品笼统观之,在某个层面上性质是一致的。这里的"某个",在我看来就是书写形式。书写形式的变革造就了汉语现代书写语言,这其中主要包括段落、标点这些我们根本意识不到的"小事体"。在此介绍我的阅读史中受到的一个信心打击。早年读林纾的《春觉斋论文》,其中有一条,他说什么呢,他说唐宋八大家,长文章写得好的是王安石,苏东坡长文章写不好。什么道理呢?王安石的长文章一气呵成,东坡写起来一段一段的。哎呀,我一想,我们现在读苏轼的文章,读古人的文章,绝大多数都是所谓整理本,人家都给分好段了,读的就是一段一段的。我们自以为读了古典作品,也读懂了,但其实跟古人读的根本不是一回事。从这个意义上说,等于什么都没读过。当然古典文本不分段,并不意味着没有段落感,但与现代文本随时随手分段不同,它需要另外的工具,就是词汇手段。比如我们耳熟能详的"一夜无话""话分两头,各表一枝"等等。忘了后来因为什么事,我专门去统计过《三国演义》。在某个《三国演义》整理本里,真的找到一回,我忘记第几回,所有分段的第一个词都是"却说"。为什么那么多"却说",就是小说作者追源说书先生,用词汇手段来分段。古典文本没有标点符号,我们现在的"古籍整理",加问号呀、感叹号呀,在我看来毫无必要。为什么?因为不管问句还是感叹句,无论在白话文本还是文言文本,都用词汇手段标示了。同样,类似唐宋八大家那样的古文,人物对话也不应该加上引号,因为根本不存在直接引语。如果要"整理",我觉得用老办法,加上"句读"就可以了,那样才不伤害阅读感觉。而现代书写,打个比方,是加了小节线的——我终于将古琴和现代文学联系起来了(众人笑)——段落、标点等等本就存在于写作之中,这是全然不同的表达方式。因而同样以汉字为媒介,古典文本和现代文本,是异质的两种书写的产物。

最后再谈一个对我震动很大的事情。今天谈到很多乱七八糟的东西,琴棋书画讲到琴,讲到书画,我想再谈谈围棋。(众人笑)为什么谈这个?因为前面的内容会让人感觉到,媒介的分裂是因为西方,因为欧美。但是围棋跟西方、跟欧美没有关系,完全没有关系。围棋我的水平不太高,但跟白种人下,无论对谁都有点信心。(众人笑)所以我得举这个例子。围棋我现在下得少了,但还常看棋谱,作为艺术品来欣赏。顺带着我对围棋史也有兴趣,读过不少材料。我们知道,围棋发源于中国,后来传到日本去了。大概四百年前,在日本发展了起来,一直兴盛到二十年前,近来有点不行了。而中国,大概也是四百年前的明清之际,开始进入最好的时期,全盛就在康乾。不过当时中日之间是没有交流的,双方都海禁,不允许人员往来。后来中国围棋衰落了,到了20世纪不但国手没有,次国手一级两级的也没有。现代中国围棋是学日本的,尽弃所有,因为被人让几个子都下不过。晚近崛起的韩国围棋也是学日本的,所以今天围棋的源头都在日本。有一件事,我认为不止是围棋史,包括从文化史的角度都是让人扼腕的。19世纪中叶,日本有一位高手幻庵因硕,是前三位的水平。因为争夺最高荣誉名人棋所失败了,不知道怎么想的,跑到九州劫持一艘渔船想偷渡到中国来,结果没有成功。时间是日本的嘉永六年,在清是咸丰三年,公元1853年。我觉得这真是非常让人惋惜的事,因为那个时期虽然不是中国历史上围棋最好的时候,没有乾隆时范西屏、施襄夏这样棋圣级别的人物,但当时所谓"十八国手"也仅是次一等级。日本的这位同样没达到道策、秀策这样的层次,并失败于另一位称"圣"的丈和,但无疑也足够出色。为什么遗憾?因为在我看来中国的古谱现代人是看不懂的,完全是另一套逻辑另一种语言。当然也有一些当代高手的解说,但是我能很明显地感觉到,那是以现代日本围棋的思考方式来解说或者欣赏,中国古代的国手并不是这样思考和判断的。这些古谱的水平很高,比如当代棋圣吴清源说过,黄龙士是十三段。康熙时的黄龙士,和范、施是中国古代围棋三大顶峰,吴氏是现代围棋的顶峰,这个判断自然够分量。发源于日本古代的现代围棋段位制,最高是九段,说黄龙士十三段,这是什么样的评价。可惜的是,别说生年相差无几、才思可谓天纵的黄龙士和道策,中日像样的高手古时候一局都没对弈过。否则我们可以通过实际的对局,了解中国古代围棋的逻辑和思路。这其中惊人之处在哪儿,在于围棋是个竞技性的东西。如果是书画、音乐,或者文学,我们还可以说这是一种选择。但围棋是要分输赢的,所以相对来说,什么审美、喜好、偏向,都要赢了才有资格说,也就是说更加要不择手段一些。而同样一个媒介,一块棋盘,中国古棋和日本古棋发展起来的现代围棋,居然是如此隔阂的两套逻辑和语言。

总而言之,统而言之,熟语所谓"历史长河",我们都是河里的鱼。但在可能的世界里远不止一条河,我们其实不知道其他河里的事情,也不知道其他河里的鱼在想什么。如果真的知道了,那就是跳过龙门的鲤鱼了。

陈平原:下面,乐(黛云)老师您讲讲?

乐黛云:(笑)我没有什么准备。

陈平原:刚才子平说到计算机网络,我讲一个乐老师用电脑的笑话。(众人笑)很多很多年前,严家炎老师到美国讲学,回国时带了一个PC机。那个时候,美国人搞封锁,高科技不能进入中国。所以,当严老师在东京停留几天,然后准备转回北大时,被海关给截住了,说高科技不能进入中国。记得是东京大学的丸山昇先生等出证明,保证他不是工业间谍,这东西才可以带回来。(众人笑)带回来后,大家都当宝贝看。后来这东西转给了乐老师。再后来,我们开始用电脑了。乐老师很高兴,说:我早就有电脑了,只是还没用而已。于是,请著名中国哲学史家、我们的电脑老师庞朴过来看,看这台从美国带回来的宝贝。庞朴先生看了看说:"除了外壳,别的都没有意义了。"(众人笑)

乐黛云:那时286都还没有。

陈平原:记得我们当初开始用电脑时,有很多笑话,包括袁行霈老师、谢冕老师、钱理群老师,都有很好玩的故事。我记得很清楚,那时北京大学还规定:年轻老师晋升职称要考电脑。

李欧梵:考电脑?

陈平原:是的,考电脑的知识及使用。因为我较早评上教授,不用考。像夏晓虹老师,需要IBM的历史,(众人笑)还有DOS系统的使用方法等。我相信,现在的大学生,不如我们那一代了解IBM的历史。(众人笑)

李欧梵:现在考什么,用苹果?

乐黛云:现在不用考了。

陈平原:很难,现在大家都不会的。(笑)好了,下面请乐老师谈谈。

乐黛云:别别别。

陈平原:那我先说几句闲话,预热预热。这些年我同时在香港中文大学教书,好多学生知道我做过晚清画报研究,于是跑来请教。有文化研究系的,有艺术系的,也有历史系的、中文系的,都来跟我谈《点石斋画报》。我发现他们的立场及思路很不一样,因为各自的训练不同,对画报的看法迥异。艺术系的特别强调形式感,历史系的强调历史感,做文化研究的则突出理论性。所以,每个人都在谈同样的媒介,可说出来的话是不一样的。我们都有自己的趣味,那是长期训练出来的眼光决定了的基本判断。刚才欧梵先生说了一句很豪迈的话,我们的文学训练,十年二十年后,不管你到哪个地方,都能看得出来。现代大学里每个院系的训练,其实是不一样的。比如,同样读一篇文章,有人把它当文本推敲,有人把它当史料使用,这就很不一样了。每个学科训练出来的眼光,将来会影响到你的趣味和视野。同学们看老师在各个不同领域自由驰骋,好像玩得很开心,很想学。我劝他们不要,还是先在具体的学科打基础,等翅膀硬了,再出来自由翱翔。如果没有好的学科训练,今天语言,明天文学,后天艺术,大后天科学史,什么东西都弄,将来连在哪个领域做博士论文都成问题。

黄子平:"刘翔不好当!"

陈平原:是的,刘翔不好当,跨栏不容易!(众人笑)北大学生聪明,而且志趣高远,很容易被忽悠,就想着天马行空,不愿意脚踏实地。可你没有那个根基,想像欧梵先生那样飞,那是飞不起来的。

李欧梵：那样落地会落得很惨。

陈平原：欧梵先生是从《浪漫的一代》，从《铁屋中的呐喊》，还有《上海摩登》等，一步步走过来的。有了这些知识准备后，你可以天马行空。学生们要是一开始就这么做，做不到，而且很危险。其实，我内心很矛盾，一方面意识到现在的学科设置有很多弊病，但另一方面又担心学生若没有好的学术训练，将来很难在学界"安身立命"。

刚才，欧梵先生还没有谈音乐。大家都期待您谈文学、史学与电影和音乐的关系。您怎么一边玩，一边做学术研究？

李欧梵：刚刚我听你讲了，我发现我真的是个另类了。

陈平原：能成功就好。

李欧梵：我从一开始就是另类的，（笑）可能也是失败的。我觉得自己就是在几个领域里撞来撞去，很难讲说我专业有什么成就。我这几本书里面，《浪漫的一代》基本上是一个历史的东西，因为我当时是学历史的，这中间加上很多文学的材料。《鲁迅》（指《铁屋中的呐喊》）是一个四不像，这里一点那里一点，好像是一个介绍性的东西，没有一个地方深入。倒是《上海》（指《上海摩登：一种新都市文化在中国》）这个东西是撞出来的。因为当时在美国大家都研究革命啊、乡村啊，我说你们研究乡村我就研究城市，你们研究进步的我就研究颓废的，我常常有这种逆反心理，所以就这么撞进来。没想到这一下子搞出来之后竟然有那么多人看。当然也有很多人批评，说为什么不把上海的另外一面写出来。

后来我就觉得很歉疚，觉得上海那个鸳鸯蝴蝶派也应该研究一下，不能总是研究十里洋场、新感觉派之类，就从这里开始，我对晚清的兴趣又回来了。如果研究晚清的话，我就觉得有那么多翻译，值得好好研究。我这个跨学科，是由研究的兴趣带出来的。当然你可以说，本专业的训练是非常重要的，我完全赞成。因为我一直说基本功不可废，你有了基本功之后才可以游刃有余。而我的基本功本来就是杂的。我这个人的长处就是非常开放，别人有的我马上吸收过来，变成自己的，而不分我的专业是什么。我用自己做例子的话，当然有很大的缺陷，就是什么东西都不精，不像一个专业人士的思维，能将一个问题挖得非常深。我真的是这里一块那里一块的。这个始终是绝对不可以的。各位，此风不可长！这个绝对不可以！（众人笑）

乐黛云：我就提一点，你说"此风不可长"，我觉得此风非长不可。

李欧梵：哦，是吗？（笑）

李欧梵：可是一开始就这样的话，真的很危险。

乐黛云：这个问题就看你怎么看了。当然我自己的经历也是经过很多波折的，一开始回来搞比较文学，就挨了很多骂嘛。

李欧梵：为什么？

乐黛云：他们说中国文学你不懂，西方文学也不懂，投机取巧搞什么比较文学。（众人笑）所以我的老伴给我写了一首诗："古今中外四不像，摸爬滚打脸红惭。"（众人笑）那个时候，我真的就是那样的。这对我的打击是很大的。可是我这个人吧，虽然有打击，我还是要做下去。我认定了一个路子，我就要往下走。而且我现在越来越感觉到，懂得古今中外，懂得摸爬滚打，是非常重要的，因为我们是生活在21世纪。如果说19世纪是一个启蒙的世纪，20世纪是一个战争的世纪，那么，21世纪它的时代精神应该是什么？我觉得就是跨文化、跨学科、跨媒介，就是回到费孝通先生一再提到的"多元一体"。56个民族的"多元一体"怎么体现？过去我们是受到了很大的局限，比如说中原中心主义，只关心汉族文化这一小块；然后就是知识分子的文化正统主义，根本对民间文学很少关注，而且也没有很好的整理。现在从比较文学领域分离出来的文学伦理学，就特别强调怎样能够回到少数民族文学、口头文学的研究等等。今天欧梵最早讲的一点，我非常赞同，就是说我们玩这也好，玩那也好，学这也好，学那也好，懂得这个也好，懂得那个也好，归根结底是为了人，是为了人文学科。人文学科对人类的发展有见识，这就是我们最根本的目的。所以有时候我就觉得有点悲观，我看到中文系好多同学的毕业论文选题，啊哟，我觉得越做越小，越做越封闭，对别的外在的东西知道得很少。（这些选题）在某一点是很专，可是我们如果一早封闭在一个选题里，不知道时代精神，不知道我们追求的到底是什么，那就很容易失掉方向。

欧梵他虽然玩得很广，诗写得也很多，可是最后归根结底他有一句话，就是说："我是一个人文学者，我必须关心人。"应该抓住他最后总结的这一条。好多人都是这个样子，比如说夏志清先生，也是非常会玩的，而且非常会海阔天空地讲话。可是他谈到中国现代文学的根本精神，他认为是"感时忧国"，（对李欧梵）你在你那本书里也特别强调他这一点。所以，总之需要有一个根本的精神，如果没有的话，我们谈什么中国文学？有了这个，不管我们谈小的也好，大的也好，跨也好，不跨也好，都可以随心所欲。而且现在我们这个跨文化、跨学科、跨印刷文化和媒体文化，都是我们必须了解的，可能这个就是21世纪最根本的精神。

最近我看了一篇文章，觉得很有体会，是赵汀阳写的，我觉得他讲得特别好。他说为什么人类经过这么多年，这么多的反复，你谈和谐也好，谈和平也好，可是人类的冲突始终在，而且不断地变厉害，没有解决的希望。他认为根本的一点，就是我们整个思维方式错了，我们总是从个体出发来考虑问题。他认为中国的传统是从关系来考虑的，中国古代文化一直这么下来，如果你不能给别人自由的话，你自己也是不会自由的，如果你不能给别人好处的话，那你自己也不会得到好处。他认为这就像分一块蛋糕，不在于你分得多还是我分得多，而是在于你要考虑到这个蛋糕怎么分才对人更有好处，更能服务人类的需要。那篇文章我觉得讲得非常有意思，如果用这样的一种思维方式来考虑问题，可能人类社会会有一些改进。最近我也特别读了一些西方讲后现代主义的变形和转型的理论,最后从一个支离破碎的、有时候互不相干的后现代主义,转变成为能够互相关联、互相关照的,而且是能够互相起作用的一种后现代主义,这就是所谓的建构性的后现代主义。这个在加州现在好像非常的盛行。我最近在山东开一个会,就是讨论这种新型的建构性的后现代主义。有学者特别提倡这个建构性的后现代主义能够从中国的前现代思想里吸取很多东西,认为这个前现代跟他们所提倡的后现代是可以有沟通的。我觉得特别有意思。他在文中举了例子,比如说以西医为例,就能看出西方的学问一开始就是分类的,一分为二的,分主观客观,分得很清楚,分类然后再分割,分割然后一点一点地越来越小,然后你就能够掌握一个最精通的东西,但中国的文化不是这样,从中医来讲的话……

李欧梵: 中医是讲整体的。

乐黛云: 对,就是整体的、综合的。比如对癌细胞来说,西医会说这个癌细胞要分离,这个是癌细胞,这个是好细胞,你把它分开以后,你把癌细胞杀掉,那这个人就好了。但是中医就不这样,它认为癌细胞是可以与人和平共处、互相滋养、互相共存的,在这个共存中再慢慢把癌细胞调理好。

李欧梵: 我老婆就这个理论,(众人笑)我现在家里就练这个……(众人笑)

乐黛云: 那我们真是同道。

李欧梵: (边做动作)整体有效,平衡操,平衡操。(众人笑)

乐黛云: 就让你身体整个达到一个平衡。因为没有时间,我就不多讲了。我的意思就说我们现在这个综合的时代,一定要关心整个人类文明命运的发展。往往在这里夸夸其谈,没有谈到一点东西,可是我觉得你做什么,你人活着,你总得有一个追求,这个追求并不一定是对每个个体的追求,而是说要广泛地发现你对人类生活、人类发展的追求,而且做对人类有益的事,这一点还是很重要的。

李欧梵: 我现在发现一个问题了,我觉得你们两个人(指着乐黛云和陈平原)都很有道理了,那怎么办?(众人笑)

乐黛云: 可以结合起来。

李欧梵: 有什么可以结合的办法?也许(浦)安迪有办法。

乐黛云: 安迪来说一说。(笑)

李欧梵: 他这个就太特别了。你现在到底在以色列呢还是在美国?

浦安迪: 以色列多一点。

李欧梵: 因为我上次见你,你说一半一半吧!

浦安迪: (点头)。

李欧梵: 现在是一半一半。哦,你有没有感觉美国教育的思考方式或者研究方式和在以色列的差别很大,还是差不多?

浦安迪: 你这个问题和跨学科或跨文化没有太大关系吧。

李欧梵：对,我是乱讲的。

陈平原：我想,本科教育和研究生教育是有差别的。而今天北大中文系的学生,大都看不起基础训练。

李欧梵：哦,看不起啊,这么好的大学还看不起?

那我讲我自己一个例子,我突然想起来的。我在哈佛念历史的时候,有两个老师。一个是史华慈,他完全是放任式的,随便你,我讲列宁他跟我谈列宁,讲孔子他就跟我谈孔子,完全不管的。另外一个就是费正清老师,他也跟我说同样的话,说你是个自由精神(free spirit),但他不希望我才华"横溢"。结果在博士考试的时候,他就硬"整"我。他跟俄国史的老师一块儿串通好了。那个俄国老师专问我地理,第一句,叶卡捷琳娜二世的版图北边在哪里?南边在哪里?西边在哪里?我念了一大堆俄国思想史,没有用。(众人笑)其实这位老师是专门研究俄国思想史的,因为这个我才跟他念的。那么费正清问我什么呢?各位猜猜看。他问了我二三十个日期。

陈平原：哦?日期。

李欧梵：太平天国哪一年征服南京的?我说1856还是1857年,忘掉了。他说是哪一个月?(众人笑)然后说容闳哪一年耶鲁大学毕业?这个太过分了,这么无聊的问题。(众人笑)哪一月?这简直是故意整我嘛。……后来结束了之后,他通过秘书跟我说,说我的口试其实已经通过了,可是呢,我们男人没有怀孕的经验,所以我要让你阵痛一下,一辈子都记得。女人有怀孕的经验,还有痛苦,然后才会把孩子生下来。他说我就是故意整你的,让你感觉到这个阵痛。也许我们可以把这个故事变成一个例子,就专业的训练来说,越是有才华的人,你越是要逼着他们,要将基本功打好。这就好像练武功,你不能马上就学飞,要先在腿上绑着两块大石头学走路,等你可以跑的时候,石头一拿走,你就飞起来了。就是说你要能够让基本功训练和才华的诱惑,有一种创造性的、悖论式的组合。

乐黛云：总的目标不要脱出。

李欧梵：我觉得训练还是很重要。

乐黛云：如果总的目标都没有那就麻烦了。

李欧梵：我觉得训练还是很重要的。比如说我对古典音乐,只有一个基本的知识,我普通的谱勉强可以看,交响乐谱就不会看。可是有一次我就去指挥了。(众人笑)(对王风说)跟你弹古琴不一样,你真的学了,我没有学。我一辈子都梦想要做指挥,玩玩票,人到七十以后就可以乱玩了嘛。有一次台大交响乐团就请我去,说让我指挥一个序曲,威尔第的《命运之力》序曲。哎呀,我说太好了,我的命运就是在这里。然后呢,我本来以为开玩笑的,结果真的要去。9月7号还是8号演出,他们9月1号打电话给我,说你准备好了没有啊?我说我根本不知道你真要请我,那怎么办呢?我就在家里把所有的唱片全部听一遍。我觉得心里很虚啊,这个就是我对专业的要求,就是说你指挥的话,乐谱都不会,这怎么行呢?我就请到香港管乐团的一位副指挥,三十多岁。他为什么跟我很合呢?他是耶鲁大学比较文学系出来的,是 Michel Hockx 的学生,因为 Hockx 是我好朋友。我一个电话打过去,我说你非来不可,到我家里教我。他真的来了,带了乐谱。然后他把唱片一开,说好,你这里先深呼吸,这都是基本功。然后他教我拍子,一拍怎么打,两拍怎么打,三拍怎么打,然后这个地方,你看大提琴的谱……大提琴的谱,我也不懂。那么我就开始练习。当然强弱我不懂,音符怎么奏出来我也不懂,可是我大概结构摸出来了。当我去指挥的时候,我就可以唬我那些年轻的学弟学妹。我说你看这段,你们小提琴,奏快点。(众人笑)因为那上面的小节多,我以前拉过小提琴。

所以比如说你本行是文学,你要在音乐上做到专业(水准),那是不可能的。可是你要是能做到基本上可以不出太大的错误,那时你就会觉得安全一点。比如说我做指挥,虽然别人说我指挥得应该很呆板了,可是我觉得我至少到达了一个目标,就是逼我自己在那一个礼拜里面,练了一个指挥家花二三十年的基本功。当然我那是八流指挥。可是我还是可以指挥啊,就那七分钟我就指挥出来了。我太太为我念佛祷告。(众人笑)我常常讲这个故事,我觉得我一辈子,这几十年里很大的成就,就这七分钟!因为我尝试到那个领域里面,而它我可能一辈子都不会试的,因为跟我这研究没有关系。可是后来想想,也不能说完全没有关系。为什么我现在每次讲课这么紧张?因为我是背的,那些资料都要背下来,我记不住,就一遍一遍地看。就像子平刚刚说的,如果我用电脑,用 Power Point 不就行了,我就跟着它念了。所以我就背,忘记了,第二天再背,然后再画,再背。这个我太太老说我,你不是与自己过不去嘛,教了四十年书,还这个样子。

也许这就是专业的细胞在作祟。我为什么这样的要求自己呢?因为我以前学的不是文学,在美国念书念的是历史,可是教书之后我的专业变成了文学。我总觉得面对他们这些伟大的专业人才,我就心虚。那怎么办呢,我就拼命地要求自己研究的专业里,一定要达到他们的水准,这是苦工。理论也是一样,我在芝加哥大学默默读理论的时候,没有人知道,我也不露出来,我觉得我还不够。我很反对有些人根本没有看几句话就开始在那里卖弄,我觉得现在我们面对的这个世界,怎么说,真的很难应付。有时候我觉得很悲观,觉得也许我们每个人已经注定了变成这种人,这里碰一点,那里碰一点。像在香港,他们不停要求你去开会,做这个,做那个,你根本就没有时间自己专心在那里!所以我在香港提倡面壁主义,每个人不管你做什么事,每天面壁一个钟头,就是自己看一本书,或许看一篇陈平原的文章,一个钟头。(众人笑)

黄子平:脖子不动一坐四钟头。

李欧梵:对,思考。外界越是引诱力大,越是要有自我的纪律。

我最近还有个兴趣就是建筑,我大言不惭,说 21 世纪是建筑的世纪。我的例子是什么？就是 CCTV 的大楼、鸟巢……（众人笑）你们的鸟巢，花那么多钱，多少亿，比我们写本书影响力大多了，可是危害也大。（众人笑）它整个改变我们的生活，那我作为一个人文主义者，我必须面对这个问题。我要面对它，就要研究它。另外一个关心的问题就是，消费社会里面的伦理问题。因为香港实在太面临（这个问题）了，它那个贪污什么的越来越厉害了。于是我就看关于消费社会的伦理的书，那么真的发现有些后现代名家回来了，就讨论这个。不过今天您（指乐黛云）说的那个我第一次听到。后现代联接，我听了很高兴。因为我做的差不多就是这种东西。

乐黛云：重新建构。

李欧梵：对，我就叫做重新建构。

乐黛云：子平刚才讲到，为什么在美国西欧都没有网络文学？

黄子平：畅销书机制还是比较完整的。

李欧梵：他们不需要了。

黄子平：他们主要是电子书，电子文本。还是遵循原来的那个出版的规则。

乐黛云：他们有他们的那一套系统。

李欧梵：听说那个 Steven King 做了一个实验？

黄子平：不成功。日本是另外一回事。日本有手机小说，《女性》，2009 年开始，出版了三本。另外日本动漫很发达，上网还看什么小说，动漫就够你看了。

乐黛云：它的网络小说不如中国的。

黄子平：网络小说就是中国两岸，台湾没有大陆火。

李欧梵：你有没有一个解释呢？为什么这样？

黄子平：我现在还是外族人，不是土著。（众人笑）那要娶土著为妻才行。（众人笑）

陈平原：那么这样，开放给同学们，看有什么问题，好吧？

李欧梵：好，不然我们讲起来，大家讲不完。

陈平原：提问的话，请简洁，同时说明你希望谁回答。

张一帆：我的问题是关于您讲座中的第四讲，就是维柯、萨依德和朱光潜那一讲。您在演讲的最后提出回到语文学，如果我们在中国的语境中找的话，可能会想到训诂，尤其是想到章太炎的很多论述。我们知道鲁迅受章太炎的影响很深，但是最后其实鲁迅又放弃章太炎的一些东西。比如鲁迅在说到青年必读书的时候说不要读中国书，要多读外国书。我不知道他会不会去国外寻找这样一个回到语文学的传统，但他一定是拒绝中国的语文学传统。所以这就面临一个问题，一方面是学术研究，另一方面学者背后有他的文化关怀。刚才乐老师提到夏志清先生讲感时忧国精神，可是实际上夏先生自己就认为可能就是那种感时忧国精神阻碍着现代作家的写作技巧更进一步的提升。所以我在想，应该怎么平衡学术研究和现实关怀的关系呢？如果彼此冲突该怎么办？其实除了跨国界，还有一个跨学科的问题，比如说现代文学，学科本身还有一个精神性的东西在里面，尤其是鲁迅的精神在里面，那么回到语文学的话，又怎么和这个精神去平衡呢？

李欧梵：你这个问题提得很好。我又要提到我那个学生张历君，他最近在我班里报告，就讲章太炎和鲁迅。因为我那会儿讲鲁迅最失败，没得新意，我就请他帮我讲。其实鲁迅据他研究一直没有离开章太炎。你说到训诂，章太炎训诂的方式对古文的解释，他其实已经超越了传统中国的训诂学的意义，由他从这个里面引发出来，对于中国的古文字本身的一种执着或者是一种象征意义的探寻，甚至于发展到他整个对于革命，对于当时中国种族、中国革命的本质的研究，章太炎他都是从那一套训诂里出来的。我最近突然又回到鲁迅，我是在中大一个演讲上讲到，为什么鲁迅讲神鬼讲得那么多，讲古小说讲得比较多，明清反而少一点，而且他的小说里面那么多的鬼气。然后用的那些字眼，很多字眼，特别是《故事新编》《野草》里面那个字，像复仇那个仇字，对吧，是古字吧。他为什么在一个现代文学里用一个古字？他一方面说不要看中国书啊，因为什么拉丁化的，我想他下意识或者上意识里就觉得中国文字本身有它的魔力。他要表达一种非常现代的感觉，你要用中文的话，白话不够的，白话绝对是不够的。可是中国的古文字，对我的妙处就是说既是形声又是会意又是那个字形，那个字形出来，甚至有言外之意。所以鲁迅就是抓到了这些东西，使得我们研究他的时候永远是片面的，永远抓不到那个矛盾面。我们看这面，然后矫枉过正又太厉害。所以我提出一个所谓取来外籍，是从萨义德那儿得来的。物质是中国那种训诂学，或者是文字学，就是立意是什么呢？是从中国的那个字意里面引申出它背后的文化背景，或者说它对我们的一些启示，有些字眼，有些什么启示。这些东西我提出来，我自己又没有能力做，所以我就很希望大家研究训诂学的、研究传统中国古典文学的能够做。我觉得你（王风）谈古琴那个，我觉得很有启发的就是我突然想到，我现在搞晚清小说嘛，《老残游记》里有个四重奏，一个磬一个笙，一个什么。我真的想知道它那个音乐是什么，我看那一段的时候，我就想这音乐，我就问当时那个磬是什么样子的？晚清的琴是什么样子的？那个磬，他们说就是某一种像古琴一样的东西。

王　风：不是一回事，差得太远了。一个木质的，一个石质的。一个弹拨乐，一个打击乐。

李欧梵：磬，上面一个声音，下面一个石头。

王　风：曲尺形的，挂架子上敲击。

李欧梵：是一个老乐器，是吧？

王　风：非常古老，也许并不比琴的出现晚多少。礼乐必备，汉墓里画像石必然会出现它的形象的。

李欧梵：可是呢，它的声音是什么样子？是什么样的感受？

王　风：叮叮当当石头的声音。

李欧梵：另外还讲了一个东西，我记不清楚了。可是呢，我真的希望能够把宫、商、角、徵、羽注在旁边。因为西洋的小说里边，我最近重看那个《埃尔赛姑娘》，我不知道迷迷糊糊买了个德文本。我不懂德文，就发现里面，当那个裸体的埃尔赛姑娘下来的时候，听到了一首音乐谱，那个乐谱就印在了书上面。我本想跟各位谈谈多媒体。

乔伊斯《尤利西斯》第十七章，那两人在那里有一段唱歌，爱尔兰民歌，乐谱歌词三段摆在那里，那中国文学为什么不可以把乐谱摆进去？就是说多媒体，中间照样可以插出去，可以丰富文本。甚至有人认为，建筑是固体的音乐。我有一个建筑的同事，他就跟我讲一个新的建筑师，他整个的建筑世界的灵感，就像那个柏辽兹（Hector Louis Berlioz）的乐谱，柏辽兹是个德国的，哦，法国的作曲家。不过你碰到这种时候会很危险，会走火入魔，不务正业，你根本忘了你自己在做什么，跟你（看黄子平）上网一样的，（众人笑）你到了那儿，根本忘了你原本在研究什么。这样下去的话，麻烦得很，你的正业怎么办？

黄子平：退休了以后做。

李欧梵：就说我们现在生活在多媒体的刺激世界里，真的很难掌握它。

浦安迪：其实（你上面说的中国小说不印图式），有一个小例外。

李欧梵：啊？

浦安迪：《红楼梦》无论什么版本，在第八回，薛宝钗讲她的金锁时，就一直有那个图。

李欧梵：那个图有，中国小说里插画有。德国小说里面，插图或者插画都有，音乐的歌词有，还有曲谱。你看，好厉害！马上把文本拿出来，这就是（专业人士）。（众人笑）

陈平原：再给一个问题。

林　峥：我谈两点感想。刚才黄老师谈到网络文学，我想到，贺麦晓（Michel Hockx）老师最近在做英美网络诗歌的研究，讲多媒体书写。有意思的是，英文传统是网络诗歌，而我们中国是网络小说。

然后还有一个就是，刚才听王老师讲到古琴，就是您说中央音乐学院现在是先学西方的技法，然后再弹古琴，就让我想到，有一次，我跟一个在中央美术学院学国画专业的同学聊天，我问："你经常出去交流吗？"（他说）："我学国画能够出去交流的吗？"（我说：）"为什么你不能够出去呢？"（他说：）"那你觉得以前有出去的吗？"我想了想，说，徐悲鸿，他就笑了一下。然后他说，对，就是从徐悲鸿那时候，他们就把西方的这种画法，就是素描的传统传进来以后，其他中国传统的国画是非常式微的，所有的国画专业都已经采用西方的这种画法了。然后他们的老师是潘天寿的学生，是唯一一个还在坚持这种画法的。我当时听了以后就很震撼，因为我以前一直觉得,我们要跨文化,要保持世界的眼光什么,但是同时要怎么去守住我们自己根本的东西,我反而觉得可能是我们这一代人需要想的问题吧。

乐黛云:你如果没有"根",就跨不了了,你从哪儿跨啊?

李欧梵:对,要先有根。

乐黛云:这个一定是基本功,绝对是最重要。

陈平原:黄老师要不要回应一下? 我可以给她做一个补充。网络诗歌是一种文学实验,可网络小说不一样,已经变成商业行为了,可以收费。当它跟商业联系得很密切时,就不可能是一种纯粹的语言或文学试验。

黄子平:我原来寄希望于对抗,因为它背负那种完全非功利的、草根的、直接应和的文学使命。美国很多小型的诗歌俱乐部,是吧? 都不是什么专业诗人,就是些平民百姓,每回作诗作完以后跑到酒吧,大家一边喝啤酒一边听你朗诵诗。香港有一些年轻人找到资助,主持街坊的"师奶写作坊",家庭主妇送孩子上学之后,到这里来念她写的文章,可以是诗歌,也可以是回忆,不是为了出版发表,而是为了"兴观群怨",为了社群沟通和心理治疗。很多师奶通过写作,找到了欧梵所说的"人的尊严",越写越来劲。我觉得这些跟印刷出版没有关系的文学,跟大学文学史课堂、跟评奖委员会没有关系的文学才是属于未来的文学。目前看不出有什么苗头,但这才是我的梦。

李欧梵:有没有跟科幻或是后现代科幻有关的那种网络小说? 关键是那个故事,看你在按哪一个按钮,你按的按钮不同,故事就不一样。以前后现代小说就有,第一、三、五章是一个故事,二、四、六又是一个故事,有人写过的。那网络更方便了,你根本不需要翻页。

黄子平:好像没有那种实验性很强的小说,它绝对是情节单一的累积,反而很像……

陈平原:很像通俗小说。

黄子平:就是现代印刷进到晚清中国以后,能够出版畅销的就是言情啊、官场啊、黑幕啊,如今多了穿越啊。穿越就是把现代职场政治穿回去变成宫廷政治的那种,一边就是玄幻啊、仙侠啊,它产生很多新的类型。特别类似现代印刷进来中国以后,类型小说都蓬勃发展的历史现象,现代新的技术和新的产业链进来以后,可能更能突显大众文化生产的种种特征。

李欧梵:有没有电脑自己写作的,自动写作?

黄子平:也有,很少,还有一种接力写作,但全部失败。各种实验都有,但是最能够吸引那些人肯一千字掏两分钱出来看,还是这一类,类型化,类型化得很厉害。而且每一年每一年热点都不一样,因为有一段时间是穿越。最近穿越又被和谐了。(众人笑)有一段竟然是婆媳关系成为这一年的主流,网络小说的"婆媳年"是吧。

乐黛云:电视剧里头也是这样子。

黄子平：然后穿越里面又分为清穿和明穿，大部分是清穿，穿到清朝去的。

王　风：宋穿也有。

黄子平：对，宋穿也有，类型化里面已经在细分，各有各的迷，各有各的粉丝群。类型生产它所对应的消费者，这是大众文化的逻辑。实验小说、先锋派，要靠学院派批评的支持，靠网络不行。不过文学教授也都混到网络里去了。如果还有残存的先锋派作家，也真是四顾茫然，荷戟彷徨。

陈平原：好啊，你来。（指向一个举手示意想提问的女生）

刘汭屿：我想请问李老师，刚有听到您的讲座。

李欧梵：请声音大一点。

刘汭屿：各位老师谈到跨媒介、跨文化的研究，老师们的观点给了我们很多学理上的启发，但我更想请教一些方法论上的问题。就是结合您自己这么多年的研究经验，在各个领域、各个课题中进行这种技术操作的时候，有没有一些重要的原则规则，是可以提供给我们遵守、借鉴，或者需要规避的？能不能举一个您以往研究中的经典案例，来让我们学习？比方说我自己想做晚清戏曲研究，我就感觉在文学与艺术（音乐）、文本与舞台演出及观演效应的沟通，戏剧作为这个时代新兴娱乐工业与作为传统教化手段之间，很多问题其实很难整合。好像不像您说的，跨文化可以跳来跳去，利用"通感"的内在性如何如何。这些研究理念落实到具体操作上，比如最直接的，体现在学位论文的组织结构上，这种跨学科跨文化的知识体系和研究理念其实会遇到很多困境……想听您进一步谈谈这方面的问题。

李欧梵：没错，你说得很对，外面跳来跳去是可以，但当你面临实际问题的时候，操作的时候很难，所以我反对那种"大而无当"的理论跨界。我的办法就是，我面临某一个问题的时候，就是用那种非常传统、保守的办法。比如说，讲晚清，特别是文明戏，我就专门看人家研究文明戏，我就摸透文明戏到底是什么样的演出形式，而不会把那个所谓演出理论先拿出来。而文本问题，一个外来文本怎么介绍进来，我不会马上用那个翻译理论——那些刘禾用得非常好——而我就会直接一点一点地看，这很花功夫的。所以说我现在交白卷嘛，我的晚清的研究到现在还没有写出来。晚清其实是一个很难研究的题目，你那个实际上是积攒，它什么都进来了，而且很多物质文化上的东西。我今天这次讲的一点点，灵感就是从王德威的那一句"贾宝玉坐潜水艇"而来。于是我开始就说，那句话绝对是船坚炮利的象征主义。可是下面我就开始好奇了，为什么要把潜水艇放在《后石头记》呢？吴趼人心目中想象的潜水艇是什么样子的呢？我就问这些很奇怪的问题，理论不能解决的问题，自己琢磨。然后就想到那种空间的感觉。我觉得有时候做这种比较细致的研究，真的是没有窍门的。说到晚清研究，我这次有幸见到一位博士后的学生，他说你讲的东西（我也是露了一句），就是说鲁迅念的那个地质原理，我说是维多利亚科学史上很重要的一本书。这个同学就说，我的老师就是研究维多利亚科学的。

我知道以后,我就向他请教,因为我要研究那方面的东西。为什么鲁迅要看这本书,这本书到底跟他的文学创作有什么关系?……这个东西就是很麻烦的,你就要一直追下去。后来我又发现另外一个我解决不了的问题——《电术奇谈》,就是催眠,用那个电一碰,那个人一碰就那样了,很神奇。后来有人告诉我,在维多利亚科学里面这个很重要。维多利亚心理学认为,人触电之后,就会怎样怎样。所以这就变成当时维多利亚小说里常出现的一种很典型的情景。我们不知道,以为这是很新奇的东西,但晚清的小说家可能不只是觉得好玩而已,他们是认真的。那么这个追寻过程呢,就展现了一个非常有意思的世界。只是中国的学者,比如说上海的一班学者,他把晚清的一些利器都弄得很清楚,什么时候有电器,什么时候有收音机什么的都有。可是当你们面临周瘦鹃的小说——一个岛上,一个男的爱上那个女的,就把他自己的爱情讲了一大堆,灌成一张录音唱片,送给那个女的;那个女的一天到晚就听听听,把那唱片听坏了,就这么一个故事。那你怎么研究这个留声机呢?这个就是大问题,现在还真有人研究这个东西。我们学术的好处就是,很多同行啊,每个人都研究不同的东西。我还是觉得,如果大家在一起,把各自的专长填起来,一定很过瘾。你研究留音机,我研究电器,有人研究小说,正好碰在一起,一起碰撞。只是有一点我倒不完全同意,如果你碰撞得对的话,那真的很兴奋;可假如碰撞不对的话,就变成各说各话——还真有的就是各说各话。各说各话的不是新人晚辈,反而是大师——我以前见到很多就是,那些理论大师们根本不听你的。我有一次很不好的经验就是关于德里达的。有一次一个日本学者跟他讨论,非常有名的一个日本学者,德里达却根本不理他,说你把我的书看错了。这种态度根本是帝国主义态度,我非常讨厌他,就是因为这件事。那个日本学者就是写《日本现代文学的兴起》的柄谷行人。我亲眼看到那个情况,我对他说,你怎么用这种态度来讨论学问,难道你不明白"误读"吗?你知道你又懂得多少日本文学?……可他不以为然。他说文学"literature"这个字,本来就欧洲有,其他国家没有;没有这个字,也就不存在什么"文学"。这很过分,但严格来讲,他也有道理。文学"literature"这个字,日本确实没有,日本的"文学"也不完全是欧洲说的"literature"。所以,像这类的"碰撞"就非常麻烦,因为霸权到处都有。但像我们这种细致性的研究,那是我们专业的好处,就是说大家在一起共同讨论,你真的可以学到很多东西。所以这方面我赞成和提倡的就是,你不要躲在家里自己搞自己的东西。特别像研究我们这种比较乱七八糟的题目的话,真的是需要到处去碰撞。比如在台湾就有一批女将,大约十几个人,大家都研究晚清,但每个人都有不同的路数。我把她们组织起来,就说每个月一起喝一次咖啡。后来我自己走掉了,她们也不见面了。(众人笑)。

王　风:都是为了来看您的。

李欧梵:没有,没有,倒过来,都是为了来看我老婆的。(众人笑)

陈平原:好,今天的对话就到这。谢谢李欧梵教授。(鼓掌)

现代中国·第十五辑
北京大学出版社
2014年7月

告别《现代中国》

陈平原

这是最后一次为《现代中国》撰写"编后"了，敲下标题，黯然神伤。

从第一辑起，每辑学刊编完，我都会写几句"闲话"，或扣紧专题谈文章，或因地制宜发感慨，或旗帜鲜明表立场。为撰此文，重读前十四辑"编后"，感叹世道沧桑，确实到了"归去来兮"的时候。

记得第一辑学刊编定，是在2001年初，至今差不多十二年。照中国人的说法，十二年为一纪；此时此刻，未能更上一层楼，反而准备关门大吉，实在愧对可能存在的"热心读者"。

《现代中国》第一辑"编后"曾以《有情怀的专业研究》为题，发表在2001年5月30日的《中华读书报》上。其中提到随着专业化思想的深入人心，治学者必须接受系统训练并遵守学术规则，已经成为共识，并逐渐得到落实。我担心的是，"专业主义"一旦成为塑造我们思想行为的主要力量，会对各种可能出现的"奇思妙想"造成极大的压抑。既投身"专业化"大潮，又对所谓的"正统派"之得失保持清醒的认识，我以为是必要的。具体说来，就是希望用"情怀"来补"规则"的缺失。

第二年3月，在题为《关注"现代中国"》的专访中，我重申此立场，解释为何要从《学人》之提倡"学术规范"，转为《现代中国》之讲求"有情怀的专业研究"："在我看来，规则是一个入门的东西，不可不谈，但也不可过分倚重。对于学者来说，除了规则，还有别的更重要的东西。比如做二十世纪中国文化研究的人，总是在学术之外，对当下有所关心。对于他们来说，成为一个合格的'专家'，便不是最高境界。"（杨早：《关注"现代中国"——就〈现代中国〉的出刊访陈平原先生》，《中华读书报》2002年3月20日）

刚进入新世纪时，似乎有点新气象；可很快地，各种压力接踵而至，我辈的"雄心壮志"遂逐渐消磨于无形。我说的不是政治上的"禁区"，而是体制化的"规训"。先是明令取缔民间学刊，后略为放松，允许其存在，但通过建立国家审定的核心期刊、评价标准、奖励机制等,迅速压缩民间学术的生存空间。各大学普遍规定,教师在 A 类刊物、B 类刊物、C 类刊物发表论文,有真金白银的犒赏。而所谓 ABC 类刊物,前提是有刊号;换句话说,"以书代刊"者全部出局。作为大学教师,你可以继续在民间学刊上发论文,但在官方制定的评价体系中,这不算业绩,纯属"业余爱好"。考虑到奖金十分优厚,除了极少数"冥顽不化"者还在坚持"走自己的路",中国高校的绝大部分教师,不管是否情愿,全都只能"入吾彀中矣"。

在《人文学之"三十年河东"》(《读书》2012 年第 2 期)中,我曾提及"引领或制约一个时代学术风尚及士林气象的,到底是官府还是民间":"以最近三十年的中国学界为例,八十年代民间学术唱主角,政府不太介入;九十年代各做各的,车走车路,马走马道;进入新世纪,政府加大了对学界的管控及支持力度,民间学术全线溃散。随着教育行政化、学术数字化,整个评价体系基本上被政府垄断。我的判断是,下一个三十年,还会有博学深思、特立独行的人文学者,但其生存处境将相当艰难。"若是著名学者,还勉强可以"特立独行";但如果是青年教师,想凭个人兴趣读书写作,那纯属"自我放逐"。

面对此无力阻挡的"大趋势",作为《现代中国》的主编,我内心十分纠结——邀请著名学者"友情出演",一两次可以,多了是不行的;若是青年教师,为了人家的前程,好文章必须鼓励其投给"一流刊物"。这样算下来,要想办好《现代中国》,不说"绝无可能",也是机会甚微了。当然,每期《现代中国》上都有好文章,但组稿周期的拉长,已经说明了其间的窘境。

今年 4 月,南京大学中国社会科学研究评价中心将《现代中国》列为 CSSCI 集刊,也就是说,各高校教师在上面发文章,勉强可以"算分"了。朋友们勉励我继续努力,以"修成正果";犹豫了好一阵子,最终还是决定放弃。原因是,一旦进入这套"游戏",为了适应"规则",必定变得亦步亦趋,患得患失,很难再有独立寒秋、挥洒才情的勇气。说实话,这套以制定计划、申请课题、编列预算、花钱报账为基本程序的"学问",非我所长,也非我所愿。因此,征求了北京大学二十世纪中国文化研究中心诸位同人的意见后,决定暂时停刊。

北京大学二十世纪中国文化研究中心成立于 1999 年,除了主办学术会议、组织合作研究、出版大型丛书,2001 年春开始编辑《现代中国》集刊。我曾如此"自我吹嘘":《现代中国》是专业性很强的学术刊物,同时又有强烈的文化关怀。谈论"二十世纪中国",既可能是一个综合性质的、跨越不同学科的课题,也可能是一种延续着传统而又关注着当下的眼光。这就决定了其既是历史命题,也有明显的问题意识。本学刊探讨的对象涵盖晚清以降中国的文学、教育、思想、学术、艺术等各个层面,每辑 35 万字左右,原定半年出刊,实际上略有耽搁。学刊编委包括北大中文系教授严家炎、谢冕、孙玉石、钱理群、洪子诚、温儒敏、陈平原,哲学系教授王守常、胡军,历史系教授欧阳哲生,艺术系教授朱青生等。作为主编,我的工作得到了王风、吴晓东、陈泳超、贺桂梅四位编辑的积极协助。这四位"编辑",当初因是年轻教师,未进入"编委"行列;如今他们也都成了独当一面的"大将"了。

或许有一天,情势好转,我又重作冯妇;但更大的可能性是年轻一代像我当年那样,"知其不可而为之",在夹缝中努力寻找一线生机,让《现代中国》东山再起——我真心期待这一天早日到来。

最后,请允许我代表编委会,向湖北教育出版社和北京大学出版社致谢。前五辑学刊的印刷及稿费,由湖北教育出版社独力承担;后十辑由北京大学出版社刊行,虽略有补贴,但相对于迅速上涨的成本,出版社明显是亏本了。在这种状态下,北京大学出版社领导及责任编辑艾英女士,能坚守诺言,继续刊出,令人感动。

值此暂时停刊之际,特向曾热心支持本学刊的诸多作者及读者,还有出版界、新闻界的旧雨新知,表示衷心的感谢。

2012 年 12 月 24 日于香港中文大学客舍

《现代中国》1—15辑总目录

第一辑(2001年10月)

论 文

论五四作家的文化背景与知识结构 …………………………………… 严家炎
被解释的传统
　　——五四话语在现代中国 …………………………………… 欧阳哲生
从白话文运动到《白话文学史》
　　——胡适与民间文学 ………………………………………… 陈泳超
当代评论与文学史研究的张力
　　——重读朱自清的《中国新文学研究纲要》 ………………… 温儒敏
"现代"·"当代"与"五四"
　　——新文学史写作范式的变迁 ……………………………… 贺桂梅
新诗:现代与传统的对话
　　——兼释20世纪30代的"晚唐诗热" ……………………… 孙玉石
魂兮归来
　　——历史迷魅与小说记忆 …………………………………… 王德威
左翼文学与"现代派" ………………………………………………… 洪子诚
"东方理想国"在中国现代文学中的生成
　　——废名小说《桥》的诗学分析 …………………………… 吴晓东

晚清女学中的满汉矛盾
　　——惠兴自杀事件解读 ……………………………………… 夏晓虹
光绪二十四年的古文 ………………………………………………… 平田昌司
晚清拼音化运动与白话文运动催发的国语思潮 …………………… 王 风
张岱年分析唯物论知识论管窥 ……………………………………… 胡 军
传统书院的现代转型
　　——以无锡国专为中心 ……………………………………… 陈平原

书 评

《现代儒学论》(余英时) …………………………………………… 杨丹荷
《义序的宗族研究》(林耀华) ……………………………………… 赵旭东
《天安门:知识分子与中国革命》(史景迁) ………………………… 赵 璕

《触摸历史:五四人物与现代中国》(陈平原、夏晓虹) ……………………………… 魏　泉
《新中国美术图史》(王明贤、严善錞) …………………………………………… 朱青生
《中国现代文学批评发生史(1917—1930)》(高利克) …………………………… 程　凯
《想像中国的方法——历史·小说·叙事》(王德威) …………………………… 王鹤丹
《中国现代主义诗潮史论》(孙玉石) ……………………………………………… 齐湘辉

编　后

第二辑(2002年3月)

论　文

温故可以知新:清季民初的"历史眼光" ………………………………………… 罗志田
学问该如何表述
　　——以《章太炎的白话文》为中心 ……………………………………… 陈平原
罗素哲学在中国的热情宣传者:张申府 ………………………………………… 胡　军
独自远行
　　——鲁迅接受史的一种描述(1936—1949) …………………………… 钱理群
审美的命运:从救赎到物化
　　——关于中国八十年代"美学热"的再思考 ………………………… 周小仪
狂男痴女
　　——阅读陈衡哲、鲁迅和《新青年》的方式 ………………… 贺麦晓(Michel Hockx)
"孔教问题"与"文学革命"
　　——论《新青年》杂志的两大讨论 ………………………………………… 李宪瑜
《现代》诗歌的历史定位与艺术探索 …………………………………………… 孙玉石
五四文学革命的另一面
　　——以林纾为中心 …………………………………………………………… 洪　越
作为"话语实践"的"文学"
　　——一个需要不断反思的起点 ……………………………………………… 罗　岗
鲁迅小说的典范意义 ……………………………………………………………… 高远东
"封锁"下的都市女性
　　——沦陷时期上海女作家论 ………………………………………………… 毛佩洁
"社会主义现实主义"成规审视下的"新英雄" ………………………………… 姚　丹

书　评

《眼光向下的革命——中国现代民俗学思想史论(1918—1937)》(赵世瑜) ……… 陈泳超
《中国现代学术之建立——以章太炎、胡适之为中心》(陈平原) ………………… 叶　隽
《"革命"的现代性——中国革命话语考论》(陈建华) …………………………… 尤小立
《1948:天地玄黄》(钱理群) ……………………………………………………… 段美乔
《晚清社会与文化》(夏晓虹) ……………………………………………………… 杨　志
《当代文学概说》(洪子诚) ………………………………………………………… 萨支山

《"灰阑"中的叙述》(黄子平) ………………………………………… 袁筱芬
《雾中风景——中国电影文化 1978—1998》(戴锦华) ……………… 吴晓黎

编　后

第三辑(2003 年 5 月)
中学国文教材不宜采用小说 ……………………………………………… 梁启超
梁启超文稿跋 ……………………………………………………………… 史树青

论　文
晚清女报的性别观照
　　——《女子世界》研究 ………………………………………… 夏晓虹
学术讲演与白话文学
　　——1922 年的"风景" …………………………………………… 陈平原
从中学国文教科书看近世文学观念的转变 …………………………… 徐雁平
20 世纪 90 年代的"女性文学"与女作家出版物 ……………………… 贺桂梅
胡适与中美文化交流 ……………………………………………………… 欧阳哲生
罗素《哲学问题》(1912 年)及其在华演讲《哲学问题》(1921 年)之异同考 … 胡　军
启蒙时代的隐性侧面
　　——以陈独秀学术思想为中心 ………………………………… 尤小立
从发表到成集:早期新诗"传播空间"研究 …………………………… 姜　涛
穆旦诗歌中的价值语言分析 …………………………………………… 李荣明
20 世纪 40 年代中国新诗的历史回顾与思考 ………………………… 孙玉石
20 世纪 80 年代前期的诗歌 …………………………………………… 洪子诚

评　论
左翼文学与现代中国 ……………………………………………………… 赵　园
现代中国的王夫之
　　——被追认的大儒 ……………………………………………… 张　辉

书　评
《中国近代思想和学术的系谱》(王汎森) ……………………………… 季剑青
《清末的下层社会启蒙运动:1901——1911》(李孝悌) ……………… 凌云岚
《梁启超·明治日本·西方》(狭间直树编) …………………………… 李彦东
《乱世潜流——民族主义与民国政治》(罗志田) ……………………… 田嵩燕
《乡村戏曲表演与中国现代民众》(董晓萍等) ………………………… 陈永钊
《中国文学研究现代化进程二编》(陈平原编) ………………………… 张丽华
《仓石武四郎中国留学记》(荣新江等辑注) …………………………… 淮　茗
《上海摩登——一种新都市文化在中国 1930—1945》(李欧梵) …… 陈丹丹
《为了忘却的集体记忆——解读 50 篇文革小说》(许子东) ………… 杨　早

《20世纪末中国文学现象研究》(曹文轩) …………………………………………… 邵燕君

编 后

第四辑(2004年12月)

论 文

康有为的"圣人"情结及其以孔教为国教说 …………………………………… 耿云志
鲁迅与创造社、太阳社的论战 ……………………………………………………… 钱理群
陈铨的民族文学观及其构建现代中国"狂飙运动"的尝试 ……………………… 叶 隽
论王蒙的寓言小说 …………………………………………………………………… 严家炎
试论中国现代文学的基本结构及其终结 ………………………………………… 尾崎文昭
小说史学的形成与新变 ……………………………………………………………… 陈平原
世界文学史写作与世界文学观 ……………………………………………………… 刘洪涛
从"自由书"到"随感录"
　　——晚清报刊评论与五四议论性文学散文 ………………………………… 王 风
论文学传统在新文学变革中的地位和作用 ……………………………………… 方锡德
托尔斯泰在三四十年代的中国及其"从新估价运动" …………………………… 李 今

评 论

新文学一百年 ………………………………………………………………………… 谢 冕
"所谓无词的言语" …………………………………………………………………… 韩毓海
金庸与国民文学 ……………………………………………………………………… 孔庆东
日本中国现代文学研究者之精神与方法片议
　　——序靳丛林《东瀛文撷——20世纪中国文学论》) …………………… 孙玉石

书 评

《鲁迅〈故乡〉阅读史:近代中国的文学空间》(藤井省三) ……………………… 邵迎建
《鲁迅与日本人》(伊藤虎丸) ……………………………………………………… 袁筱芬
《中国文化的守夜人——鲁迅》(王富仁) ………………………………………… 汪卫东
《一个中国人的文学观——周作人的文艺思想》(卜立德) ……………………… 葛 飞
《从传统中求变:晚清思想史研究》(汪荣祖) …………………………………… 陈友良
《图像晚清:点石斋画报》(陈平原、夏晓虹) ……………………………………… 秦燕春
《知识分子与近代中国的现代化》(张朋园) ……………………………………… 谢 慧
《跨语际实践》(刘禾) ……………………………………………………………… 冷 霜
《文学史的权力》(戴燕) …………………………………………………………… 杜新艳
《中国大学十讲》(陈平原) ………………………………………………………… 蔡 可
《问题与方法:中国当代文学史研究讲稿》(洪子诚) …………………………… 贺桂梅
《现实主义的限制——革命时代的中国小说》(安敏成) ………………………… 姜 涛
《分析哲学在中国》(胡军) ………………………………………………………… 颜玉科

《口传史诗诗学:冉皮勒〈江格尔〉程式句法的研究》(朝戈金) ……………… 乌日古木勒

编　后

第五辑(2004年12月)

论　文

晚清北京南城的"堂子" ………………………………………………… 幺书仪
旧戏台上的文明戏
　　——田际云与北京"妇女匡学会" ………………………………… 夏晓虹
香山健锐营与京城八大胡同
　　——穆儒丐笔下民国初年北京旗人的悲情 ………………………… 张菊玲
世变中的音乐教育与音乐家
　　——由北京李抱忱到广东黄友棣 …………………………………… 沈　冬
既"远"且"近"的目光:林语堂、德龄公主、谢阁兰的北京叙事 ……… 宋伟杰
龙须沟:城市景观与历史记忆 …………………………………………… 柏右铭
"国都"与"全球都市":双重想象的混杂 ………………………………… 张颐武
台湾人在北京:1949前在京台湾作家简论 ……………………………… 奚　密
林海音与凌叔华的北京故事 ……………………………………………… 梅家玲
北京梦华录:北京人到台湾 ……………………………………………… 王德威

评　论

北京大学"校"与"刊"的结合及其"公共空间"的开拓 ………………… 陈方竞
蔡元培与老北大的艺术教育 ……………………………………………… 陈平原
严谨的开拓者及其固执
　　——《论鲁迅的复调小说》读后感言兼及对"五四"的反思 ……… 解志熙
现代中国"文学场"的形塑
　　——贺麦晓《文体问题》阅读感言 ………………………………… 张松建

书　评

《文学中的城市》(Richard Lehan) ……………………………………… 季剑青
《世纪末的维也纳》(卡尔·休斯克) …………………………………… 崔问津
《世纪末的维也纳》(卡尔·休斯克) …………………………………… 张丽华
《发达资本主义时代的抒情诗人》(本雅明) …………………………… 熊　权
《发达资本主义时代的抒情诗人》(本雅明) …………………………… 王　璞
《发达资本主义时代的抒情诗人》(本雅明) …………………………… 彭春凌
《增订 长安之春》(石田干之助) ………………………………………… 吉田薰
《蒙元入侵前夜的中国日常生活》(谢和耐) …………………………… 王振峰
《蒙元入侵前夜的中国日常生活》(谢和耐) …………………………… 张　治
《刘伯温与哪吒城》(陈学霖) …………………………………………… 张　寒

《中华帝国晚期的城市》（施坚雅） …………………………………………… 何宏玲
《北京：城与人》（赵园） ……………………………………………………… 汤　莉
《北京：城与人》（赵园） ……………………………………………………… 丁　文
《上海摩登》（李欧梵） ………………………………………………………… 詹　勇
《上海摩登》（李欧梵） ………………………………………………………… 王　申

编　后

第六辑（2005 年 12 月）
论　文

燕园的三个学生刊物 ……………………………………………………… 钱理群
"杂志"里的 40 年代
　　——《文艺春秋》和《文艺复兴》研究 ………………………………… 程光炜
"沙龙"、"大会"与"单位"
　　——"新文学运动方式的转变"之一 …………………………………… 钱文亮
战乱年代的另类书写
　　——试论废名的《莫须有先生坐飞机以后》 …………………………… 吴晓东
赵树理文学的现代性问题 ………………………………………………… 贺桂梅
论延安的新秧歌 …………………………………………………………… 赵锦丽
歌剧《白毛女》在延安的诞生 ……………………………………… 刘　震　孟　远
游园惊梦，古典爱情
　　——现代中国文学的两度"还魂" ……………………………………… 王德威
香港与 40—50 年代的文化转折 …………………………………………… 陈顺馨
韩国的解放空间（1945—1950）与文学 …………………………………… 白元淡
50 年代的通俗文艺
　　——以赵树理《三里湾》的出版为中心 ………………………………… 樫尾季美

对　话

答客问
　　——关于历史分期、"两个口号"等 ……………………………………… 王　瑶
"中国三十年代文学研究会"与日中文化交流 …………………………… 丸山昇等
文学复古与文学革命
　　——木山英雄著作出版座谈会 ………………………………………… 木山英雄等
在东京独逸语专修学校就读时的鲁迅 …………………………………… 北冈正子
大师的意义以及弟子的位置
　　——解读作为神话的"清华国学院" …………………………………… 陈平原

编　后

第七辑(2006年6月)

论 文

梁启超曲论与剧作探微 ……………………………………………………… 夏晓虹

《浮生六记》与"五四"文化人的三种解读
　　——一种民间传统在现代家庭观念中的延续与变异 ……………… 李长莉

海上新传奇
　　——从韩邦庆《海上花列传》看19世纪末叶上海城"现代性"面貌的成熟与转型
　　………………………………………………………………………… 吕文翠

新闻生产中的小说传统
　　——以早期《申报》文人对《聊斋志异》的接受与转化为例 ……… 李彦东

民初知识分子的身份转型与集团重组 ……………………………………… 杨　早

革命文学叙述中被遮蔽的一页
　　——1927年武汉政权下的"革命文化"、"无产阶级文化"言论 …… 程　凯

1931年的寂寞与忍耐
　　——透过里尔克看冯至的自我探索 …………………………………… 张　辉

为中国现代哲学中的形而上学辩护
　　——兼论金岳霖《论道》的现代意义 ………………………………… 胡　军

胡适理解的哲学 …………………………………………………………… 欧阳哲生

演 讲

"演说现场"的复原与阐释
　　——"现代学者演说现场"丛书总序 ………………………………… 陈平原

行政官与演说家
　　——《蔡元培演讲集》导言 …………………………………………… 叶　隽

以"史"救弊:大师的自励与启蒙
　　——《章太炎演讲集》导言 …………………………………………… 秦燕春

从"承启之志"到"守待之心"
　　——《梁启超演讲集》导言 …………………………………………… 魏　泉

生活教育之路
　　——《陶行知演讲集》导言 …………………………………………… 何宏玲

回荡在校园的声音
　　——《朱自清讲演集》导言 …………………………………………… 凌云岚

千古文章未尽才
　　——《闻一多演讲集》导言 …………………………………………… 颜　浩

书 评

苏雪林的文学成就
　　——范震威著《世纪才女——苏雪林传》序 ………………………… 严家炎

重建学术史的"意境"
　　——评陈平原《触摸历史与进入五四》 ··· 陈晓明
重绘中国近代小说史的地图
　　——评韩南《中国近代小说的兴起》 ··· 张　治
晚清小说研究的现代视角
　　——评王德威《被压抑的现代性——晚清小说新论》 ································· 李　静
描述灰色的地带
　　——读杨联芬《晚清至五四：中国文学现代性的发生》 ····························· 龚是非
中国近代文学学科史的最新清理
　　——评《二十世纪中国近代文学研究学术史》 ··· 栾伟平
在传统与现代性之间
　　——评介《新文化的传统——五四人物与思想研究》一书 ······················· 刘召兴
周氏兄弟与现代中国
　　《文学复古与文学革命》 ··· 崔问津
诗学视野与在地关怀下的文学史研究
　　——评陈国球《文学史书写与文化政治》 ··· 彭春凌
朦胧诗的谱系与文学史写作
　　——评《中国朦胧诗派研究》 ··· 袁一丹
作为世纪新发现的俗文学
　　——评陈平原编《现代学术史上的俗文学》 ··· 王晓白
发现"风景的发现"
　　——评户晓辉《现代性与民间文学》 ··· 袁　博
传统戏曲当代表现的整体评价
　　——评王安祈《当代戏曲》 ··· 丘慧莹
拓荒与整合
　　——评李道新《中国电影文化史》 ··· 苏　涛

编　后

第八辑（2007年1月）

论　文

重溯中国精神分析学的历史轨迹 ··· 张京媛
作为一门学科的中国思想史研究 ··· 欧阳哲生
重建"中国现代文学"
　　——在学科建制与民间视野之间 ··· 陈平原
从"尚友录"到"名人传略"
　　——晚清世界人名辞典研究 ··· 夏晓虹
"受动"与"能动"
　　——王国维学术变迁的知识谱系、文体和语体问题 ································· 王　风

"国族"还是"文化":清季遗老群体的"晚明想像" ………………………… 秦燕春
《世界繁华报》语境中的《官场现形记》写作 …………………………… 何宏玲
现代中国的青春想象 ………………………………………………………… 宋明炜
湘省革命:地方历史与个人记忆 …………………………………………… 凌云岚
向左转:1930年前后波希米亚式艺术家在上海 ………………………… 葛　飞

演　讲

"城市文化研究"视野中的北京 …………………………………………… 赵　园
关于《正红旗下》 …………………………………………………………… 赵　园

书　评

晚清报刊与妇女史研究
　　——读夏晓虹《晚清女性与近代中国》 ……………………………… 闵　杰
近代学术转型研究中的结构性原创之作
　　——评玉河先生的《从四部之学到七科之学》 ……………………… 王法周
作为问题的"现代"与"中国"
　　——读汪晖的《现代中国思想的兴起》 ……………………………… 刘　岩
现代性的橱窗
　　——评[法]白吉尔的《上海史:走向现代之路》 …………………… 杜　英
地图与坐标:"近代"体验如何空间观察?
　　——评《魔都上海——日本知识人的"近代"体验》 ………………… 彭春凌
北京文化研究的新气象
　　——《北京:都市想象与文化记忆》读后 …………………………… 窦　坤
小说史理念的内在视景
　　——评夏志清的《中国现代小说史》 ………………………………… 吴晓东
"非诗意"的诗史及其书写
　　——评《中国当代新诗史》(修订版) ………………………………… 张桃洲
在历史"原生态"与学科焦虑之间
　　——评《中国民间文学研究的现代轨辙》 …………………………… 张丽华
深入文学变革的腹地
　　——评《文学语言与文章体式:从晚清到"五四"》 ………………… 陆　胤
难以逾越的地平线
　　——评《浮出历史地表》 ……………………………………………… 袁一丹
探询文学研究的新视域
　　——评贺桂梅《人文学的想象力》 …………………………………… 张慧瑜
民族国家视野与现代文学研究范式的重构
　　——读倪伟《"民族"想象与国家统制》 ……………………………… 张春田

编　后

第九辑（2007 年 7 月）

论　文

历史，记忆，与大学之道
　　——四则薪传者的故事 ················ 王德威
鲁迅《中国小说史略》与中国小说史学的发生 ········ 鲍国华
中国电影批评的先驱
　　——周瘦鹃《影戏话》读解 ·············· 陈建华
我们如何理解这个世界
　　——《恨海》与晚清中国人的认同危机 ········ 李　杨
星轺笔录中的人格与文章
　　——晚清外交使臣对西方文明的反应 ········· 张　治
"阳台"：张爱玲小说中的空间意义生产 ············ 吴晓东
小说《惆怅》为冰心佚文的再考证 ··············· 方锡德
1930 年代北平文艺青年的公寓写作 ·············· 季剑青
白璧德"人文主义"思想在中国
　　——《学衡》杂志徐震堮译文研究 ·········· 张　源
身体的荒诞诡计
　　——论当代小说中的"文革记忆" ··········· 陈晓明
"香港意识"的生产和传播
　　——以香港《新生晚报》副刊短篇小说为例 ····· 樊善标
台湾现代诗的美学问题 ···················· 龚鹏程

演说与对话

人文学的困境、魅力及出路 ·················· 陈平原
海外中国学的视野
　　——以普实克、夏志清为中心 ···· 王德威　刘东　吴晓东　陈平原等

编　后

第十辑（2008 年 1 月）

论　文

木下犀潭学系和"中国文学史"的形成 ············· 平田昌司
"抒情精神"与中国文学传统
　　——普实克论中国文学 ················ 陈国球
五四社交公开运动中的性别矛盾与恋爱思潮 ·········· 杨联芬
丁文江与中央研究院 ····················· 欧阳哲生
李石曾的文化浪漫主义及其留法经历 ·············· 叶　隽

新闻生产与类小说的文体意义 ················· 凌硕为

宇宙意识与故国想象
　　——沈宝基、罗大冈对中国古典诗学的协商 ……………………… 张松建
想像"文化中国"的方法
　　——"寻根"思潮的知识谱系与意识形态 …………………………… 贺桂梅

演讲与评论

鲁迅的文化研究 ……………………………………………………………… 黄子平
现代解诗学思想的思考理路与赘语
　　——《中国现代诗导读1938—1949》卷后记 ……………………… 孙玉石
大学精神的另一种探寻
　　——《大学何为》述论 ………………………………………………… 于述胜

资料与考释

阅读林纾训子书札记 ………………………………………………………… 夏晓虹
林纾示琮儿书 林钢、林大文提供 ………………………………………… 夏晓虹释文

书　评

拓展地方的视野
　　——读《地域文化与国家认同：晚清以来"广东文化"观的形成》 … 李婉薇
在考订与议论之间
　　——评《三（两）江师范学堂：南京大学的前身，1903—1911》 … 张小丽
通向"观念史"的新途径
　　——读《近代中国的百科辞书》 ……………………………………… 张丽华
新史视域与文史传统
　　——评《激变时代的文化与政治：从新文化运动到北伐》 ………… 彭春凌
历史化的双重视域
　　——读《危机时刻的文化想象——文学·文学史·文学教育》 …… 朱　羽
新诗研究空间的再拓展
　　——评《"新诗集"与中国新诗的发生》 …………………………… 李　佳
政治文化与文学研究空间的开拓
　　——读《政治文化与中国二十世纪三十年代文学》 ………………… 李松睿
走在乡间的小路上
　　——评《20世纪中国民间文学学术史》 …………………………… 孙春芳
文学史家的教育情怀
　　——《教育：知识生产与文学传播》读后 …………………………… 吴　微
华文异彩，踵死而生
　　——评王德威《当代小说二十家》 …………………………………… 谢　俊
当文学史写作成为"话语事件"
　　——评李扬《文学史写作中的现代性问题》 ………………………… 李建立

编 后

第十一辑(2008年9月)

资料与考释

代拟宪政奏折及其他 ………………………………………… 梁启超撰　夏晓虹整理
梁启超代拟宪政折稿考 ………………………………………………………… 夏晓虹

论　文

流动的教室,虚拟的学堂
　　——晚清蒙学报刊中的文化传译、知识结构与表述方式 ………………… 梅家玲
梁启超与日语
　　——以《和文汉读法》为说 …………………………………………………… 沈国威
现代性与记忆
　　——"五四"对林纾文学翻译的追忆与遗忘 ………………………………… 关诗珮
文化转型期的翻译语体选择
　　——以曾朴的翻译实践为例 ………………………………………………… 马晓冬
越界之恋与现代性的欲望想象
　　——论王韬《淞隐漫录》和《漫游随录》的漫游、言情和追忆 ……………… 许维贤

文学史视野中的"大众传媒"(上)

文学史视野中的"报刊研究"
　　——近二十年北大中文系有关"大众传媒"的博士及硕士学位论文 ……… 陈平原
三十年代的文学出版与文学地理 ……………………………………………… 王德威
文学史、文学教育与传播 ………………………………………………………… 陈国球
学术的组织与纪律 ……………………………………………………………… 许子东
华语电影研究
　　——方法与角度 ……………………………………………………………… 彭丽君
文学与媒体的对话
　　——有关张爱玲影视改编的研究 …………………………………………… 何杏枫
《明报》"世纪版"经验谈 ………………………………………………………… 马家辉

文学史视野中的"大众传媒"(下)

心声与电影
　　——论瞿秋白早期著作中的生命哲学修辞 ………………………………… 张历君
印刷的共同体
　　——重读施蛰存的《狮子座·星》及《凶?》 ………………………………… 郭诗咏
先锋性的探索
　　——论《新文艺》的"转向" …………………………………………………… 邝可怡

论《幻洲》中的香港来书
——V 城 1927 .... 徐　霞
学生的园地还是园地的学生
——香港《星岛日报·学生园地》初探 .... 樊善标
副刊的"守门人"
——从《华侨日报·文艺》作品看副刊主编的角色 .... 张咏梅

演讲与评论
想象与叙述
——由"明清之际"说起 .... 赵　园
解读"当代中国大学" .... 陈平原

编　后

第十二辑
论　文
作为运动的新文化 .... 袁一丹
"文学革命"的另一面
——民初政治言论视野中的"文学" .... 卫　纯
思想史视野中的"娜拉"问题
——以胡适、鲁迅与周作人为中心 .... 张春田
胡适"中国文艺复兴"思想研究
——中英文著述的互动与展开 .... 吴德祖
1930 年代左翼文学对五四的叙述 .... 萨支山
现代散文与传统的再发明
——作为激进诠释学的《中国新文学的源流》 .... 张旭东
我思想，故我是蝴蝶……
——《中国新诗总系·30 年代卷》导言（上）................... 孙玉石
新诗理论中的"形象之争"：美学、政治、形而上学 .... 张松建
"言志"的苦心与文心
——周作人"苦住"期间创作之分析 .... 高恒文
"长不大"的三毛：从早期的都市顽童到 1949 年前后的流浪儿 ... 徐兰君
中国现代哲学建构的理路（上）.. 胡　军

演讲与评论
重建"文学史" .... 陈平原

书 评

文学、思想与政治的纠葛
　　——读木山英雄《北京苦住庵记——日中战争时代的周作人》 …………… 李雅娟

"去政治化的政治"与政治主体性的重建
　　——评《去政治化的政治：短20世纪的终结与90年代》 …………… 张慧瑜

在对鲁迅的承担之中
　　——读《现代如何"拿来"——鲁迅的思想与文学论集》 …………… 刘子凌

在中国追索"现代"
　　——评《人·历史·家园：文化批评三调》 …………………………… 李　佳

"现代性"视野的拓展
　　——评《革命与形式——茅盾早期小说的现代性展开1927—1930》 …… 李松睿

作为"左翼"的鲁迅及其可能性
　　——《无数人们与无穷远方：鲁迅与左翼》读后 ……………………… 张广海

"国民作家"与"国家"视野
　　——评董炳月《"国民作家"的立场——中日现代文学关系研究》 …… 李国华

作为话语的"晚清古文"
　　——评柳春蕊《晚清古文研究》 ………………………………………… 陆　胤

幻象背后的真实
　　——评《传媒的幻象——当代生活与媒体文化分析》 ………………… 费冬梅

报刊研究介入理论热点探讨的可能性
　　——评董丽敏《想像现代性——革新时期的〈小说月报〉研究》 …… 李　斌

"马赛克"型都市图景的重演
　　——评《戏剧、革命与都市漩涡——1930年代左翼剧运、剧人在上海》 …… 燕　子

记忆与呈现报刊的另一种方式
　　——评《北京的舆论环境与文人团体：1920—1928》 ………………… 林　峥

编 后

第十三辑

对 话

文学史的书写与教学 ……………………………………… 宇文所安　陈平原　等
《北京苦住庵记》谈话会 ………………………………………… 木山英雄　王风　等
《废名集》笔谈选录 ……………………… 解志熙　佐藤普美子　李世文　冯荣光　刘超
中文百年，我们拿什么来纪念？
　　——答《新京报》记者问 ……………………………………………… 陈平原

论 文

康有为孔教思想新探 …………………………………………………………… 欧阳哲生
近代汉语"文学"概念之形成与发展 …………………………………………… 钟少华

中国近代文学中的基督教小说探源
　　——清代来华传教士马若瑟的《儒交信》研究 ……………… 张西平
两部传道的粤语小说
　　——《俗话倾谈》和《天路历程》 …………………………… 李婉薇
清末国民捐运动考 ……………………………………………………… 王鸿莉
民初小报中的"女学生黑幕"
　　——以《劝业场》为考察对象 ………………………………… 黄湘金
我思想，故我是蝴蝶……
　　——《中国新诗总系·30年代卷》导言（下） ……………… 孙玉石
中国现代哲学建构的理路（下） ……………………………………… 胡　军
柏格森思想在中国语境中之际遇（上） ……………………………… 赵　嘉
历史选择与图像诠释
　　——《在保卫世界和平大会上听到南京解放的消息》之解读 … 陈圣燕
国画与写生
　　——齐白石、吴作人两份手稿的对比研究 ……………… 朱青生　吴　宁
订　误 ………………………………………………………………… 杨联芬

编　后

第十四辑

演　讲

中国现代文学学科的过去和未来 ……………………………………… 黄修己
"传统"与"现代"
　　——"活在'现代'的'传统'"研讨会上的发言 …………… 孙玉石
现代文学创生期小说中的主体问题
　　——鲁迅、郭沫若、郁达夫对精神分析理论的运用 ………… 吴晓东

论　文

"自由"与"游戏"：民初《申报·自由谈》的自我表达及其旨趣 …… 杜新艳
"狂风狂暴灵魂的独白"：多多的诗与诗学，1972—1988 ………… 奚　密
乡村的时间是否真的万古不变？
　　——沈从文作品的时间形式 …………………………………… 津守阳
20世纪40—90年代中国文学史写作的几个问题
　　——以林庚为中心兼及其他几种代表性著述 ………………… 王晓枫
中国近代思想史导论 ………………………………………………… 欧阳哲生
被讲述的历史
　　——庚子衢州事件中的吴德潚被戕案 ………………………… 郭道平
柏格森思想在中国语境中之际遇（下） ……………………………… 赵　嘉

书 评

比较文学学科复兴的历史见证
　　——读乐黛云《跟踪比较文学学科的复兴之路》 …………………………… 安　宁

古典文献学养与跨文化视野的相遇
　　——读严绍璗《比较文学与文化"变异体"研究》 ……………………… 李雅娟

如访深山　时逢佳境
　　——读孟华《中法文学关系研究》 ………………………………………… 李华川

直面当代历史的"情感结构"
　　——读洪子诚《我的阅读史》 ……………………………………………… 贺桂梅

新的"困惑"与"可能"
　　——读钱理群《中国现代文学史论》 ……………………………………… 赵　楠

学术史的学科史根基与学科史的学术史视域
　　——读陈平原《作为学科的文学史》 ……………………………………… 叶　隽

"抒情传统"的诗学政治
　　——读王德威《抒情传统与中国现代性》 ………………………………… 刘　奎

重构我们的文学想象
　　——评蔡翔《革命／叙述：中国社会主义文学—文化想象（1949—1966）》 ………… 李松睿

学术史的外部环境与内在理路
　　——评施爱东《倡立一门新学科》 ………………………………………… 张志娟

想象与认同：中国现代女性第三人称代词的确立
　　——读《"她"字的文化史——女性新代词的发明与认同研究》 ………… 王　飞

"表征"：在历史与话语之间
　　——评姚丹《"革命中国"的通俗表征与主体建构——〈林海雪原〉及其
　　　衍生文本考察》 …………………………………………………………… 路　杨

留德学人之个体与整体
　　——评叶隽《另一种西学——中国现代留德学人及其对德国文化的接受》 ……… 麦劲生

文类形构与文学制度
　　——张丽华《现代中国"短篇小说"的兴起》读后 ………………………… 李浴洋

近代文学研究的史学取向
　　——评魏泉《士林交游与风气变迁：19世纪宣南的文人群体研究》………… 陆　胤

编　后

第十五辑

论　文

满汉关系的逆转
　　——贵林被杀事件解读 ……………………………………………………… 夏晓虹

章太炎语言文字论说体系中的历史民族 ………………………………………… 王　风

文字难易与教育新旧
　　——戊戌前后蒙学变革论的语文侧面 ······················· 陆　胤

鲁迅早年对科学僭越的"时代病"之预感 ······················· 温儒敏
如何化解儒学传统与现代社会的对峙
　　——李大钊"青春"人生论的解读 ·························· 胡　军
中国近代思想史上的傅斯年
　　——《中国近代思想家文库·傅斯年卷》导言 ············· 欧阳哲生
告别奥尼尔：洪深30年代的转向 ······························· 吴晓东
在"文学史著"与"出版工程"之间
　　——《中国新文学大系导言集》导读 ······················ 陈平原

我爱这土地（中国新诗1937—1948） ···························· 谢　冕
"诗界革命"与新诗发生期研究的突破性思考
　　——序荣光启《现代汉诗的发生：晚清至五四》 ············ 孙玉石
纪念三位诗人 ··· 洪子诚
遥远的乌托邦
　　——王安忆《弟兄们》中的女同志连续体 ················· 滨田麻矢

对　话

"跨媒介对话"座谈会 ··· 李欧梵等

告别《现代中国》 ·· 陈平原